ILYA/EMILIA KABAKOV

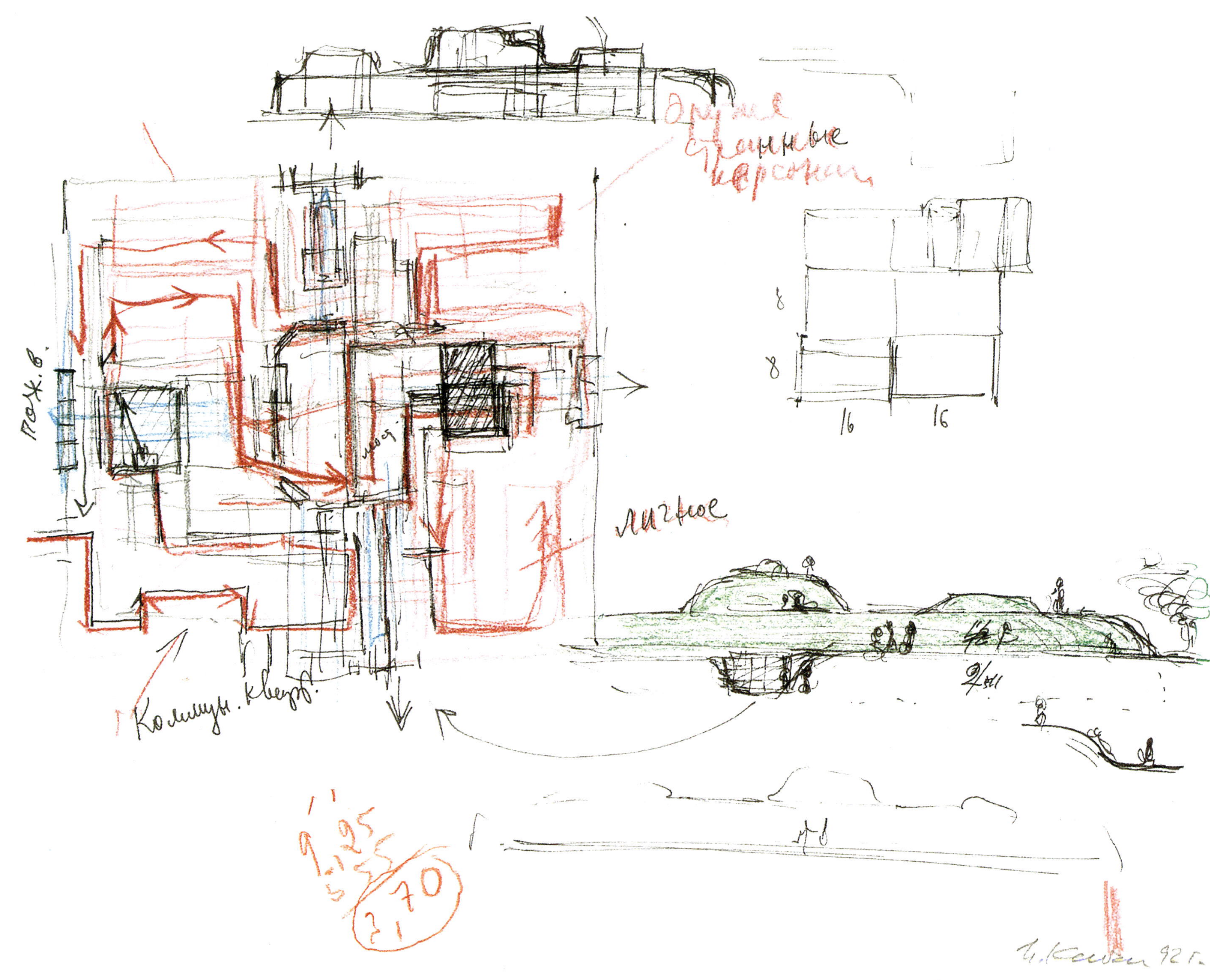
Пож. в.
Коммун. кварт.
личное
16   16
8
8
70
92 г.

ILYA/EMILIA KABAKOV

"MONUMENT TO A LOST CIVILIZATION"
"MONUMENTO ALLA CIVILTÀ PERDUTA"

a cura di / edited by
Chiara Bertola
Paolo Falcone

CHARTA

Coordinamento grafico/Graphical Coordination
Gabriele Nason

Coordinamento redazionale
Editorial Coordination
Emanuela Belloni

Redazione / Editing
Antonella Piazzoli
Harlow Tighe

Impaginazione / Layout
Fayçal Zaouali

Traduzioni / Translations
Costantino Di Paola (dal russo all'italiano/
from Russian to Italian); Giuseppe Palumbo,
Lorenza Perini (dall'inglese all'italiano/from
English to Italian); Cindy Martin (dal russo
all'inglese/from Russian to English); Jo-Ann
Titmarsh (dall'italiano all'inglese/from Italian
to English)

Ufficio Stampa / Press Office
Silvia Palombi Arte & Mostre, Milano

Refrenze fotografiche/Photographic credits
Shobha
(fotografie di/photographs of Palermo)

Wonge Bergmann
D. James Dee
Todd Eberly
Jan Engsmar
Scott Frances
Emilia Kabakov
Jennifer Kotter
Jacques L'Hoir
Akira Nakamura
Dirk Powels
Elke Walford

Edizioni Charta
Via della Moscova, 27
20121 Milano
Tel. +39-026598098/026598200
Fax +39-026598577
e-mail: edcharta@tin.it
www.artecontemporanea.com/charta

Printed in Italy

Ilya e Emilia Kabakov
Monumento alla civiltà perduta
Monument to a Lost Civilization

Palermo, Cantieri Culturali alla Zisa
16 aprile – 27 giugno 1999
April 16 – June 27, 1999

Città di Palermo
Assessorato alla Cultura

Sindaco/Mayor
Leoluca Orlando

Assessore alla Cultura/Cultural Councilman
Francesco Giambrone

Ripartizione Attività Culturali
Department of Cultural Activities
Ermanno Cascio, *Capo*
Ripartizione/Department Head
Alessandra Autore, *Dirigente Ufficio*
Spettacolo e Mostre/Managing Director Events
and Exhibitions Office
Daniela Prinzivalli, *Funzionario/Functionary*
Salvatore Tallarita, *Promozione*
Culturale/Cultural Advancement

Consulente esperto sezione teatro e arti visive
Ufficio Spettacolo/Consulting expert of theater
and visual arts office
Enrico Stassi

Direttore organizzativo manifestazioni
Organizing Director for Public Events
Maurizio Spicuzza

Segreteria Assessore alla Cultura
Secretariat to the Cultural Councilman
Francesco Di Liberti, *Responsabile/Manager*
Enza Barrafato, Daniela Di Blasi,
Mariolina Garraffa, Valeria Russo

Coordinamento informazione e comunicazione
Coordination of Information and Communication
Ferruccio Barbera, Franco Passariello,
Giulia Randazzo, Carmen Vitello

Ufficio stampa/Press Office
Gabriele Lo Bello, *Responsabile cultura*
In charge of Cultural Events
Angelo Scuderi, *Capo ufficio stampa*
centrale/Press Office Manager
Andrea Scrosati, *Ufficio di Roma/Rome Office*

Mostra a cura di/Exhibition curated by
Chiara Bertola e Paolo Falcone

Organizzazione e coordinamento
Organization and coordination
Frontiere - Arte e linguaggi contemporanei
in collaborazione con/with the collaboration of
Sintesi Cultura, Palermo

Responsabile organizzazione
In charge of organization
Manuela Plaja

Allestimenti/Staging
Maria Guiseppina Grasso Cannizzo

Assistenza agli artisti/Artist's service
Christian Tomaszewski, New York

Segreteria organizzativa
Secretarial staff
Soraya Gullifa, Roberta Lo Sardo,
Barbara Randazzo

Servizi didattici/Didactic services
Raffaella Cardinala, Liliana Perrone

Immagine coordinata/Coordinated image
Arkè, Palermo

Fotografie/Photographs
Shobha

Ufficio stampa/Press office
Christine Ferry, Roma

Assicurazione/Insurance
Ina-Assitalia
Agenzia Generale di Palermo

Trasporti/Shipping company
Trimaxion Fine Arts, New York

Si ringraziano per la collaborazione
Thannks for collaboration
Judy Adam, Maurizio Allegretto,
Anna Maria Amato, Giuseppe Amato,
Marina Astorri, Mario Codognato,
Gianluca Collica, Alberto Corona,
Guido Costa, Carmelo D'Amico,
Marco D'Arpa, Sergio Di Giorgi,
Alessandro Flaccomio, Arturo Filippone,
Lorenzo Flaschi, Armando Gagliano
Candela, Rossella Giordano,
Marcello Marchesi, Marta Moretti,
Giovanna Pagani Cesa, Filippo Pecoraino,
Lorenza Perini, Cinzia Petitto,
Salvatore Ponte, Roberto Randazzo

Si ringraziano per il prezioso contributo
Special thanks for contribution
Astoria Palace Hotel di Palermo,
Ina-Assitalia - Agenzia Generale di Palermo

Un ringraziamento all'Accademia
di Belle Arti di Palermo e al Direttore
dell'Accademia Stefano Lo Presti, a Gianna
Di Piazza e Carlo Lauricella per la
collaborazione nell'organizzare gli incontri
e il workshop con gli studenti.

Thanks are due to Accademia di Belle Arti
di Palermo and to its Director Stefano Lo
Presti, to Gianna Di Piazza and Carlo
Lauricella for their collaboration in
organizing meetings and workshop with
students.

Un ringraziamento particolare a Ilya
ed Emilia Kabakov per la preziosissima
collaborazione.

Special thanks to Ilya and Emilia Kabakov
for their kind collaboration.

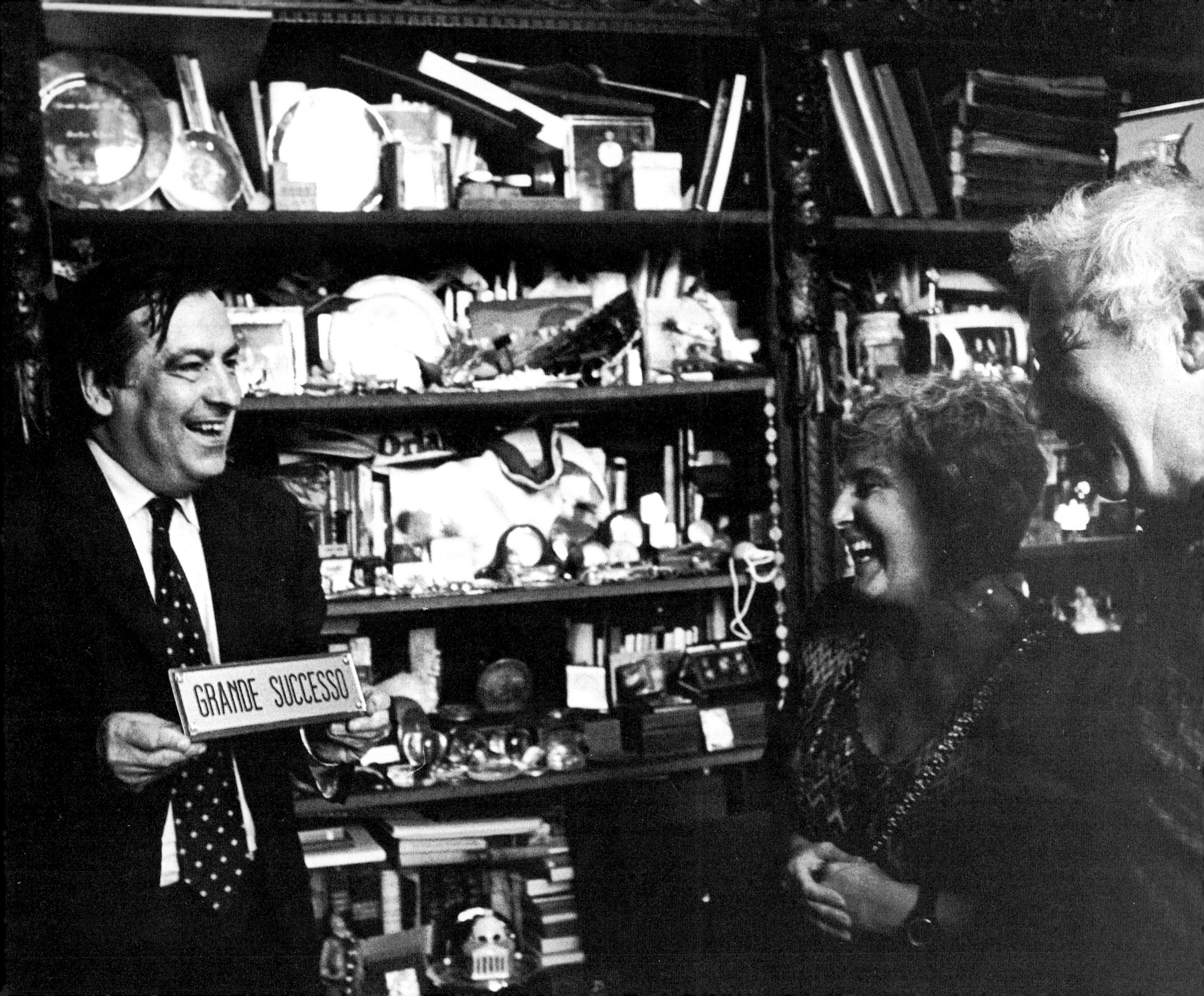
GRANDE SUCCESSO

Il programma delle mostre che si susseguono ai Cantieri Culturali alla Zisa è uno dei segni dell'attenzione che la città di Palermo riserva alle arti visive e al contemporaneo. Tale impegno, tanto più forte quanto più vasto è il ritardo storico da colmare, ha individuato nelle fabbriche dei Cantieri non soltanto uno spazio fisico, ma anche e soprattutto un luogo-idea capace di generare immaginario, forme, confronto fra le arti, creatività.

Il contemporaneo alla Zisa diventa il simbolo di un processo di transizione e di crescita appena iniziato e il cui compimento non potrà che essere nella forza e nella volontà di mantenerlo in vita. Numerosi segnali indicano che Palermo ha, in parte, già vinto questa sfida.

Uno di questi è il grande entusiasmo con cui artisti di levatura internazionale quali Ilya ed Emilia Kabakov hanno aderito alla proposta di presentare proprio a Palermo il progetto, sogno di dieci anni di lavoro, del Monumento alla civiltà perduta.

La presenza dei Kabakov a Palermo è qualcosa di più di un passaggio, di una mostra fra le altre. Il loro universo creativo, che l'installazione ai Cantieri rappresenta in un unicum compositivo, è una straordinaria occasione di riflessione: il rapporto con la memoria; le tracce di vita quotidiana, di biografie, di ambienti: la memoria del dissolversi di una società tanto più sorprendente quanto più incrollabile e immutabile essa appariva.

Non è difficile intuire quale infinità di rimandi questo racconto colleghi sia al cuore delle contraddizioni contemporanee, che alla storia recente della nostra città.

Ma un altro elemento che rende speciale la presenza dei Kabakov è il dono che essi hanno voluto fare alla città: un'opera espressamente concepita per Palermo.

La Battaglia di San Giorgio, monumento realizzato in sottile filo di ferro, è come una visione sospesa a mezz'aria. L'inconsistenza dei volumi rimanda alla caducità della materia, degli uomini, della storia stessa: è come se ci ricordasse che tutto può scomparire, anche le pietre. Ma lo spirito e il senso delle grandi imprese rimane intatto e immutato, come l'aura che promana da quelle pur esili figure di eroi, continua a vivere oltre il tempo e la storia.

Francesco Giambrone
Assessore alla Cultura

Leoluca Orlando
Sindaco di Palermo

The programme of exhibitions being held at the Cantieri Culturali alla Zisa is a sign of the attention that the city of Palermo is showing to contemporary visual arts. Such a commitment is as strong as the historic delay to fill is vast, and has not only singled out a physical space in the Cantieri factories, but above all a place-idea capable of generating the imaginary, forms, comparison between the arts, creativity.

The contemporaneo at the Zisa becomes a symbol of a process of transition and growth which has just begun and whose job cannot be nothing other than in the strength and desire to keep it alive. Numerous signs indicate that Palermo, at least partially, has already won this challenge.

One of these signs is the great enthusiasm with which Ilya and Emilia Kabakov, artists of international stature, have agreed to the proposal of presenting – after ten years' work – the project Monument to a Lost Civilization in Palermo.

The presence of the Kabakovs in Palermo is something more than a passage, than an exhibition among others. Their creative universe, which the installation at the Cantieri represents in a unique composition, is an extraordinary occasion of reflection: the relationship with the memory; the traces of everyday life, of the biographies, the environments; the memory of dissolving oneself into a society which is much more surprising and much more indestructible and immutable than it had appeared.

It is not difficult to understand what an infinity of references this story has which connects it both to the heart of contemporary contradictions and to the recent history of our city.

But another element which makes the presence of the Kabakovs special is the gift that they wanted to make to the city: a work especially made for Palermo.

The Battle of St. George, a monument made of fine iron threads, is like a vision suspended in mid-air. The inconsistency of volume refers to the frailty of the subject, of men, of history itself; it is as though it is reminding us that everything can disappear, even stones. But the spirit and the sense of great deeds remains intact and immutable, like the aura, which emanates from even those slender figures of heroes, and continues to live beyond time and history.

Francesco Giambrone
Cultural Councilman

Leoluca Orlando
Mayor of Palermo

La Battaglia di San Giorgio

Monumento donato alla città di Palermo

L'installazione è collocata all'aria aperta ma all'interno di uno spazio circoscritto costituito dai resti di un vecchio edificio, del quale sono rimasti soltanto il pavimento, gli angoli delle pareti e qua e là qualche pezzo di muro: nient'altro che rovine, insomma.

Al centro di questo spazio vengono costruiti, disponendoli in fila, tre muriccioli in pietra, ghiaia e terreno, alti non più di un metro. Su ogni muro viene posta una figura: una donna, un guerriero a cavallo e un drago. Le figure sono completamente trasparenti: tutte e tre sono realizzate in filo di ferro sottile, del diametro di 4 mm. Queste "sculture" trasparenti suggeriscono, con un gioco di moltiplicazione visiva, non solo il profilo ma anche il volume dei personaggi. Davanti a noi abbiamo perciò tre "visioni", tre miraggi, tre immagini di eroi sospese a mezz'aria. L'impressione è che le figure siano quasi incorporee e che insieme alle rocce formino un unico insieme concettuale: la struttura materiale dei corpi (pietra o bronzo che sia) è scomparsa, trasformandosi in un ammasso senza forma; l'aura delle figure tuttavia rimane, continua ad esistere. L'insieme realizza una specie di metafora trasparente: tutto può scomparire, anche le pietre, ma lo spirito delle leggende, il senso delle imprese eroiche rimane intatto e immutato.

The Battle of St. George

Monument donated to Palermo

The installation is erected in an open but inside of a space that used to be some sort of building, but from which has remained only the floor and edges of the walls and parts of them; everything has turned into ruins.

Three low (up to one meter) walls of stones interspersed with gravel and dust are built in a line in the middle of such a perimeter. Above each of these low heaps are visible three figures hanging in the air: a female figure, a rider on horseback, and a dragon. The figures are completely transparent – each of them is made of thin steel wire (4 mm in diameter). These "transparent sculptures" replicate and demonstrate not only the profiles, but also the actual volume of each of the heroes suspended in mid-air. It's as though they are not at all corporeal, and together with the rocks underneath them they form a unified conceptual whole: the material, stone (or bronze, it doesn't matter which one) edifice of these heroes has disappeared, has dissipated, having been transformed into formless heaps, but their aura remains, continues to exist. Everything together forms a sort of transparent metaphor: even stones can dissipate, but the spirit of the legend, the meaning of the heroic feat remains undisturbed and preserved.

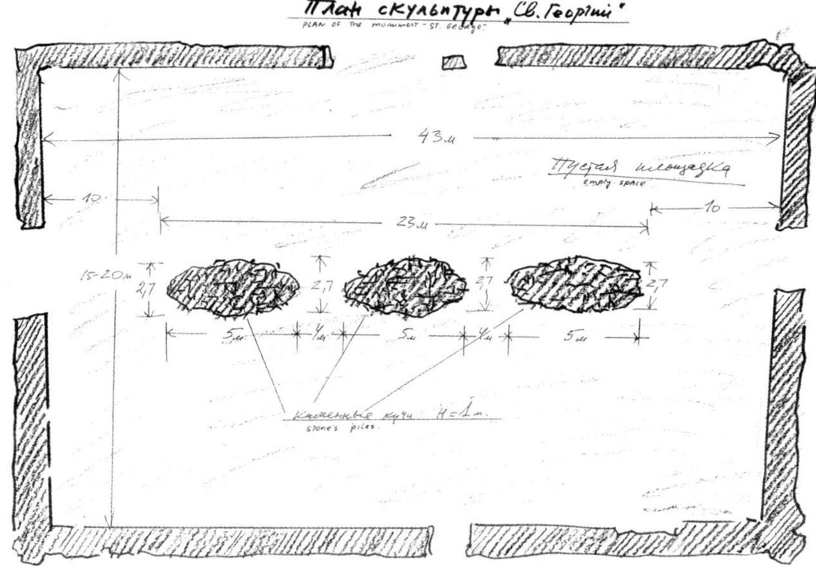

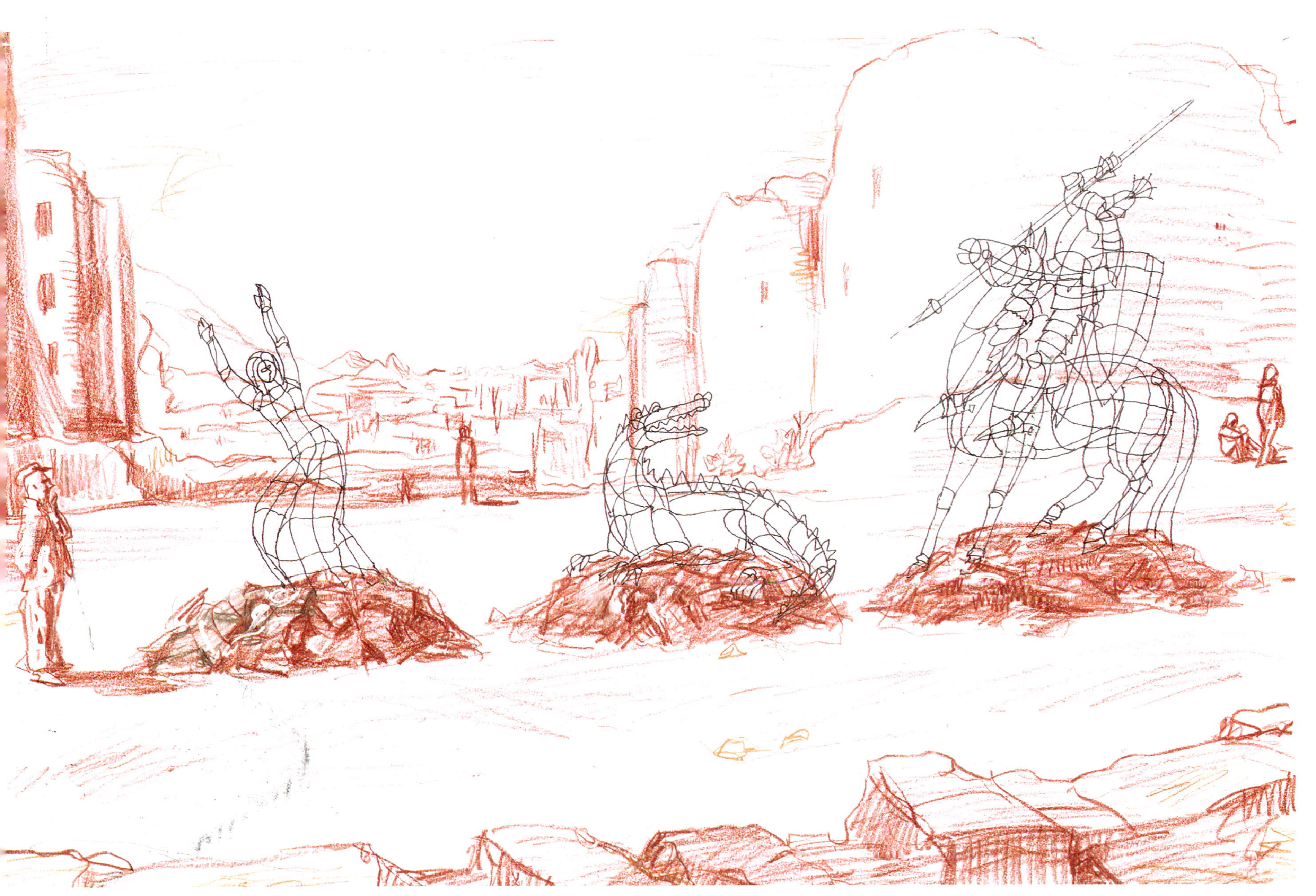

ILYA KABAKOV   "THE SAINT GEORGE" , PALERMO, 1999.

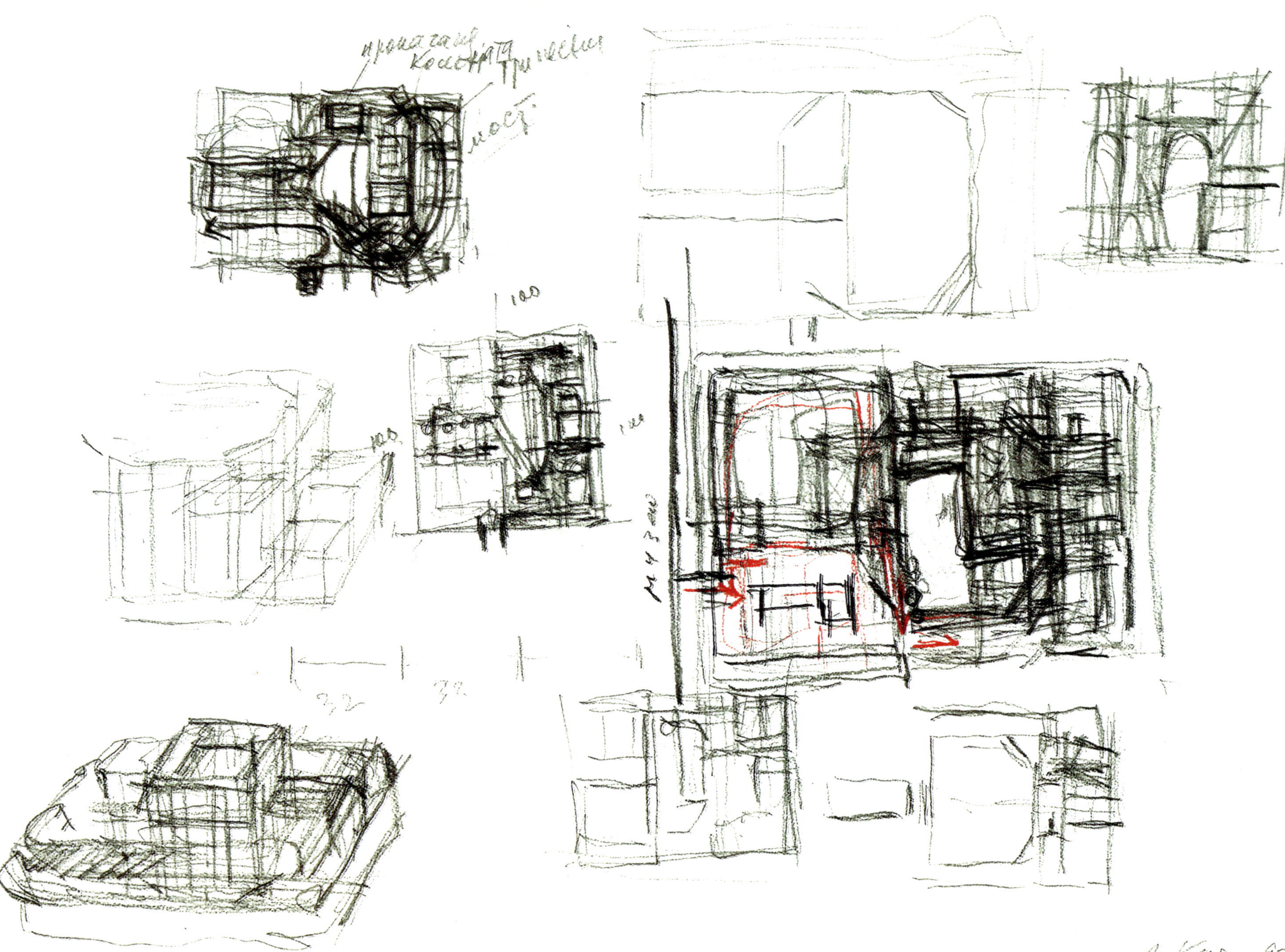
мост
100
92

Sommario/Contents

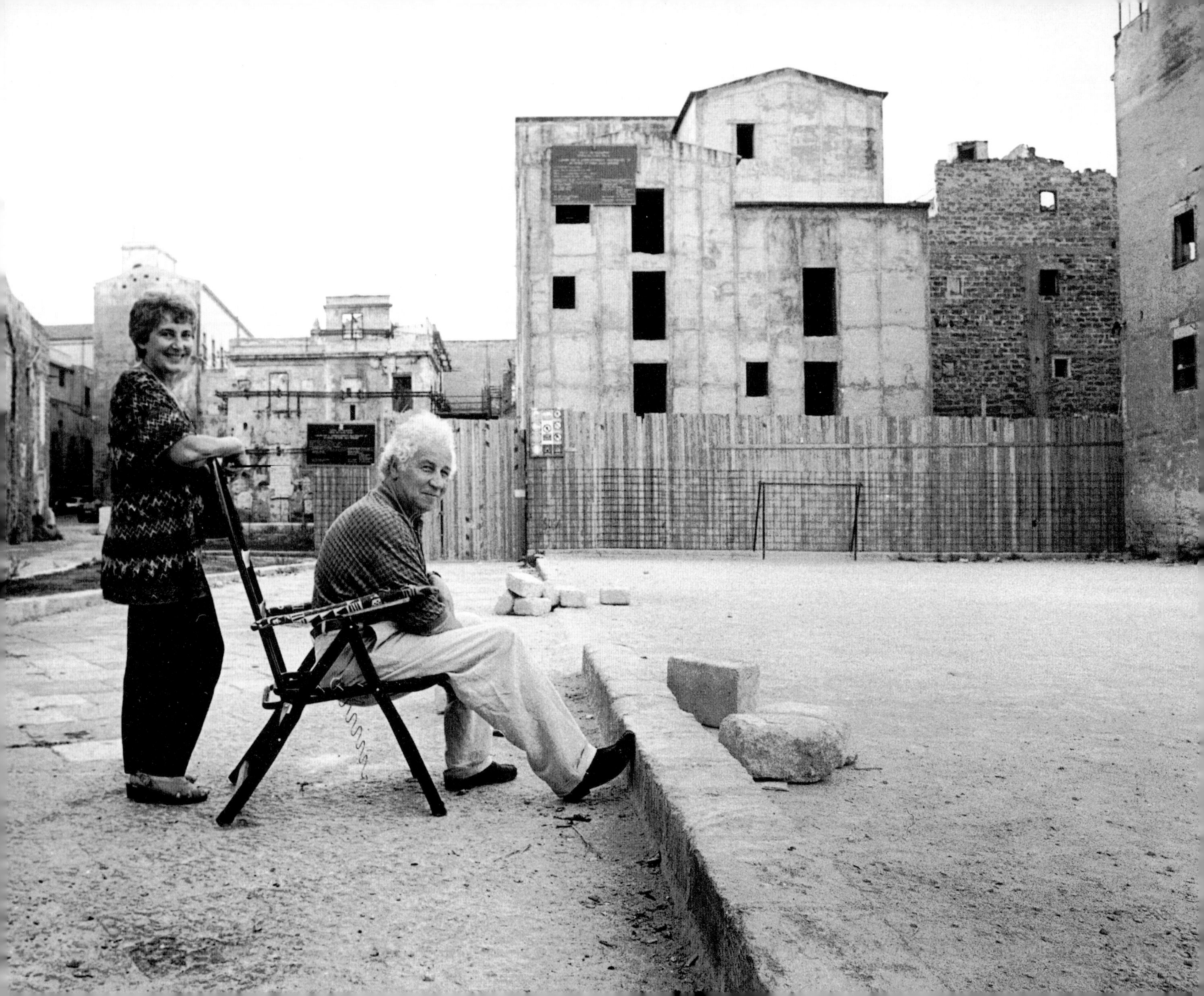

Intervista con gli artisti

Paolo Falcone

Come è iniziata la vostra collaborazione e quando?

Ilya: Abbiamo iniziato a collaborare nel 1989. Ero appena arrivato negli Stati Uniti ed Emilia mi aiutò tantissimo, dalle traduzioni dei testi all'organizzazione del lavoro. Inoltre curava per mio conto tutta una serie di contatti che mi erano indispensabili negli Stati Uniti. Da allora lavoriamo insieme molto attivamente. Ognuno di noi ha portato idee, soluzioni: come si fa in una "impresa familiare".

Emilia: È sempre così. Penso che accada a chiunque. All'inizio uno intuisce delle cose, l'altro fa uno schizzo, si abbozzano delle idee, poi si lavora sui testi. Alla fine si mette tutto insieme. È complicato da spiegare.

Ilya: Per noi è molto importante la proporzione. Ci sono artisti che lavorano per vendere, per Dio, per il futuro. Noi lavoriamo per concretizzare un'idea e la reazione della gente, soprattutto la gente normale, ha in tutto questo una parte fondamentale. La nostra "impresa" lavora come uno specchio. Ognuno di noi è lo specchio dell'altro. Ci aiutiamo, ci correggiamo, fino a quando non arriviamo allo stesso concetto, alla stessa identica immagine.

La bozza del progetto per il Monumento alla civiltà perduta *che mi avete mandato contiene una selezione di installazioni già realizzate in passato. Fino ad ora avete esposto più di centoquaranta di questi lavori. Quale è stato il criterio con il quale avete selezionato le trentotto installazioni per il* Monumento?

Emilia: Molte fra le centoquaranta installazioni che abbiamo realizzato non hanno alcun riferimento con l'Unione Sovietica. Alcune sono molto concettuali, altre non hanno nessun rapporto con la realtà, altre sono pura fantasia, altre umoristiche. Sono installazioni che trattano temi che non sono direttamente connessi con la vita che vogliamo rappresentare nel *Monumento*. Il criterio di scelta è rappresentato dal tema, che è molto peculiare, e ogni installazione deve essere collocata all'interno di una particolare sezione di quel tema. C'è una sezione che rappresenta il mondo scientifico, un'altra la vita collettiva, un'altra ancora che investe l'ideologia e la propaganda. La selezione è stata fatta per rispondere ad alcune domande, ad esempio: "In che modo queste installazioni così raggruppate possono dare l'*idea totale* di Unione Sovietica?" Le installazioni sono state scelte per essere inserite in determinate sezioni e rappresentare il più possibile questa idea di "vita" in Unione Sovietica.

Ilya: Per più di dieci anni ho lavorato sulla memoria dell'Unione Sovietica. Ora questa memoria sta scomparendo. Ci sono molte installazioni che descrivono differenti aspetti della vita in Unione Sovietica e io guardo a quelle: un viaggio attraverso le diverse angolature della vita sovietica. Questo perché la vita in Urss ha avuto diversi "livelli". Il primo, un livello *esteriore*, istituzionale e ufficiale, rappresenta la vita in Unione Sovietica come un sogno, un bellissimo paradiso dove tutto funziona: la rappresentazione della bellezza. Un secondo livello è totalmente *interiore*. Ed è assolutamente l'opposto: è depressivo e pessimista sul futuro, è una combinazione pazzesca tra la miserabile vita quotidiana e il paradiso costruito dalla propaganda.

Come nell'installazione My Mother's Album?

Ilya: Esattamente. Ci sono differenti livelli che vivono insieme e che non si possono separare: il mondo si fonde con la vita privata. L'ideologia entra totalmente nella tua vita. Nell'alloggio collettivo la radio era sempre accesa e trasmetteva continuamente le celebrazioni e le vittorie del paese. La gente spesso confondeva questo con la realtà, con i valori reali, e trascinava la "vita privata" all'interno della vita comunitaria. La combinazione di questi due aspetti della realtà portava l'individuo a condurre una vita schizofrenica. Dare un'idea dell'Unione Sovietica è come fare una passeggiata tra Paradiso e Inferno, dove il tragico si confonde con l'umoristico, e la realtà con i sogni.

Nel vostro lavoro ho letto questi due differenti "livelli", ma ho trovato anche altri livelli che viaggiano nei vostri racconti. Da un livello narrativo si passa ad un livello filosofico fino ad un livello alchemico. Vogliamo parlare di questi aspetti?

Ilya: Sì, in effetti è così. Il mio lavoro ha diverse possibilità e diversi piani di lettura. Penso che il principio del moderno, della modernità nelle arti visive consista nel fare un lavoro che abbia vari livelli tra di loro compatti ma allo stesso tempo indipendenti. Questo principio può essere rappresentato come un sandwich dove non ci sono connessioni tra i vari livelli. L'arte è come una locomotiva, ci sono differenti parti che sono indipendenti tra loro: la temperatura, l'acqua, il capotreno insieme danno l'idea della locomotiva, ma sono elementi che convivono separatamente. La mia arte ha dei principi molto aperti: ogni aspetto ha un suo livello molto chiaro al quale, tuttavia, chiunque è libero di rapportarsi secondo la propria interpretazione. Questo è uno degli aspetti che mi interessa di più: il fatto che ognuno ha un differente modo di vedere. Ogni livello conduce ad una interpretazione e le diverse interpretazioni lavorano come delle combinazioni che non si mescolano mai tra di loro. Ciò è molto interessante: tutte queste forme creano un insieme, un sistema aggregato dove varie persone guardano la stessa cosa senza che ci sia alcuna connessione tra loro. È come una libreria: ci sono differenti libri e ognuno sceglie il libro a seconda del tipo di lettura. Questo è il principio del mio lavoro.

Nel vostro lavoro ho trovato un livello formale molto esplicito e un livello carico di mistero.

Ilya: Questo è un punto molto interessante. Il lavoro per me è una domanda, non una risposta. Ogni livello è qualcosa che io non so. Io non so, tu non sai, noi non sappiamo: questo è l'approccio, non la soluzione del problema. È come un gioco, è come la musica: la musica non dà delle risposte, è una provocazione. L'installazione è una creazione e se questa è buona non ci sono domande.
Emilia: Molte persone arrivano da noi e ci domandano cosa vogliamo dire con il nostro lavoro. Non vogliamo dire niente. Vogliamo solamente provocare ed essere curiosi sull'arte, sulla società, sulla spiritualità, sulla relazione con l'altro. Vogliamo indurre la gente a riflettere.
Ilya: Ma esiste anche un mondo chiuso. A proposito di questa installazione, il *Monumento*: arriva qualcuno e dice in modo semplicistico che questo è un lavoro sull'educazione, che è un lavoro etnografico, che è informazione. Ed hanno ragione, è ciò che essi percepiscono. È un loro problema.

Anche in questo è una questione di scelta.

Ilya ed *Emilia*: Sì (e ridono).
Ilya: Arriva un critico e dice: "Ah, che catastrofe. Sì, questi sono dei buoni dipinti ma... questo lavoro è troppo serio!". Questo è il principio. Per alcuni è un lavoro di etnografia russa, ed è giusto. Per altri è la rappresentazione della schizofrenia del mondo sovietico, e anche questo è giusto. Questo è il principio del positivismo. È arte concettuale, è naturalismo. Ogni principio di cui si parla è giusto.

Voi usate il mondo sovietico come una metafora.

Ilya: Assolutamente. È una metafora per tutti.

Una metafora nella quale investigate i vari livelli che volete rappresentare.

Ilya: Sì. Il problema, da quando lavoro in Occidente, è che arriva qualcuno e dice: "Questa è l'idea della Russia, questa è l'idiozia della schizofrenia sovietica". No, questa schizofrenia può essere vissuta da tutti. A Documenta (installazione *The Toilet*, 1992, *n.d.r.*) la gente arrivava chiedendo se in Russia si viveva nei gabinetti.

Il vostro lavoro si basa sull'idea dell'"installazione totale" come nuovo medium. Come considerate il Monumento alla civiltà perduta?

Ilya: Il principio è l'installazione totale. Quando la gente è all'interno dell'installazione non dimentica il sistema che c'è fuori, la cultura, la civiltà. Ma quando è dentro ha comunque una forte reazione all'atmosfera in cui si ritrova. Non guarda se è un museo etnografico o un museo russo. L'atmosfera dell'installazione è come una combinazione. Io cerco di dare una giusta posizione ad ogni oggetto: le luci, i colori, la musica ecc. Per lo spettatore è come entrare in un mondo nuovo: ha la stessa sensazione che avrebbe entrando nella casa di uno sconosciuto, dove gli oggetti sembrano assolutamente differenti perché diverso è il loro contesto. Qui sembra di sentire l'atmosfera dell'Unione Sovietica, ma che tipo di atmosfera è? Difficile da esprimere. Entri dentro, senti delle cose e poi esci. Il *Monumento* è un'evoluzione rispetto all'installazione totale. Noi abbiamo fatto enormi installazioni, come al Pompidou, e la gente ricorda che tipo di atmosfera c'era. Ma il proposito di questa installazione è che la gente entri dentro e non dimentichi cosa c'è fuori: è dare l'idea di totalitarismo. La gente dimentica dov'è l'uscita, come nel palazzo di Cnosso o come al Metropolitan Museum. L'esempio migliore per dare questa idea è il Pompidou: la gente si muove all'interno, ci sono diversi sezioni...
Ilya: Questa era la vita reale, molto triste e pessimista. Il cielo era come in Italia, ma l'atmosfera era diversa. Questo perché la civiltà sovietica non era il cielo ma il soffitto. Il cielo è libertà, mentre in Urss la vita era soffocata.
Emilia: In Urss l'unica possibilità di fuga dalla realtà per un artista era lanciarsi nel cosmo dal proprio alloggio o andare in manicomio per fuggire dalla realtà nei propri sogni o nella fantasia, perché la vera fuga significava... morire.

Ilya: Un fattore molto importante del *Monumento* è che questo dovrebbe essere costruito sottoterra. Non ci sono finestre, non ci sono uscite verso il cielo.
Emilia: Questo per creare l'atmosfera. Non puoi scappare. Non c'è nessuna porta da dove fuggire.
Ilya: Questo è uno dei punti importanti dell'installazione. È una grande città che non esiste e, come il palazzo di Cnosso, è sotterranea.

Anche in questo lavoro c'è una doppia funzione: il monumento sotterraneo e sopra un grande giardino che rappresenta la libertà.

Emilia: Questo è il contrasto. Oggi la vita reale è bellissima perché sei libero. Quello che noi cerchiamo è un'uscita. In Urss non esistevi in quanto persona.
Ilya: Le persone erano come il comunismo voleva che fossero. Percorri il *Monumento* cercando l'uscita, chiedi la strada verso il giardino, verso il Paradiso, ti danno le indicazioni fino all'ultima stanza… ma quando arrivi la porta è chiusa.

Perché avete scelto Palermo per presentare questo progetto?

Ilya: Noi crediamo che il problema della perdita di una civiltà e del passaggio da una civiltà ad un'altra sia molto attuale, non soltanto per i russi ma anche per i siciliani. Palermo e la Sicilia hanno vissuto per duemila anni una continua stratificazione di civiltà e di culture differenti. Lo stesso discorso vale per la Russia. La storia sovietica è solo una piccola parte della storia della civiltà russa: la cultura russa non è stata annientata dal comunismo sovietico, così come i siciliani non hanno perduto l'eredità dei Greci o dei Normanni.
Emilia: Quando il comunismo prese il potere, distrusse tutto per creare un nuovo ordine. Oggi, dopo quell'esperienza, nel costruire una nuova civiltà ci si trova di fronte ad un dilemma. Quali cose si rendono necessarie per la costruzione di una nuova cultura? La rivoluzione russa fu un esperimento basato su forti convinzioni, su grandi speranze. Ma fu un fallimento. E oggi siamo tutti divisi. Ora che Palermo sta iniziando a costruire una nuova civiltà, tutto in principio può sembrare un sogno. Il Monumento è un monito per tutti. Non ripetete i nostri errori, tenete presenti i vostri sogni ma non sacrificate il popolo in nome delle ideologie: restate uniti e non dimenticate il passato, cercate di fare tutto ciò che è possibile affinché i vostri sogni possano diventare realtà.

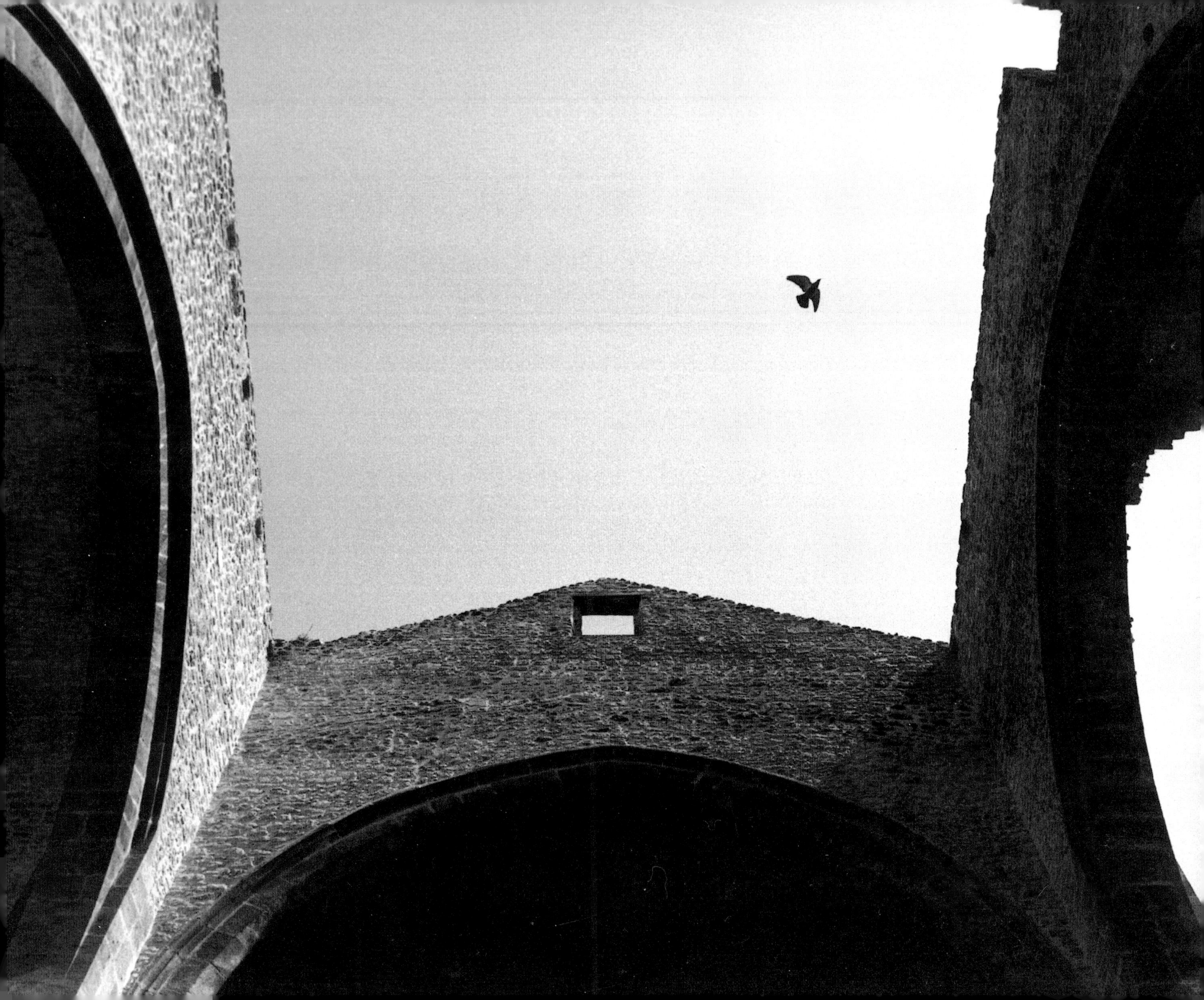

Interview with the artists

Paolo Falcone

How and when did your collaboration begin?

Ilya: We started working together in 1989. I had just arrived in the United States and Emilia helped me a lot, translating, organizing work and also concerning herself with a series of relationships which were extremely important to me in the United States. From then on we began to actively work together, both of us bringing ideas, solutions, basically just like one does in a…"family company".

Emilia: It's always like that. I think it happens to everybody in the same way. In the beginning one senses things intuitively, the other makes a sketch, then you outline some ideas, then you work on the texts. In the end you work together. It's difficult to explain.

Ilya: Proportion is very important to us. There are artists who work to sell, who work for God, for the future. We work for a concrete idea, in which people's reactions – particularly normal people's reactions – are extremely important. Our "collaboration" works like a mirror. One of us is the mirror of the other. We help each other, we correct each other, until we arrive at the same concept, at the same identical image.

When you sent me the outline of the project for the Monument to a Lost Civilization *it contained a selection of installations which had already been created in the past. Up until now you have shown more than 140 of these works. On what basis did you choose the 38 installations for the* Monument?

Emilia: Many of those 140 installations have no reference to the Soviet Union. Some of them are very conceptual, some have no relationship with reality, some are pure fantasy, others are humorous. They are installations which deal with themes that are not directly connected with the life we wanted to represent in the monument. The criteria for choosing is represented in the theme, which is very specific, and each installation has to remain in a particular section of that theme. The selection was made in answer to certain questions. For example: How can this group of installations give an idea about the "total idea" of the Soviet Union? The installations were chosen to be placed in determined sections and to represent as much as possible this idea of "life" in the Soviet Union.

Ilya: I have worked on the memories of the Soviet Union for more than ten years. Now this memory is beginning to fade. There are many installations which describe different aspects of life in the Soviet Union and I look at them as a journey across diverse angles of that Soviet life. This is because life in the USSR had many levels. The first, *exterior* level, institutional and official, which represents life in the Soviet Union as a dream, a wonderful paradise where everything works. It is a representation of paradise. The second level is totally *interior*. And it is completely the opposite. It is depressing, pessimistic about the future, in which life is miserable. It is a crazy combination of everyday life and the paradise constructed by propaganda.

As in the installation My Mother's Album?

Ilya: Exactly. There are different levels which coexist together and which can't be separated: the world which is founded on private life. Ideology enters totally into your life. In a collective apartment the radio was always left on and it continually transmitted the country's celebrations and victories. People often got this confused with reality, with real values. and dragged their "private life" into community life. The combination of these two aspects of reality made one live a schizophrenic life. To give an idea of life in the Soviet Union is like taking a walk between Heaven and Hell, where the tragic is mixed with the humorous and reality with dreams.

I read about these two "levels" in your work, but I found other "levels" which appear in your stories. One goes from a narrative level to a philosophical level, right up to an alchemical level. Can we talk about these aspects?

Ilya: Yes, it's true. My work has many levels and many possibilities of interpretation. I think that the principle of the modern, of modernity in visual arts is to make works which are united on various levels, but at the same time are independent. The principle of this can be represented by a sandwich in which there are no connections between the various levels. Art is like a locomotive. There are different independent parts: the temperature, water, the conductor, who together give the idea of the train, but are all aspects that coexist separately. My art has extremely open principles in which each aspect has a very clear level and which everyone can relate to according to their own interpretation. This is one of the most interesting aspects for me: the fact that everyone can perceive my work in a different way. At each exhibition lots of people come up to me and ask me about my work and each person has a different point of view. Each level leads to an interpretation and these interpretations act as combinations which never get mixed up with each other. It is extremely interesting because all of these forms create a whole. It is an aggregated system in which everyone looks at the same thing but there are no concessions between them. It is like a bookshop. There are different books and everyone chooses a book according to what they read. This is the principle of my work.

I found a formal level which is very explicit and a level full of mystery in your work.

Ilya: That's a very interesting point. For me work is a question, not an answer. Each level is something that I don't know. I don't know, you don't know, we don't know, this is the approach. Not the resolution of the problem. It's like a game, like music. Music doesn't give any answers. It is a provocation. The installation is a creation and if it's good, there aren't any questions.
Emilia: Many people come up to us and ask what we want to say through our work. We don't want to say anything. We merely want to provoke them to be curious about art, about society, about spirituality, about relationships with others. It will always be a way of provoking thoughts.
Ilya: However, a closed world also exists. For example, this installation, the *Monument*: someone comes up and says in a (primitive) way that this is a work about education, that it's an ethnographic work, that it's information. And they also will be right. That's how they perceive it. Their problem.

This is also a question of choice.

Ilya and Emilia: Yes (laughing).
Ilya: A critic came up and said "Ah, what a catastrophe. Yes, there are some lovely paintings, but the work is too serious..!" This is the principle. For some it is a work about Russian ethnography and that's true. For others it's the representation of schizophrenia in the Soviet world and that's also true. This is the principle of positivism. It is conceptual art and, naturally, each principle which one mentions is right.

You use the Soviet world as a metaphor.

Ilya: Absolutely. It's a metaphor for everyone.

A metaphor in which you investigate the various levels you want to represent.

Ilya: Yes. The problem I've had since working in the West is when someone comes to you and says "This is the idea of Russia, this is the idiocy of Soviet schizophrenia". No. This schizophrenia can be experienced by everyone. For example, in *The Toilet* at Documenta, people asked if Russians lived in toilets.

Your work is based on the idea of the "total installation" as a new medium. How do you consider Monument to a Lost Civilization?

Ilya: The principle is the total installation. When people arrive and enter inside, they don't forget the system which exists outside, the culture, the civilization. But when they are inside they have a strong reaction to the atmosphere present in the installation. They don't look to see if it's an ethnographic museum or a Russian museum. The atmosphere in the installation is like a combination. I try and put each object in the right position: the lights, colors, music, atmosphere, etc. It's like entering into a new world, like entering a stranger's house, in which each object looks different because it is placed in a different context.
Therefore one seems to feel the atmosphere of the Soviet Union, but what type of atmosphere is it? It's difficult to explain. You go inside, you experience some different feelings, rather then your own, "normal" world.
The *Monument* is an evolution regarding the total installation. We have made enormous installations, such as at the Pompidou, and people don't forget the atmosphere inside. But the idea of this installation is that people go in and don't forget what's outside, and this gives an idea of totalitarianism.
People forget where the exit is, for example in Knossos Palace or the Metropolitan Museum. The Pompidou is the best example in demonstrating this idea. People move inside it and there are different sections.
Ilya: This was real life: extremely sad and pessimistic. The sky is the same in Italy, but the atmosphere is different. This is because Soviet society didn't have the sky, but a ceiling. The sky is free, whilst in the USSR life was suffocating.
Emilia: In the USSR, the only possibility for an artist to escape from reality was to

throw oneself into the cosmos from one's apartment or go to a mental hospital in order to run away from one's reality into dreams or imagination, because real escape meant…death.

Ilya: An extremely important thing about the *Monument* is that it should be built below ground. There aren't any windows. There are no exits towards the sky.

Emilia: This is to create the atmosphere. You can't escape. There aren't any doors through which you can run away.

Ilya: This is one of the points of the installation. It is a huge city which doesn't exist, it's like Knossos Palace, it's underground.

There's also a double function in this work: the underground monument is below a huge garden which represents freedom.

Emilia: This is the contrast. Today, real life is beautiful because you're free. What we were looking for was a way out. In the USSR you didn't exist as a person.

Ilya: People were just as communism wanted them to be. You walk through the *Monument* looking for a way out, you ask for the way to the garden, to paradise, they show you that you have to reach the last room… but when you get there, the door is closed.

Why have you chosen Palermo to show this project?

Ilya: We believe that the loss of a civilization or the passage from one civilization to another is very current, not only for Russians, but also for Sicilians. Palermo and Sicily have gone through a continuous stratification of civilizations and different cultures for two thousand years. The same is true for Russia. Soviet history is just a small part of the history of Russian civilization. Russian culture has not been annihilated by Soviet communism, just as the Sicilians did not lose their heritage to the Greeks and Normans.

Emilia: When communism came to power, it destroyed everything to create a new order. Today, after that experience, in order to construct a new society we are faced with a dilemma. Which things are necessary in order to construct a new culture? The Russian Revolution was an experiment based on firm convictions, on great hopes. But it was a failure. And now we are all divided.

Now that Palermo is building a new society, everything at first seems to be a dream. Thus the Monument is a warning to everyone. Don't repeat our mistakes, look at your dreams clearly, but don't sacrifice the people in the name of ideology. Stay together and don't forget the past. Do everything possible not to repeat our mistakes and to make your dreams become reality.

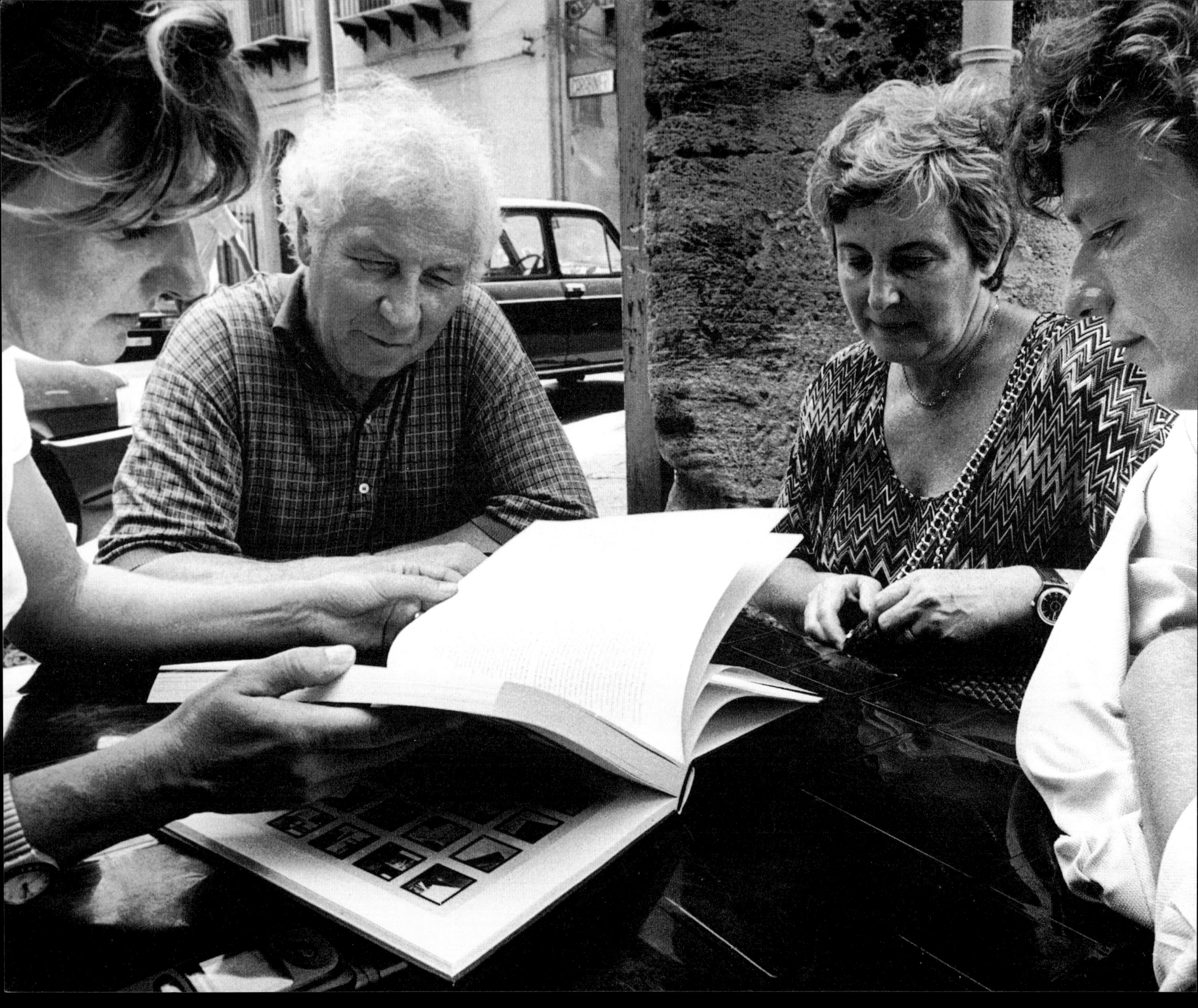

La cronaca può diventare poesia

Chiara Bertola

Vi sono artisti che si pongono al di fuori dell'arte per rovesciarla. Sono artisti che inizialmente hanno lavorato reagendo ad una cultura ufficiale che rischiava di soffocarli perché non restituiva loro le ragioni della propria vita.
Ilya Kabakov è un'artista che sta dentro l'arte per respirare e che attraverso le sue installazioni pone domande là dove si credeva che non si potesse o fosse legittimo domandare. La sua opera rappresenta, forse, una delle più potenti e drastiche richieste di verità del nostro tempo, così evidente da porre perfino se stessa in discussione. È un'opera che finisce per attorcigliarsi lungo una spirale espressiva nella quale senso e non-senso, verità e menzogna, realtà e surrealtà, terra e cielo risultano inestricabilmente intrecciati. La sua opera, alla fine, è il compimento di un'esigenza interiore che accomuna le esistenze di tutti gli uomini, qualunque cosa essi facciano o perseguano, sotto qualunque governo essi nascano e vivano, all'Ovest come all'Est: la possibilità di costruirsi una vita ulteriore, ultraterrena, onirica, spirituale, creativa. "Questa è una mia profonda convinzione: è impossibile vivere in questo mondo. Cambiare la vita è impossibile, è un tentativo destinato a fallire. Ma nonostante questo dobbiamo fare quanto è nella nostra possibilità per allontanarci da questa vita pur vivendo, prima della nostra morte. Per esempio volando al di sopra del terreno e atterrando solo di tanto in tanto"[1].
Le installazioni di Kabakov – dagli inizi degli anni Ottanta – denunciano e raccontano l'inferno quotidiano di una vita vissuta sotto il regime sovietico degli anni post-staliniani. Un inferno che si riesce a rintracciare e a ricostruire dalle voci, dalle illusioni, dalle fantasie dei suoi personaggi.
Ripercorrendo la rete di parole, commenti, denunce, racconti degli abitanti degli alloggi comuni, che costituiscono gli unici eventi che propriamente creano le sue opere, Kabakov ritorna anche sulle orme della propria vita e di quella degli altri uomini. Ed è proprio in questo musicale ricadere continuo di un racconto su di un altro racconto che questo artista dà voce e mette in scena uno dei più potenti strazi che si sia levato sul destino degli uomini. Un destino che è indiviso, che non consente privilegi o gerarchie tra valori più alti e valori più bassi; un destino che esprime l'indifferenza alla verità dell'esistenza umana, un destino di mistificazione, una teoria politica: il socialismo reale.
Ma siamo anche noi, uomini qualsiasi, spettatori anonimi fuori dalla storia dell'Est, fuori dalla Russia socialista, che troviamo un'identificazione con le ossessioni o le fughe di questi altri destini umani. Non importa più "chi" – e questa è la grandezza dell'opera di Kabakov –: qualunque essere umano (e noi ci siamo identificati in quell'essere), si riconosce nell'esistenza indifferenziata che unisce di fronte alla comune incapacità di vivere; perché, qualunque storia ci venga raccontata da queste installazioni, scopriamo, alla fine, che quella storia parla sempre di noi.
Per Kabakov si tratta di sviluppare un nuovo linguaggio attraverso il quale ci si possa impadronire dell'irrealtà, dell'ordine molteplice nel quale un evento può essere inscritto. Tant'è vero che la nozione stessa di verità è presentata in un ordine molteplice di possibilità tra loro alternative: così la voce e la verità del regime si manifesta attraverso fotografie, immagini di propaganda e di pittura ufficiale, notizie dai giornali; false, un tempo forse anche vere utopie, che si mescolano con le voci, i litigi, gli oggetti, la miseria, la fame e l'infelice verità dei suoi abitanti.
L'impossibilità di comunicare con gli altri, di farsi comprendere, che costituisce uno dei temi insistenti della convivenza negli alloggi comuni, segna il destino stesso di un linguaggio divenuto per ciascuno la propria prigione, il carcere nel quale è destinato lentamente a chiudersi per trovarvi una salvezza. Ognuno parla il proprio linguaggio, ognuno è immerso nel proprio piccolo/enorme problema quotidiano.
Viene in mente l'installazione delle *Le sedici corde* (1988, dai *Dieci Personaggi*), in cui Kabakov utilizza i rifiuti come metafora che determina e penetra l'intero spazio ideale e significativo di molte delle sue installazioni. In una stanza non molto grande sono tirate, da parete a parete e all'altezza degli occhi, delle corde da cui pendono ordinatamente dei rifiuti. Ad ogni rifiuto è attaccata un'etichetta su cui sono scritti frammenti di conversazioni quotidiane: all'oceano spazzatura degli oggetti appesi si aggiunge l'oceano verbale delle voci che parlano sul recto e verso delle etichette. Si ha la sensazione di avere a che fare con una sfera dell'esistenza confinata, che vive ai bordi, che è avanzo o, "come direbbero gli apostoli, la parte non evangelizzata dell'anima". È immondizia significativa. "In essa non c'è posto per la colonna, la fontana, la piramide". La sensazione di assurdità assoluta e di intollerabilità dell'esistenza, nello spazio eloquente delle corde, è soltanto la conferma che, in questo spazio, sono venuti meno i limiti generali della comprensione. L'installazione delle corde non è formata da semplice inoffensiva immondizia; non è una discarica in qualche modo attraente, situata in un cortile o sotto un

arco: è semplicemente "l'oscurità esteriore e le sue voci sono sicuramente stridio di denti. È un vicolo cieco..."[2].

Nell'opera di Ilya Kabakov torna insistente il tema della stanza, di un luogo in cui stare per proteggersi dall'altro, dal vicino. Tutti gli abitanti delle sue installazioni sono indaffarati a crearsi e a costruirsi quella giusta distanza rispetto all'altro e dentro questi spazi – talvolta piccoli come un armadio – si compiono le pratiche ossessive di raccolta di oggetti e carte, esercizi di contemplazione, esperimenti scientifici e teorie esistenzialiste.

È l'arte di *esistere contro i fatti*, è l'arte più difficile da definire, ma che in ogni caso ha il compito di rendere sopportabile ciò che non lo è. Esistere contro i fatti; fatti che sono, di volta in volta, la ripetizione di una pressione quotidiana intollerabile, la quale attiva la pratica di un pensiero alternativo e mette in discussione ogni fatto, evento, situazione. E c'è sempre una metafora ulteriore accessibile a tutti e fuori dalla connotazione sovietica: in questo caso quella dell'essere umano che è venuto al mondo e con i suoi sistemi simbolici deve costruirsi un proprio centro nel quale sopravvivere alla pressione della sua esistenza e dei fatti che lo circondano. Nelle installazioni di Kabakov l'uomo deve definire il suo luogo, deve costruirsi il suo centro per rendere abitabile il mondo al quale è stato consegnato. Questa abitazione si rivela, in realtà, come un luogo di fuga.

In uno dei suoi primi *Album* di disegni, dedicato alla storia di dieci personaggi (trasformato poi in una complessa e composita installazione), Kabakov inventa persone immaginarie e le dota di una biografia. Sono dieci contesti di coabitazione nell'alloggio comune in cui gli inquilini escogitano altrettante vie di fuga da ognuna di quelle situazioni. Sono inventori folli, ideatori di assurde e strane costruzioni, compositori illusi, collezionisti di oggetti inutili, artisti di talento, registratori di scampoli di conversazioni che diventano componenti di teorie cosmologiche. L'artista ci presenta dieci soluzioni di sparizione, di fuga, di straniamento, di salvezza... Ognuno di essi ha escogitato un proprio possibile modo di evasione, di sopravvivenza: per uno è l'ordine e l'armonia trovata nella propria collezione di cartoline; un altro è volato dentro un quadro da lui stesso dipinto; un altro ancora si è lanciato nello spazio direttamente dal proprio alloggio...

"L'alloggio comune ovvero l'inferno sono gli altri", ha scritto Kabakov mettendo al centro dei suoi lavori il mortale effetto della coabitazione che distrugge ogni indi-viduamente. Ma la cronaca può diventare poesia e i confini della casa possono così allargarsi, caricarsi di valori universali; assumere, accanto ai colori della realtà, anche i colori e i riflessi dell'eternità. Tutto ciò si realizza in quella sintesi di macrocosmo e microcosmo che sono le sue installazioni.

Prendiamo ad esempio *Tre notti*, che è "la storia di come un giorno, circa nel 1978", così spiega l'avviso per i visitatori, "esaminando uno dei tre quadri dal titolo comune 'Tre notti' [...] nella sua parte superiore furono casualmente individuati alcuni particolari che prima di allora non avevano attirato l'attenzione di nessuno. Erano delle figure di omini bianchi, non più alti di un centimetro [...] All'esame dei quadri, eseguito nel 1982, la posizione delle figurine bianche fu rilevata spostata di quaranta centimetri rispetto alla posizione originaria"[3]. Per vedere questi "omini bianchi" che vivono nel quadro e di tanto in tanto si spostano è necessario utilizzare il binocolo posto al centro della sala del museo. Certo, perché "io vedo solo ciò che conosco e non vedo ciò che non conosco".

Il binocolo è lo strumento che apre la vista sopra una conoscenza segreta, è l'entrata della visionarietà nella realtà, un tema caro alla cultura russa. Così questi piccoli omini bianchi che l'artista sparge e fa comparire nelle sue installazioni rappresentano la magia, l'inaspettato nel quotidiano, ma anche la profondità che rimane celata e segreta in ognuno di noi: un qualcosa di molto piccolo, inoffensivo, che cerca di prendere forma proprio come questi "omini bianchi".

La poesia è densità e chiarezza, la poesia è profondità e semplicità: Kabakov a questa poesia è riuscito ad avvicinarsi totalmente; perché l'arte di questo artista – è stato detto più volte – è un'arte libera, è un volo infinito lontano dalla noia, è "un esperimento di libertà soggettiva in una condizione di non-libertà oggettiva"[4]. E se è vero che tutta la sua opera porta in sé il peso oppressivo del potere totalitario, è vero anche che attraverso di essa viene indicata una grande via d'uscita: l'arte. È solo l'arte che può salvare dalla banalità dell'oblio le bugie della propaganda ufficiale e le mutue denunce degli uomini. Si tratta di una descrizione dell'inferno, ma allo stesso tempo anche di una mappa con tutte le possibili vie di fuga.

Con assoluta precisione Kabakov ha fissato le contraddizioni della società da cui proviene senza mai alzare la voce, parlando con assoluta chiarezza e lasciando che a parlare siano piuttosto il suo lavoro, le voci degli altri, i frammenti della cronaca quotidiana.

"L'uomo che giace nella polvere guarda in alto..."
Ci si può chiedere perché l'uomo che aveva deciso di "vivere nell'armadio" (*La vita nell'armadio*, 1988, dai *Dieci personaggi*) abbia, alla fine, lasciato socchiusa la porta di quell'armadio, senza impedire a chiunque di aprirla e di minare di nuovo la propria *privacy*.

Questo indizio, così come altri – per esempio, *Il compositore* (1988, dai *Dieci personaggi*) che cerca di offrire un modo per migliorare le condizioni di vita comune, cerca cioè di occuparsi della salute dell'anima dei suoi coinquilini –, insinua il sospetto che, l'"altro", il vicino-di-stanza, sia una presenza più complessa, della cui vita non ci si possa sbarazzare così facilmente.

Un rapporto ambiguo, dove la presenza dell'altro non è vissuta solo come ingombrante o scomoda ma diviene soprattutto stimolo per migliorare la propria esistenza. Attraverso la continua invenzione di stratagemmi di difesa, ci si sforza di trovare nuove vie d'uscita dalla realtà, si cercano, ad esempio, modi alternativi in cui far scorrere la propria vita spirituale. In fondo – sembra dichiarare l'uomo che viveva nell'armadio – non è la solitudine la condizione che riesce a dare pace e tranquillità; l'altro, il vicino, è parte integrante, condizione imprescindibile per raggiungere un'armonia altrimenti incompleta: stare con tutti e nello stesso tempo rimanere soli.

Si capisce – e Kabakov lo conferma in un'intervista – come l'idea di vivere in comune sia legata in modo inestricabile alla vita russa: "La vita comune ha degli aspetti positivi, perché si appella allo spirito di solidarietà, alla bontà, alla generosità, tutte qualità che sono molto 'russe'... e non soltanto dell'Unione Sovietica. Certamente, uno straniero riesce a percepire solo un aspetto di questa realtà: quello negativo, anche terrificante, con le cucine e i bagni in comune ecc. Ed è vero che la vita in comune è spaventosa. Essa si avvicina ad altre forme di vita estrema, come il carcere o il campo di concentramento. Ma voglio insistere sul fatto che la vita russa è comune nella sua essenza stessa. L'esistenza, in Russia, riposa su questo principio da sempre"[5].
In *L'arte della fuga*, dialogando con Boris Groys, Kabakov si riferisce all'arte come a una "macchina per superare le paure" e molte altre volte, nei testi e nelle sue installazioni, ci rivela i modi in cui questa macchina lavora. "È soltanto quando te ne stai sdraiato a terra – in una pensione di infimo ordine, per esempio – che

cominci a guardare il cielo: l'uomo che giace nella polvere guarda in alto..."[6].

L'installazione totale ovvero mostrare l'inferno agli angeli
Kabakov è approdato all'idea di "installazione totale" progressivamente, nel corso degli anni, attraverso l'evoluzione formale del suo lavoro.
All'inizio ci sono soltanto i disegni; poi cominciano le sequenze di disegni, e, in seguito, gli album. Inizialmente i disegni non hanno molto a che fare con i testi; poi, poco alla volta, si intrecciano e relazionano sempre di più con gli scritti; successivamente, iniziano ad entrare in scena i quadri su cui egli applica degli oggetti (ad esempio, *Prima di cena*, XLIII Biennale di Venezia, 1988). Infine, nei quadri vengono inseriti i testi, con le discussioni sul significato degli oggetti fatte insieme ad alcuni amici. È in questo modo che Kabakov inizia ad accumulare una grande quantità di frammenti quotidiani: tutte quelle cose che si tendono a buttare via e a perdere cominciano a dare forma a piccole installazioni.

Ma nel frattempo è subentrato un cambiamento profondo anche rispetto al rapporto che l'artista instaura con lo spettatore. "Quello che m'interessava era che il mio lavoro diventasse un'occasione di discussione e di commento. È essenziale che s'instauri tra me e l'altro uno scambio, che lo spettatore non si accontenti di esprimere soltanto il suo entusiasmo o il suo piacere, ma che si senta libero di commentare la mia opera in modo da portarne uno sguardo esteriore nuovo"[7]. Lo spettatore diventa il punto di riferimento "sentimentale" attorno al quale l'artista sperimenta e adegua l'intensità e la ricostruzione dell'ambiente delle sue installazioni, coinvolgendolo sempre di più nel senso dell'opera. Nel tentativo di far conoscere l'"inferno" a chi ha vissuto in "paradiso", l'artista controlla e aggiunge una serie di dettagli formali (colori delle pareti, elementi sonori, attenzione alla luce ecc.) che servono ad avvicinarlo il più possibile all'atmosfera e alla verità di quella realtà a lui così familiare.
L'idea di "installazione totale" arriva quando egli è già all'estero, quando si rende conto che le condizioni della vita in Unione Sovietica sono del tutto sconosciute o incomprensibili agli occidentali. Il problema e come si possa mostrare e restituire quella realtà tracciandone anche una memoria. "Ho portato con me il mio inferno e continuo a viverlo dentro di me ogni giorno. Allo stesso tempo voglio però mostrare quest'inferno a chi sta in paradiso"[8].

In un significativo dialogo tra Kabakov e Monastyrskij – altro artista impegnato, durante gli anni Settanta, a sostenere una cultura alternativa a quella ufficiale – i due discutono cercando di capire qual è lo spazio dell'installazione totale e la posizione dello spettatore in tutto questo. In ogni gesto dell'artista si svelano tre spazi estetici: la superficie del quadro, ciò che sta al di là del quadro – cioè le pareti della spazio espositivo – e infine lo spazio "inesistente", si potrebbe dire metafisico, che c'è tra la superficie del quadro e la parete. È lo spazio interno al quadro. Lo spettatore non deve capitare "per caso in una stanza di un alloggio comune. Egli non deve vivere l'installazione come se fosse in gita, passeggiandovi al suo interno e osservando gli oggetti (può sempre esistere anche questa possibilità). Se egli osserva e pensa 'Ma cos'è questo? Ma questa è solo una trappola!', allora si comporta come uno spettatore [davanti ad un'opera] della pop-art. Egli invece dovrebbe, nel momento in cui si trova nell'installazione, nell'oscurità, nei momenti di massima tensione e curiosità, restare se stesso guardando se stesso camminare all'interno dell'installazione. Se egli vi camminerà come nella stanza degli orrori o come a Disneyland, pronunciando frasi del tipo 'Oh! È terribile! Quanti diavoli e uccelli che volano!', allora resterà nell'ambito della pop-art. Insomma, egli dovrebbe rimanere ingenuo come un bambino che ripete: 'Oh! Un uccello che vola'"[9].

Nelle sempre più complesse installazioni totali di Kabakov si riescono ad individuare delle costanti formali – quasi un vocabolario plastico, una sorta di paradigma linguistico – che l'artista utilizza per restituire una verosimiglianza atmosferica con gli ambienti comuni, ufficiali e burocratici della vita sovietica. Per esempio, assumono un'importanza fondamentale le luci, che devono essere quasi sempre flebili, quasi smorzate del tutto, deprimenti. Così come i colori dei muri – divisi in due parti, grigio e marrone, separate da una linea blu –, tipici di tutti gli uffici burocratici del mondo sovietico: "La sola vista di quel muro è sufficiente a riportarci in quell'ambiente e a procurarci ogni volta una sensazione di malinconia e disillusione". Allo stesso modo il soffitto, quasi sempre grigio, può divenire simile a un cielo aperto e insondabile...

Ma prendiamo per esempio *Il Grande Archivio* (1993), che è una di quelle installazioni complesse formate da più installazioni poi unite insieme per rappresentare il più dettagliatamente possibile il mondo russo. È costituita da un grande spazio chiuso diviso all'interno in una sequenza di stanze che lo spettatore attraversa come un intricato labirinto; per lui inizia un "viaggio" che sarà diverso dalla sua conclusione – il significato e il carattere dell'installazione cambiano infatti strada facendo. Per ottenere questi passaggi e variazioni di sensazioni e atmosfere è molto importante il rapporto che esiste tra l'atmosfera dello spazio creato (nel quale tutto è rifatto: le pareti, il soffitto, il colore della pittura, l'illuminazione; e in questo caso c'è anche un suono) e gli oggetti che in esso si trovano. "In questa installazione gli oggetti principali sono: le cabine per la compilazione delle richieste di informazioni; le barriere che impediscono il movimento; tavoli, mobiletti e sedie e, sui tavoli, una grande quantità di carte, incollate su stand, affisse qua e là – un mare di carte di ogni tipo nel quale è destinato ad annegare chiunque capiti qui. In questa atmosfera anche gli spettatori che vagano nel labirinto [...] potrebbero sembrare oggetti"[10].

Se, infatti, lo spettatore non riesce a trovare in se stesso uno spazio per la comprensione dell'opera, se non si mette nella posizione dell'interprete attivo in grado di percepire la sua posizione all'interno dell'ambiente e se non riesce a sentirsi come una voce di quel coro che egli vede di fronte a sé in forma di frammenti di testi, egli non potrà mai dirsi spettatore di una sua installazione o tentare di capire lo spirito del suo racconto. Lo sforzo di rappresentare l'irrappresentabile diviene un surrogato della speranza: il lavoro di Kabakov è uno sforzo di questo tipo.

Madre e figlio

Il gruppo di installazioni in cui Kabakov annoda la vita propagandata dal regime con la realtà della vita privata (della madre) sono a mio parere tra le più intense e coinvolgenti. Abbiamo già visto come tutta la sua opera porti in sé il peso oppressivo del potere totalitario dimostrandone, allo stesso tempo, l'impotenza: *Madre e figlio* (1993) e *L'album di mia madre* (1990) sono due straordinarie messe in scena in cui, accanto alle riproduzioni a colori estratte dai giornali ufficiali degli anni Cinquanta, scorrono le parole dell'album della madre – Beila Solodoukhina – che racconta con parole semplici le difficoltà e le sofferenze della sua vita quotidiana; al potere e alla spavalderia della finzione della "Grande Utopia Socialista" si contrappone con evidenza sconfortante la verità cruda e disarmante della miseria e del disagio della realtà.

L'installazione *Madre e figlio* consiste in una stanza chiusa, quasi interamente immersa nell'oscurità – vi sono solo due lampadine che illuminano appena lo spazio – dove all'interno sono tese sedici corde con appesi degli oggetti di scarto, ognuno dei quali porta un'etichetta con una frase: parole che il figlio rivolge alla madre, "piene di ingiustificato risentimento e di scrupoli tardivi nei confronti della madre". Lungo tutto il perimetro della stanza, appoggiati sopra una mensola continua, scorrono 42 collage incorniciati e contenenti fotografie e documenti che ricostruiscono la biografia della madre dell'artista scritta da lei stessa: è l'album di sua madre. Gli spettatori che entrano in questa stanza devono munirsi di una torcia elettrica posta all'entrata e scoprire così, dentro il piccolo fascio di luce della torcia, questo dialogo immaginato tra madre e figlio. Sono due voci che emergono e si parlano da lontano, seguendo ognuna il filo della propria storia, dei propri disagi e fatiche quotidiane; sono frammenti del passato, remote associazioni che appaiono improvvise alla vista degli spettatori così come affiorano disordinate e confuse nella memoria del figlio. I fasci luminosi delle torce strappano all'oscurità dell'oblio flash di ricordi che non è più possibile fare ritornare né modificare.

Il lavoro di Kabakov si riferisce all'infanzia non soltanto come ad un tempo passato, ma a qualcosa di eternamente presente perché estremamente sensibile e sempre attuale, come un giornale quotidiano. "L'infanzia della civiltà non consiste soltanto in qualcosa che appartiene ad un arcaico passato, ma è una condizione che ripete continuamente se stessa"[11].

Monumento alla civiltà perduta
A Palermo, Ilya ed Emilia Kabakov hanno deciso di mostrare il progetto per il "Monumento alla civiltà perduta", un sogno che coltivano da più di dieci anni, cioè quello di realizzare un monumento alla civiltà in cui sono nati, hanno studiato e hanno vissuto: l'Unione delle Repubbliche Socialiste Sovietiche, un luogo ormai scomparso. Un'esigenza – dare un luogo a questa immagine di società – che oggi si è fatta ancora più urgente dal momento che quel mondo, destinato a durare per secoli, si è invece disintegrato, dissolvendosi in modo rapido e inatteso per coloro che vi avevano abitato. "Vorrei mostrare la vita quotidiana, le idee, i fatti, vorrei fosse un modo per intrattenere raccontando al pubblico il punto di vista dell'arte su una civiltà, quella sovietica, su cui si rischia di non sapere mai

più la verità"[12]. Riuscire a darne traccia e memoria è lo scopo di questa grandiosa proposta d'installazione per un monumento pensato sottoterra e adiacente ad un museo, a cui si accederebbe passando attraverso una piccola porta. Dentro ci si ritroverebbe in una "città" costituita dalle 38 installazioni già precedentemente realizzate da Kabakov nei vari musei del mondo e che, raggruppate qui, restituiscono un preciso frammento e spaccato di quella società.

Questo monumento dovrà essere eretto nel luogo dove tutto ciò è accaduto e "dovrà essere un monumento ai sopravvissuti di questo mondo, la cui coscienza è stata deformata dall'incalzante azione della propaganda e dalla continua pressione psicologica, che nelle loro forme estreme hanno portato alla comparsa della coscienza dell''uomo sovietico', con il suo falso entusiasmo e le sue ambiguità"[13].

Ma sarà soprattutto un monumento alla vita quotidiana, alla vita di ogni giorno, dove per ogni piccola cosa sono venuti a mancare i legami naturali dell'uomo con il mondo, con i suoi simili, con la propria anima.

Come sempre nelle installazioni di Kabakov i livelli metaforici sono duplici e, se da un lato troveremo il riferimento alla quotidianità della vita sovietica, dall'altro troveremo ancora una volta le diverse forme di sopravvivenza dell''umano nell'uomo". È un lavoro immenso e straordinario dove le voci dei suoi personaggi si incontrano e si amplificano nel coro polifonico di un'umanità costretta a sottomettersi e a tradire la propria natura. Forse la civiltà perduta è stata un'occasione mancata, una grandiosa utopia in cui molti uomini si sono riconosciuti, ma ciò che oggi rimane necessario è non perdere quella moltitudine di voci e di storie quotidiane per tentare di approssimarsi alla verità. "Sul passato bisogna dire la verità o stare zitti. Ricordare è una dura fatica, che vale la pena di affrontare soltanto in nome della verità" (Šostakovič). Nella volontà di creare un monumento alla civiltà perduta c'è senz'altro, da parte dell'artista, la necessità di ricordare e di non dimenticare le storie, le parole, l'atmosfera, i colori, la vita, l'inferno di quello che è stato.

Forse la memoria in Unione Sovietica è quanto di più raro e prezioso esista. Vi è stata calpestata per decenni, e la gente aveva ben altro da fare che non tenere diari o conservare lettere. Moltissimi cittadini, durante il "grande terrore", hanno distrutto i loro archivi personali e con essi le loro stesse memorie. Per non dimenticare i pensieri, i sentimenti, la poesia, molti intellettuali perseguitati impararono a memoria perché la carta non era più affidabile; ciò che rimaneva loro era soltanto la memoria, unica depositaria dei pensieri, delle parole e della poesia che programmaticamente veniva annientata e bandita. Mi viene in mente Nadezda Madel'stam, vedova del grande poeta Osip, che per non dimenticare le parole del marito le ripeteva e le imparava a memoria giorno e notte. Questo deve accadere per tutto quello che non può sopravvivere altrimenti

1. I. Kabakov, in T. Prikker, "Parkett", n. 34, Zürich, dicembre 1992.
2. I. Bakstejn, in "A Mosca... A Mosca", Verona 1992, catalogo della mostra.
3. I. Kabakov, *Descrizione dell'installazione*, traduzione italiana pubblicata in questo catalogo.
4. T. Prikker, op. cit.
5. I. Kabakov, intervista con N. Poullion, "Installation 1983-1995", Paris 1995.
6. I. Kabakov, in T. Prikker, op. cit.
7. I. Kabakov, in N. Pouillon, op. cit.
8. I. Kabakov, in *Conversazione tra Ilya Kabakov e Boris Groys*, in "Parkett", op. cit.
9. I. Kabakov, in Andrej Monastyrskij, *Il dito (due frammenti di dialogo)*, in "A Mosca... A Mosca", op. cit.
10. I. Kabakov, *Descrizione dell'installazione*, traduzione italiana pubblicata in questo catalogo.
11. C. Jolles, *Le scintille di Kabakov*, in "Parkett", op. cit.
12. I. Kabakov. Brani tratti dalla descrizione del progetto *Monumento alla civiltà perduta*, pubblicato in questo catalogo.
13. *Ibidem*.

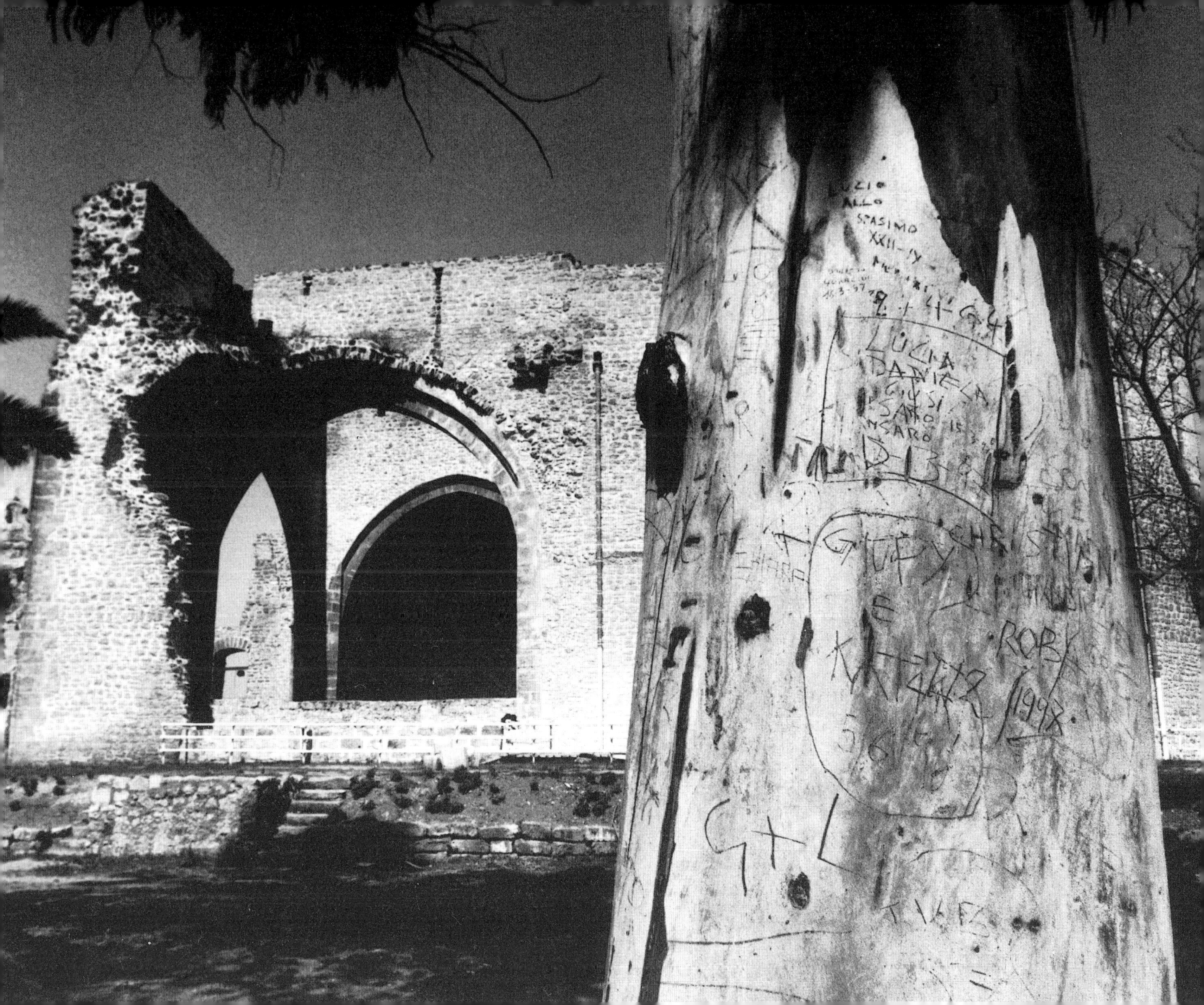

Chronicle Can Become Poetry

Chiara Bertola

*. . . everything will pass. Suffering, torment, blood, famine and pestilence.
The sword will vanish and yet the stars will remain when not even
the shadow of our bodies or our work is left. And everyone knows this.
So why don't we look up at the stars? Why?*
(M. Bulgakov, *The White Guard*)

There are artists who set themselves outside of art in order to turn it upside down. They are artists whose work was an initial reaction to an official culture that risked suffocating them because it did not correspond to their own ideas about life.

Ilya Kabakov is an artist who remains within art in order to breathe and who, through his installations, asks questions which were once thought impossible or not legitimate to ask. His work probably represents the most powerful and drastic demand for truth of our time, so evident that the artist puts even himself under discussion. It is a work which ends up twisting itself around an expressive spiral of sense and non-sense, truth and lies, the real and the surreal, heaven and earth, all of which become inextricably entwined. In the end his work is the conclusion of an interior need which equates the existence of all men, whatever they do or pursue, whichever government they are born into and live under, in the west as in the east: he points to a possibility that each man has an ulterior life to construct for himself, otherworldly, dream-like, spiritual, creative. . . . "This is one of my deepest convictions: it is impossible to live in this world. It is impossible to change one's life, and any attempt is bound to fail. But in spite of this we must do all that is possible to distance ourselves from this life we are living before we die. For example, to fly above the ground and only touch down every now and then."[1]

From the beginning of the Eighties, Kabakov's installations have denounced and recounted the daily hell of a life lived under the Soviet regime in the post-Stalin years. A hell which he manages to retrace and reconstruct via the voices, illusions, and fantasies of his characters.

By going back over this network of words, comments, declarations, stories of the inhabitants of the communal lodgings which constitute the only events that really make up his work, Kabakov returns to the traces of his own life and that of others. It is precisely through this continuous musical repetition of one story after another that this artist gives voice to and portrays one of the worst torments ever revealed about man's destiny. A destiny which is undivided, which does not consent privileges or hierarchies between the highest and lowest values; a destiny which expresses indifference to the truth of human existence with regard to the mystification of a political theory: true socialism.

However, we – ordinary people, anonymous viewers from outside the history of the East, outside of socialist Russia – also identify with the obsessions and flights of these other human destinies; it is no longer important who, – and this is what is great about Kabakov's work – it is any human being. We identify with that being, recognizing in that undifferentiated existence is that what unites us is the universal incapacity to live; because whichever story is told us in his installations, in the end we understand that the story is always about us.

Kabakov deals with the development of a new language through which he can master unreality; from the multifarious order in which an event can be inscribed. It is true that the very notion of truth is presented by Kabakov in a multifarious form of alternative possibilities: thus the voice and the truth of the regime comes out through photographs, propaganda images, official painting and newspaper reports from a false, maybe once true utopia, which are mingled with the voices, liturgies, objects, misery, famine and unhappy reality of its inhabitants.

The impossibility of communicating with others, of being understood, constitutes one of the most insistent themes of co-habitation in the communal lodgings, and signs destiny itself with a language which has become a prison, a prison in which he is destined to be slowly incarcerated in order to find salvation. Somebody speaks his own language, somebody else is immersed in his own small or large problems of daily life.

The installation *The Sixteen Ropes* (1988, from *Ten Characters*) comes to mind, in which Kabakov uses refuse as a metaphor which determines and penetrates the internal ideal space and is significative of many of his installations. In a not very large room, ropes are stretched from wall to wall at eye level with rubbish hanging along them in an orderly form. A label with fragments of everyday conversation written on it is attached to each piece of rubbish: added to the ocean of refuse of hanging objects is the verbal ocean of voices which speak on the front and back of the labels. One has the sensation of dealing with a sphere of confined existence, which lives on the edge, which is surplus or, "as the apostles would say, the unconverted side of the spirit." It is rubbish which has a significance. "There is no space for the column, the fountain, the pyramid." The sensation of total absurdity and intolerability of existence in the eloquent space of the ropes, merely confirms that the general limits of comprehension have failed in this space. The installation of the ropes is not just made up of inoffensive rubbish; it is not a rubbish pit that is somehow attractive, situated in a courtyard or under an arch, it is simply "the exterior obscurity and its voices are certainly grinding their teeth. It is a blind alley . . ."[2]

In Kabakov's work there is a recurring theme of the room, of a place in which one can stay in order to protect oneself from the other, the neighbor. . . . All the inhabitants of his installations are busy creating and constructing just the right distance from the other, and within these spaces – sometimes as small as a wardrobe – they carry out the obsessive practice of collecting objects, papers, contemplative exercises, scientific experiments and existential theories.

It is the art of *existing against the facts*; it is the most difficult art to define, but which nonetheless has the job of making bearable the unbearable.

Existing against the facts, facts which are, from time to time, the repetition of an intolerable daily pressure, stimulating the practice of alternative thought that questions every fact, event, or situation.

There is always an ulterior metaphor which is accessible to all and which remains outside the Soviet connotation. In this case it is that of the human being who has come into the world and who, with his symbolic systems, has to construct his own center in which he must survive the pressures of his existence and the facts that surround him. In Kabakov's installations, man must define his place and deconstruct his center in order to make habitable the world to which he has been consigned. This habitation reveals itself as a place of escape.

In one of his first *Albums* of drawings dedicated to the story of the *Ten Characters* (later transformed into a complex and composite installation), Kabakov invents imaginary people and gives them a biography. There are ten contexts of cohabitation in the communal lodgings in which the tenants devise ways of escaping from each one of those situations. They are mad inventors, creators of absurd and strange constructions, deluded composers, collectors of useless objects, talented artists, and recorders of scraps of conversation, which become the components of cosmological theories. The artist presents us with ten means of disappearing, escaping, of estrangement, of salvation. . . . Each one of them has devised his own possible means of evasion, of survival: for one it is the order and harmony found in his collection of postcards, another has flown into one of his own paint-

ings, yet another has launched himself into space from his apartment. . . . "Communal living, or hell, is others", Kabakov has written, placing the mortal effect of cohabitation which destroys each individual at the center of his work.

But chronicle can become poetry and the confines of the home can widen themselves, can be charged with universal values, can assume the colors and reflections of eternity alongside the colors of reality. He achieves all of this in the synthesis of macrocosm and microcosm which are his installations.

Let us take as an example *Three Nights,* which is "the story of how one day, in about 1978 – thus explains the notice to visitors – examining one of the three paintings from the *Three Nights* . . . that certain aspects at the top of the painting were noticed which hadn't been noticed before. They were the figures of little white men, no more than a centimeter high. . . . During an examination of the paintings in 1982 the position of the small white figures had moved about forty centimeters from the original position."[3] In order to see these "little white men" who live in the painting and who occasionally move, it is necessary to use some binoculars which are placed in the center of the museum room. Certainly, because "I only see what I understand and don't see what I don't understand."

The binoculars are instruments which open the view onto a secret understanding, and are the entrance of the visionary into reality, a theme dear to Russian culture Thus these small white men, who are scattered by the artist and then made to disappear in his installations, represent the magic, the unexpected in the everyday, but also the profundity which remains concealed and secret in everyone of us: something very small and inoffensive which tries to take on a form just like these "little white men."

Poetry is density and clarity, poetry is profundity and simplicity: Kabakov has been able to get close to this poetry totally; because the art of this artist, as has been said many times, is a free art, it is an infinite flight from boredom, it is "an experiment of subjective freedom in a condition of objective non-freedom."[4] And if it is true that all of his work carries within it the oppressive burden of totalitarian power, it is also true that through it a great way out is indicated: art. It is only art that can save the lies of official propaganda and the mute complaints of men from the banality of oblivion. It is a description of hell, but at the same time it is a map which indicates all the possible escape routes.

With absolute precision, Kabakov has fixed the contradictions of his society without raising his voice, speaking with absolute clarity and letting his work, the voices of others, the fragments of an everyday chronicle, do all the talking for him.

"The man who lies in the dust looks upward . . ."
One may ask oneself why the man who decided "to live in a wardrobe" (*Life in a Wardrobe,* 1988 from *Ten Characters*), decided to leave the door of that wardrobe half-closed, without obstructing anyone from opening it and threatening his privacy.
This clue, like all the others – for example *The Composer* (1988, from *Ten Characters*) who tries to offer a way of improving the conditions of communal life, and thus concerns himself with the spiritual well-being of the others – raises the suspicion that the "other," the roommate, is a more complex presence whose life cannot be done away with so easily.
An ambiguous relationship, in which the presence of the other is not experienced merely as something cumbersome and uncomfortable, but which becomes above all a stimulus for improving one's very existence. Through the continuous invention of defense strategies they make an effort to find new escape routes from reality; they look for alternative ways in which to run their spiritual lives. Basically, the man who lived in the wardrobe seems to be stating that solitude is not the condition which offers peace and tranquillity; the other, the neighbor, is an integral part, an unavoidable condition for arriving at a harmony that is otherwise incomplete: remaining in the company of others, yet at the same time being alone.
One understands – and Kabakov confirms this in an interview – how the idea of communal living is inextricably bound to Russian life: "Communal living has some positive aspects, because it appeals to the spirit of solidarity, to goodness, to generosity, all of which are extremely 'Russian' qualities . . . and not only in the Soviet Union. It is true that a foreigner can only perceive an aspect of this reality: the negative aspect, which is also terrifying, of communal kitchens and bathrooms, and so on. . . . And it is true that communal living is shocking. It is close to other forms of extreme living, such as prison or concentration camps. But I want to insist that the very essence of Russian life is communal. Existence in

Russia has always been based on this principle."[5]
In *The Art of Escape*, talking to Boris Grays, Kabakov refers to art as a "machine for overcoming fear," and many other times, in texts and in his installations, he reveals how this machine works. "It is only when you are lying on the floor of a boarding house of the lowest degree that you begin to look up at the sky: the man who lies in the dust looks upwards. . . ."[6]

The Total Installation or rather Showing Hell to the Angels
Kabakov arrived at the idea of a "total installation" gradually, over the years, through a formal evolution of his work.
In the beginning there were merely drawings; then there was a series of drawings, and then the albums. Initially the texts which began to appear had little to do with the drawings; then, little by little, they began to intertwine and relate to each other. Later the paintings to which he stuck objects appeared on the scene (i.e. *Before Supper,* 43rd Venice Biennale, 1988). Eventually some texts are included with the paintings, which are discussions the artist had with friends about the significance of the objects. In this way Kabakov begins to accumulate an enormous amount of everyday fragments, all those things which one tends to throw out and lose start to form the small installations.
However, there is also a profound change regarding the relationship the artist establishes with the viewer. "What interested me was that my work should become a point of discussion and comment. It is essential that a dialogue is established between myself and the other, that the viewer is not happy with just showing enthusiasm or pleasure, but that he feels free to comment on my work in order to bring in a new exterior view."[7] The viewer becomes an "emotional" reference point around which the artist experiments and adapts the intensity and the reconstruction of the ambience of his installations, increasingly involving the viewer in the sense of the work. In attempting to show "Hell" to those who have only known "Heaven," the artist controls and adds a series of formal details (colors of the walls, sound elements, attention to lighting, etc.) which serve to bring him as close as possible to the atmosphere and the truth of that reality which is so familiar to the artist.
The idea of a total installation came to him when he was already abroad, when he

realised that living conditions in the Soviet Union were practically unknown and incomprehensible to Westerners. The problem was to find a way of showing and restoring this reality by also tracing a memory. "I brought my hell with me and continue living with it inside me every day. At the same time, however, I want to show this hell to those who live in heaven."[8]

In a significative dialogue between Kabakov and Monastyrski, an artist who was also committed to upholding an alternative to the official culture during the Seventies, the two seek to understand what is the space of the total installation and the position of the spectator within it all. In each gesture of the artist three aesthetic spaces are revealed: the surface of the painting, that which surrounds the painting – the walls of the exhibition space – and, lastly, the "non-existent" space, one could say the metaphysical space, which exists between the surface of the painting and the wall around it. It is the internal space of the painting. "The viewer should not have . . . found himself in the room of an ordinary apartment He should not view the installation as if he were a visitor, walking around its interior and looking at the objects (although this possibility may also exist). If he looks and thinks: 'What is this? It's just a trap!' then he is behaving like an observer (before a work) of Pop Art. What he should do, from the moment he arrives in the installation, in the darkness, at the moment of maximum tension and curiosity, is to stay as he is, watching himself walking inside the installation. If he walks round as though he is in the chamber of horrors or at Disneyland, making comments like 'Oh, it's terrible! All those devils and birds flying round!' then he remains in the field of Pop Art. Basically, he should be as innocent as a baby who repeats: 'Oh, a bird flying!'[9]

Within his increasingly complex total installations, one can recognize a formal constancy – practically an adaptable dictionary, a sort of linguistic paradigm – which the artist uses to reconstitute an atmospheric similarity to the communal, official and bureaucratic environments of Soviet life: lighting assumes fundamental importance, for example, and must be almost always weak, almost completely dimmed, as oppressive as the colours of the walls – divided into two parts, grey and brown separated by a blue line – typical of all bureaucratic offices in the Soviet world: "just looking at that wall is enough to carry us back to that environment and to give us a feeling of melancholy and disillusionment." At the same time the ceiling, almost always grey, can be similar to an open and unfathomable sky . . .

Take *The Big Archive* (1993) as an example, which is part of a group installation consisting of many installations which are joined together in order to represent life in the Russian world in the most detailed way. It consists of a large closed space, divided internally by a series of rooms which the viewer goes through as though in an intricate labyrinth; he is at the beginning of a "journey" that is different to its end – in fact the meaning and character of the installation changes along the way. To achieve these changes and variations of sensations and atmosphere it is extremely important that a relationship exists between the atmosphere created in the space (in which everything is reconstructed: the walls, the ceiling, the paint color, lighting, and in this case there is also sound) and the objects which can be found within it. "In this installation the principal objects are: the cubicles for compiling information requests, barriers which impede movement, tables, pieces of furniture and chairs, and lots of paper on the tables, stuck to the wallboards, put up here and there; a load of different kinds of paper which is destined to overwhelm whoever finds himself there. In this atmosphere even the viewers who wander round the labyrinth can appear to be objects that spring up from behind the barriers . . ."[10]

If the viewer is unable to understand the work, if he is incapable of acting as an active interpreter able to perceive his position within the environment, and if he is unable to feel that he is a voice in the chorus which he sees before him in the form of fragments of texts, then he can never call himself a viewer of Kabakov's installation or try to understand the spirit of his story. The effort of representing the unrepresentable becomes a substitute for hope: Kabokov's work is an effort of this kind.

Mother and Son

The group of installations in which Kabakov has combined the life propagandized by the regime with the reality of the private life (of the mother) are, in my opinion, among the most intense and moving works. We have already seen how all of his work carries with it an oppressive burden of totalitarian power, while demonstrating impotence at the same time. *Mother and Child* (1993) and *My Mother's*

Album (1990) are two extraordinary *mise en scène* in which, alongside color reproductions extracted from official journals from the 1950s, are the words of the mother – Beila Solodoukhina – who tells in simple terms the difficulties and sufferings of her everyday life, of the power and arrogance of the falsehood of the "Great Socialist Utopia" which is contrasted with discomforting evidence of the cruel and disarming truth of the misery and hardship of reality.

The installation *Mother and Son* consists of a closed room, almost entirely immersed in darkness – there are just two lamps which dimly light the room – in which sixteen ropes are placed with scraps hanging from them, each one having a label containing a sentence: they consist of words said by the son to his mother, "full of unjustified resentment and belated twinges of conscience towards her." Along the entire perimeter of the room, placed on a mantelpiece, are forty-two framed collages containing photographs and documents which reconstruct the life history of the artist's mother written in her own words: it is his mother's album. The viewers who enter this room must arm themselves with a torch placed at the entrance and thus discover, via the narrow strip of torchlight, this imagined dialogue between mother and son. Two voices emerge which speak to each other from a distance, each one following the thread of their personal story, of their day-to-day trials and tribulations; they are fragments from the past, remote associations which appear out of the blue to the spectator in the same disordered and confused manner in which they appear to the son. The illuminated strips of light from the torch rent the obscurity of oblivion with flashes of memory that can no longer be restored or modified.

Kabakov's work refers not only to childhood as a past time, but also as something eternally present because it is extremely sensitive and always present, like a daily newspaper. "The childhood of civilization does not only consist of something belonging to a distant past, but also to a condition which continually repeats itself."[11]

Monument to a Lost Civilization

Ilya and Emilia Kabakov have decided to show the project *Monument to a Lost Civilization* at Palermo, a dream which they have cherished for more than ten years to create a monument to the civilization into which they were born, in which they studied and lived: the Union of Soviet Socialist Republics, a place which no longer exists. A need – to portray this image of a society – that has become increasingly urgent ever since that world, which was destined to last for centuries, crumbled, falling apart quickly and unexpectedly for those who were living there. "I want to show day-to-day life, the ideas, the facts, I want it to be a way of drawing the public's attention, by telling art's point of view on society, Soviet society, about which one risks no longer being able to know the truth."[12]

The aim of this magnificent proposal of installing a monument, which would be underground and adjacent to a museum and entered into through a small door, is to leave a trace and a record of that society. On entering, one would find oneself in a "city" consisting of the thrity-eight installations already created by Kabakov in various museums around the world and which, grouped together here, would reconstruct a precise fragment and section of that society.

This monument should be erected in the place where it all happened and should be a monument "to the survivors of that world, whose understanding has been deformed by the pressing actions of propaganda and continual psychological pressure, which in their extreme forms have brought about the disappearance of "Soviet man's" conscience, with its false enthusiasm and ambiguities."[13]

However, above all it would be a monument to everyday life, to day-to-day living in which man's natural ties with the world, with his fellow men, with his very soul are lacking.

As always in his installations, the metaphorical levels are twofold and if, on the one hand we find a reference to Soviet everyday life, on the other we find yet again the various forms of the survival of "man's humanity." It is an immense and extraordinary work in which the voices of his characters meet and amplify in the polyphonic chorus of a humanity forced to submerge itself and betray its true nature. Perhaps the lost civilization is a lost opportunity, a grandiose utopia with which many people identify themselves But all that remains necessary today is not to lose that multitude of voices and everyday stories in an attempt to get closer to the truth. "One needs to tell the truth about the past or remain silent. Remembering is hard work, and is worth attempting only in the name of truth." (Šostakovič) In the desire to create a monument to a lost civilization, there is definitely the artist's need to remember and never forget the stories, words, atmosphere, colors, the life and the hell of what it was.

Perhaps in the Soviet Union the memory which exists is even more precious and rare. Memory has been smothered for more than ten years, and the people have had other things to think about than keeping diaries or preserving letters. During the "great terror" many citizens destroyed their personal archives and with them their own memories. In order not to forget their thoughts, feelings, and poetry, many persecuted intellectuals learned by memory because paper was no longer reliable. What remained to them was just the memory: the only deposit for the thoughts, words and poetry which were either destroyed or banned. Nadezda Madel'stam, widow of the great poet Osip, comes to mind: in order not to forget his words she repeated them day and night and learned them by memory. This is what needs to be done for every other thing that would otherwise no longer survive.

1. I. Kabakov, cited in Thorn Prikker, "Parkett", no.34, Zürich, December 1992.
2. I. Bakstejn, in the catalogue, "A Mosca…A Mosca", Verona 1992.
3. I.Kabakov, *Description of the installation*, Italian translation published in this catalogue
4. T. Prikker, in op. cit.
5. I. Kabakov, cited in *Interview with N. Poullion, "Installation 1983-1995"*, Paris 1995.
6. I. Kabakov, in T. Prikker, op. cit.
7. I. Kabakov, in N. Poullion, op. cit.
8. I. Kabakov, cited in *Conversation between Ilya Kabakov and Boris Groys*, in "Parkett", op. cit.
9. I. Kabakov, cited in Andrej Monastyrskij, *The Finger (two fragments of a dialogue)*, in the catalogue "A Mosca…", op. cit.
10. I. Kabakov, *Description of the installation*, Italian translation published in this catalogue
11. C. Jolles, *The Sparks of Kabakov*, in "Parkett", op. cit.
12. I. Kabakov, the quotes in italics are taken from a description of the project *Monument to a Lost Civilization* published in this catalogue.
13. *Ibidem*.

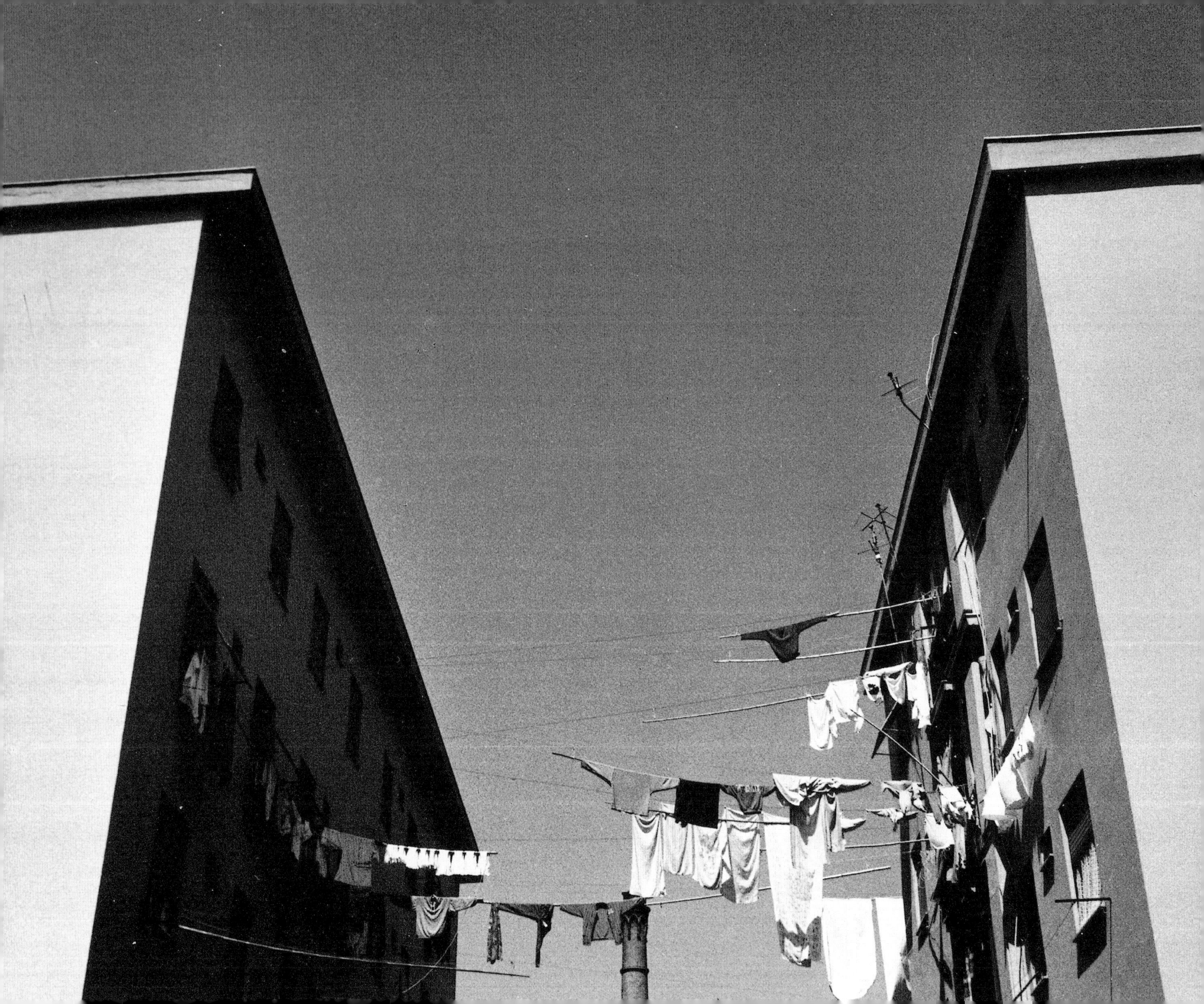

Kabakov: miracolosamente liberi

Bianca Tarozzi

Entrare nelle case sconosciute e leggere negli oggetti che esse contengono una storia, più storie, non succede spesso, salvo che nei sogni. Nei sogni gli interni hanno una strana inconsistenza: per esempio, là abitiamo in vecchie case ormai demolite o abitate da altri; incontriamo personaggi storici o familiari, commisti; rivediamo, dopo anni, gli amici che abbiamo lasciato senza – credevamo – il minimo rimpianto. Passiamo per certi pertugi e ci troviamo in stanze senza vie d'uscita. Lo spazio, l'ambiente nei sogni è simbolico. Lo stesso accade nelle istallazioni di Kabakov: entriamo nelle vite altrui, ritroviamo un passato non nostro eppure riconoscibile. Oppure: nostro ma irriconoscibile. Dove siamo, e come decifrare lo spazio, l'ambiente anomalo, in cui siamo visitatori due volte stranieri? Gli stravaganti personaggi di Kabakov sono tutti artisti – che lo credano o no. Subiamo l'impatto della loro identità collettiva e forzata: quel che i vicini pensano di loro, quel che a loro viene imposto. Ma siamo incantati dalla loro identità segreta, dalla poesia delle loro invenzioni. Abbiamo in comune con essi i percorsi obbligati, le vicinanze incongrue, il tentativo di spezzare il cerchio, di trovarci d'un tratto, e miracolosamente, liberi.

Certo, è vero: Kabakov, come Kantor, ricrea il passato storico e quello familiare dell'Est. Ma come mai questo passato ci appartiene così intimamente, ed è anche nostro? Se noi in URSS non ci siamo mai stati, e magari neppure abbiamo mai voluto immaginarne la realtà?

Ma dar spazio, dar vita, luogo, spirito – a qualcuno, all'altro, ai personaggi di quella epopea, a noi che ora la percorriamo – è per l'appunto il compito di un artista come Kabakov. Anche Perec creava o ricreava interi mondi e ci dava, con essi, le istruzioni per l'uso. Ma il suo mondo era fatto soltanto di parole. Qui invece: parole, suoni, oggetti, colori, odori. Ma anche qualcosa al di là di tutto questo, qualcosa che è di più dell'insieme delle parti. Il di più credo sia la poesia che come un vento perturbante e benefico toglie la stagnazione, porta l'emozione vitale che si accompagna alla lettura, alla percezione dei destini.

Del resto, il compito di ricordare, di ricomporre è quello del poeta. Orfeo, così come Kabakov, trasgredisce all'ingiunzione secondo la quale è pericoloso voltarsi indietro: ma questo suo procedere con lo sguardo rivolto al passato è il segno, per noi, di una compassione e di una redenzione.

The Kabakovs: Miraculously Free

Bianca Tarozzi

Entering unknown houses and looking into objects which contain a story, many stories, does not happen often, except in one's dreams. In dreams, interiors have a strange inconsistency: for example, there we live in old houses which are now demolished or inhabited by others; we meet historic or familiar characters, mixed together; we see once again, years later, friends who we left without – or so we thought – the least regret. We pass by certain gaps and find ourselves in rooms which have no exit. The space, the environment of dreams is symbolic. The same thing happens in Kabakov's installations: we enter into other people's lives, we rediscover a past which is not ours, yet which is recognizable. Unless it is ours but unrecognizable. Where are we, and how do we decipher the space, the anomalous environment, in which we are visitors and twice foreigners? Kabakov's extravagant characters are all artists – whether they believe it or not. We experience the impact of their collective and forced identity: what their neighbors think of them, what is imposed on them. But we are bewitched by their secret identity, by the poetry of their inventions. We have the obligatory route in common, the incongruous proximity, the attempt to break the circle, to find ourselves suddenly and miraculously free.

Of course, it is true: Kabakov, like Kantor, recreates the historic past and all that is familiar from the East. But how come this past belongs to us so intimately and is also ours? If we have never been to the USSR, and probably never wanted to imagine the reality?

But to give a space, a life, a place, a spirit – to someone, to another, to the characters of this epic, to those of us who are now passing through it – is precisely the task of an artist like Kabakov. Perec also created or recreated entire worlds and gave us instructions for use with them. But his world was made up solely of words. Here, however: words, sounds, objects, colors, smells. But also something apart from all this, something that is more than the sum of its parts. I think that the extra something is the poetry which, like a disturbing and benevolent wind, removes stagnation and carries the vital emotion which matches the reading, the perception of destinies.

However, the job of remembering, of reconstructing, is that of the poet. Orpheus, like Kabakov, transgresses the injunction according to which it is dangerous to look back: but this way of his of continuing to look back at the past is the sign, for us, of compassion and redemption.

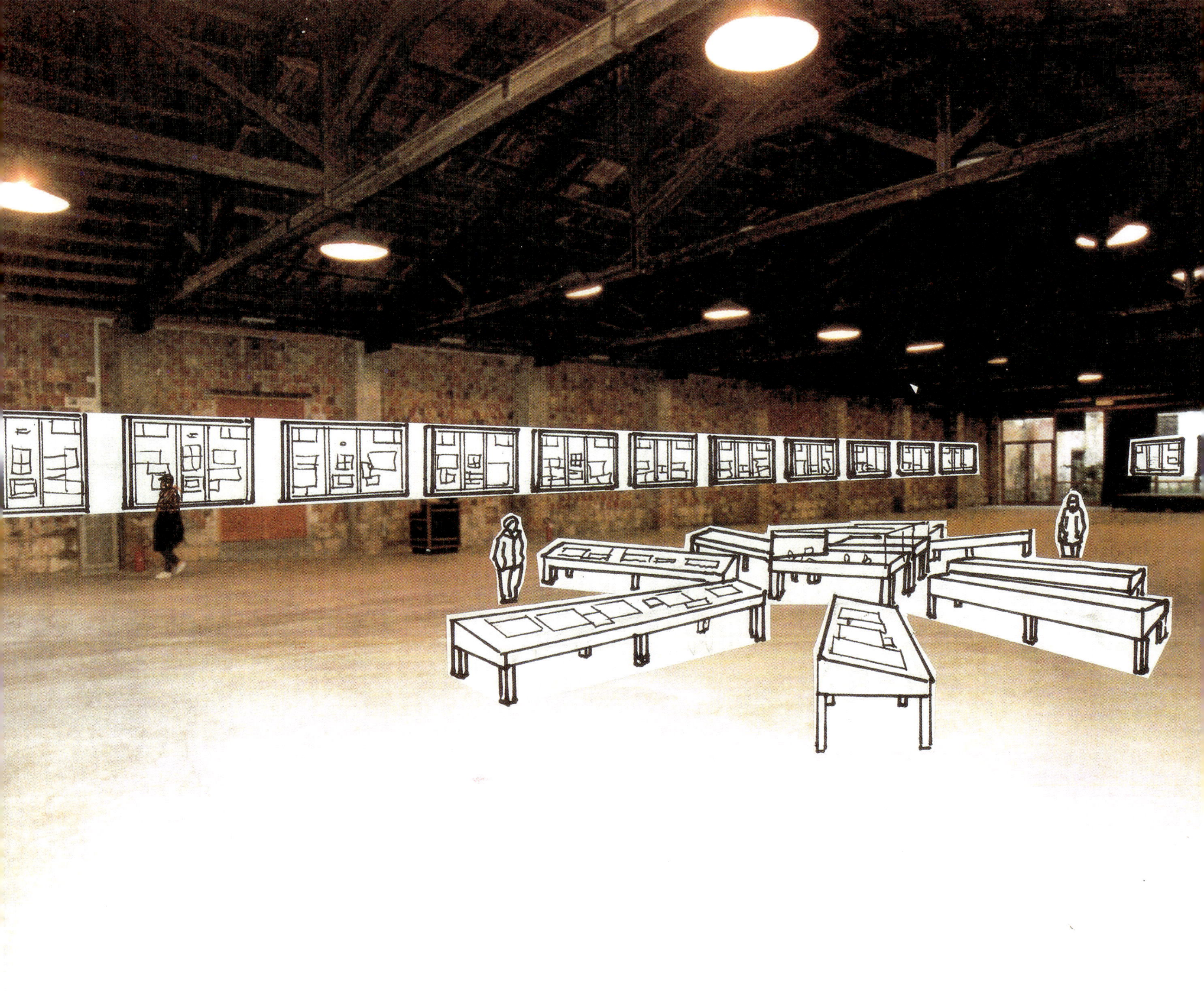

Monumento alla civiltà perduta
Monument to a Lost Civilization

Progetto di installazione allo Spazio Ducrot,
Cantieri Culturali alla Zisa, Palermo.
Disegno di Ilya e Emilia Kabakov su foto di Shobha

Installation project at Spazio Ducrot,
Cantieri Culturali alla Zisa, Palermo.
Drawing by Ilya and Emilia Kabakov on photo by Shobha

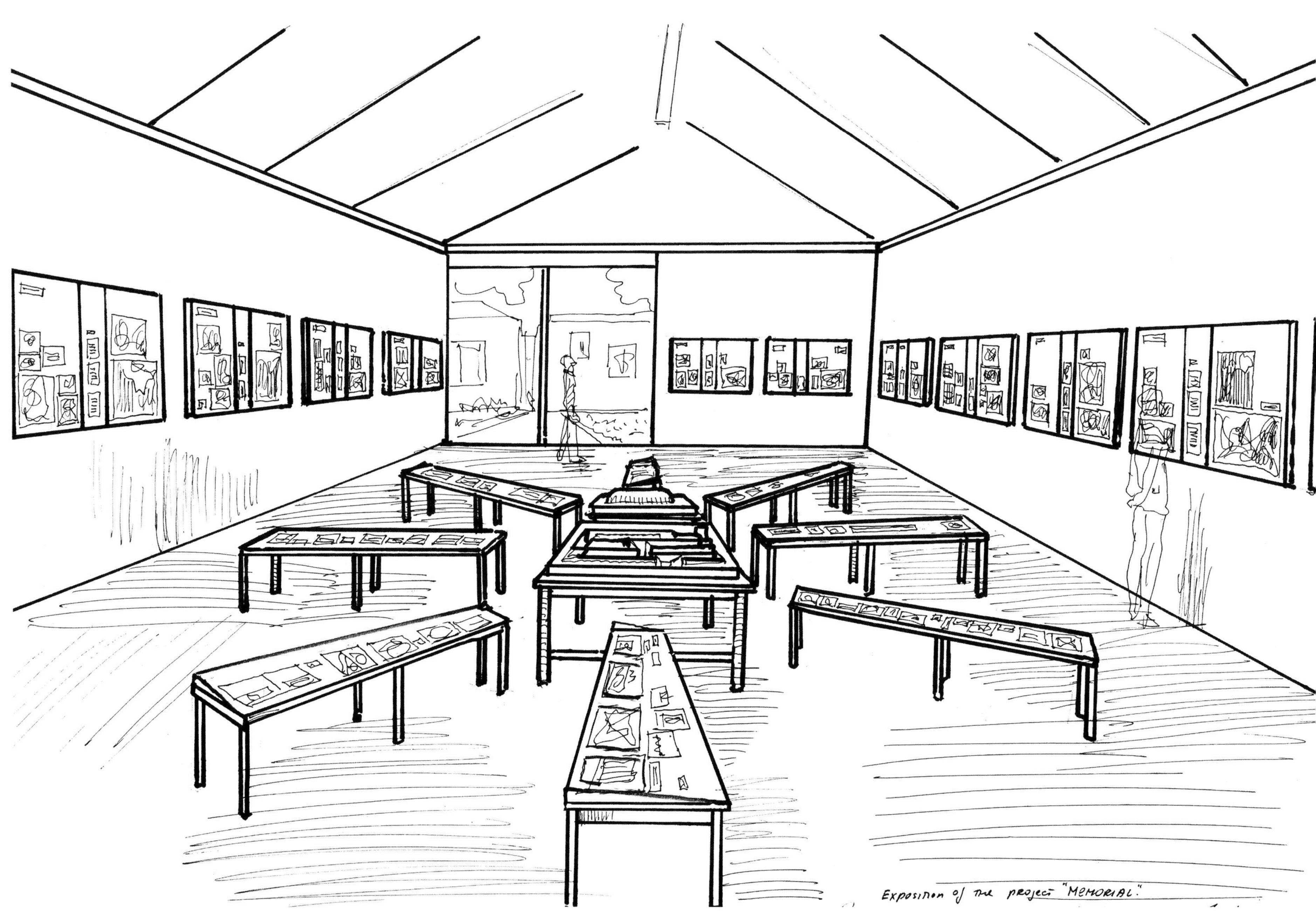
Exposition of the project "MEMORIAL."

Monumento alla civiltà perduta

Negli ultimi dieci anni il mio più grande sogno è stato quello di realizzare un "monumento" alla civiltà in cui sono nato, ho studiato e ho vissuto: l'Unione delle Repubbliche Socialiste Sovietiche, un luogo ormai scomparso. Il desiderio di dare a questo luogo un'immagine – un'immagine ovviamente non obiettiva ma derivante da quello che ho vissuto e sentito, e dunque estremamente soggettiva – si è fatto ancora più insistente dopo che il mondo sovietico, apparentemente destinato a durare per secoli, si è disintegrato, dissolvendosi in maniera rapida quanto inattesa per coloro che lo abitavano.

Quest'immagine, questo *Monumento alla civiltà perduta*, mi appare sotto forma di un'installazione di dimensioni enormi, costruita sottoterra e adiacente a un museo. All'installazione si accederebbe dal museo, passando attraverso una piccola porta e scendendo qualche scalino. Nell'insieme l'installazione si compone di 38 sezioni, installazioni più piccole collegate tra loro tramite corridoi e passaggi. Il tutto forma un immenso labirinto, nel quale tuttavia il visitatore si orienta secondo determinate direttrici.

Si tratta naturalmente solo di una proposta, di un sogno che, considerati gli innumerevoli problemi che ne sorgerebbero, appare molto difficile da realizzare. Ma ci sono le 38 installazioni di cui parlavo prima, le quali non solo sono già pronte ma sono anche già state esposte separatamente in diverse sedi. Riguardandole, mi sono reso conto che mettendole insieme avrei potuto realizzare quel sogno di cui parlavo all'inizio.

Il progetto realizzato per la sala delle esposizioni di Palermo non è che un'ipotesi di allestimento di questo *Monumento*, un'ipotesi presentata al giudizio del pubblico esattamente come il progetto di un edificio qualsiasi viene sottoposto al vaglio di una commissione prima dell'inizio dei lavori.

Questo è in assoluto il primo allestimento della mostra.

I. *Il concetto di* Monumento *in quanto progetto*

La Rivoluzione russa, che ha dato inizio all'"era del socialismo", è considerata l'avvenimento più importante del XX secolo. Anche la fine dell'era socialista, verificatasi sul finire degli anni Ottanta, deve essere vista come un avvenimento di importanza fondamentale del nostro secolo. Ma il totalitarismo, escluso dall'arena politica nei paesi dell'Est europeo e nel territorio dell'ex Unione Sovietica, non è semplicemente una nebbia, vischiosa e pesante, che d'improvviso si è alzata riportando alla vita la terra della democrazia, una democrazia inondata di luce e senza nubi.

Il totalitarismo permane nella coscienza e nel subcosciente degli uomini che lo hanno vissuto e di cui noi, con la nostra esperienza, avvertiamo la profonda influenza. Ma è altrettanto chiaro che il totalitarismo non è un sistema politico di ignota provenienza che si è abbattuto sull'uomo: i suoi "germi" vivono ed esistono in ciascuno di noi e, per amore del futuro, questa è una realtà che non si può né dimenticare né ignorare.

Ecco perché sarebbe importante erigere un monumento esclusivo da dedicare al totalitarismo sovietico. Questo monumento non dovrà però essere eretto e dedicato alla memoria delle vittime dei lager. Esso dovrà trovare posto nel territorio dove tutto ciò è accaduto. E dovrà essere un monumento ai sopravvissuti di questo mondo, la cui coscienza è stata deformata dall'incalzante azione della propaganda e dalla continua pressione psicologica, che nelle loro forme estreme hanno portato alla comparsa della coscienza dell'"uomo sovietico", con il suo falso entusiasmo e le sue ambiguità.

Questo sarà un monumento alla "quotidianità" della vita sovietica, al "sistema di vita" di ogni giorno dove in ogni piccola cosa, per l'azione di un terrore che si era insinuato ovunque, sono venuti violentemente a mancare i legami naturali dell'uomo con il mondo, con i suoi simili, con la propria anima.

Sarà un monumento alle tante forme di sopravvivenza dell'"umano nell'uomo" – ai progetti a volte orribili, mostruosi, fantastici, a volte ridicoli e commoventi che l'uomo contrappose al progetto più "bello" e più sanguinario della storia dell'umanità: la creazione del paradiso sovietico su questa terra.

Ciò va riferito a qualsiasi uomo di qualsiasi società, non solo alle società totalitarie, ma ovunque una società deformi sotto qualsiasi forma la personalità dell'uomo e lo costringa a sottomettersi e a tradire la propria natura.

II. *Descrizione del progetto*

Il *Monumento* è costituito da un complesso di 38 "installazioni totali"[1] che dà vita a una gigantesca installazione totale della dimensione di 60x80 metri, con un'altezza media di 3,5 metri e massima di 7 metri. È prospiciente al museo artistico di una grande città e si trova sotto il livello delle altre sale del museo. L'installazione non dispone di una propria entrata e il visitatore viene a trovarsi d'improvviso al suo cospetto quando, entrato in una sala del museo, irrompe in questo mondo per il puro caso, avendo semplicemente seguito l'indicazione "Al giardino d'estate" e dove invece delle classiche sale luminose del museo d'improvviso egli scopre una civiltà completamente diversa, regolata da leggi del tutto diverse. È un mondo insolito e orribile, costituito da due "spazi" che entrano uno nell'altro e che per concezione sono l'un l'altro nettamente contrapposti. Il primo spazio comprende l'interno di una enorme costruzione, sfarzosa ma incompiuta. Qua e là ci sono ancora i "ponteggi", sul pavimento giace inutilizzato del materiale da costruzione. Dinanzi a noi c'è una parte del pianterreno di un enorme edificio o della sua ala laterale, forse il "Palazzo dei Congressi", concepito nelle grandiose forme dell'architettura staliniana, con possenti colonne a sezione quadrata e un alto soffitto arricchito da una cornice dorata. All'interno di questa incompiuta grandiosità s'inserisce uno spazio assolutamente diverso, un altro mondo architettonico. Qui la sontuosa, solenne architettura della stanza precedente si è trasformata in una serie di locali del tutto diversi perché diversa è la loro destinazione. Come accade quando all'interno di vecchi palazzi classici si erigono nuovi padiglioni provvisori, anche qui sono innalzate un po' dappertutto nuove pareti, facilmente smontabili e frettolosamente decorate, che danno vita a nuovi locali, grandi e piccoli, a stretti passaggi, a corridoi sui quali si aprono moltissime porte. Il visitatore che entra in questo mondo deve seguire un percorso stabilito indicatogli dalla scritta "Al giardino d'estate" che lo porta ad attraversare questo gigantesco labirinto passando di corridoio in corridoio, di sala in sala, fino all'ultima stanza (ma non arriva al "Giardino d'estate" perché sulla porta corrispondente è scritto: "Chiuso. Non c'è entrata"); dopo di che il visitatore torna nel museo da cui ha avuto inizio il suo viaggio ma seguendo un percorso più breve, diretto. Questi spazi – le sale e i corridoi – costituiscono un'installazione separata e autonoma, ciascuna con un proprio soggetto. Tutti i soggetti delle installazioni sono tra loro collegati e formano un insieme coerente dall'inizio alla fine, simile a una commedia con più "azioni", con la differenza che il legame che unisce queste "azioni" non è temporale ma spaziale.

III. *La struttura del* Monumento

L'intero progetto prevede un complesso di 38 installazioni suddivise in sette diversi "rioni", tra loro separati da corridoi. Percorrendo questi corridoi è possibile passare, come accade camminando per le strade di una piccola città, da un "rione" all'altro. Ciascun "rione" riflette il proprio specifico tema. Passiamo ora alla loro descrizione.

1° rione (A)

Il rione dell'ideologia comunista e della propaganda

In questo rione, situato nella parte centrale della successione di stanze che si snoda lungo uno dei suoi assi, si trovano quattro installazioni:

1. *L'angolo rosso*
2. *Noi viviamo qui*
3. *Il ponte*
4. *NOMA, ovvero Circolo intellettuale di Mosca*

2° rione (C)

La vita in comune

Questo rione, che si trova sulla destra dell'ingresso, riproduce uno degli aspetti più particolari della realtà sovietica – l'alloggio in coabitazione – dove durante il potere sovietico viveva più dell'85% della popolazione urbana. Ciascuna stanza di questo alloggio è abitata da "inquilini" singoli, ciascuno con le proprie fobie e fantasie, ciascuno capace a suo modo di fuggire dal mondo circostante o di isolarsi da esso. Nel centro dell'alloggio – nodo principale ed epicentro di tutti i problemi – c'è la cucina comune.

Questo rione contiene le seguenti installazioni:

1. *L'uomo-angelo*
2. *La vita nell'armadio*

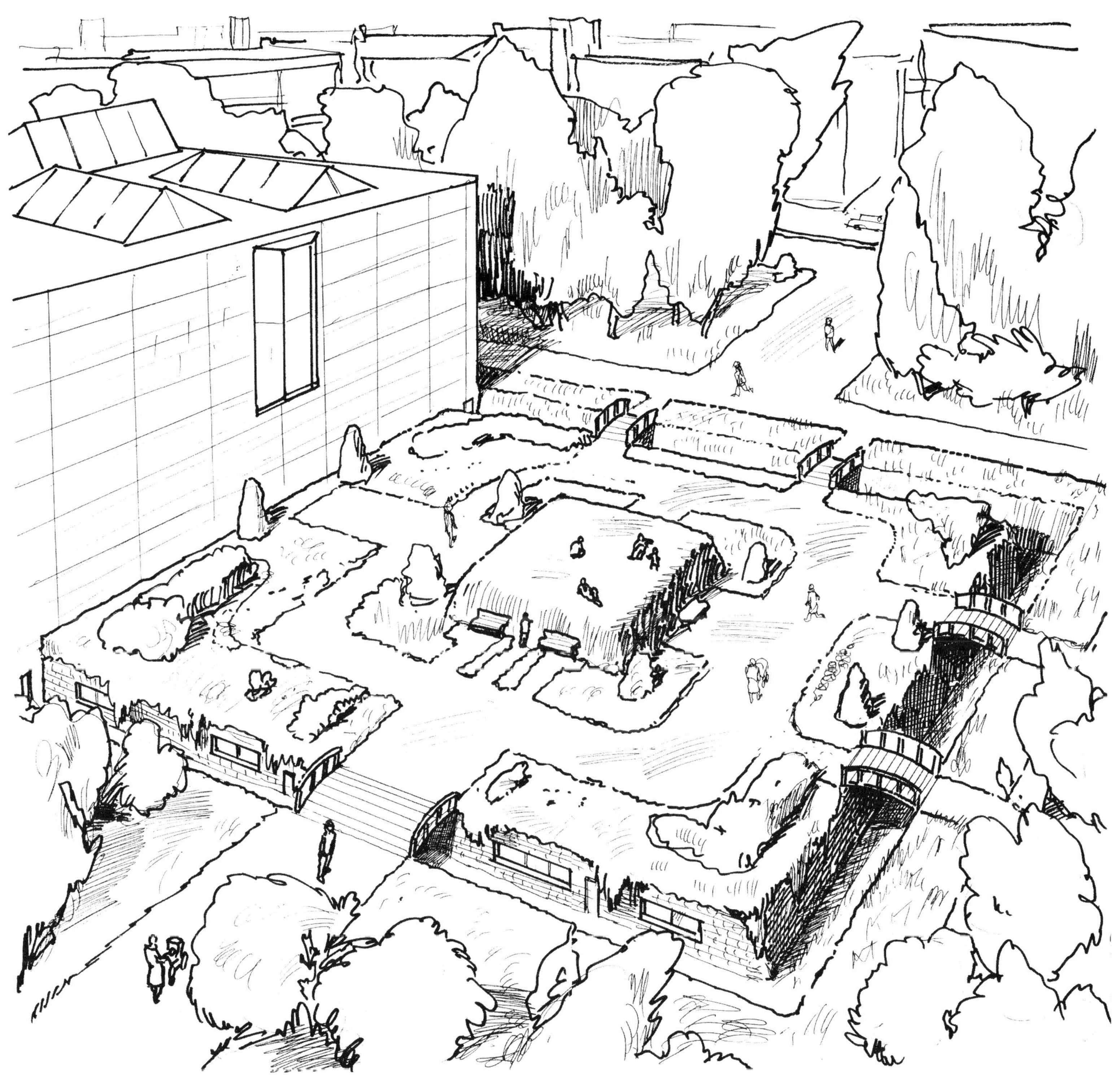

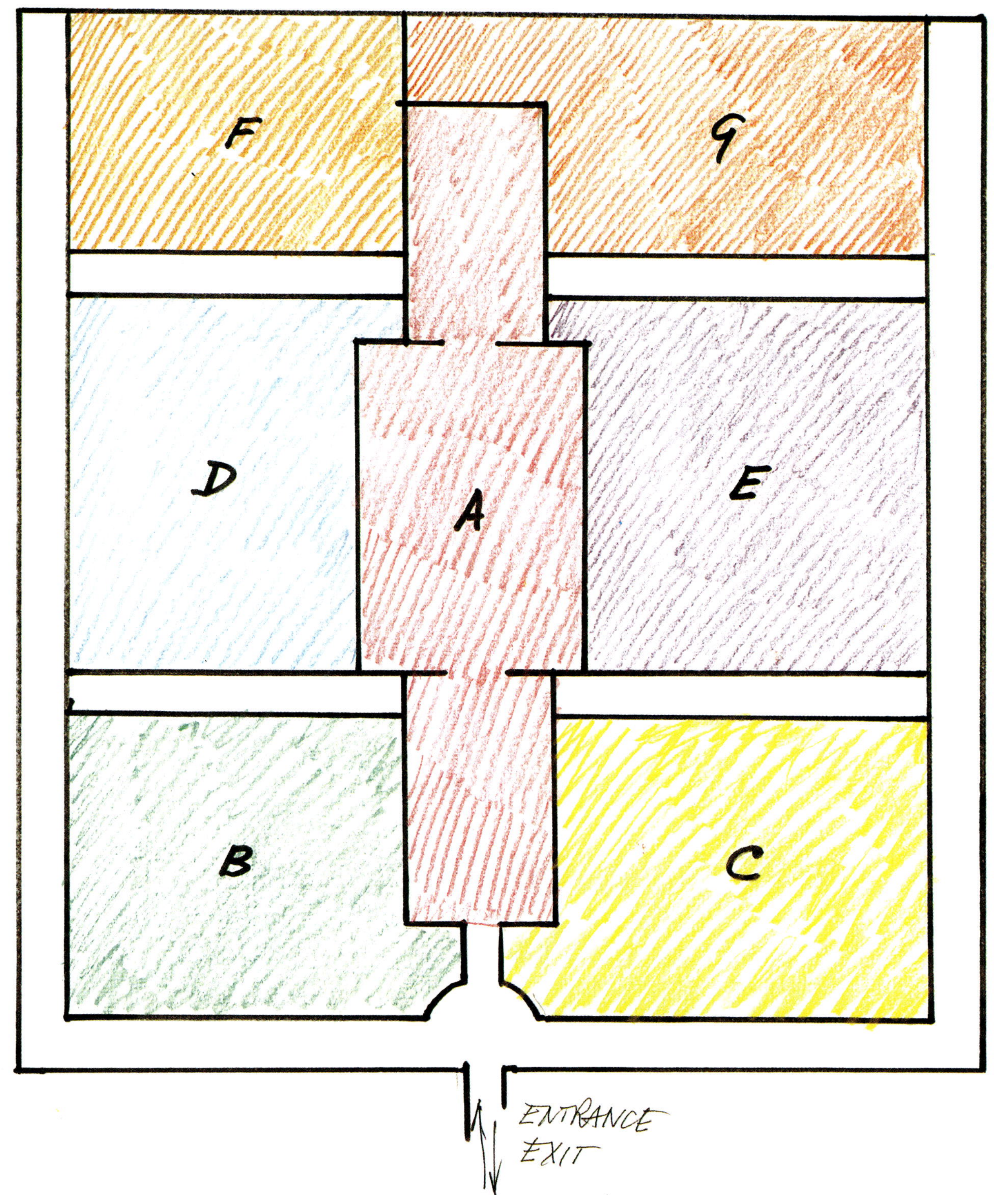
F
G
D
A
E
B
C
ENTRANCE
EXIT

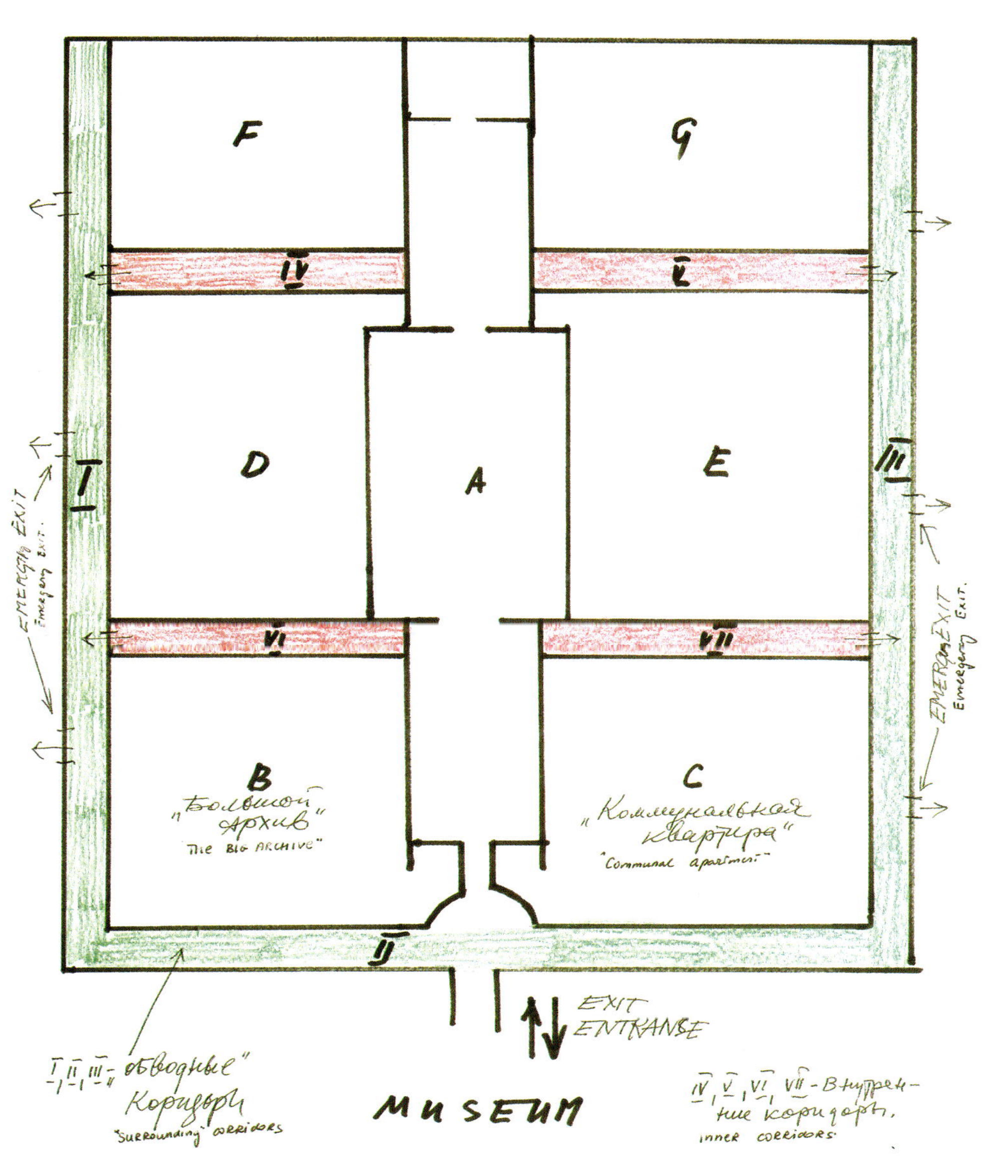
Основные коридорные коммуникации
внутри инсталляции
General corridor communications inside the installation.
I, II, III — „обводящие" коридоры (surrounding corridors).
IV, V, VI, VII — основные параллельные коридоры
General parallel corridors.
F
G
IV
V
D
A
E
I
III
VI
VII
B
„Большой" архив
"The Big Archive"
C
„Коммунальная квартира"
"Communal apartment"
EMERGENCY EXIT
Emergency Exit.
EMERGENCY EXIT
Emergency Exit.
II
EXIT
ENTRANCE
MUSEUM
I II III — „обводные" коридоры
"Surrounding corridors"
IV, V, VI, VII — внутренние коридоры.
inner corridors.

3. *Il gabinetto nell'angolo*

4. *Il sistema universale*

5. *Il collezionista*

6. *Il compositore*

7. *L'uomo che è volato dentro un suo quadro*

8. *L'uomo che si è lanciato nel cosmo*

9. *L'uomo di bassa statura*

10. *Il collezionista di opinioni altrui*

11. *L'artista senza talento*

12. *L'uomo che porta in salvo Nikolaj Viktorovič*

13. *La cucina comune*

3° rione (B)

Il mondo della burocrazia

Sono qui rappresentate situazioni contabili che non finiscono mai, informazioni, chiarimenti, petizioni – un mare di carte e di informazioni sulle infinite forme di vita dell'uomo sovietico – la vita personale, ufficiale, sociale ecc. Il terzo rione è costituito da una sola installazione:

1. *Il grande archivio*

4° rione (E)

La zona museale e dell'istruzione

Sono compresi in questo rione: la sala di un museo, una sala di lettura, una biblioteca e altri luoghi ove trascorrere il tempo in attività "culturali":

1. *È impazzito, si è spogliato ed è fuggito via nudo*

2. *La sala di lettura*

3. *20 modi per procurarsi una mela ascoltando la musica di Mozart*

4. *Un quadro solenne*

5. *Il museo vuoto*

6. *Tre notti*

7. *Un labirinto di dieci album*

8. *La biblioteca dell'artista*

5° rione (D)

Gli ospedali e le ricerche scientifiche

Fa parte di questo rione un "complesso" comprendente alcuni istituti "ospedalieri" e di ricerca sulla vita delle civiltà "delle mosche", che ha sede nell'atmosfera al di sopra del territorio della Russia:

1. *Il manicomio ovvero l'istituto per la ricerca creativa*

2. *La terapia con i quadri*

3. *La terapia con i ricordi*

4. *Le confessioni psicologiche*

5. *L'ospedale pediatrico*

6. *La vita delle mosche*

6° rione (F)

Il mondo della memoria

Qui sono raccolte le installazioni dedicate alle biografie e ai ricordi personali appartenenti o a persone amiche o allo stesso autore oppure dedicati alla memoria dei personaggi che l'autore stesso ha progettato o realizzato:

1. *La barca della mia vita*

2. *L'album di mia madre*

3. *L'uomo-spazzatura*

4. *Madre e figlio*

7° rione (G)

I monumenti dell'infanzia

Le installazioni sono collocate nell'angolo più lontano alla destra dell'entrata. Il significato di questo rione è racchiuso nelle immagini dell'infanzia che si sono conservate nella memoria, ma più che immagini bisognerebbe chiamarle "rovine", le "rovine" dell'infanzia. Qui sono raffigurate due di queste "rovine": i ricordi della vita nella soffitta o sul tetto e i ricordi di scuola:

1. *Sul tetto*
2. *La scuola n.6/La scuola abbandonata*

IV. *Della soggettività del* Monumento

Sebbene l'intero progetto si configuri come una rappresentazione della ormai scomparsa "civiltà sovietica" – che essendo esistita nella realtà esige di conseguenza una descrizione dei suoi molteplici aspetti ideologici, quotidiani, sociali ecc. –, esso non può però in alcun modo essere considerato un progetto etnografico (sul tipo del nuovo museo "La vita nell'antico Egitto" oppure "Il mondo degli Incas") avente lo scopo di ristabilire in modo accurato dettagli e circostanze reali della vita della Russia dal 1917 al 1990, ora che la civiltà sovietica si è d'un sol colpo dissolta, quasi non fosse mai esistita.

Non è questo il compito che si è prefisso l'autore perché non basterebbero certo le forze di un solo uomo per farlo. Il progetto non è che un insieme di immagini soggettive, di fantasie di un uomo che è vissuto in quel mondo ma che ha visto ogni cosa secondo il proprio, intimo punto di vista e non con gli occhi di un osservatore estraneo e obiettivo. L'autore è nello stesso tempo vittima e osservatore, medico e paziente, partecipe e freddo registratore.

Per questo motivo il visitatore che entra in contatto con queste installazioni potrà cogliere e sentire, come dire, "dal di fuori", tutta l'atmosfera, tutta l'aura di questa vita che se ne è andata, espressa da un uomo che è stato testimone e partecipe di quella stessa vita, e non da un futuro archeologo che cerca di ricostruire, sulla base di quanto è rimasto, il mondo scomparso, di recuperarne i significati e i valori. È chiaro che tutto ciò è praticamente irrealizzabile. Anche se gli sarà possibile riportare alla luce gli oggetti del vivere quotidiano, perfino delle bellissime opere artistiche, egli non riuscirà a ricreare l'atmosfera che avvolgeva questi reperti, a trasformarli in malinconiche "sale della cultura sciita" che nessuno visiterà. Solo il "mondo delle installazioni", creato dall'autore, potrà conservare negli spazi del suo progetto questa atmosfera ed essa sarà percepita dal visitatore che arriverà e vagherà in questo mondo. In questa rara possibilità l'autore vede l'unicità storica di questo progetto.

V. *L'aspetto esteriore del* Monumento

L'idea di realizzare questo progetto è nata da considerazioni di natura sia concettuale che materiale e pragmatica. Concettualmente l'autore vede il mondo sovietico come un mondo sotterraneo posto non sullo stesso piano della vita normale, demografica degli altri uomini, ma sul piano di un mondo transitorio, quasi un "purgatorio", il mondo nel quale un'esistenza tormentata e irrazionale, un'esistenza quasi incantata, ha vissuto nell'ebbrezza che le hanno dato le "coppe" cui ha attinto, come del resto è realmente accaduto. Per questo anche la naturale collocazione di questo *Monumento* dovrà essere sotto terra, in basso, *sotto* la normale vita degli uomini.

La collocazione ideale del progetto è nello scantinato di un museo, ma sapendo che in qualsiasi museo lo scantinato è occupato dai magazzini e dai laboratori, questa collocazione deve considerarsi poco realistica.

Per questo il progetto prevede una collocazione sotterranea, *contigua* al museo, cui sia possibile accedere da una delle sale del museo scendendo tre o quattro gradini. Ma per non danneggiare una parte di territorio si potrebbe disegnare sopra l'installazione un giardinetto pubblico con alberi e panchine e con questo "tetto" ampliare il parco cittadino. Questa "praticità" darebbe ancor più vigore alla concettualità del progetto, la renderebbe chiara e accessibile: sotto, un mondo in penombra senza finestre, un mondo irrazionale, enigmatico; sopra, invece, il sole, gli alberi, l'aria aperta – un libero mondo di uomini liberi.

1. L'"installazione totale" è un particolare genere dell'arte installativa. È costituita da un locale chiuso situato in un museo o in una galleria, il cui spazio viene interamente trasformato. In esso si possono innalzare nuove pareti, un pavimento e un soffitto nuovi, oppure ridipingere semplicemente il vecchio locale. Tutto l'insieme, compresa una nuova illuminazione, crea un'atmosfera suggestiva, un'0ambientazione particolare, dove i diversi oggetti visuali – quadri, disegni, oggetti ed anche concerti, convegni e letture – propongono al visitatore significati e valori del tutto nuovi.

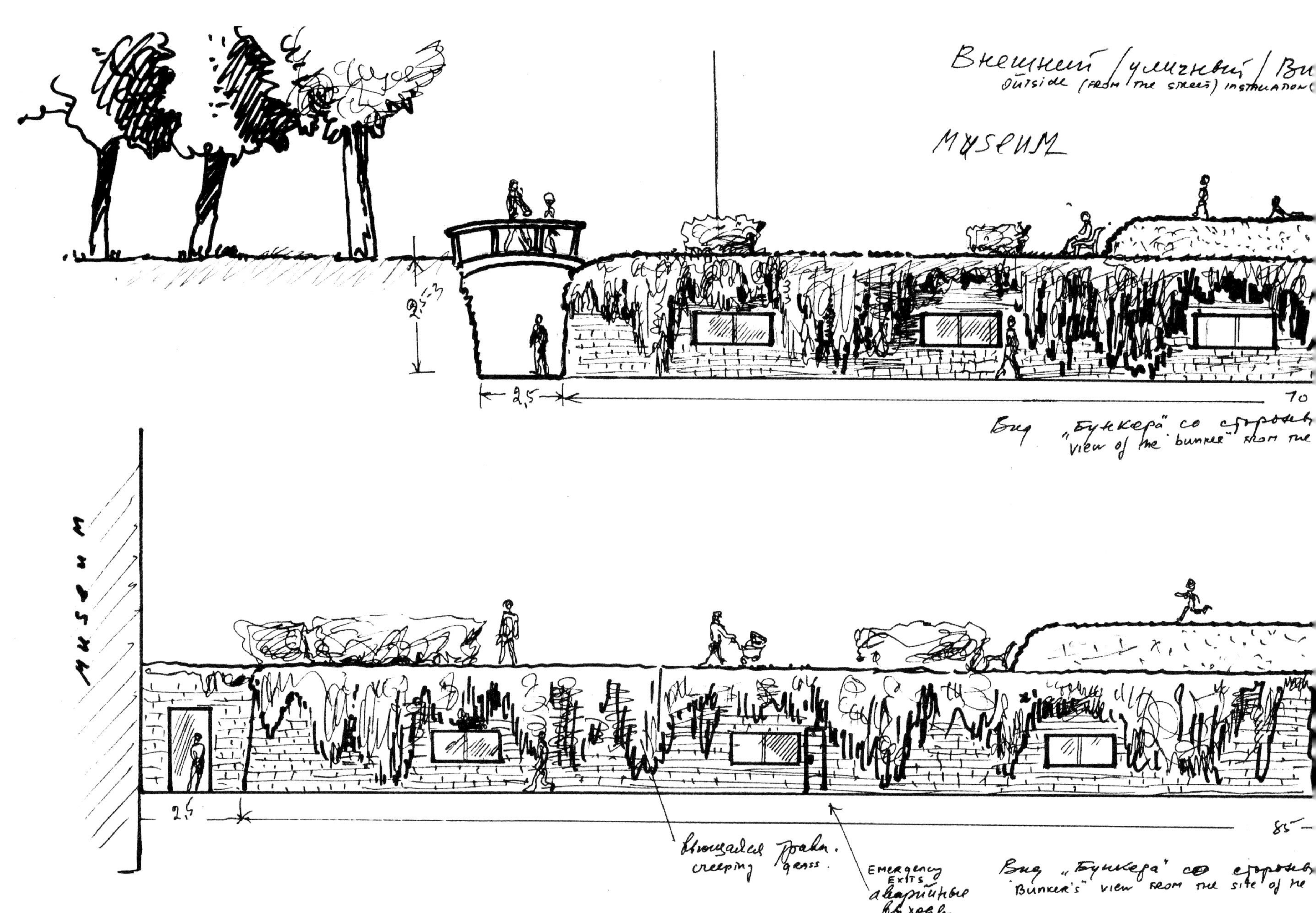

Внешний (уличный) Ви
OUTSIDE (FROM THE STREET) INSTALLATION(
MUSEUM
2,53
2,5
70
Вид „Бункера" со стороны
view of the "bunker" from the
МУЗЕЙ
2,5
85
Ползучая трава.
creeping grass.
EMERGENCY EXITS
аварийные выходы
Вид „Бункера" со стороны
"Bunker's" view from the site of the

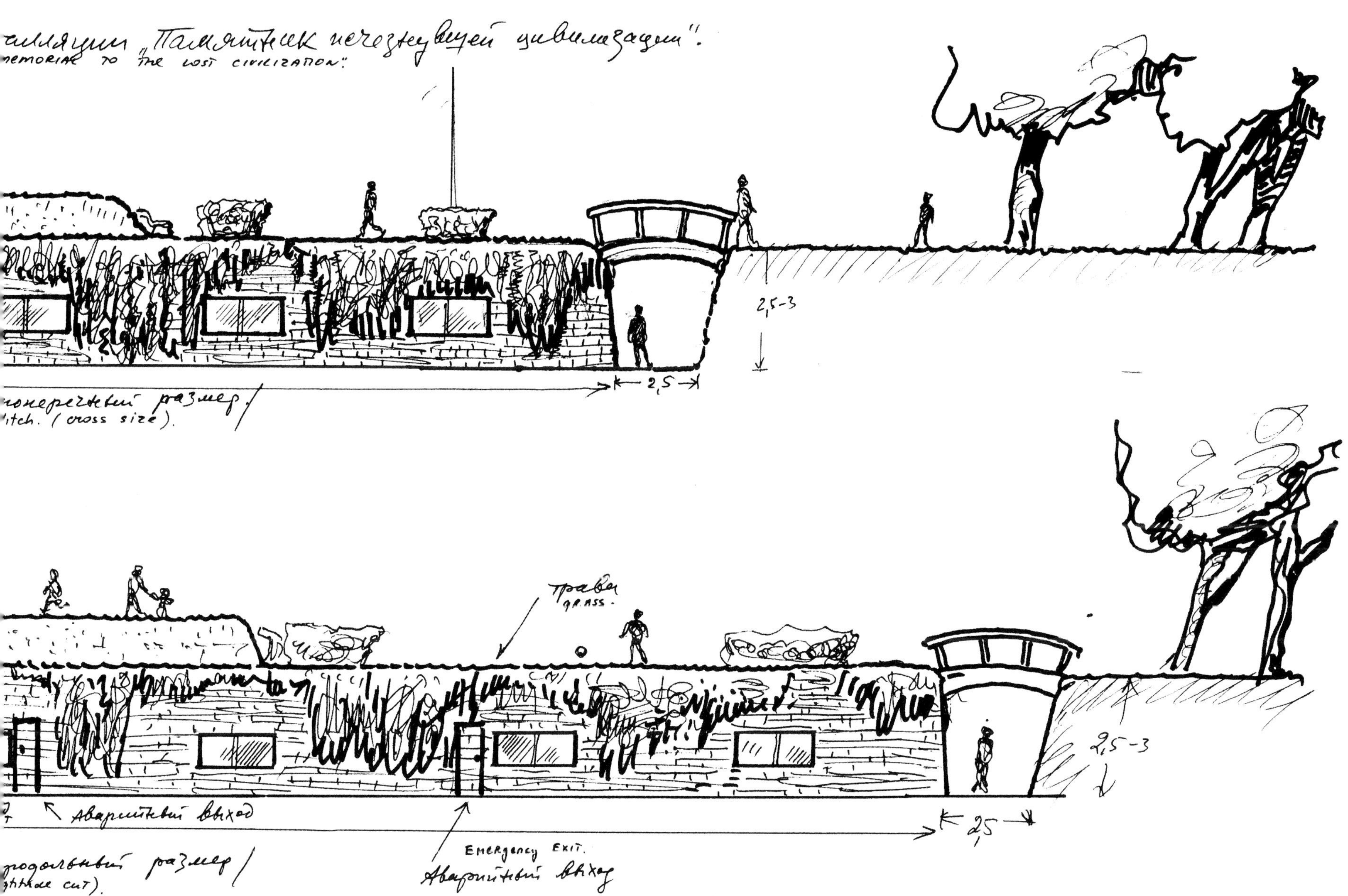
...илляции "Памятник исчезнувшей цивилизации".
MEMORIAL TO THE LOST CIVILIZATION.
2,5-3
2,5
поперечный размер.
itch. (cross size).
Трава
GRASS.
Аварийный выход
EMERGENCY EXIT.
Аварийный выход
родольный размер /
...tude cut).
2,5-3
2,5

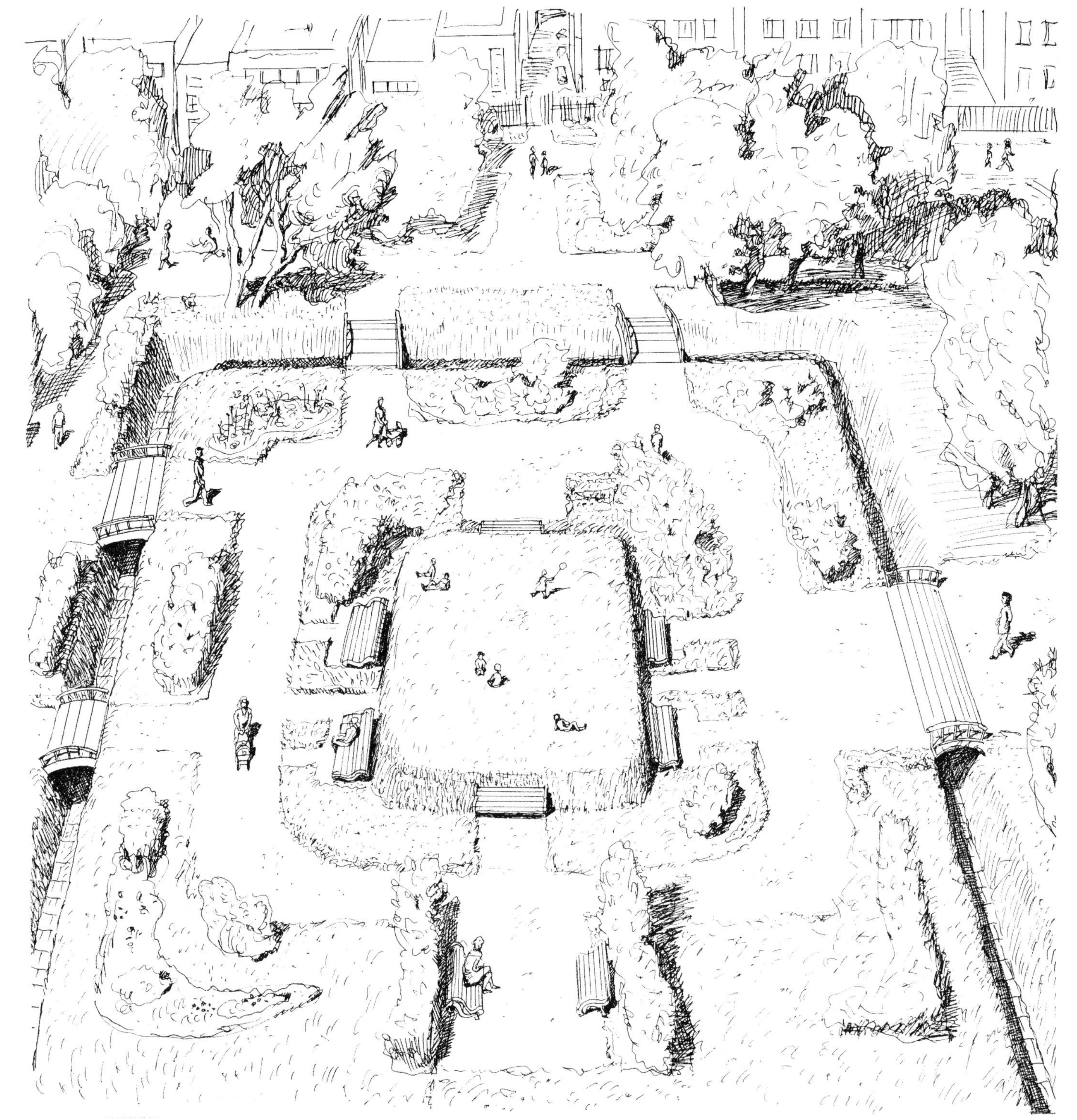

Monument to a Lost Civilization

My main dream of the last 10 years has been to make a "monument" to that civilization where I was born, studied and lived. I am talking about the Union of Soviet Socialist Republics that no longer exists. This desire to give some sort of image to this place – of course, not an objective image, but as I saw and felt it, that is, extremely subjective – became even more persistent after that Soviet civilization, seemingly intended to last for centuries, had disintegrated, disappeared so unexpectedly and quickly for its inhabitants.

I see this image, this *Monument to a Lost Civilization* in the form of some sort of enormous installation built underground near some museum. This installation would be accessed through this museum via a small door and a few descending steps. This whole installation consists of 38 installations connected by corridors and passageways. All of this together forms an enormous labyrinth, but nevertheless, the movement of the viewer occurs along a specific route through this labyrinth.

Of course, this is only a proposal, a dream, obviously difficult to realize considering the great number of related problems. But if we are talking about the 38 installations mentioned above, then they are all ready, they exist and have been individually exhibited in various artistic institutions. But when I glanced back at the already completed works, it became very clear to me that if united these could comprise that very unified whole that I wrote about in the beginning.

The project proposed for the exhibition hall in Palermo would be a demonstration of this *Monument*, of course in the form of a proposal, exactly the same way that the proposal for any building is demonstrated for the commission prior to its construction. This is the very first exhibition layout.

I. *The concept of* Monument *as a project*

The Russian Revolution, which initiated the "era of socialism", is considered the most important event of the twentieth century. However, the end of the socialist era, which took place at the end of the eighties, must also be viewed as an event of fundamental importance in this century. But totalitarianism, excluded from the political arena in East European countries and in the territories of the ex Soviet Union, is not merely a thick and heavy fog which suddenly lifted, bringing the world of democracy to life, a democracy full of unclouded light.

Totalitarianism permeates the conscience and subconscious of the men who experienced it and which we, with our experience, feel a profound influence. It is equally clear that totalitarianism is not a political system of unknown origin which befell man: its "germs" actually live and exist in each one of us and, for love of the future, this is a situation which can nether be forgotten nor ignored.

This is why it is important to erect a monument exclusively dedicated to Soviet totalitarianism. However, this monument should not be erected and dedicated to the victims of the lagers. It should find a place in the place where it all happened. And it should be a monument to the survivors of this world, whose conscience has been deformed by the insistent action of propaganda and continual psychological pressure, which in their extreme forms brought about the disappearance of "Soviet man's" conscience with its false enthusiasms and ambiguity.

This will be a monument to the "everydayness" of Soviet life, to the everyday "system of life" where, in each little thing, the natural ties between man and the world, with his fellow men, with his very soul, were violently taken away, due to the action of a terror which was insinuated everywhere.

It will be a monument to the many forms of the survival of the "humanity of man" – to projects which are at times horrible, monstrous, fantastic, and at times ridiculous and moving, which man counters to the most "beautiful" and bloody project in the history of mankind – the creation of a Soviet paradise on this earth.

This refers to anyone from any society, not only totalitarian societies, but wherever a society deforms the personality of man in any way and forces him to submit himself and to betray his true nature.

II. *Description of the project*

The *Monument* is comprised of a complex of 38 "total installations"(1) which form a gigantic total installation, with dimensions of 60 x 80 meters, a height of 3.5 metros, and a maximum height of 7 metros. With one of its sides, the "Monument" faces the art museum of a large city and is situated below the level of the museum's other rooms. The installation does not have its own entrance and the visitor suddenly finds himself in front of it when, having entered into one of the museum rooms, he comes across it by pure chance, having simply followed the sign "To the summer garden" and where instead of the classic luminous rooms of the museum, suddenly he finds a completely different society, regulated by completely different rules. It is a strange and horrible world, consisting of two "spaces" which enter into one another and which are conceived as being both distinctly opposed. The first space consists of the interior of an enormous construction, magnificent, but incomplete. Here and there , the scaffolding still remains, unused construction materials lie on the floor. In front of us is part of the ground floor of an enormous building or of its lateral wing, perhaps the "Palace of Congress", conceived in the grandiose style of Stalinesque architecture, with mighty and powerful columns and a high ceiling with a golden cornice. Inside this incomplete grandiosity is a completely different space, another architectural world. Here the sumptuous, solemn architecture of the previous room is transformed into a series of rooms which are totally different because their destination is different. As sometimes happens inside old classical palaces when temporary pavilions are erected, here too new walls have been put up here and there, easily taken down and hurriedly decorated, which give life to new rooms, large and small, to narrow passageways, to corridors onto which many doors open. The visitor who enters into this world must follow a route which has been indicated to him by the signs "To the summer garden" which takes him through this enormous labyrinth passing from corridor to corridor, from room to room, until the final room (but he does not reach the "Summer garden" because "Closed. No entry" is written on the corresponding door) after which the visitor returns to the museum from which he began his journey, but follows a shorter, more direct distance. These spaces – the rooms and the corridors – constitute a separate and independent installation, each one having its own subject. All the subjects of the installations are linked together and form a coherent whole from beginning to end, similar to a play with many "actions", with the difference that the link which unites these actions is spatial, not temporal.

III. *The structure of* Monument
The entire project is a complex of 38 installations subdivided into seven different "neighborhoods", separated by corridors. Following these corridors, it is possible to pass, as happens when walking along the streets of a small city, from one "neighborhood" to another. Some "neighborhoods" reflect their own specific theme. We will now move on to their description.

1st neighborhood (A)
The neighborhood of communist ideology and propaganda
In this neighborhood, situated in the central part of a succession of rooms which winds along one of its axes, we find four installations:

1. *The Red Corner*
2. *We Live Here*
3. *The Bridge*
4. *NOMA, or The Moscow Conceptual Circle*

2nd neighborhood (C)
Life in common
This "neighborhood", which is found on the right of the entrance, reproduces one of the more unusual aspects of the Soviet situation – the communal apartment – where more than 85% of the urban population lived during Soviet power.
Some of the rooms in this apartment are inhabited by single "tenants", some of whom have their own phobias and fantasies, others capable in their own way of escaping from the surrounding world or of isolating themselves from it. There is a communal kitchen in the center of the apartment, which is the principle point and epicenter of all the problems.
This "neighborhood" contains the following installations:

1. *Man-Angel*
2. *Life in the Closet*
3. *Toilet in the Corner*
4. *A Universal System for Depicting Everything*
5. *The Collector*
6. *The Composer*
7. *The Man Who Flew into His Picture*
8. *The Man Who Flew into Space*
9. *The Short Man*
10. *The Man Who Collects the Opinion of Others*
11. *The Untalented Artist*

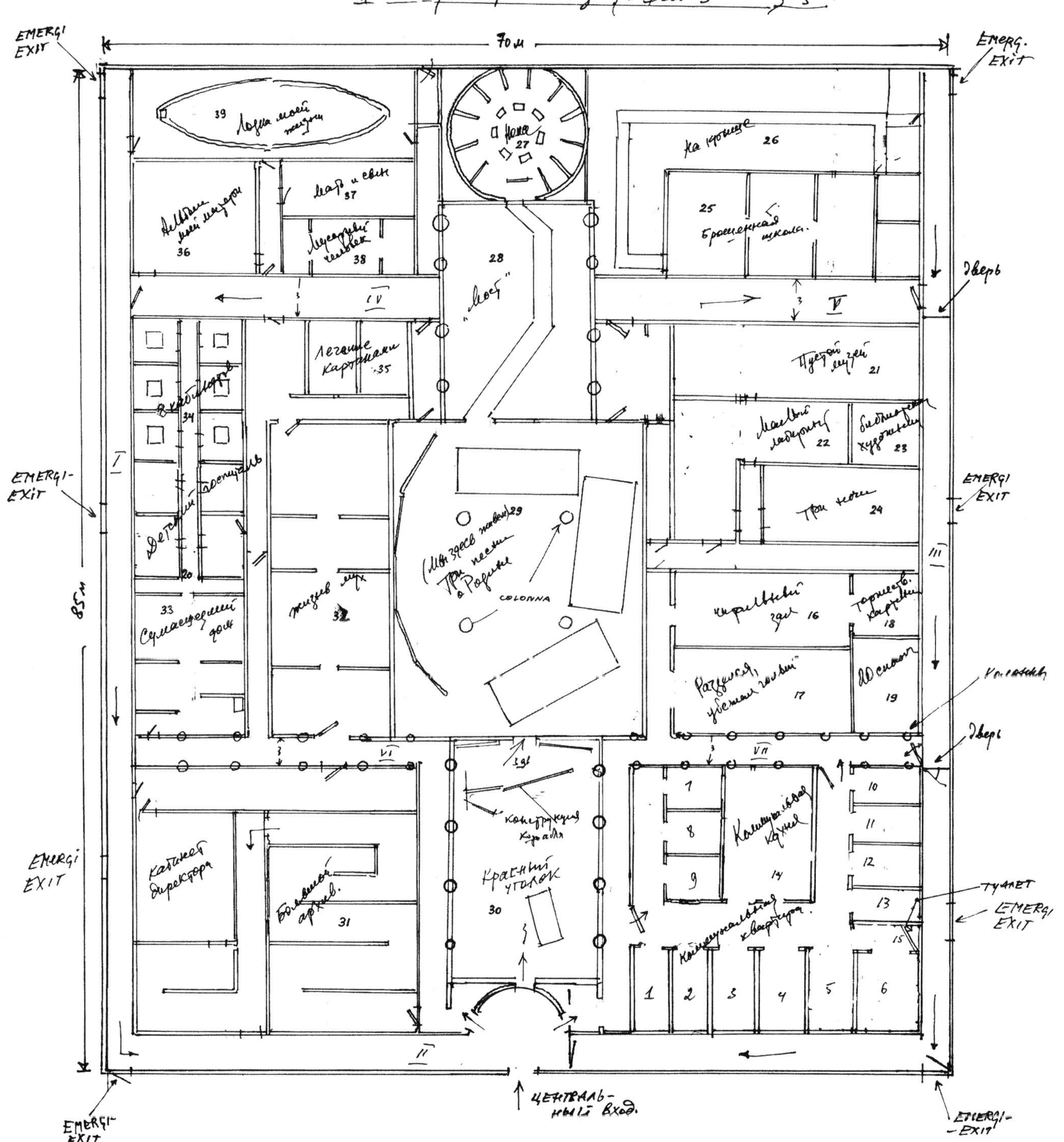

Генеральный план инсталляции
«Монумент исчезнувшей цивилизации»
70 м
85 м
EMERG. EXIT
ЦЕНТРАЛЬНЫЙ ВХОД
Дверь
Туалет
Курилка
COLONNA
39 Лодка моей мечты
36 Женщина моей мечты
37 Жар и свин
38 Несчастный человек
35 Летящие картинами
34 Входная марка
20 Детский вытрезвитель
33 Сумасшедший дом
32 Живцов луч
29 Мы здесь живём. Три песни о Родине
28 «Мост»
27 Нина
26 На крыше
25 Брошенная школа
21 Пустой глаз
22 Меловой лабиринт
23 Библиотека художника
24 Три кости
16 Чиркильский зал
18 Торшер, картина
19 Шенгин
17 Раздача, убитым больным
30 Красный уголок
Конструкция корабля
Коммунальная кухня
Коммунальная квартира
Кабинет директора
31 Большой архив
1 8 9 14
10 11 12 13 15
1 2 3 4 5 6
I II III IV V VI VII

12. *The Man Who Saves Nikolaj Viktorovič*
13. *The Communal Kitchen*

3rd neighborhood (B)
The world of bureaucracy
Situations of endless accounting, information, clearances, petitions, are represented here – a sea of papers and information on the infinite life forms of Soviet man –
the personal, official, or social life etc, where all the bureaucratic complications are
concentrated. The installation is situated to the left of the entrance. The third
neighborhood consists of just one installation:

1. *The Big Archive*

4th neighborhood (E)
The museum or education zone
In this neighborhood there are: a museum room, a reading room, a library and
other places in which one spends time in "cultural" activities:
1. *He Went Crazy, Undressed and Ran Off Naked*
2. *The Reading Room*
3. *20 Ways to Get an Apple listening to the Music of Mozart*
4. *A Solemn Painting*
5. *The Empty Museum*
6. *Three Nights*
7. *A Labyrinth of Ten Albums*
8. *The Artist's Library*

5th neighborhood (D)
Hospitals and scientific research
A complex comprising a few "hospital" and research institutions on life in the society "of flies" makes up this neighborhood, which is placed in an atmosphere above
the territory of Russia:

1. *Mental Institution or the Institute of Creative Research*

2. *The Paintings as a Guarantee of Health*
3. *Treatment with Memories*
4. *Psychological Confessions*
5. *Pediatric Hospital*
6. *Life of Flies*

6th neighborhood (F)
The world of memories
Here we find installations dedicated to biographies and personal memories of personal friends, or of the author, or dedicated to the memory of characters who the
author planned or created:

1. *Boat of My Life*
2. *My Mother's Album*
3. *Garbage Man*
4. *Mother and Son*

7th neighborhood (G)
Monuments to childhood
The installations are situated in a distant corner to the right of the entrance. The
meaning of this neighborhood is contained in the images of childhood which are
conserved in the memory. However, one needs to call them "ruins" rather than
images, the ruins of childhood. Two of these ruins are represented here: memories of life in the attic or on the roof and memories of school:

1. *On the Roof*
2. *School no. 6/Abandoned School*

IV. *On the subjectivity of* Monument
Although the entire project depicts a representation of the now disappeared "Soviet society", the fact that it existed in reality consequently calls for a description of
its multiple aspects – ideological, everyday, social, etc. However, this project cannot in any way be considered an ethnographic project, having the aim of accurate-

ly re-establishing real details and circumstances (as in the new type of museum "Life in Ancient Egypt" or "The World of the Incas") of life in Russia from 1917-1990, now that the Soviet society has suddenly dissolved, almost as though it never existed.

This is not the job of the author because the strength of a single man would not be enough to do it. The project is nothing more than a sum of subjective images, of a man's fantasies, who has lived in that world but who saw every thing from his own personal point of view and not with the eyes of a foreign and objective viewer. The author is at the same time both victim and viewer, doctor and patient, participant and cold reporter.

For this reason, the visitor who comes into contact with these installations may understand and feel "from outside" all the "atmosphere", all of the "aura" of this life which is over, expressed by a man who was witness and participant of this same life; not by an archeologist who searches to reconstruct the lost world on the basis of what remains, to recuperate its significance and its values, its "aura". It is obvious that all this is virtually impossible. Even though it is possible for him to bring to light the objects of everyday life, even the beautiful works of art, he will not be able to recreate the atmosphere which enveloped these findings, to transform them from melancholy "rooms of Scythian culture" which nobody will visit. Only the "world of installations", created by the author, can conserve this atmosphere in its spaces and be perceived by the visitor who arrives and wanders around this world. The author sees the historic uniqueness of this project in this rare possibility.

V. *The exterior aspect of* Monument

The idea of realizing this project came about by taking into account both the conceptual and the material and pragmatic considerations. Conceptually, the author sees the Soviet world as an underground world which is not placed on the same level as normal life, demographic of other men, but on the level of a transitory world, almost a "purgatory", the world in which a tormented and irrational existence   an almost spellbound existence – lived through it, befuddled by the "champagne glasses" it drank from, as it really happened. Also for this the natural collocation of this *Monument* should be underground, low down, below the normal life of men.

The ideal collocation of the project is in the basement of a museum, but realizing that in all museums the basements are occupied by storerooms and laboratories, this collocation is not very realistic.

Due to this, the project foresees an underground collocation, adjacent to the museum, which is possible to enter from one of the museum rooms, descending two or three steps. In order not to damage a part of public property it is possible to design a public garden with trees and benches above the installation and with this "roof" expand the public park. This "practicality" would add to the vigor of the conceptualization of the project, rendering it clear and accessible: below, a world in semi-darkness, without windows, an enigmatic and irrational world; above, on the other hand, there will be sun, trees, fresh air – a free world for free men.

1. "Total installation" is a particular type of installation art. Total installation consists of a closed space situated in a museum or gallery, whose space is entirely transformed. In it, one can construct new walls, new floors and ceilings, or simply repaint the old space. All together, including new lighting, creates a suggestive atmosphere, a particular ambience, where various visual objects – paintings, drawings, objects, and also concerts, conventions and lectures – propose completely new meanings and values.

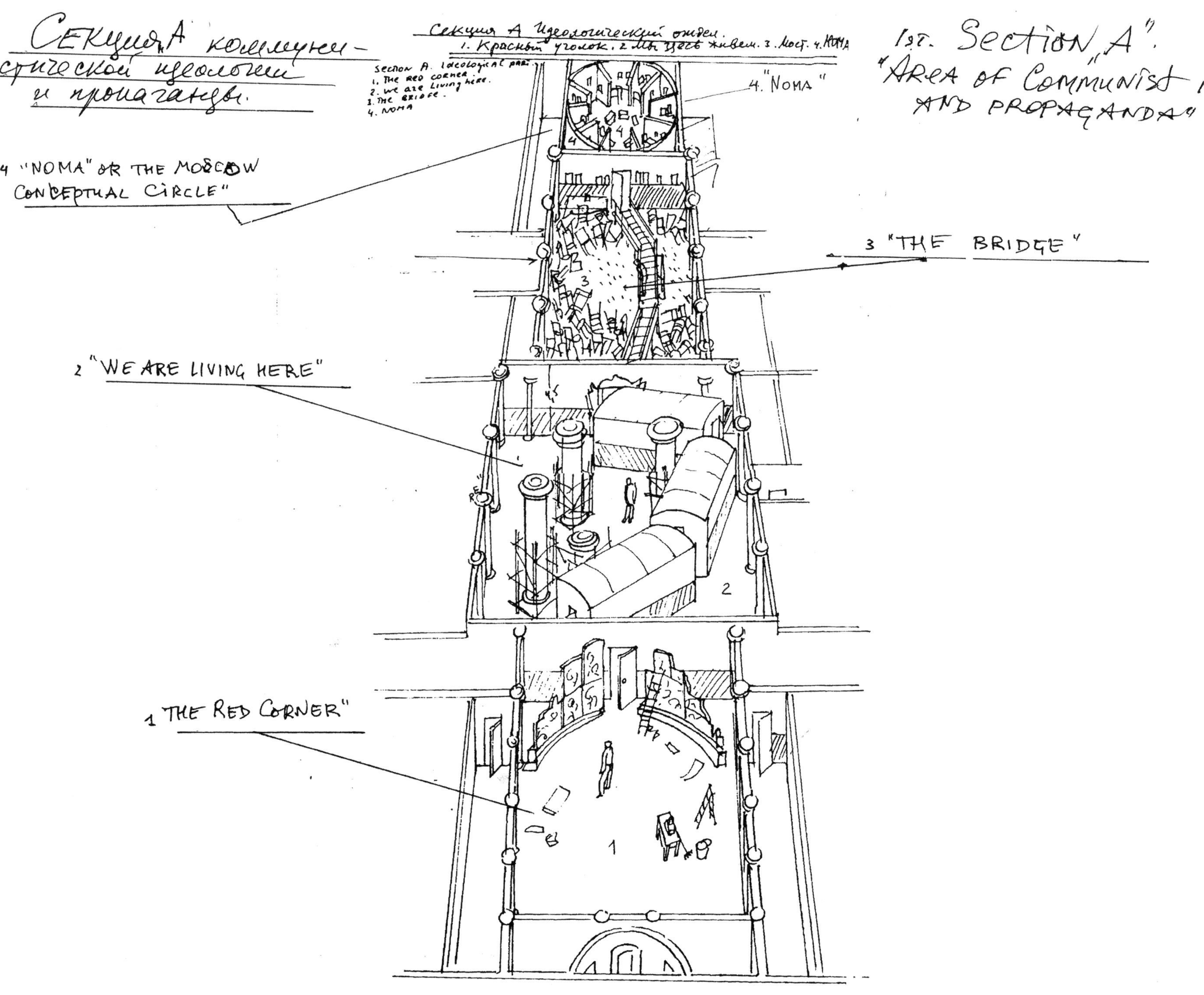

СЕКЦИЯ А коммуни-
стической идеологии
и пропаганды.

Секция А Идеологический отдел.
1. Красный уголок. 2 Мы здесь живём. 3. Мост. 4. НОМА

Section A. Ideological part.
1. THE RED CORNER.
2. WE ARE LIVING HERE.
3. THE BRIDGE.
4. NOMA

1st. Section "A".
"Area of Communist ideolo
and propaganda"

4. "NOMA"

4 "NOMA" or the Moscow
Conceptual Circle"

3 "THE BRIDGE"

2 "WE ARE LIVING HERE"

1 THE RED CORNER"

In questo rione, situato nella parte centrale della successione di stanze che si snoda lungo uno dei suoi assi, si trovano quattro installazioni:

1. **L'angolo rosso**
2. **Noi viviamo qui**
3. **Il ponte**
4. **NOMA, ovvero Circolo intellettuale di Mosca**

In this neighborhood, situated in the central part of a succession of rooms which winds along one of its axes, we find four installations:

1. **The Red Corner**
2. **We Live Here**
3. **The Bridge**
4. **NOMA, or The Moscow Conceptual Circle**

Il rione dell'ideologia comunista e della propaganda
The neighborhood of communist ideology and propaganda

Nelle prime tre installazioni sono rappresentate le strutture ideologiche "ufficiali" mentre nell'ultima, *NOMA*, è riprodotta la vita artistica "non ufficiale", la vita clandestina. Un ruolo fondamentale è svolto in questo rione dall'installazione *Noi viviamo qui*, in quanto essa rappresenta non solo il centro del rione ma anche il centro dell'intero *Monumento*. Per questo motivo l'installazione *Noi viviamo qui* ha una altezza superiore agli altri locali del *Monumento*. L'"aria" che si respira in questi tre rioni è sfarzosa, solenne.

In the first three installations the "official" ideological structures are represented, while in the last, *NOMA*, the "non-official" clandestine, artistic life is reproduced. The installation *We Live Here* plays a fundamental role in this neighborhood, as it represents not only the center of the neighborhood, but also the center of the entire *Monument*. For this reason, the installation *We Live Here* is higher than the other rooms in the *Monument*. The "air" which one breathes in these three neighborhoods is sumptuous and solemn.

L'angolo rosso

Descrizione dell'installazione

Il grande locale, disposto nel senso della lunghezza, è assolutamente elementare nella sua "architettura": quattro semplici pareti, pavimento e soffitto. La porta è situata nel mezzo di una delle pareti minori. Dal soffitto scendono sei fili elettrici con relative lampadine, provviste di normali piatti-*abat-jour*, come si usava un tempo. Le quattro lampadine più vicine all'ingresso sono spente, così che l'inizio della "sala" si trova in penombra, mentre la parete opposta è illuminata dalla luce delle altre due lampadine. Tutto il locale ha un aspetto deprimente, ufficiale: il pavimento è di un marrone malinconico; grigio il colore delle pareti, dipinte di verde scuro nella parte inferiore, come in tutti gli uffici pubblici sovietici.

Nella parte illuminata della sala, addossato al centro della parete, c'è un piedistallo vuoto e davanti un lungo tavolo con sedie, posto trasversalmente, come si addice a un luogo dove si tengono delle riunioni: è il tavolo del "presidium". Di fianco al piedistallo, sulle pareti, sono appesi uno di fianco all'altro quattro grandi pannelli quasi completamente ricoperti di fotografie a colori con le relative didascalie – tutte di contenuto ideologico e dedicate a quattro temi: l'"amore", lo "stato", la "produzione" e l'"arte". Di seguito, in fila lungo tutte le pareti, sono appesi cento pannelli a collage contenenti documenti, riproduzioni di cartoline postali ecc. Gli scritti documentano le petizioni degli inquilini degli appartamenti comuni.

L'ambiente riproduce l'elemento più caratteristico di ogni istituzione, fabbrica o impresa sovietica: il cosiddetto "Angolo rosso"[1], il ben noto "aggregato ideologico", luogo in cui sono affissi slogan, materiali propagandistici e dove si tengono conferenze, riunioni, elezioni ecc. L'atmosfera che vi regna è sempre minacciosa e solenne, sottolineata dall'abbondare del colore rosso: slogan, appelli, incitazioni – persino i tappeti – sono in rosso.

Ma nell'installazione non c'è nulla di tutto questo: la sensazione che tutto è importante e ricco di valori si è da tempo dissolta: non ci sono più i tappeti, non ci sono slogan, è rimasto solo ciò che ormai non serve più a nessuno, ogni cosa è stata rimossa. Anche il dettaglio più importante dell'"Angolo rosso", il piedistallo che si trova al centro, è vuoto.

Nella sala non c'è quasi più nulla, ma in questo deserto risuonano ancora, minacciosi e solenni, uno dopo l'altro, i canti di Lenin che hanno accompagnato tutti gli anni del potere sovietico. La sala, simile a un luogo di culto, risuona di questa musica. E la suggestione che l'installazione insinua nel visitatore proviene proprio dal fondersi tra loro del deprimente senso di vuoto e della eco minacciosa della voce, un insieme di vuoto visivo e di "presenza" acustica. Ma c'è qualcuno che vive in questo suono straziante: il visitatore capisce che "colui" che ora non è più sul piedistallo è comunque "presente", non è andato via.

1. *All'ingresso dell'installazione, un pannello riproduce e spiega quello che era il comune aspetto di un "Angolo rosso" e chiarisce anche il contenuto dei documenti degli inquilini degli alloggi comuni.*

The Red Corner

Description of the Installation

A large elongated dwelling that is absolutely simple in terms of its "architecture": four plain walls, a floor and ceiling. There is a door in the middle of the short wall. Six light bulbs with primitive cap-lampshades are hanging on cords from the ceiling. Four of them, the ones that are closer to the entrance, "don't work"; the pair near the opposite wall are working, so that the beginning of the "hall" is submerged in semi-darkness, while the light illuminates the opposite wall. The entire place has a particularly boring official appearance: the color of the walls is gray, the floor is depressingly brown, the lower part of the walls, like in all official Soviet institutions, is painted dark green.

On the illuminated side of the hall, pushed up against the wall and in the center of it, is a short white pedestal with nothing on it. There are a long table and chairs in front of the empty pedestal arranged as though at a "conference meeting": it is the table of the "presidium." Four panels with numerous color photographs with texts are hanging on the walls in a single row to the side of the pedestal. All of these stands have "ideological" content and they have four "themes": "Love," "The State," "Industry," and "Art." One hundred paper collage-panels with texts, reproductions, postcards, etc., hang in a single row along the walls of the hall. The texts on them are documentary texts of statements made by residents of the communal apartments.

The entire place as a whole is a characteristic part of any Soviet institution, enterprise or factory. It is the so-called "Red Corner," the well known "ideological" complex, a place where slogans and propaganda material are hung, and where all kinds of lectures, meetings, elections and the like take place. The atmosphere in such a place is always formidably solemn because of the abundance of the color red: of the hanging slogans; banners, appeals, and the red carpet on the floor as well.

But in the installation proposed here, there is nothing of the sort: one gets the impression that everything important and valuable was taken away long ago — there are neither carpets, nor slogans, what remains is only that which no one needs, everything is empty, abandoned. And the most important detail of any "Red Corner" the pedestal which is standing in the center, is also empty.

There is virtually nothing in the hall – but it is both formidable and solemn in this emptiness, songs about Lenin that were performed throughout all the years of Soviet power resound one after another. The hall, like some sort of cult temple, is filled with this music and the impression created by the installation arises precisely from this combination of visual emptiness and an acoustic "presence." A certain someone lives in this continual forced sound, and the viewer understands that "the one" who is not now on the pedestal is "here" and never went anywhere.

1. *Hanging at the door on the outside of the installation is a panel which shows and explains the normal appearance of a "Red Corner" and it also explains the content of the documents of the "residents of the communal apartment."*

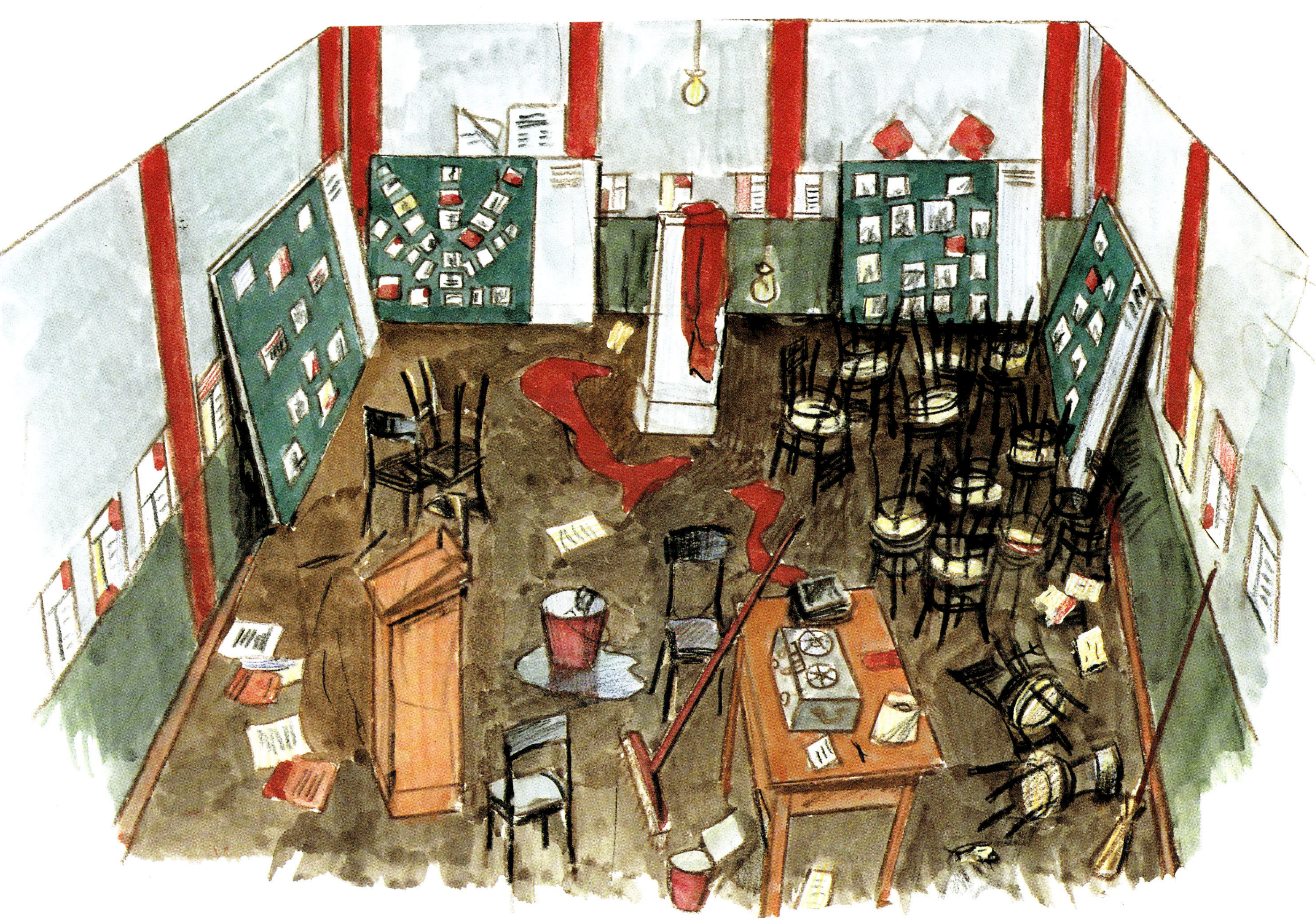

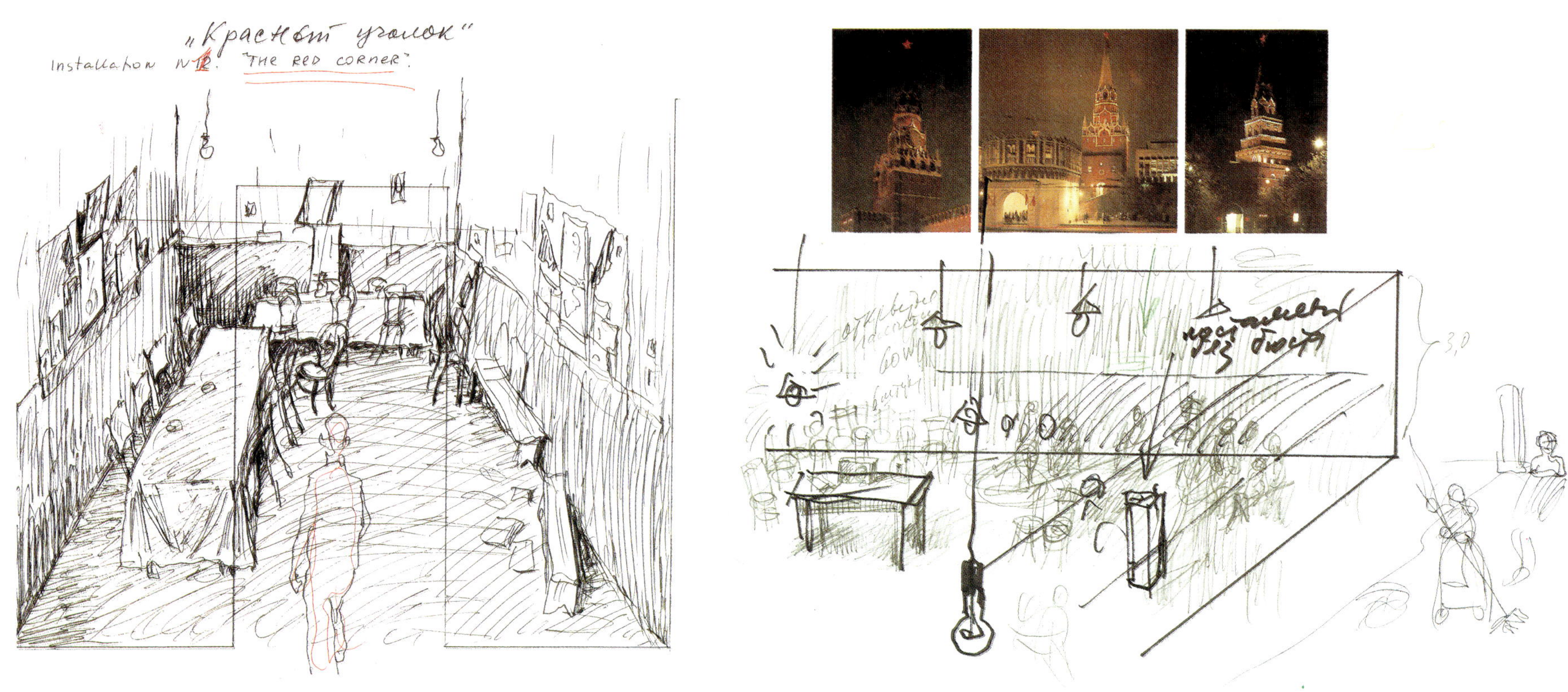
„Красный уголок"
Installation N-12. "THE RED CORNER".
3,0

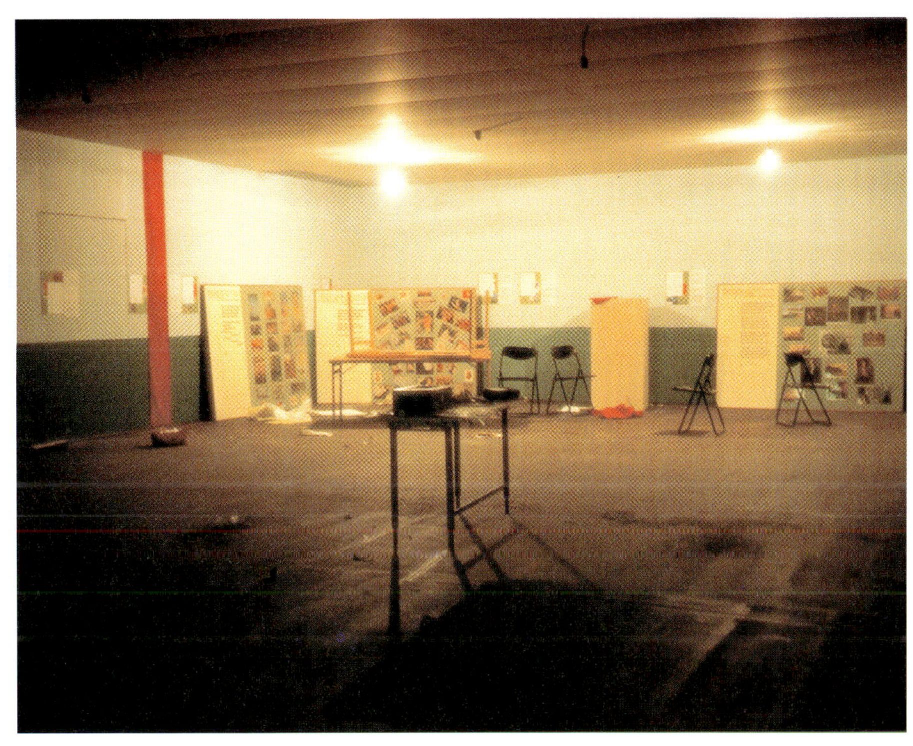

Noi viviamo qui

Descrizione dell'installazione

L'installazione raffigura un'estesa superficie edificabile sulla quale è stato dato inizio alla costruzione di un'opera grandiosa: il "bellissimo palazzo del futuro". Sono già state erette cinque colonne bianche circondate da una rete di impalcature metalliche e ovunque, in basso, ci sono materiali da costruzione: tavole, cavi, sabbia ecc. In mezzo, al centro della costruzione, un pannello spiega per immagini, come in ogni cantiere, ciò che sarà realizzato (il "Bellissimo palazzo" e le città che sorgeranno tutt'intorno). Lungo il perimetro dello spazio edificabile c'è una grande quantità di carrelli di varia misura, alti, lunghi, stretti e larghi. Lo spettatore entra in questo ambiente, passa da un locale all'altro e vi scopre un mondo vastissimo e variegato – qui ci sono la foresteria, la biblioteca, la mensa, il giardino d'infanzia, il reparto progettazione, la camera delle riunioni e una quantità di altri servizi: spogliatoi, cucine, la "stanza dei giochi", monolocali, alloggi a due stanze ecc. Tutto ha un aspetto vissuto, "organizzato".

Ma guardando attentamente il "cantiere", lo spettatore si accorge che il lavoro è fermo da tempo, che tutto è in stato di abbandono e che intorno – dalle impalcature ai materiali – non ci sono che montagne di rifiuti. E scopre anche che la vita della gente all'interno delle baracche provvisorie del cantiere ha assunto invece un ritmo abituale: quello che doveva essere un lavoro limitato nel tempo si è trasformato in una quotidianità banale e monotona con tutti i suoi aspetti più deprimenti. Ciò che doveva diventare un meraviglioso e splendido "domani" si è fermato, è diventato un "adesso" eternamente immobile di cui non si sa cosa fare; e ciò che doveva essere provvisorio, costruito per durare poco – i carrelli degli operai e le loro affollate e precarie baracche – si è trasformato in un luogo di abitazione stabile per coloro che ci vivono e per le loro future generazioni.

L'installazione occupa due livelli. Scendendo nel sottosuolo, lo spettatore intravede dalla scala, tra le colonne del primo livello, gli altri locali della "città dei costruttori": il cinema, il policlinico e altri piccoli alloggi, ciascuno con una propria vita.

La metafora è facilmente decifrabile: l'installazione è un originale monumento all'utopia del XX secolo, l'"edificazione del comunismo in un solo paese". Ma non c'è forse in questa installazione qualcosa che va oltre l'esperienza storica della Russia?

L'allestimento potrebbe essere collocato al primo piano e nel sotterraneo del Centre George Pompidou.

We Live Here

Description of the installation

The concept consisted in manufacturing a "construction palace," an extraordinary palace rising upwards, and the viewer moves from the top level with the columns supporting the palace to the basement floor.

Construction is taking place on both floors: a part of the column has already been raised, in some places there is scaffolding for these columns – before us is the construction area of this palace, an enormous quantity of construction material. There are small trailers around the construction area – fourteen upstairs and three such construction trailers down below. As is familiar to everyone, these trailers at construction sites have various profiles: there is the administration in one of them, in others there are supplies of metal and wood, and in some there are other objects or places where the workers can dress. All this time, painted and made haphazardly, these are temporary production dwellings. In terms of plot, the installation represents an entirely familiar thing: construction which has begun, at some time it turned out to be quite advanced, a lot has already been done, but the process has been interrupted. The building, perhaps, has even been stopped. We did not catch the workers during a period of activity, this is a long-ago forgotten object. But the trailers did not remain empty, some sort of life is going on in them. Instead of temporary places we discover rather comfortable living accommodations, some have been turned into fairly cozy family apartments, others are more ascetic, but people continue to live there. The construction activity itself has stopped, but the temporary dwellings, on the contrary, have turned out to be residential accommodations, and apparently, they will remain in this form for a long time to come.

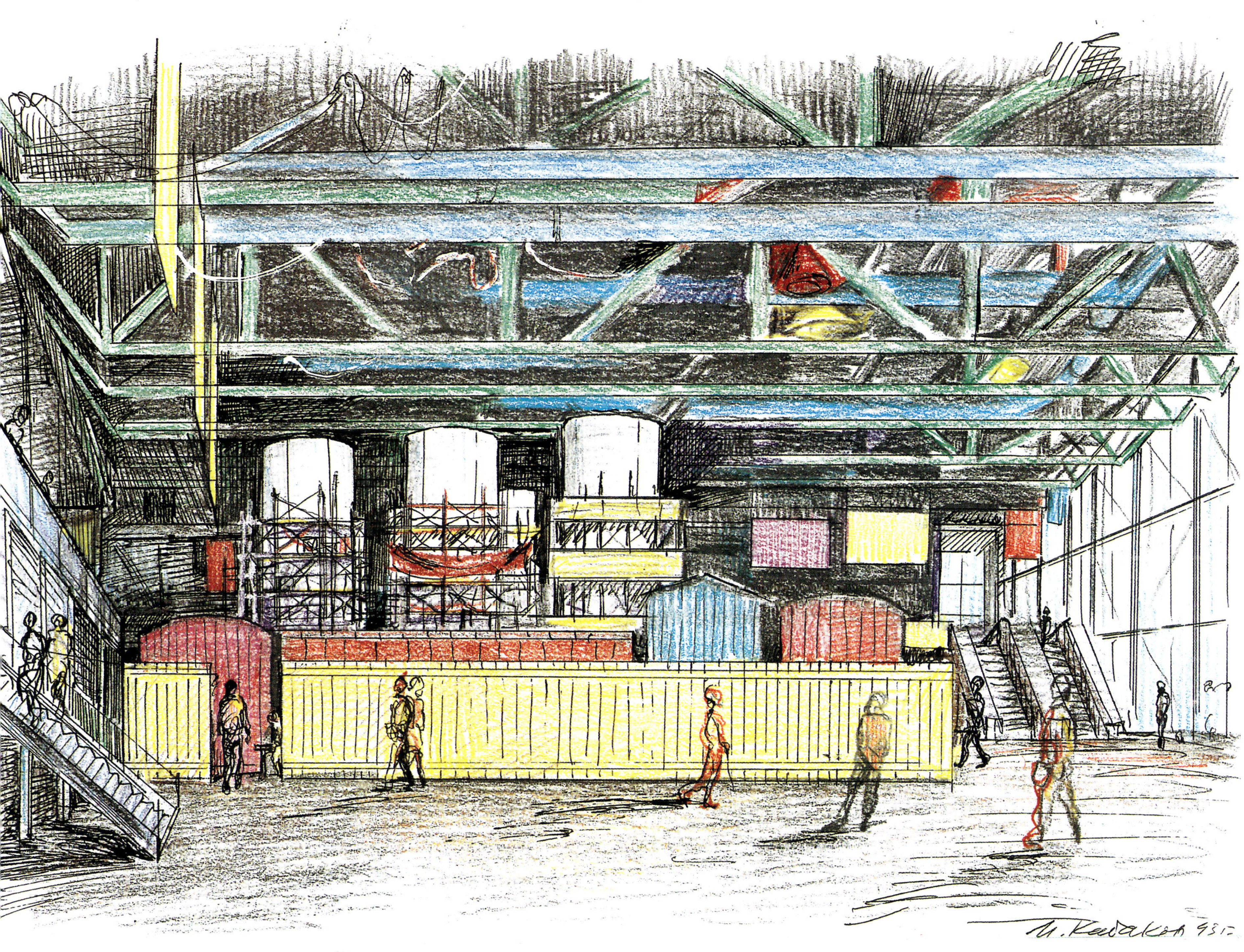

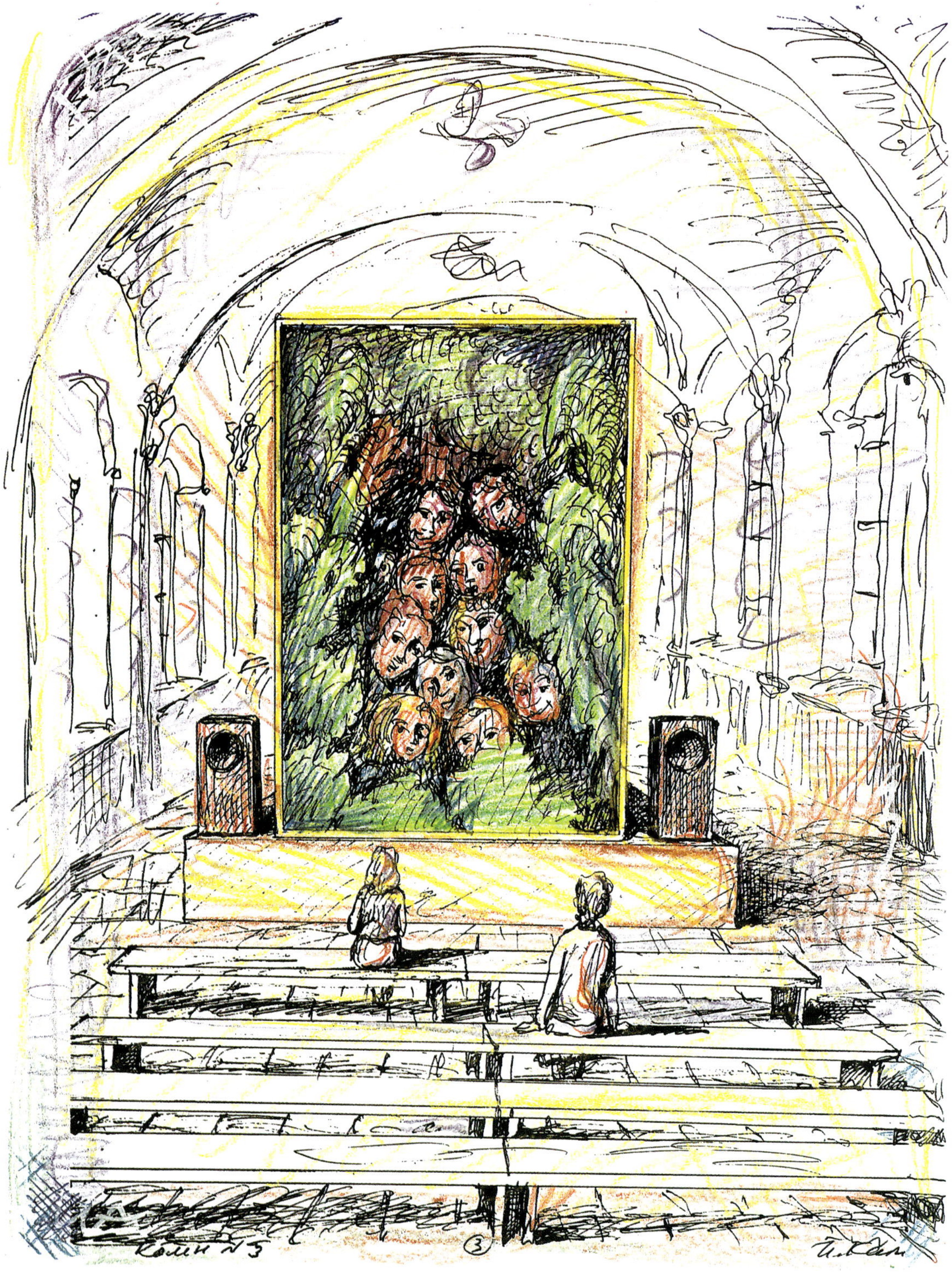

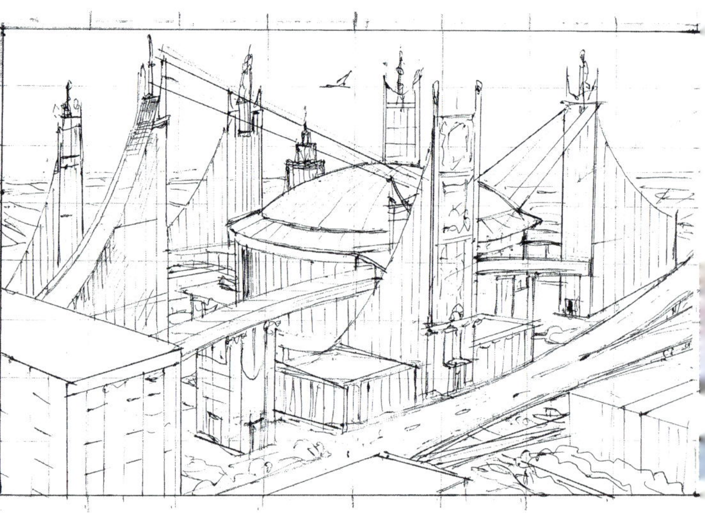

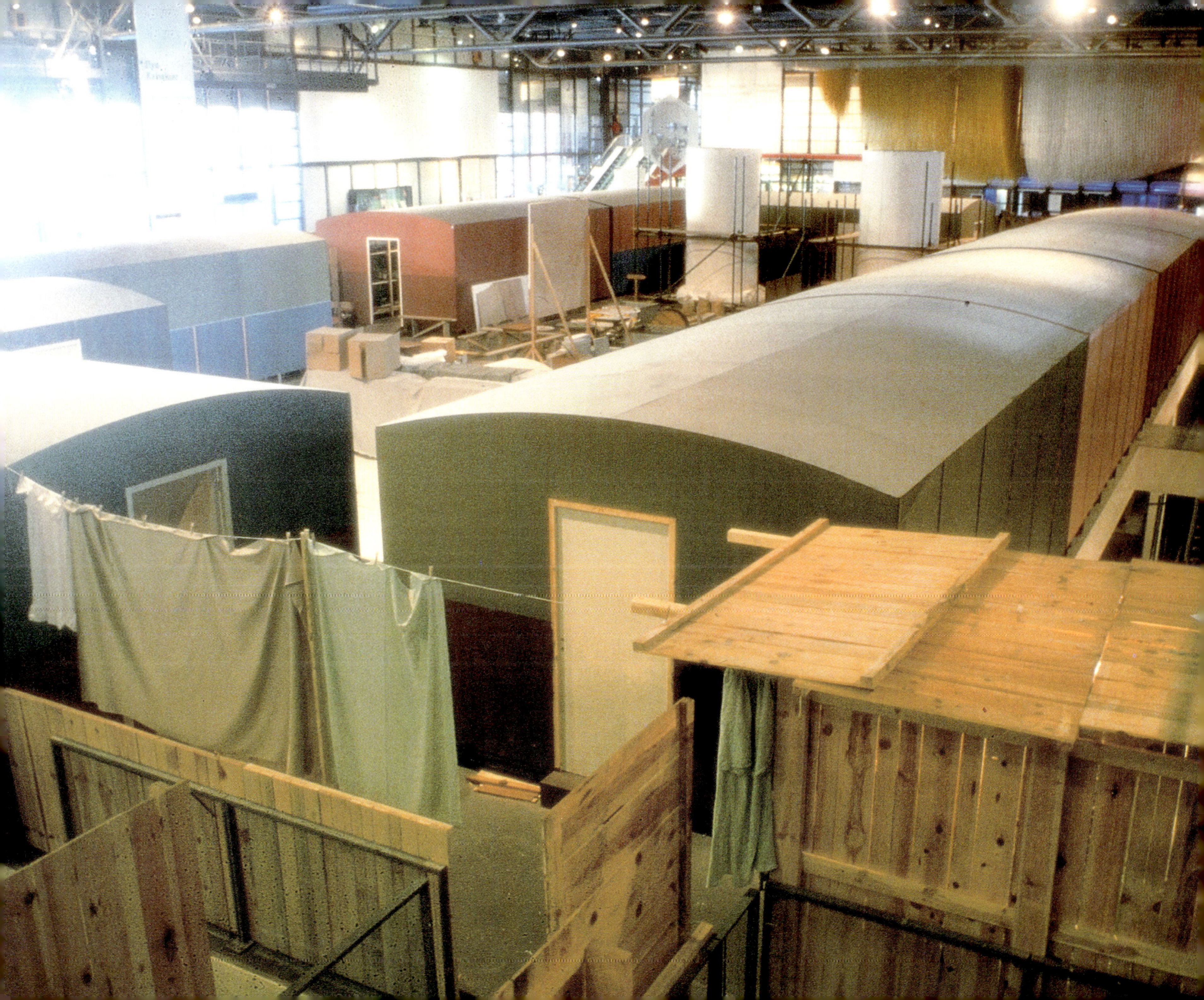

Il ponte

Concezione dell'installazione

Questa installazione rappresenta un tentativo piuttosto ambizioso per definire i rapporti che corrono tra arte e "misticismo". Ahimè, sono ormai passati i tempi in cui l'arte era intesa come obbediente a un principio mistico-religioso – così nel caso di una icona o di un goticismo – e la separazione tra arte e misticismo era considerata semplicemente impossibile.

Recentemente, con l'emancipazione che ha toccato prima l'opera d'arte, poi l'artista e infine la stessa professione, diventata un fatto esclusivamente personale, i rapporti tra misticismo e arte si sono fatti sempre più problematici. Nell'arte del tardo Rinascimento il misticismo si conserva ancora in forma di soggetto e di "sublime" registro del quadro ma successivamente, con l'avvicendarsi dei soggetti, il misticismo sembra svanire dal quadro quasi completamente (io mi riferisco qui alla situazione generale, non a singoli artisti).

Ma torniamo alla nostra installazione.

Il soggetto rappresentato nell'installazione "Il ponte", così come è annunciato dalle spiegazioni sul pannello, è piuttosto semplice. Nella sala in cui entra il visitatore doveva essere allestita una mostra di quadri, ma a causa di un evento misterioso, mistico, la mostra è stata annullata. Allo scopo di liberare lo spazio per far sì che l'evento potesse liberamente manifestarsi, i quadri sono stati accatastati lungo le pareti insieme alle sedie, alle panche e ai tavoli: sono stati trasformati in oggetti di uso comune.

L'arte (e i quadri sono certamente "arte") viene così relegata ai margini, negli angoli, nell'oscurità, perché la zona centrale ben illuminata deve essere lasciata libera per l'evento misterioso, *mistico*. Questa è la storia.

Ma ecco "entrare in scena" una nuova forma d'arte, l'"installazione" (ammesso che la si possa considerare un'arte, ma questo è certo un ulteriore problema), che imprime a ogni cosa una svolta brusca. Nell'installazione, per la sua stessa natura, possono essere riuniti, *con pari dignità*, senza pretesa di egemonia, non solo forme diverse di cultura – quadri, oggetti, testi – ma in genere tutto ciò che si vuole e soprattutto fenomeni e concetti anche lontanissimi tra loro: qui la politica può unirsi alla cucina, gli oggetti del vivere quotidiano alla ricerca scientifica, i rifiuti alle effusioni sentimentali... È del tutto evidente che l'installazione, in quanto genere, è un mezzo che può certamente creare nuove relazioni tra cose vecchie e ben conosciute.

Interagendo con queste relazioni all'interno dell'installazione, questi diversi fenomeni non rivelano solo la propria autonomia, la propria "individualità" ma mettono anche in luce il legame, profondo e da lungo tempo perduto, con gli altri fenomeni di cui hanno sempre avuto bisogno. Particolarmente importante è quindi ricostituire l'originaria organicità, che si è poi suddivisa nelle diverse parti e di cui si è parlato all'inizio di questa nota.

Descrizione dell'installazione

Dopo aver percorso un piccolo corridoio buio (due metri in tutto), lo spettatore apre una vecchia porta di colore verde dipinta più volte e, superato un leggero rialzo, si trova su uno stretto ponte di legno con

The Bridge

The concept behind the installation

A rather ambitious attempt to establish the correlation between art and "mysticism" is embedded in the installation. Alas, the time has long passed, like in icons and in Gothic style, for example, when art was understood as serving a high, religious-mystical source and the separation of the two appeared to be simply impossible. In modern times, when first the artistic work, the painting, became autonomous, and then the artist himself, and finally his profession, having become only his personal affair, the connection between mysticism and art becomes highly problematic. In the art of the Late Renaissance, the first is still preserved in the form of subject and in the particular "lofty" realm of the painting, but subsequently with a change in the subjects depicted, it's as though mysticism disappears altogether from the painting. (I am speaking here not about individual artists, but about the general state of affairs as a whole.)

But back to the subject at hand.

The subject presented in the installation *The Bridge* and described in the explanation is rather simple. An exhibit of paintings should have taken place in the room where the viewer finds himself, but as a result of the appearance of something mysterious, mystical, it cannot take place. The paintings, freeing up the space for that purpose, wind up being squeezed to the walls by chairs, benches and the table, turning into common objects much like the furniture which obscures them. Art (and the paintings, of course, represent art) must move aside to the edge, to the corners in the darkness, yielding to the mysterious, "mystical" center which is brightly illuminated. That's the story.

But then a new genre of art appears "on the stage" such as the "installation" (if, of course, you can consider it to be art, and this is still a question), giving everything a different slant. In the installation, by virtue of its very nature, may be united *on equal terms* and without recognition of supremacy, not only various forms of culture – paintings, objects, texts – but in general anything at all and most of all phenomena and concepts that are extraordinarily far from one another. Here politics may be combined with the kitchen, objects of everyday use with scientific research, garbage with sentimental effusions. . . . In all probability, the installation as a genre is a way to make new correlations between old and familiar things. By entering an installation with these correlations, these various phenomena reveal their independence, their "separateness," but they may also reveal their profound connection with each other (which was perhaps lost long ago), which they at sometime had, and which they always needed. And particularly important is the restoration of that whole which had disintegrated into its parts, to which I referred at the beginning of this note.

Description of the installation

Having passed through a small dark corridor, in all two meters long, the viewer opens an old door that has been painted green many times, and he immediately winds up, after ascending a slight incline,

sponde – che lo pone in una posizione rialzata rispetto al pavimento – e lo percorre
fino al centro di una stanza. Dopo di che il
ponte piega a sinistra verso un'altra porta
che conduce fuori dall'installazione. Il visitatore non può scendere nella sala: può
avanzare solo in un senso, verso l'uscita.

Dell'ampio locale (15x10 metri) solo la
parte centrale è illuminata da una plafoniera ovale: gli angoli e le pareti non ricevono
luce e sono quindi immersi nella penombra.
In un primo momento la zona illuminata sembra essere assolutamente vuota.
Ma una più attenta osservazione rivela, al
di là del cerchio di luce, oggetti di vario
genere in grande quantità e in grande
disordine, accatastati lungo le pareti: sedie,
banchi di legno, scatole, carta d'imballaggio,
un tavolo coperto con una tovaglia
verde. Più oltre, appoggiati alle pareti, quasi invisibili al buio, ci sono dei quadri di
grande e medio formato. Se si osservano
attentamente le pareti ci si accorge che
sono tagliate verticalmente e a intervalli
regolari da drappi rossi che attribuiscono
alla stanza un aspetto "sfarzoso"; il colore
stesso delle pareti e la caraffa d'acqua sopra
il tavolo e i bicchieri danno all'ambiente un
carattere di "ufficialità": molto probabilmente si tratta di un ambiente destinato
alle manifestazioni solenni. Ma perché così
tanto disordine?

Al centro del ponte, proprio dove esso piega verso l'uscita, lo spettatore trova un
pannello di legno con informazioni a proposito degli avvenimenti che qui si svolgono, o meglio, che si sono svolti. Quanto vi
è scritto precisa qual è il soggetto dell'installazione e anche la funzione dei cinque

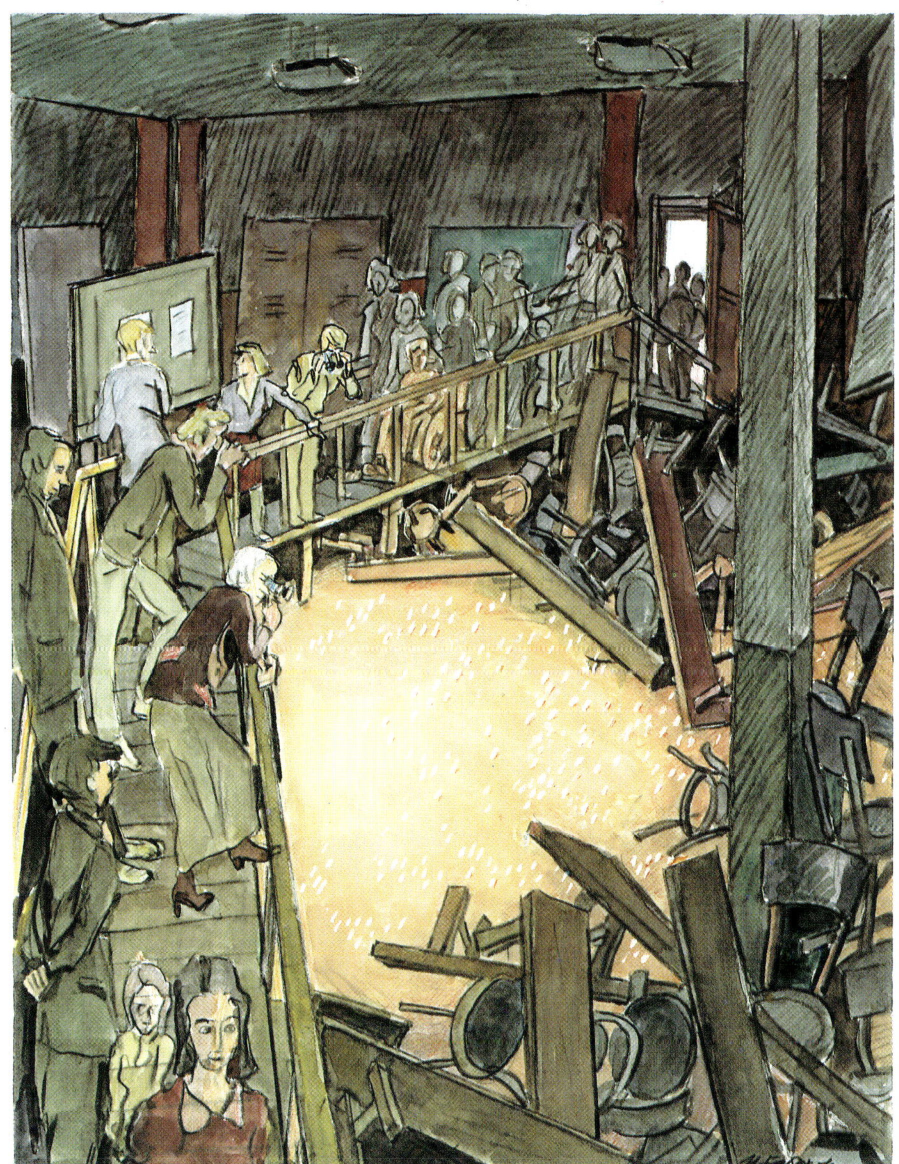

on a narrow wooden bridge with handrails
which raises him above the floor. The
viewer walks along this bridge to the center of the room, whereupon the bridge
turns to the left, and you can get down
from the bridge only through the opposite
door which takes you out of the installation. The viewer cannot get off of the
bridge and enter the room, he cannot walk
around its floor: the handrails and the
bridge are tightly pressed up against the
doors, and it is only possible to go in one
direction, toward the exit.

In the large room (15 x 10 m) only the
center is brightly lit by an oval of light; the
corners and walls of the room are not illuminated, they are immersed in semi-darkness. This illuminated center, at first
glance, appears to be completely empty.
However, just outside the borders of the
circle of light one can see all sorts of things
in total disarray which have been pushed
back against the walls – chairs, wooden
benches, boxes, wrapping paper, a table
covered with a green tablecloth – and
behind all of this, flush against the wall
and barely visible in the darkness stand
large and medium size paintings that have
not been hung. The walls themselves, if
you look closely, are divided at even intervals by vertically hanging red panels,
which lend the entire area a sort of
"pompous" air, and the very color of the
walls and the table with the carafe containing water that is standing on it and the
glasses, all indicate that, to all appearances,
what we have before us is an official area
intended for solemn occasions. But why is
there such disorder and chaos in it?

binocoli ai lati del ponte, che lo spettatore certamente utilizzerà dopo aver letto le istruzioni. Egli vedrà così che il cerchio luminoso proiettato sul pavimento, che ad occhio nudo gli era sembrato vuoto, è in realtà disseminato di gruppi di omini bianchi. La loro origine e il loro significato all'interno dell'installazione non sono chiari, né lo saranno dopo la lettura del pannello. In realtà è la stessa installazione che pone questa domanda: cosa rappresentano quegli omini bianchi, come sono arrivati qui, da dove vengono? E poi, cosa è accaduto realmente in questa sala? E cosa rappresentano i numerosi quadri (diciotto), dei quali non è possibile distinguere il soggetto a causa dell'oscurità e delle sedie che li coprono?

Incalzato da queste domande lo spettatore non può più tardare. Il ponte è stretto, dietro di lui premono gli altri spettatori, è già in vista dell'uscita e non ha ancora capito se ciò che gli è stato mostrato ha una motivazione "seria" o se quei maledetti "concettualisti" hanno solo voluto prenderlo in giro.

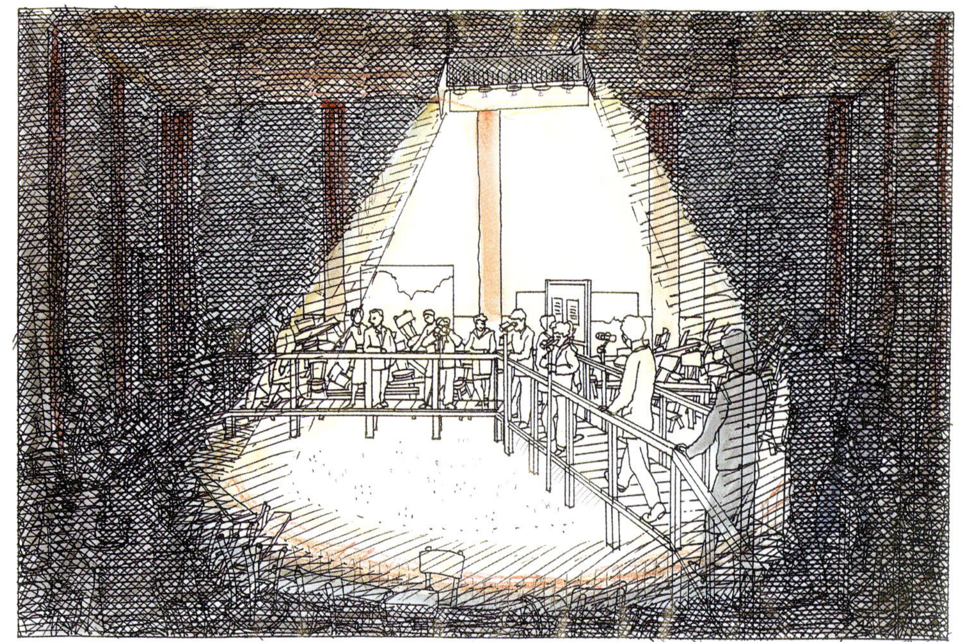

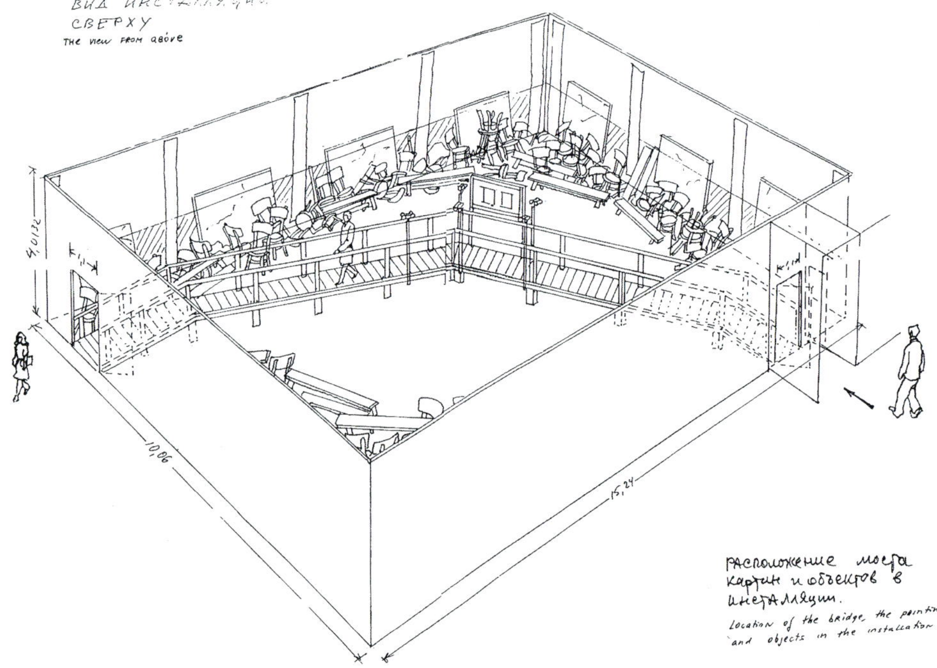

A wooden board with an explanation is affixed in the center of the bridge at the very place where it turns toward the exit, and here the viewer may read to find out what is going on, or more precisely, what went on. From this text the plot/theme of the installation becomes clear, as does the significance of the five binoculars which are standing along both sides of the bridge and through which the viewer will definitely look once he has read the text. Having looked through them, he will see that the illuminated circle on the floor under his feet, which seemed empty to the naked eye, is really covered in many places with groups of little white men. Their origin and their significance in this installation is still not quite clear even after reading the "explanation." Actually, the very installation itself raises this question: What are these little white men, how did they wind up here, where are they from? And what really happened here? And what's depicted on the paintings, of which there are many (eighteen) and which cannot be seen on account of the darkness and the chairs which are blocking them? But the viewer, perplexed by these questions, cannot linger for very long on the bridge. The bridge is narrow, and from behind other viewers are bumping into him, and he winds up already in front of the exit, not really understanding whether what was shown to him was done "in all seriousness" or whether these damned "conceptualists" were just trying to make a fool of him.

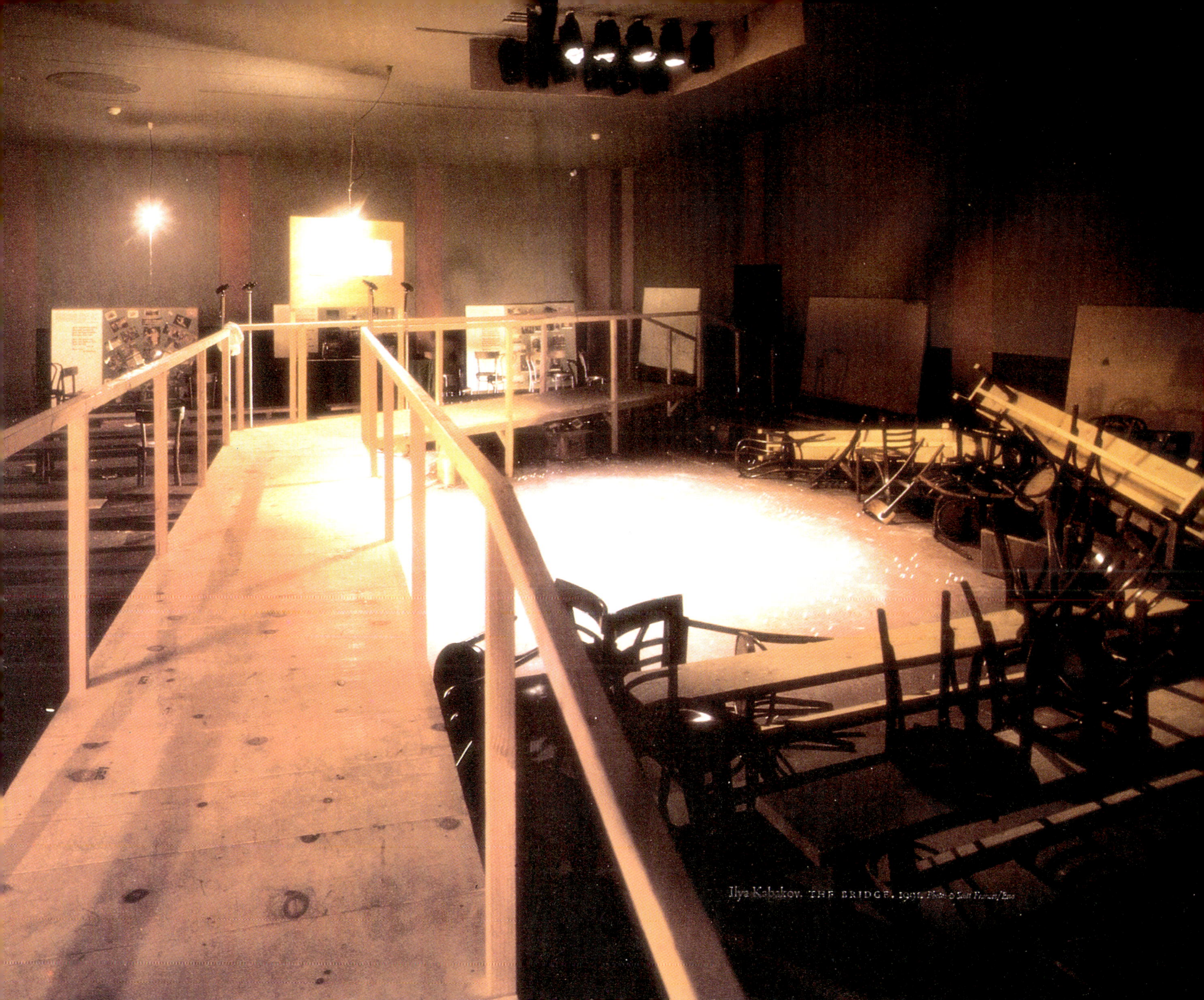

Ilya Kabakov. THE BRIDGE. 1991. Photo © Scott Frances/Esto

NOMA
ovvero Circolo intellettuale di Mosca[1]

Descrizione dell'installazione
È un grande locale a pianta circolare con un diametro di venti metri. Il soffitto scuro e traslucido sovrasta la sala in forma di tronco di cono, dal cui vertice penetra un fascio di luce accecante che si proietta a pavimento illuminando di riflesso l'intero ambiente. L'atmosfera è quella di un sotterraneo soffocante o di un "tempio pagano". Il locale è suddiviso radialmente da tramezzi, che formano degli "spicchi" convergenti verso il centro della sala, in direzione del punto luce generale.

Questi "spicchi", che ricordano un limone tagliato a metà, si configurano come stanze isolate, ma sono allo stesso tempo comunicanti fra loro tramite porte – vecchie porte di un alloggio comune (ZhEK), autentiche, più volte dipinte e tutte scrostate – che i visitatori possono attraversare. Al centro della sala, dove cade il fascio di luce, vi sono dei cippi bassi e larghi, disposti in circolo; in mezzo a loro, a pavimento, non c'è nulla, solo il vuoto illuminato dalla forte luce[2].

L'impressione che se ne ricava è che si tratti di un misterioso luogo rituale, un luogo dove si esercita un culto: al centro ci sono i cippi che fungono da altare; le cellule, separate l'una dall'altra, si aprono verso centro, dalla penombra delle pareti verso la luce. Un ambiente estremamente segreto e misterioso. ("Ma non si deve dimenticare che si tratta di un 'ordine' chiuso e segreto reale, dall'esistenza misteriosa, al quale non doveva essere così facile essere ammessi")[3].
Ogni "spicchio-cellula" è riservato ad un partecipante di "NOMA", di "MANI" e del "Circolo" ecc.: dodici cellule, dodici parte-cipanti. Lo "spicchio" è composto di tre pareti. Una delle pareti (la parete appartenente al locale stesso dell'installazione) rappresenta il tema "Il Mondo esterno" (sociale, politico, artistico) del proprio tempo come lo vede il "partecipante". La seconda parete è dedicata al tema "I miei altri", coloro che egli ha frequentato e con i quali è entrato in contatto e ha dialogato. La terza parete riproduce le sue stesse proposte, ciò con cui ha intessuto un dialogo, ciò che ha prodotto ecc.

Ogni cellula rappresenta un mondo completamente chiuso, il mondo della soggettività e non dell'oggettività: questo mondo deve essere creato dall'inquilino della "gabbia" e deve essere costituito (soprattutto) da testi propri e altrui, che egli considera importanti, e anche da *piccoli disegni-illustrazioni* di ciò di cui vorrebbe parlare. Piccoli disegni (di stile infantile) simili a quelli che servono a indicare come raggiungere la stazione del metrò. Ma possono esserci anche altri oggetti figurativi: quadri, riproduzioni, fotografie, schemi, rifiuti, oggetti... È importante sapere che questa non è la parete della stanza nella quale vive, ma il suo pannello, la sua *scelta rappresentativa* riguardante 1. il mondo circostante, 2. gli altri, 3. se stesso.

I cippi disposti nel centro del "tempio pagano"
I cippi sono assegnati ciascuno ad una delle "parole-concetto" chiave che hanno diffusione nel circolo. Per esempio, l'"artista-personaggio", la "galletta", l'"assenza", l'"atto gratuito" ecc. Ogni parola è riportata sul cippo con la spiegazione del significato (o con la pseudospiegazione).

NOMA
or The Moscow Conceptual Circle[1]

Description of the installation
It is built in a large circular space with a diameter of twenty meters. A dark semi-transparent ceiling is lowered inside of this hall resembling a cone with a cut-out top from which flows a blinding flood of light. (The entire dwelling is illuminated reflectively by this light – from the light in the center to the semi-gloom on the walls.) The cone-shaped semi-dark ceiling creates an atmosphere of an oppressive basement or a "heathen temple." The entire space is divided by stands placed radially from the center. In this way "segments" are formed resembling a lemon sliced lengthwise. Transitions from "segment to segment" are through doors, authentic old ZhEK doors, so that in another sense these are both isolated and connected rooms. (The viewers walk through these doors.) These "segments" open up into the center of the hall to a common light. In this hall in an illuminated circle stand a few low, wide pedestals arranged in a circle; there is nothing in the center, only brightly illuminated emptiness[2].

The overall impression: here is some kind of mysterious ritual place, a place of departure for some sort of cult – there are "altar" stones in the center, booths separated from one another and opening into the center, light and semi-darkness. This is something secret and mysterious to the highest degree. (But it must not be forgotten that we really are talking about a "closed" and mysteriously existing "order" which was not easy to enter[3]).
Each "segment-slice" is devoted to one of the participants of "Noma," "Mani," "Cir-cle," etc.; there are twelve segments and twelve participants. A "segment" consists of three walls. Wall one (the wall of the actual dwelling where the installation is built) is devoted to the theme "External World" (social, political, artistic) in my time and how I see it. The second wall is devoted to the theme "My Others" – those with whom I interacted, with whom I entered into contact and dialogue during that time. The third wall is what I proposed myself, with what I entered into dialogue, what I produced and so on.

Each booth is an entirely closed world of subjectivism, not objectivism; it must be made by the inhabitant of the "cell" and will consist primarily of texts (both by others and one's own texts) that are important for the inhabitant, as well as *sketches-illustrations* of what the author wants to say.
It must be sketches (perhaps in a childlike style) similar to the kinds of sketches we make to explain how to get to the metro. But here could be other graphic nonsense as well – a painting, a reproduction, a photograph, diagram, garbage, objects. . . . But it is important to keep in mind that this is not the wall of a room where you actually live, but rather your stand, that is, a *selected representative collection* about three things: 1. the world around you, 2. the other participants, 3. yourself.

The pedestals standing in the middle of the "temple"
Each is devoted to one of the central "words-concepts" circulating in this circle. For example, "artist-personage," "kolobok," "absence," "empty action," etc. Each word

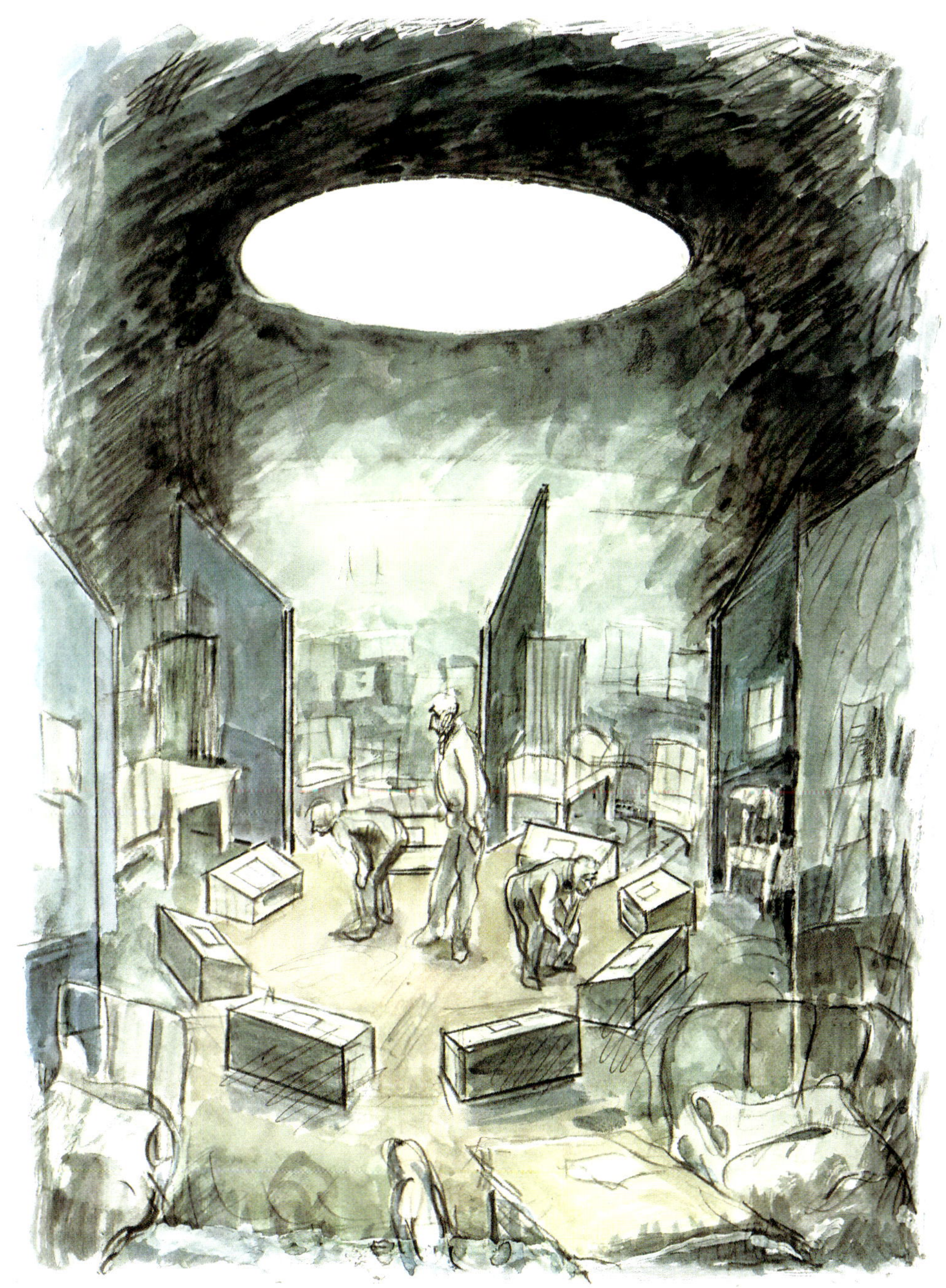

Come ogni comunità, anche questa ha elaborato parole-chiave proprie, che devono essere al centro di questo universo, per sua essenza costituito di parole.

Su uno dei cippi è esposta la pianta di Mosca: vi sono indicati i domicilii dei partecipanti e le linee di comunicazione utilizzate per recarsi gli uni dagli altri.

Altre considerazioni

a) Tutti i locali sono dipinti di grigio.

b) Il contenuto dell'installazione dà l'impressione, sia interiore che esteriore, che si tratti soltanto di un mare di documenti, di carta da incollare; nulla che valga davvero la pena di guardare: parole, parole, solo parole.

c) Penombra, mistero, la cantina, la luce al centro.

d) Tutti i locali hanno lo stesso volume.

e) Forse, un suono di voci, soffocato come un borbottio, al microfono (Prigov, Rubinštejn leggono, registrazione dei dialoghi).

f) Nelle cellule degli autori non c'è *nessun cognome* di autore. Nulla di rappresentativo, di individuale, di rilevante. Questo è un punto molto importante. Tutto è solo "corpo"[4].

g) La concentrazione dell'attenzione è regolata dalla disposizione della luce.

Elenco dei partecipanti:

1. I. Bakštejn
2. B. Grojs
3. D. Prigov
4. L. Rubinštejn
5. V. Sorokin
6. A. Monastyrskij
7. "Azioni collettive" (N. Panitkov, G. Kizivalter, I. Makarevič, E. Elagina, N. Alekseev)
8. N. Alekseev
9. "Ermeneutica" (P. Pererštejn, S. Anufriev)
10. Ju. Lejderman
11. V. Zacharov
12. I. Kabakov

1. *Si tratta del club degli artisti, dei poeti, degli scrittori e dei critici che lavoravano a Mosca negli anni '70-'80.*
2. *Il famoso "vuoto radioso".*
3. *Bakštejn, Dialogi, "Znamja", Moskva 1989.*
4. *Nella realizzata variante conclusiva, ogni "cellula" aveva accanto alla porta il nome e il cognome del "padrone di casa" e una sua breve biografia.*

is on its own pedestal accompanied by a decoding of its meaning (or pseudo-decoding). It is clear that this community, like any other, has elaborated its own key words, and they must be in the center of this cosmos which is essentially verbal.

One of the pedestals is a map of Moscow, the place of inhabitancy and communication of the participants.

Other thoughts

a) The entire dwelling is painted gray.

b) The overall impression, both internal and external: a sea of texts, a sea of plastered paper, there is nothing to look at, only words and more words.

c) There is semi-gloom, mysteriousness, a basement, light in the center.

d) All the spaces are equal in size.

e) Perhaps there is the sound of voices, muffled, like mumbling in a microphone (Prigov, Rubinštejn read aloud, there are recordings of dialogues).

f) There are *no last names* in the segments. There is nothing of the "authors'" nothing representative, individual, distinguishing. This point is very important. Everything is only the "body."[4]

g) A concentration of attention is regulated by the arrangement of the light.

List of Participants

1. J. Bakštein
2. B. Groys
3. D. Prigov
4. L. Rubinštejn
5. V. Sorokin
6. A. Monastyrskij
7. "Collective Action" (N. Panitkov, G. Kizivalter, I. Makarevič, E. Elagina, N. Alekseev)
8. N. Alekseev
9. "Med-hermeneutics" (P. Pererštein, S. Anufriev)
10. Ju. Leiderman
11. V. Zakharov
12. I. Kabakov

1. *It's about the club of artists, poets, writers and critics who worked in Moscow in the 1970s and 1980s.*
2. *The famous "shining emptiness."*
3. *Bakštejn, Dialogi, "Znamja", Moskva 1989.*
4. *In the final, realized version each "segment" had the name and surname of the "resident" of the room and his short biography affixed near the door.*

НОМА (NOMA)

УСТРОЙСТВО конусообразного потолка инсталляции.
Construction of the cone's ceiling in the installation.

Купол
кунстхалле
"dome" of the kunsthalle.

КОНУСООБРАЗНЫЙ ПОТОЛОК
прикреплен к краям -стенам зала.
(потолок из темносерой ткани)

Cone-like ceiling,
connected to the edges—
room's walls.
(ceiling done frome the
dark-grey material)

ОБРУЧ.
hoop.

ОБЩИЙ ВИД НАКЛОННОГО (ВНИЗ) КУПОЛА ИЗ ПЛОТНОЙ СЕРОЙ ТКАНИ ИЛИ пластика
General views of the down inclined "dome-ceiling" made from he grey thick plastic or material

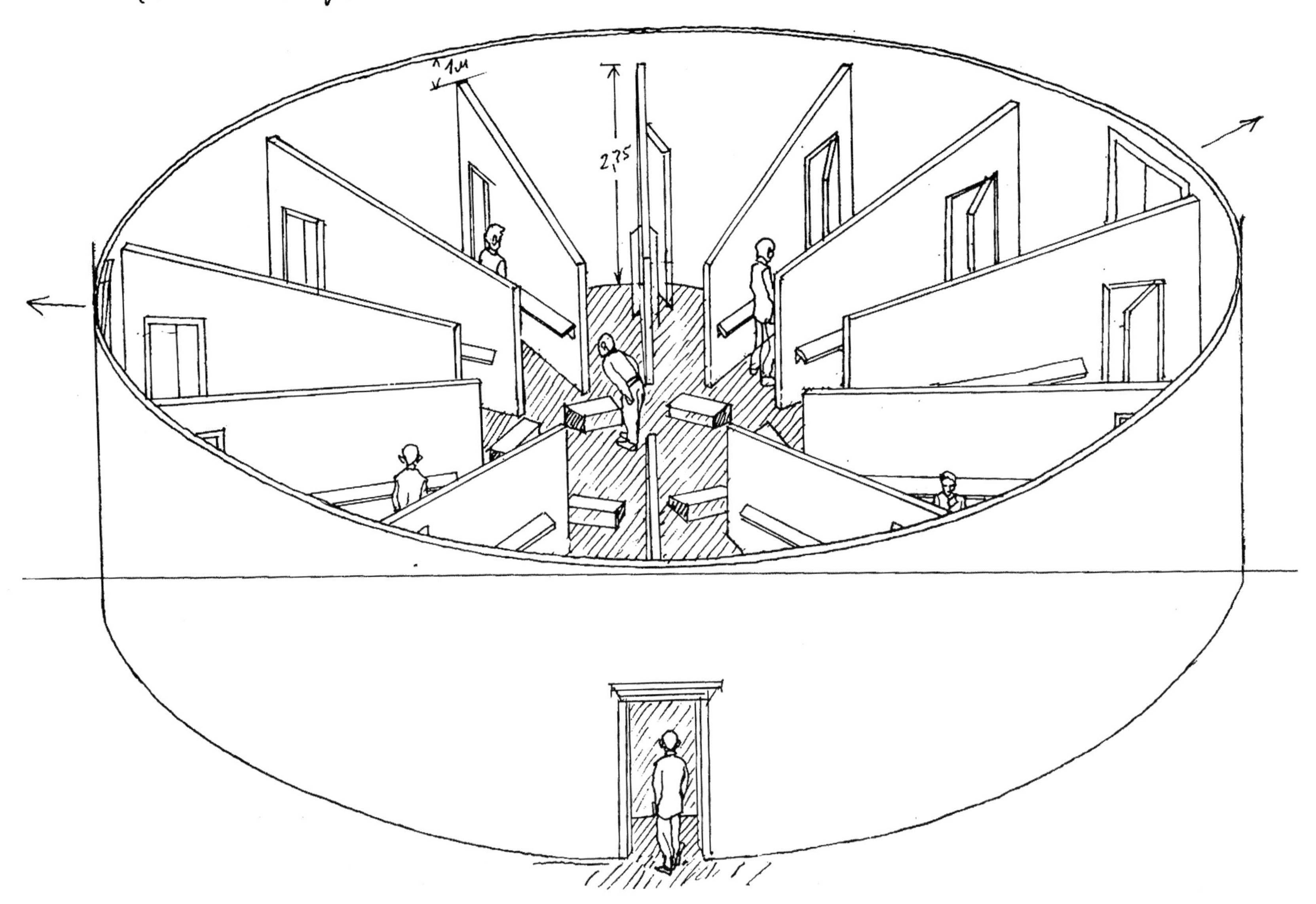

ОБЩИЙ ВИД ИНСТАЛЛЯЦИИ СО СНЯТЫМ "КУПОЛОМ"
(КОНУСОВИДНЫМ ПОТОЛКОМ)
General view of the installation with the "cupola" (dome) off.
(cone's ceiling).

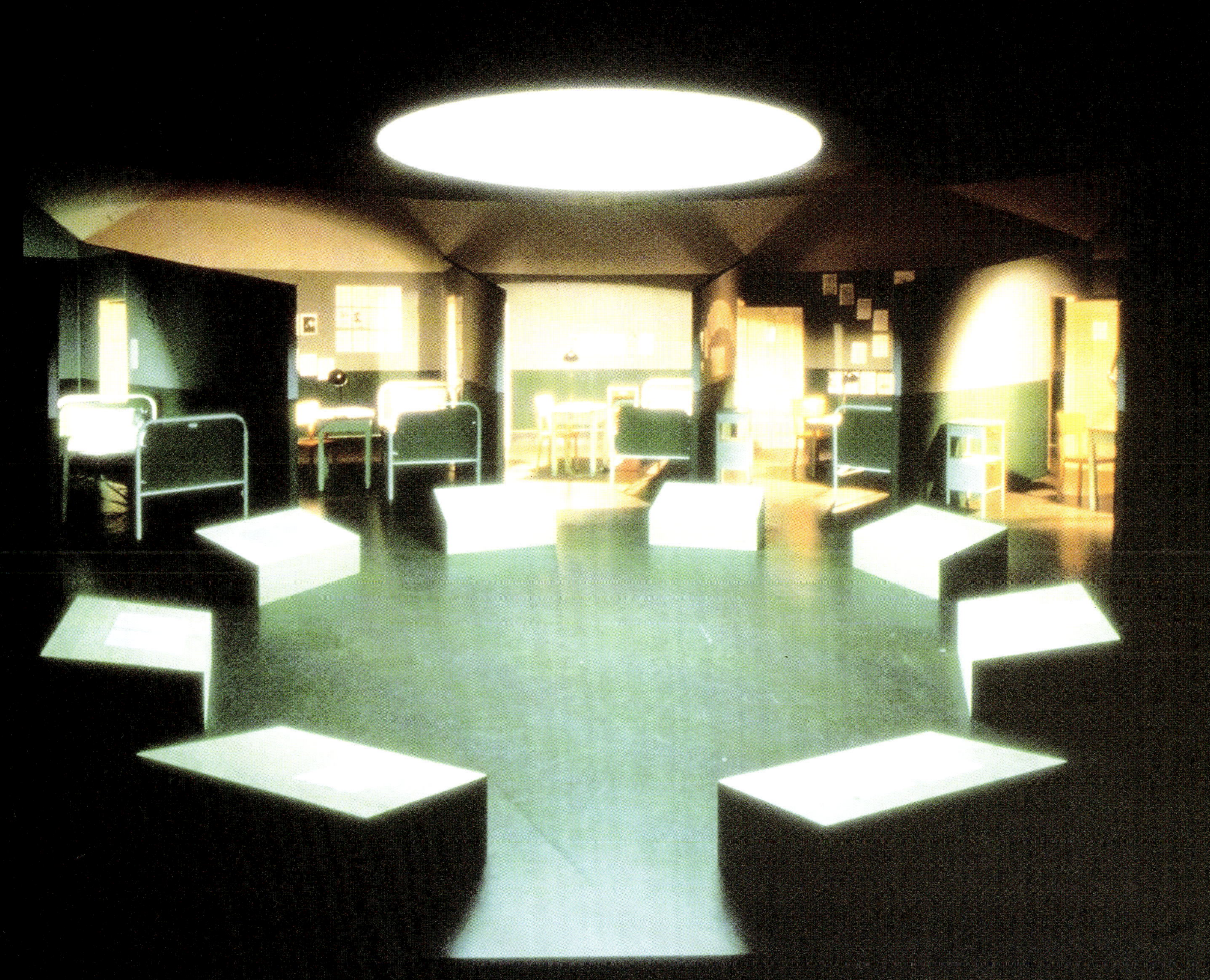

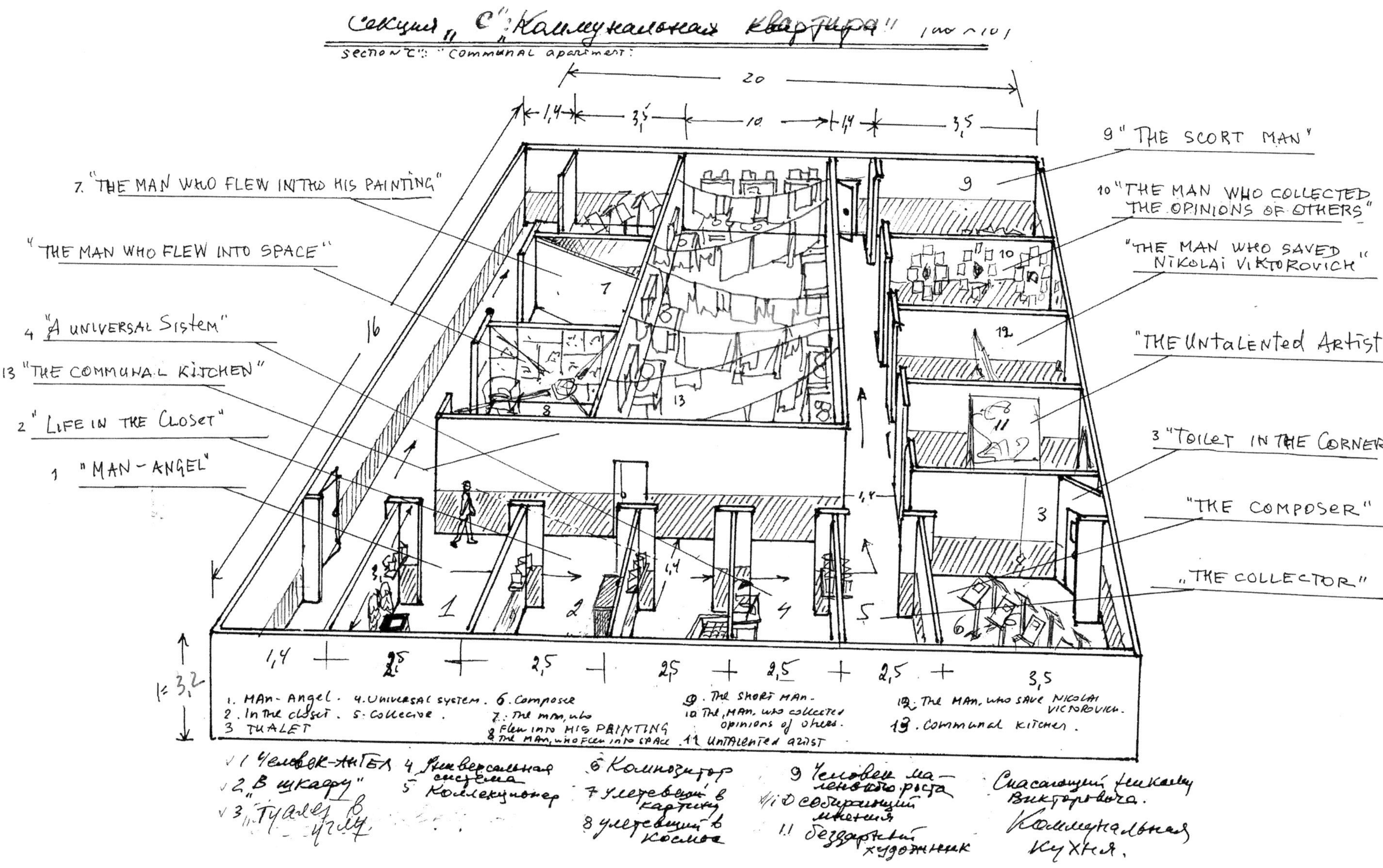
Секция "С": "Коммунальная квартира" (no ~10)
Section "C": "Communal apartment"
20
1,4   3,5   10   1,4   3,5
7. "THE MAN WHO FLEW INTO HIS PAINTING"
"THE MAN WHO FLEW INTO SPACE"
4 "A UNIVERSAL SISTEM"
13 "THE COMMUNAL KITCHEN"
2 "LIFE IN THE CLOSET"
1 "MAN-ANGEL"
9 "THE SCORT MAN"
10 "THE MAN WHO COLLECTED THE OPINIONS OF OTHERS"
"THE MAN WHO SAVED NIKOLAI VIKTOROVICH"
"THE UNTALENTED ARTIST"
3 "TOILET IN THE CORNER"
"THE COMPOSER"
"THE COLLECTOR"
1,4   2,5   2,5   2,5   2,5   2,5   3,5
1:3,2
1. MAN-ANGEL.   4. UNIVERSAL SYSTEM.   6. COMPOSER
2. In the closet.   5. Collecive.   7. The man, who
3 TUALET   Flew into HIS PAINTING
8 THE MAN, who Flew into SPACE
9. THE SHORT MAN.
10 The, man, who collected opinions of others.
11 UNTALENTED ARTIST
12 THE MAN, who save NIColAi VICTOROVICH.
13. Communal kitchen.
1 Человек-Ангел   4 Универсальная система   6 Композитор   9 Человек маленького роста   Спасающий Николая Викторовича.
2 "В шкафу"   5 Коллекционер   7 Улетевший в картину   10 Собирающий мнения   Коммунальная Кухня.
3 Туалет в углу   8 Улетевший в космос   11 Бездарный художник

Questo "rione" contiene le seguenti installazioni:

1. L'uomo-angelo
2. La vita nell'armadio
3. Il gabinetto nell'angolo
4. Il sistema universale
5. Il collezionista
6. Il compositore
7. L'uomo che è volato dentro un suo quadro
8. L'uomo che si è lanciato nel cosmo
9. L'uomo di bassa statura
10. L'uomo che colleziona le opinioni degli altri
11. L'artista senza talento
12. L'uomo che porta in salvo Nikolaj Viktorovič
13. La cucina comune

Si capisce subito che l'"atmosfera" di questo rione è triste e pesante.

This "neighborhood" contains the following installations:

1. Man-Angel
2. Life in the Closet
3. Toilet in the Corner
4. A Universal System for Depicting Everything
5. The Collector
6. The Composer
7. The Man Who Flew into His Picture
8. The Man Who Flew into Space
9. The Short Man
10. The Man Who Collects the Opinion of Others
11. The Untalented Artist
12. The Man Who Saves Nikolaj Viktorovič
13. The Communal Kitchen

You understand immediately that the "atmosphere" of this ward is sad and heavy.

La vita in comune
Life in Common

Questo rione, che si trova sulla destra dell'ingresso, riproduce uno degli aspetti più particolari della realtà sovietica: l'alloggio in coabitazione, dove durante il potere sovietico viveva più dell'85% della popolazione urbana. Ogni stanza di questo alloggio è abitata da "inquilini" singoli, ciascuno con le proprie fobie e fantasie, ciascuno capace a proprio modo di fuggire dal mondo circostante o di isolarsi da esso. Al centro dell'alloggio – nodo principale ed epicentro di tutti i problemi – c'è la cucina comune.

This "neighborhood", which is found on the right of the entrance, reproduces one of the more unusual aspects of the Soviet situation – the communal apartment – where more than 85% of the urban population lived during Soviet power. Some of the rooms in this apartment are inhabited by single "tenants", some of whom have their own phobias and fantasies, others capable in their own way of escaping from the surrounding world or of isolating themselves from it. There is a communal kitchen in the center of the apartment, which is the principle point and epicenter of all the problems.

L'uomo-angelo

Concezione dell'installazione

Come diventare migliori, più buoni, più onesti?

Su questo problema – come liberarsi della maggior parte dei propri difetti e vizi, come diventare migliori sul piano morale – si sono scontrate più generazioni di moralisti, di pensatori, di religiosi. I più vedono questa possibilità nella capacità dell'uomo stesso di cambiare il proprio "io" interiore, altri nella rigorosa osservanza delle regole morali, altri ancora nel rifiuto delle tentazioni terrene e nel perseguire le strade della religione.

Ciascuna di queste strade è giusta e percorrendola si può conseguire il fine desiderato. Senza negare nessuna di queste strade, il nostro progetto prevede un'ulteriore possibilità. Essa consiste in una procedura quotidiana che, nonostante l'apparente semplicità, è estremamente efficace.

Bisogna costruire due ali di tela incerata bianca usando i disegni allegati al progetto e poi, con delle cinghie di cuoio, fissare queste ali alla schiena. Quindi, isolatisi nella propria stanza (questa condizione è importante sia per il risultato di quanto ci si accinge a compiere, sia per evitare spiacevoli intromissioni da parte degli altri membri della famiglia)[1], bisogna indossare le ali, rimanere assolutamente immobili e in silenzio per 5-10 minuti, quindi dedicarsi alle proprie abituali occupazioni senza mai uscire dalla stanza. Dopo due ore ripetere la pausa di immobilità e di silenzio. Dopo due-tre settimane di questa procedura quotidiana, l'azione delle ali bianche comincerà a manifestarsi con sempre maggiore forza.

1. *Per questo motivo, durante la procedura, le tende delle finestre e le porte devono essere chiuse. È bene poi conservare le ali in un armadio e chiuderle a chiave.*

Man-Angel

Conception of the installation

How can you make yourself better, kinder, more decent? More than one generation of moralists, thinkers and religious figures have racked their brains over this problem of how to rid oneself of the majority of one's shortcomings, faults; in a word, how to change in a better, more moral direction. The majority sees the only possibility for change by the person himself, of his internal "I." Others see it in strict adherence to moral laws, still others see it in the renunciation of earthly temptations and in following a religious path.

Each of these ways is correct, having set out on it you can achieve the desired goal. Not refuting any one of them, our project foresees yet another possibility. It consists of a daily procedure which despite its apparent simplicity, can turn out to be extraordinarily effective.

You need to make two wings out of white tulle fabric, using the same sketch that is appended to the project, and also leather straps for attaching these wings on your back and fixing them in place. After this, having stayed alone in your room (this condition is fairly important, for both the productivity of the impending activity, as well as for avoiding undesirable reactions on the part of other people in the family)[1] you should put on the wings, and sit completely without anything to do and in silence for five to ten minutes, after which you should turn to your usual endeavors without leaving the room. After two hours you should repeat the initial pause again. After two to three weeks of daily procedures, the effect of the white wings will begin to manifest itself with greater and greater force.

The wings should be kept under lock and key in a special soft case in a mirrored closet.

1. *For this reason, during the procedure the window curtains and doors should remain closed. It's good to keep the wings locked in a closet.*

«КАК ИЗМЕНИТЬ САМОГО СЕБЯ?»

Н. Соломаткин. Шофер

г. Кишинев

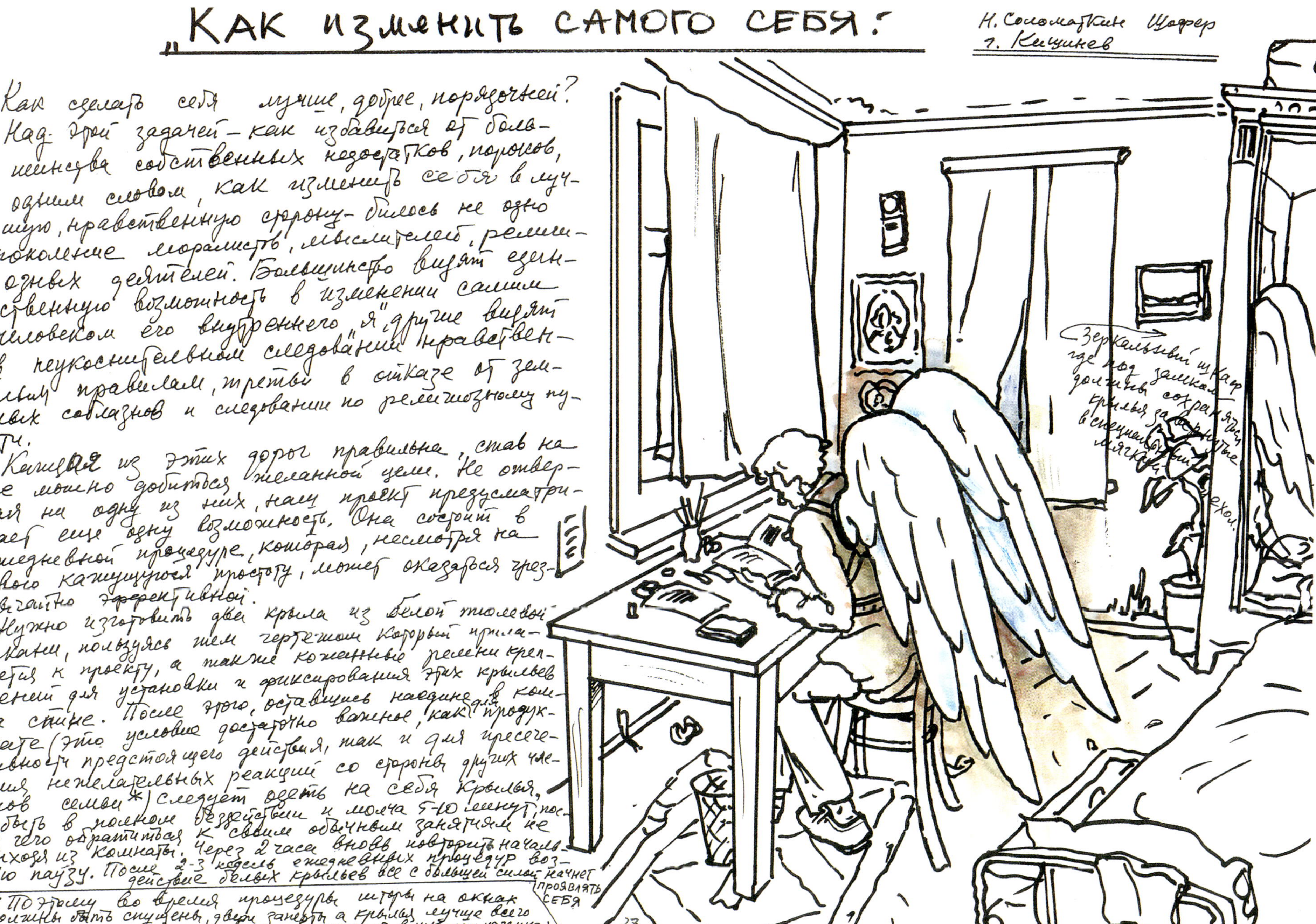

Как сделать себя лучше, добрее, порядочней? Над этой задачей – как избавиться от большинства собственных недостатков, пороков, одним словом, как изменить себя в лучшую, нравственную сторону – билось не одно поколение моралистов, мыслителей, религиозных деятелей. Большинство видят единственную возможность в изменении самим человеком его внутреннего "я", другие видят в неукоснительном следовании нравственным правилам, третьи в отказе от земных соблазнов и следовании по религиозному пути.

Каждая из этих дорог правильна, став на неё можно добиться желанной цели. Не отвергая ни одну из них, наш проект предусматривает еще одну возможность. Она состоит в ежедневной процедуре, которая, несмотря на кажущуюся простоту, может оказаться чрезвычайно эффективной.

Нужно изготовить два крыла из белой тюлевой ткани, пользуясь тем чертежом который прилагается к проекту, а также кожаные ремни крепления для установки и фиксирования этих крыльев к спине. После этого, оставшись наедине в комнате (это условие достаточно важное, как [для] продуктивности предстоящего действия, так и для пресечения нежелательных реакций со стороны других членов семьи) следует одеть на себя крылья, побыть в полном бездействии и молча 5-10 минут, после чего обратиться к своим обычным занятиям не выходя из комнаты. Через 2 часа вновь повторить начальную паузу. После 2-3 недель ежедневных процедур воздействие белых крыльев все с большей силой начнет проявлять себя.

Поэтому во время процедуры шторы на окнах должны быть спущены, двери заперты а крылья лучше всего хранить в шкафу на замке!

1. Сделать два крыла. Сначала сделать два ка[ркаса] из проволоки, а на них потом закрепить сделанн[ые из] белой марли "перья". Каркас предварительно ук[репить] на двух овальных дощечках из фанеры.

2. Сделать кожаные крепления из ремней, кото[рые] крепятся на плечах, груди и поясе. Прикрепить [к] ним сзади "крылья", установленные предварит[ельно] на "дощечках".

3. Для экспозиции и ременные крепления и крылья должны висеть
свободно на стене на укреп-
ленном в нее гвозде, так как
это была бы обыкновенная
сбруя в конторке.

4. Длина каждого "крыла" - 140см
ширина от опоры - 40см

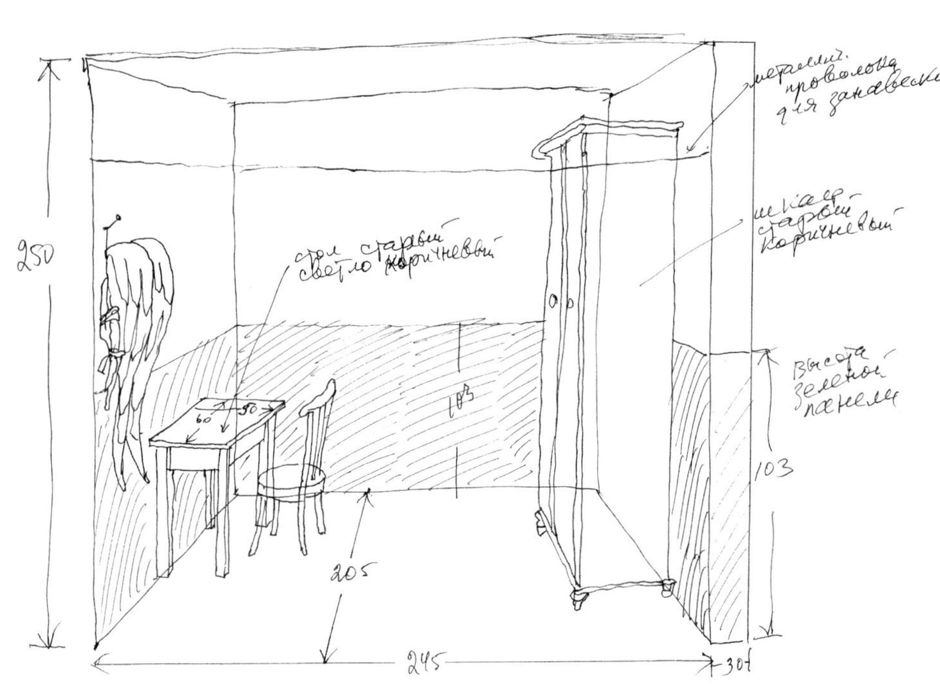

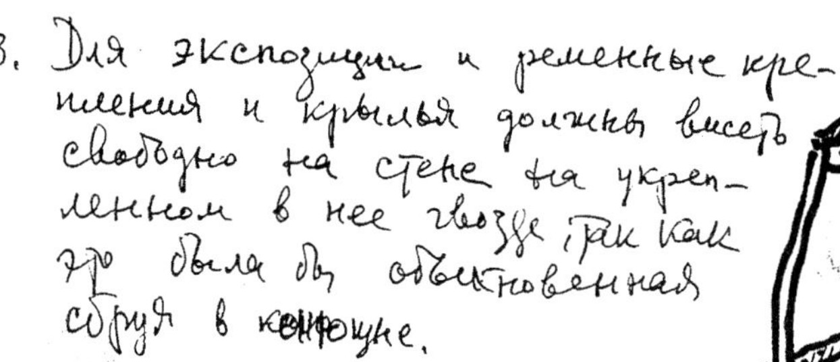

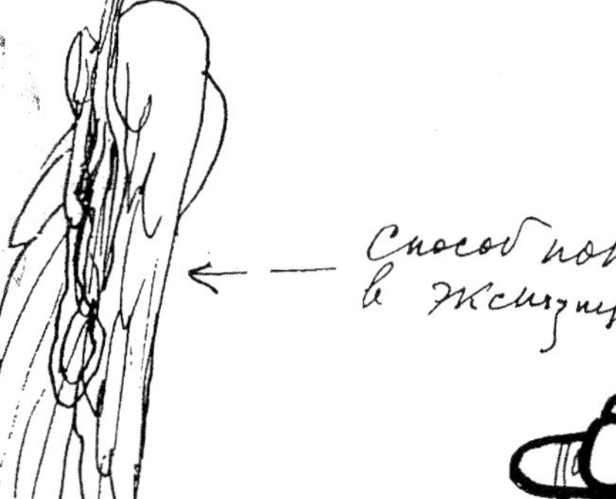

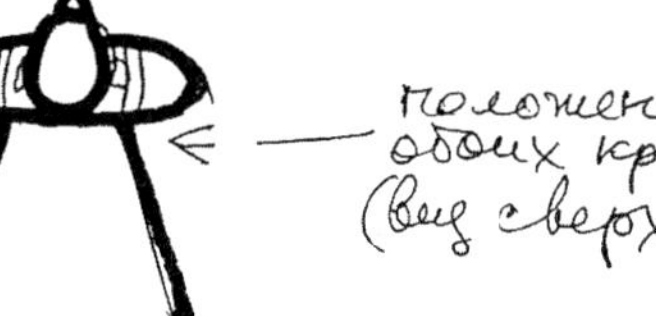

САМОГО СЕБЯ?"

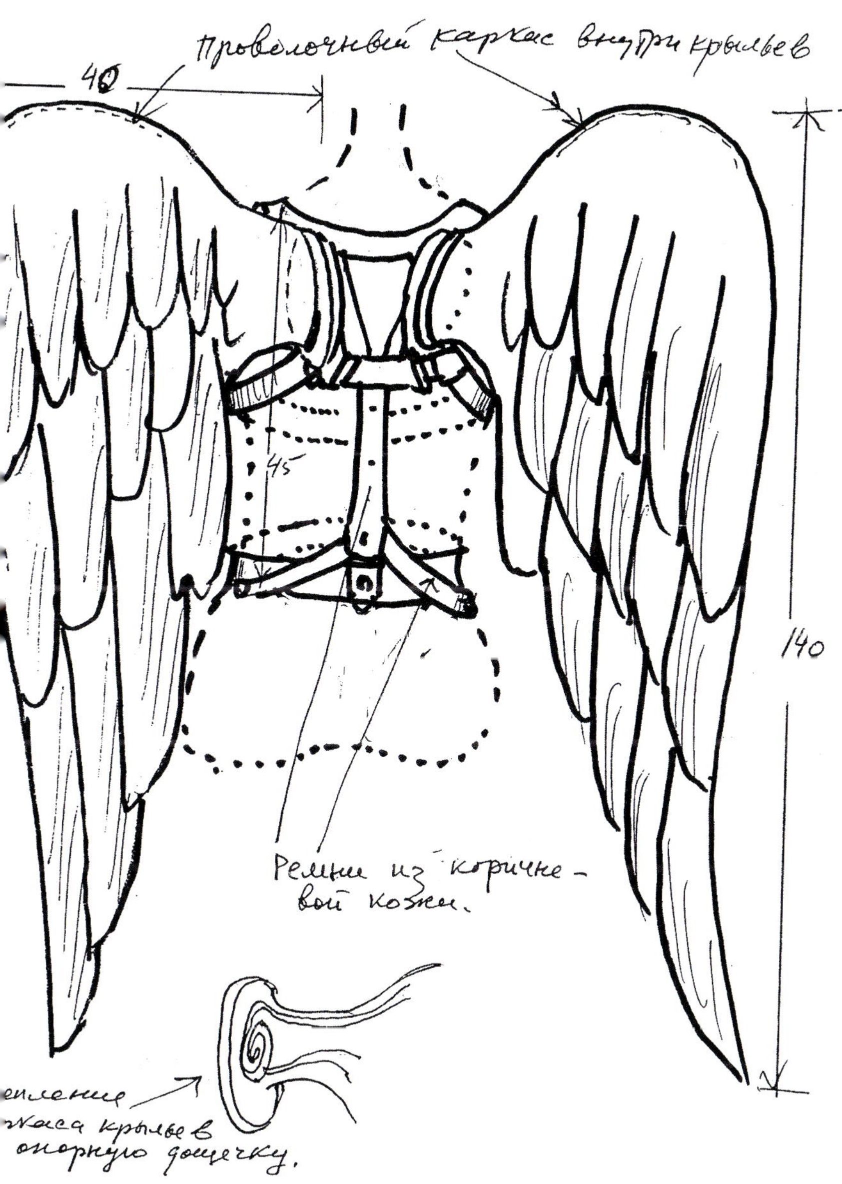
Проволочный каркас внутри крыльев
40
45
140
Ремни из коричне-
вой кожи.
...епление
...каса крыльев в
опорную дощечку.

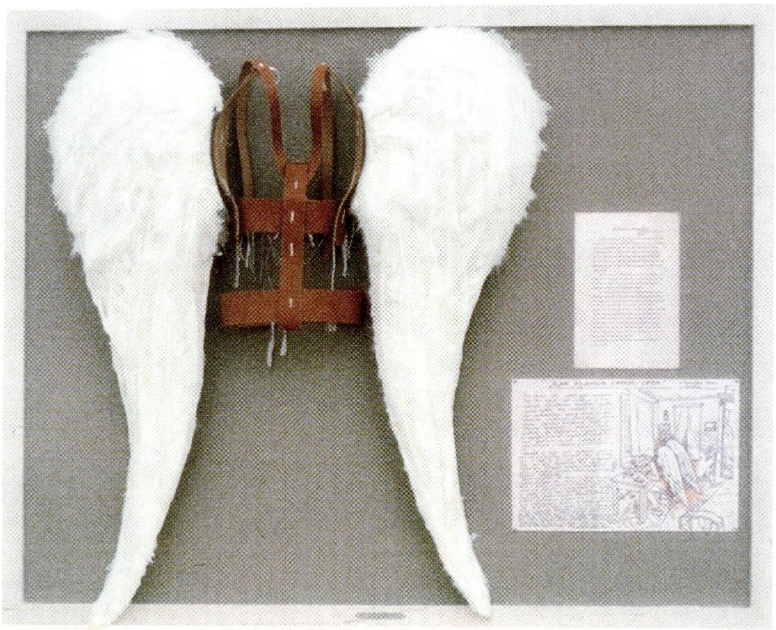

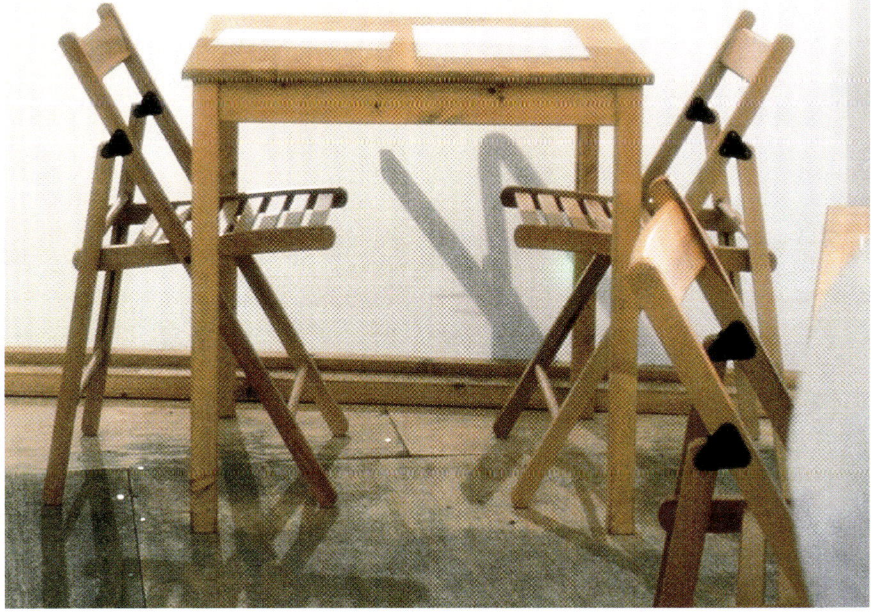

La vita nell'armadio

Descrizione dell'installazione

L'installazione può essere collocata nel *foyer* di una qualsiasi istituzione, in uno spazio neutro oppure nel passaggio o in un vasto corridoio di un museo – cioè dove non ci si aspetta di incontrare alcun oggetto, alcuna opera "artistica". Se lo spazio intorno è "affatto" neutro, maggiore risulterà allora l'"effetto" prodotto dall'installazione, che in questo modo agirà *per contrasto* con l'ambiente circostante.

Lo spettatore, attraversando il locale, vede un vecchio armadio a muro con un'anta socchiusa. L'armadio deve attirare l'attenzione proprio per il suo aspetto malandato in confronto allo spazio bianco "contemporaneo" della parete, soprattutto se tutt'intorno non c'è assolutamente nulla. L'attenzione è attratta anche da una tabellina posta accanto all'armadio e dall'anta "socchiusa" dell'armadio stesso.

Quando il visitatore apre entrambe le ante dell'armadio vede, con sua grande meraviglia, un tavolino con un "inquilino" che pranza, l'angolo dove sono riposte le stoviglie e uno stretto letto sopra al quale c'è una lampada da lettura accesa.

Lo spazio è molto limitato in questa abitazione, ma ogni cosa è distribuita con grande senso pratico: i vestiti, i libri e perfino i piccoli quadri alle pareti fanno capire che tutto è predisposto per una vita confortevole e di lunga durata. E d'improvviso l'estraneo spettatore capisce chiaramente il significato dell'installazione: l'uomo che si è insediato nell'armadio si è nascosto proprio da questi curiosi, è fuggito da quella stessa vita nella quale tutti noi viviamo immersi dalla mattina alla sera; quell'uomo vuole sparire, togliersi dalla concitazione e dal rumore che assorda il corridoio e di cui noi siamo la causa. Vorrebbe conquistarsi la solitudine e la tranquillità, ma la sua pace e la sua solitudine sono irraggiungibili: chiunque può, in ogni momento, scrutare nella sua vita, nonostante gli sforzi che egli compie per chiudere le ante del suo armadio.

Ma che voglia raggiungere quella condizione che ogni uomo desidera – vivere accanto agli altri, assistere al fluire della vita altrui senza tuttavia parteciparvi? Che desideri forse preservare se stesso e la sua solitudine? Forse egli si è sistemato nell'armadio proprio per conservare in questo strano modo l'armonia: stare con tutti e allo stesso tempo rimanere solo?

Life in the Closet

Description of the installation

The installation is arranged in the foyer of some establishment in a neutral space or in a walkway or wide corridor in a museum – precisely in a place where there is no "artistic" object whatsoever or where a work of art is totally unexpected. The space around it must be intentionally neutral, "blank"; hence the "effect" of the arbitrary installation will be greater since it will function in contrast to the surrounding environment.

The viewer, walking through such a place, sees an old closet built into the wall, one door of which is slightly ajar. The built-in closet should attract attention precisely because of its old, worn appearance as compared to the "modern" white space of the wall, especially if there is absolutely nothing all around, and furthermore, the sign hanging nearby and the half-opened door of the closet also attract attention.

When the viewer opens both halves of the closet, to his great surprise he sees a table on which the "inhabitant" eats, a corner for dishes, a light bulb for reading burns above a narrow bed. Everything in this residence is very crowded, not very practically arranged: clothing, books, even paintings on the walls – it is clear that everything is intended for a long and comfortable life. And the whole idea of the installation becomes immediately obvious to the outside viewer: the person who has settled into the closet has hidden precisely from such curious people as the viewer, he has fled from that life in which all of us are submerged from morning until night, he wants to disappear, to hide from the hustle and bustle and noise of the corridor which we are walking along. He would like to attain solitude and peace – but his peace and solitude are doomed, anyone can peer into his life no matter how securely he might lock the door of his closet.

And perhaps he would like to occupy that very position highly desired by all of us – to be near to others, to listen to someone else's life, but not to participate in it, all the while preserving himself, his seclusion? Perhaps he crawled into the closet on purpose in order to maintain that harmony in this strange way: to be with everyone and yet be alone?

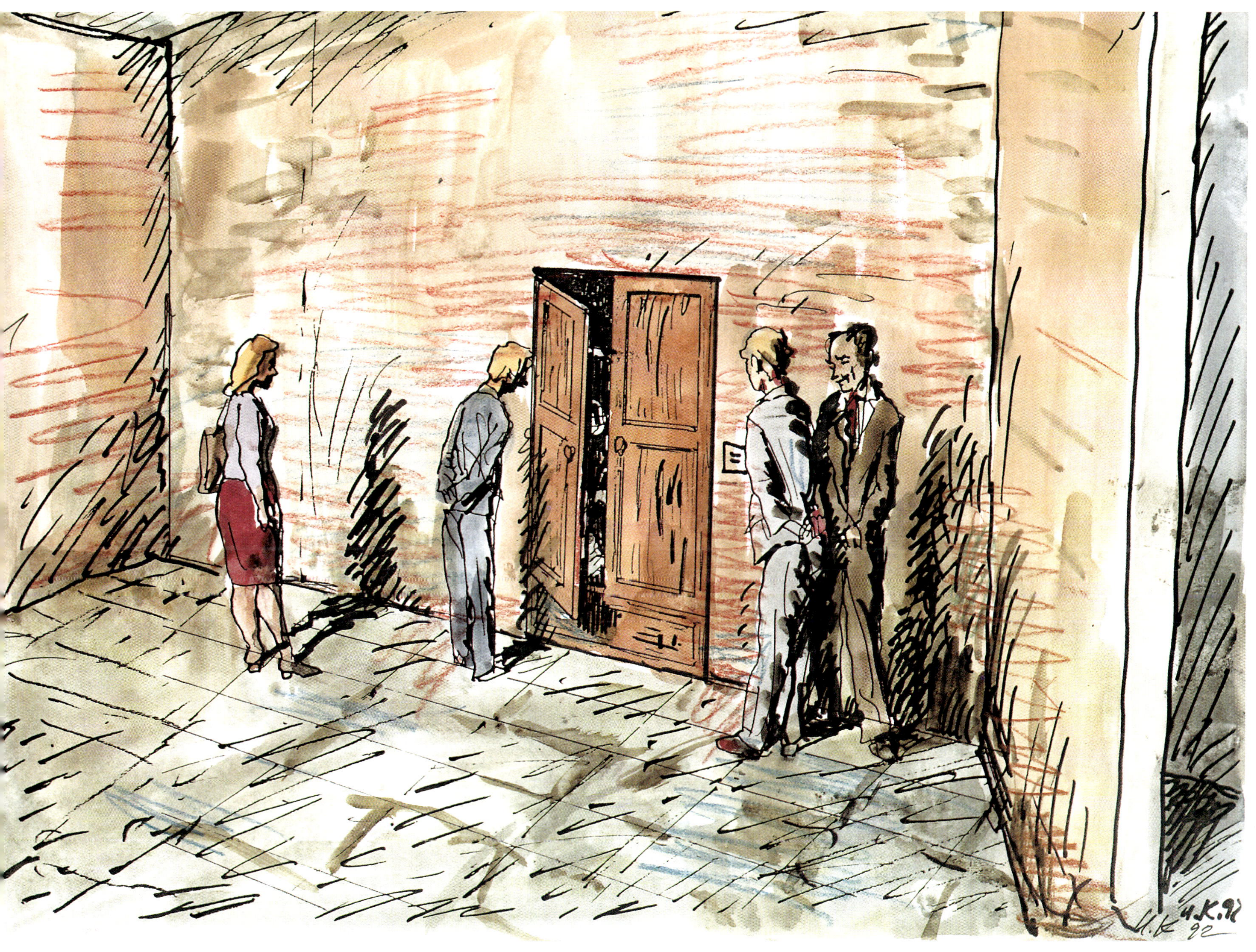

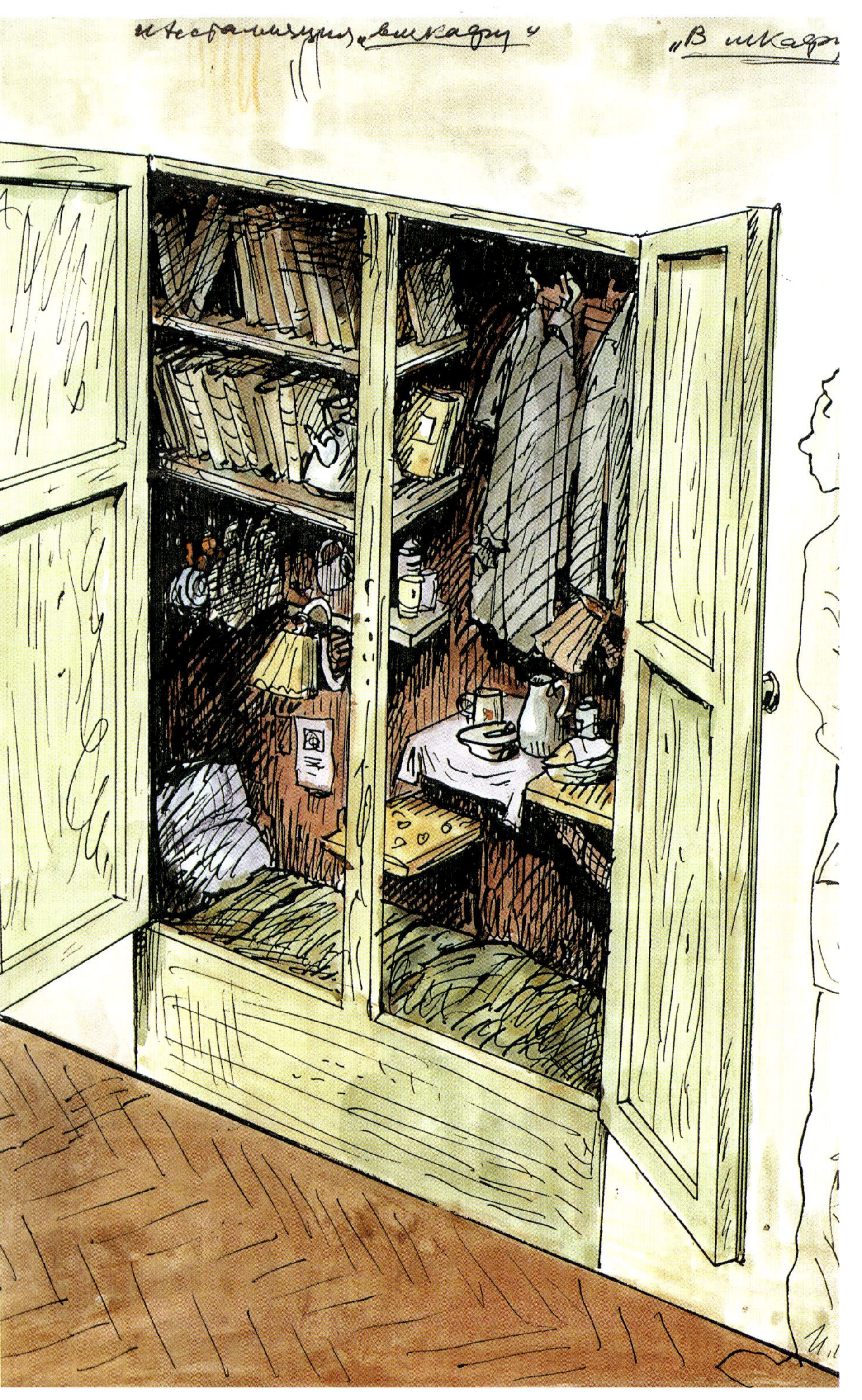

СОСРЕДОТОЧЕННО

В. Корнейчук.
Писатель
г. Улан-Удэ

Огромное количество проблем, которые касаются возможности концентрировать свое постоянное внимание, особенно когда это касается не отдыха, а какой-нибудь важной, продуктивной работы (особенно над разработкой сложного проекта) — возникает в семье, если в ней существует недостаток жилплощади или, даже когда имеется отдельная комната для работы, в ней из-за постоянного шума также невозможно сосредоточиться. Проект предусматривает место такой концентрации внимания в платяном шкафу. В пользу такого решения выдвинуты следующие аргументы:

1. Шкаф внутри комнаты может создать дополнительную звуковую изоляцию.

2. Пространство внутри шкафа, небольшое по сравнению с любой комнатой, и где нет отвлекающих побочных объектов, более чем комната, концентрирует внимание на предмете разработки.

3. Определенный дискомфорт стимулирует креативный процесс, как контраст к реальной повседневной, как противопоставление несчастности, трагичности.

4. Установление в шкафу автономного освещения позволяет полностью изменять время сна и бодрствования, отключать от времени и ритма жизни семьи, свой распорядок, удобный для работы.

5. Если запастись всем необходимым для длительного пребывания в шкафу — едой, водой, радиоприемниками — то пользуясь «внутришкафной» ситуацией по согласованию с другими членами семьи — креативной длительной творческой деятельностью, заниматься медитацией и проводить другие эксперименты, как внутри капсулы космического корабля, не испытывая все превратности полета в

В ШКАФУ

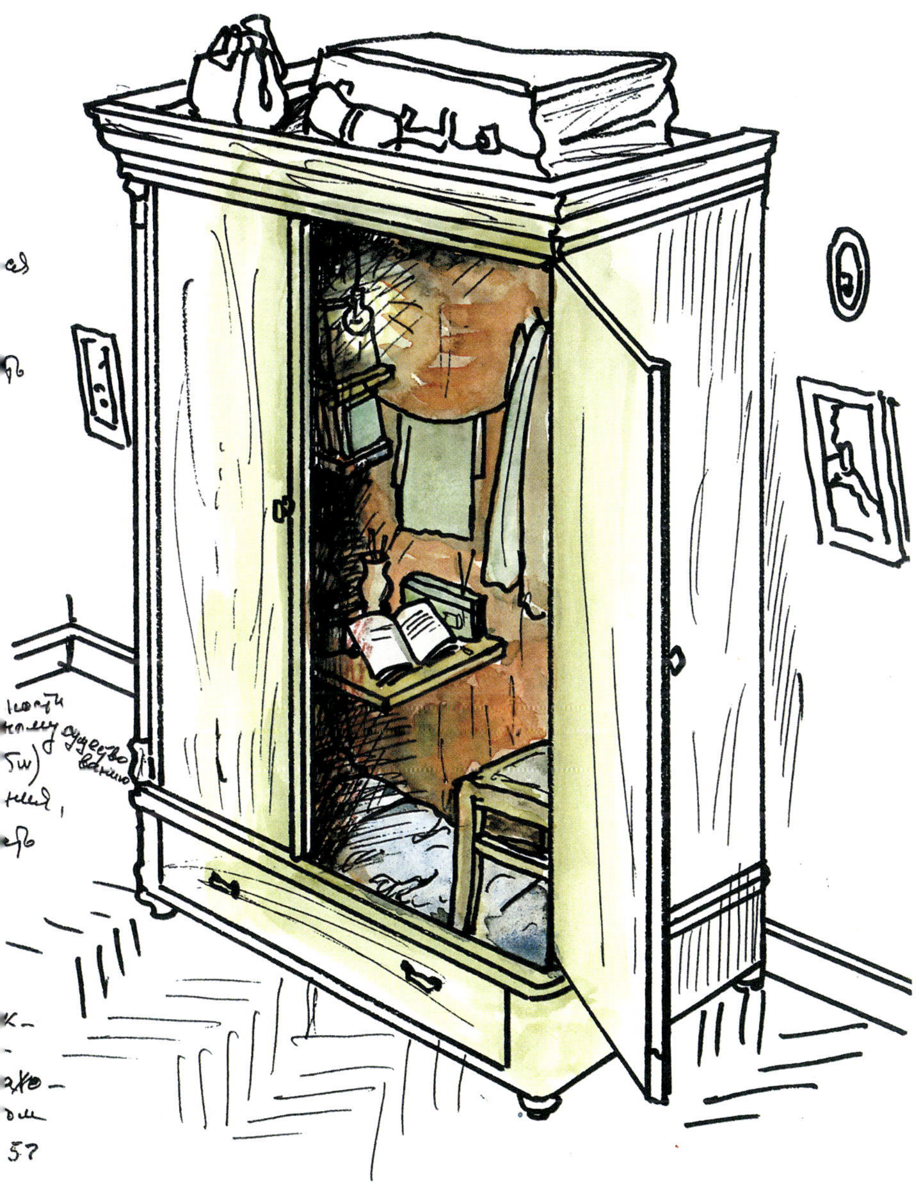

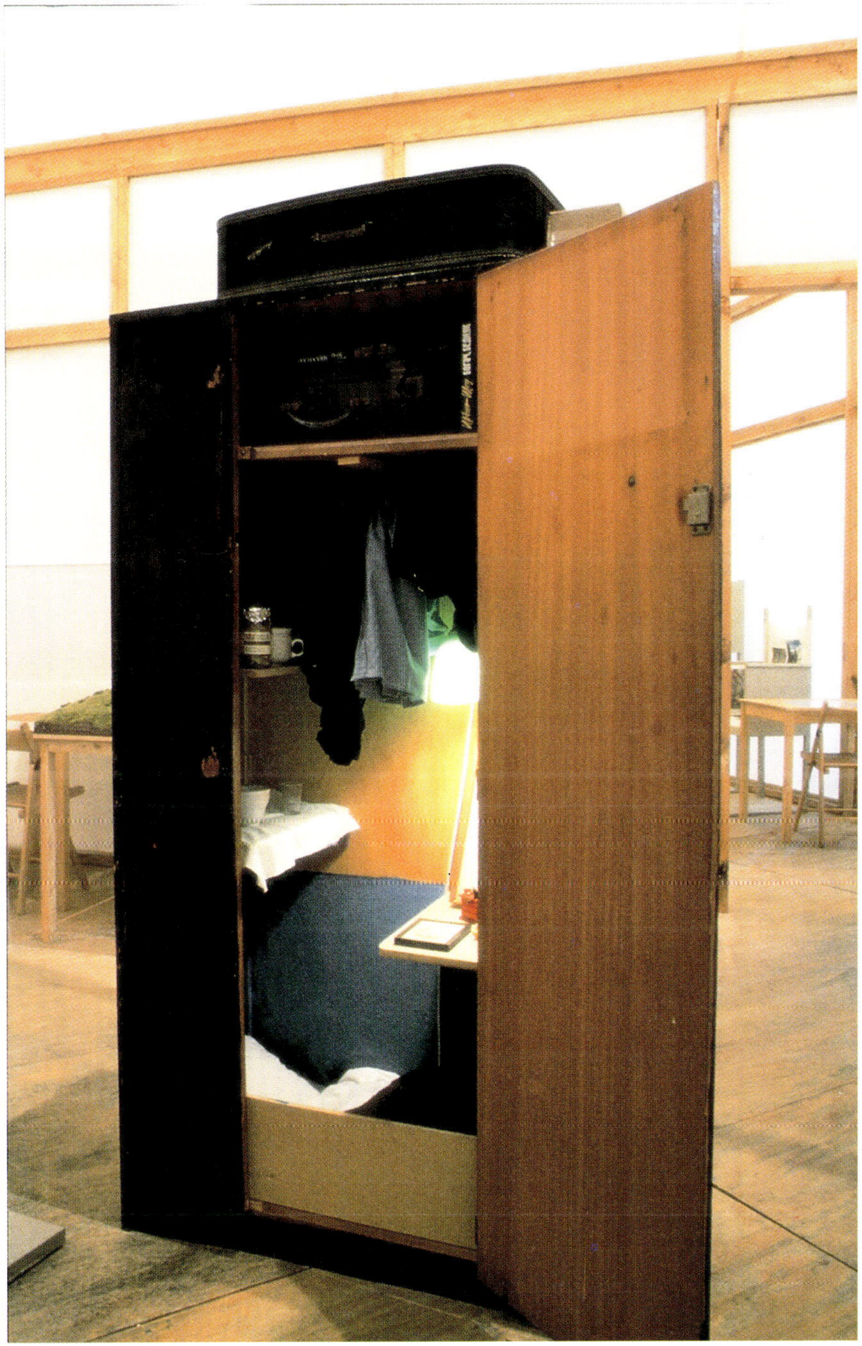

Il gabinetto nell'angolo

Descrizione dell'installazione

L'installazione è situata in una normale sala d'esposizione, in mezzo ai quadri appesi alle pareti, ma è collocata in un angolo.

Una vecchia porta a due battenti con la vernice bianca scrostata chiude l'angolo fra due pareti; la distanza tra la sommità della porta e il soffitto è ricoperta da fogli di compensato dipinti di grigio.

Sui vecchi vetri, dipinti nella parte interna di bianco, è stato scritto con un dito "Gabinetto". All'interno è accesa una lampadina gialla. Tutto il sale di questa installazione è nella musica. Dietro la porta qualcuno canta canzoni napoletane: un canto melodico e sonoro, eseguito non da un cantante di professione ma da un uomo "normale", senza errori e con una bella voce tenorile, a volte con pause e colpi di tosse. Sulle porte si vedono i fori delle viti che un tempo fissavano le maniglie che ora non ci sono più. Se a qualche visitatore venisse in mente di guardare attraverso quei fori (come nella nota installazione di Duchamp) egli vedrebbe una parte di schiena di un uomo in piedi.

Toilet in the Corner

Description of the installation

The installation is an ordinary exhibit hall among other hanging paintings, but it is placed in the corner.

Folding doors with peeling white paint are placed at an angle, right up against the two walls, and the space above them up to the ceiling is covered with plywood sheets, painted gray.

The word "toilet" has been written with a finger on the glass, which is smeared from inside with white paint. The yellow light of a dull electric light bulb burns from the inside. But the entire point of the installation is in the music. The singing of Neapolitan songs, loud and melodious, can be heard from the inside, furthermore they are produced not by a singer, but by a "normal" person, almost without error and in a good, high voice.

On the doors you can see the holes from the screws that at one time attached the handles that are no longer there. If it came to the wind of some visitor to look through those holes (like in Duchamp's installation note), he would see a part of the back of a standing man.

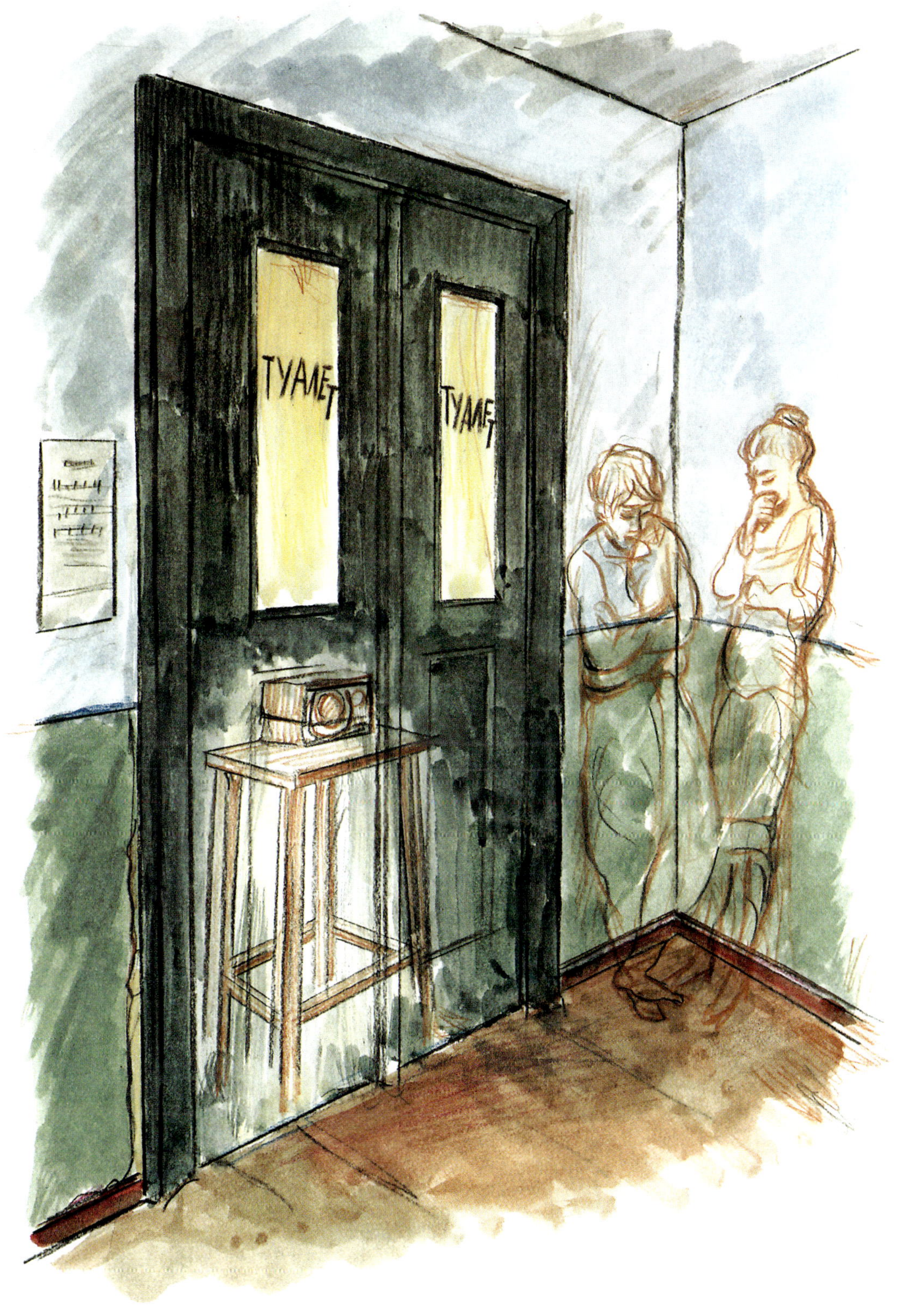

ТУАЛЕТ
ТУАЛЕТ

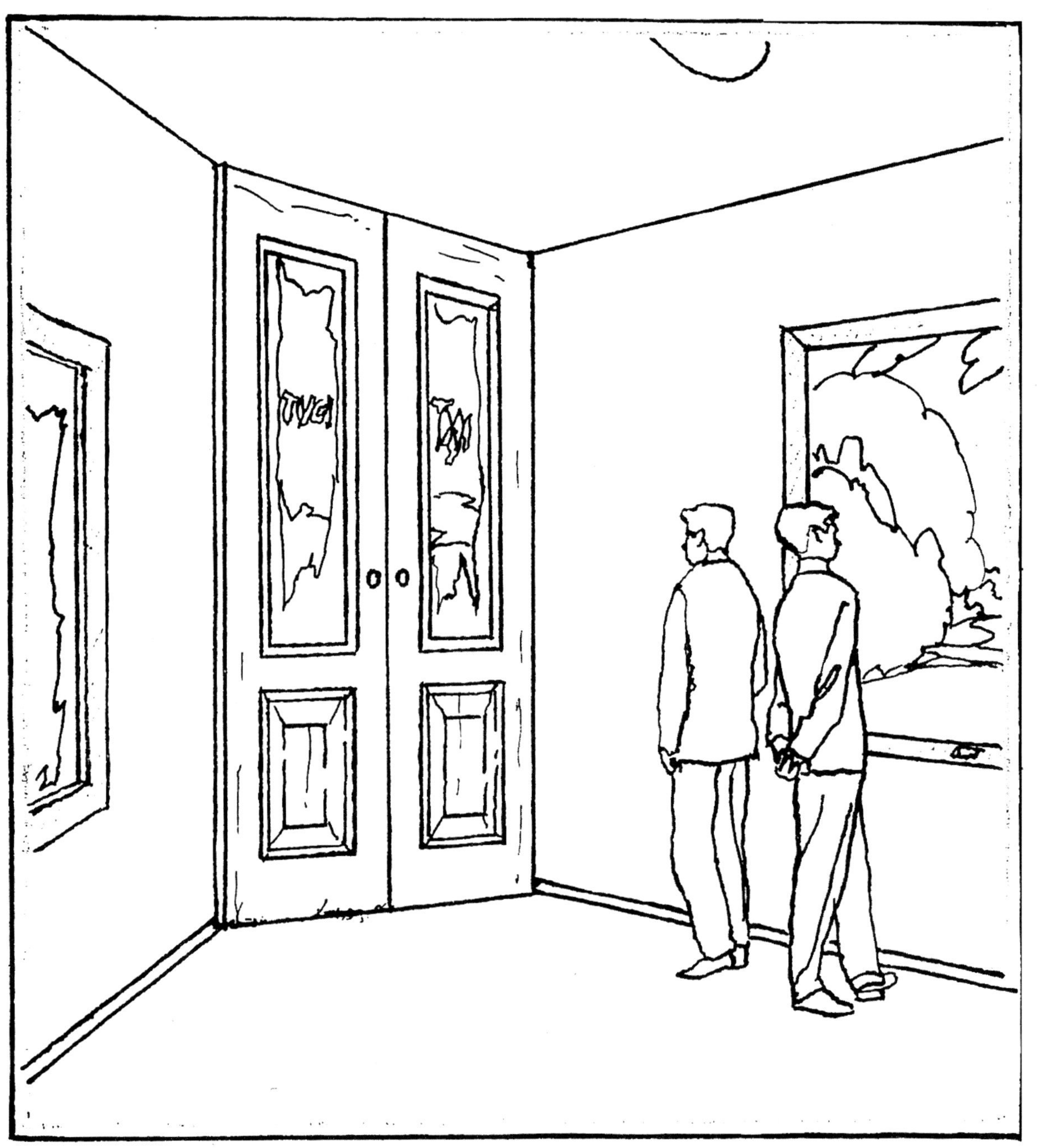

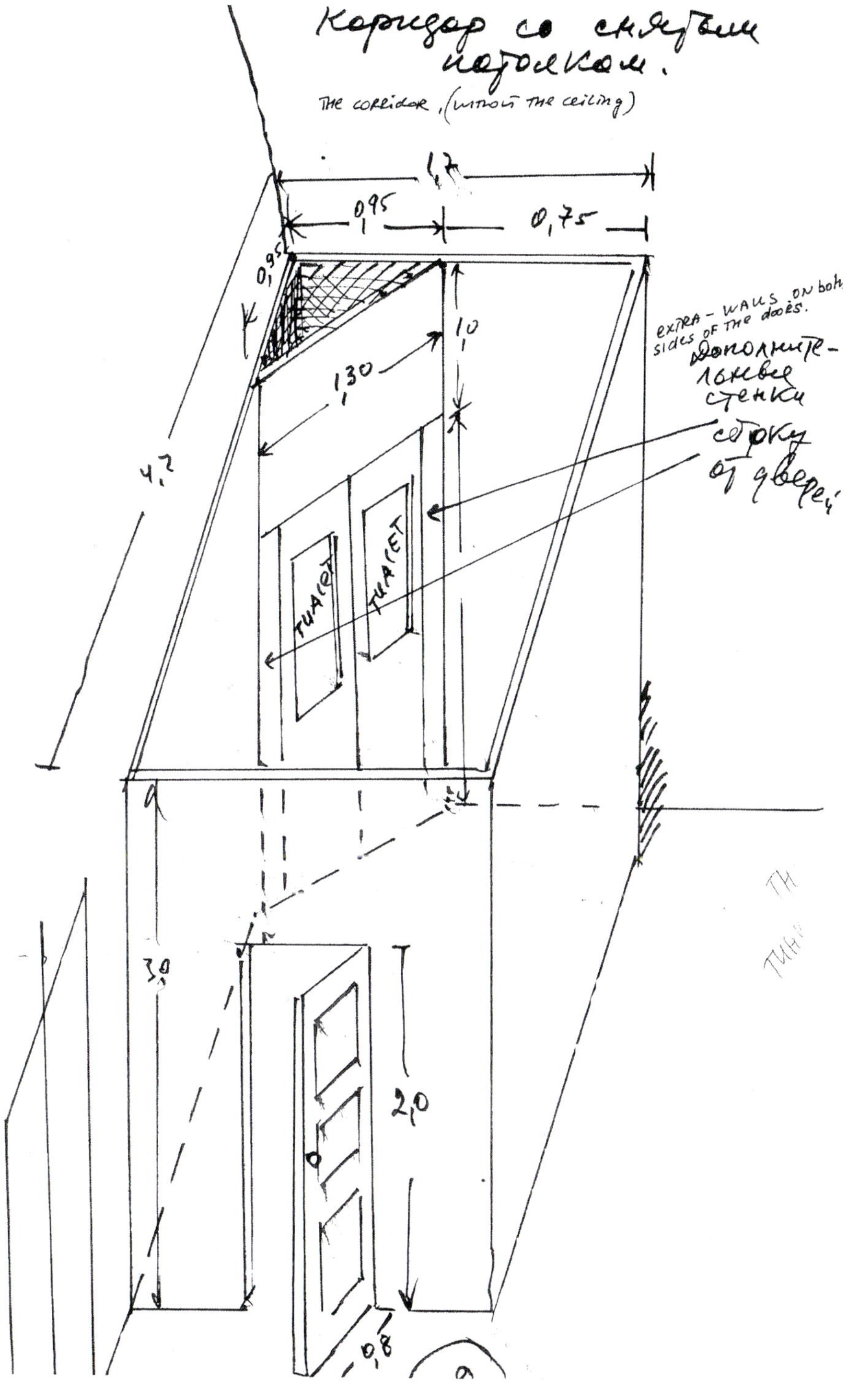

Коридор со снятым
потолком.

THE CORRIDOR, (WITHOUT THE CEILING)

EXTRA - WALLS ON both
sides of the doors.

Дополните-
льные
стенки
сбоку
от дверей

TUALET   TUALET

1,7
0,95   0,75
0,95
130   10
4,2
3,0
2,0
0,8

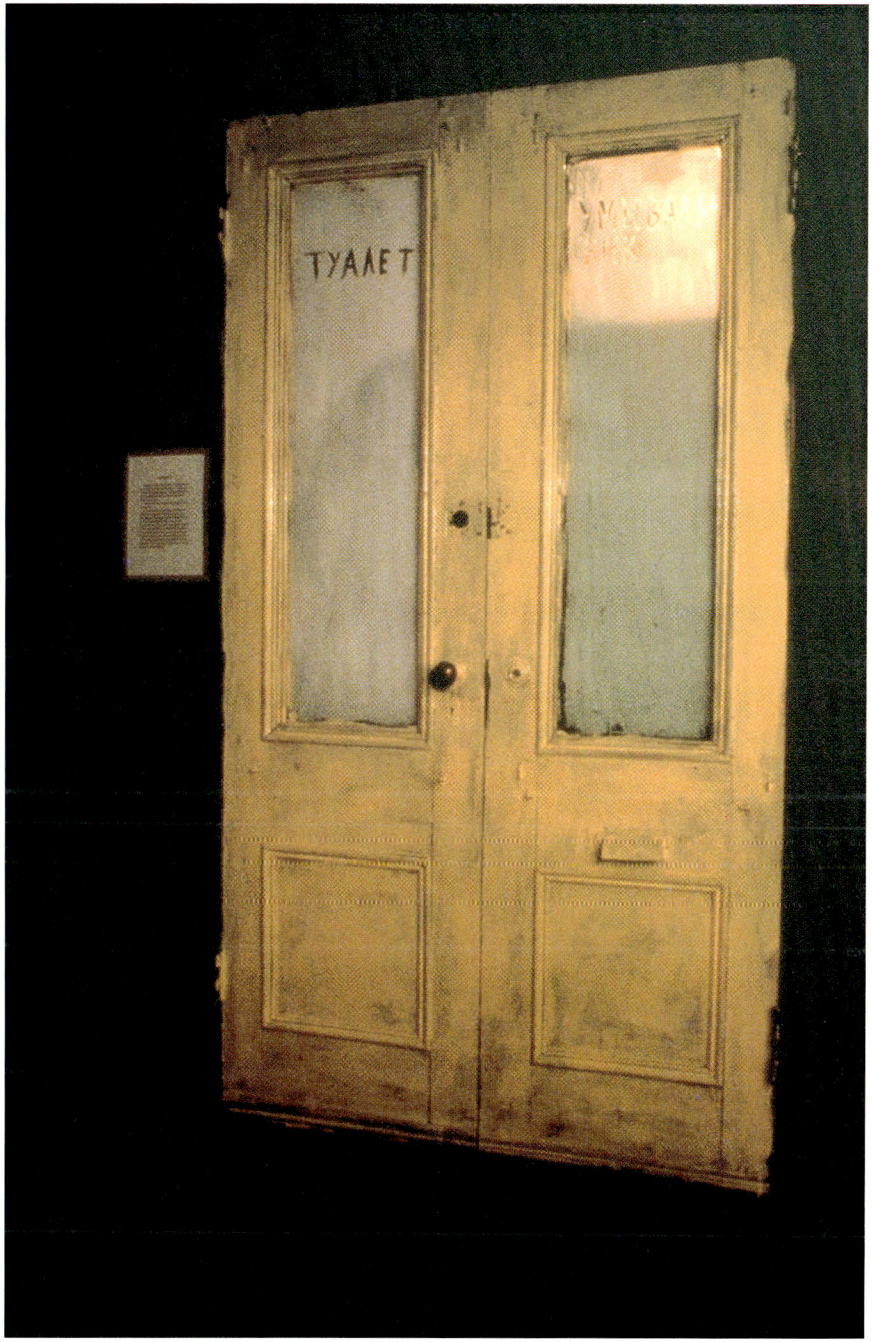

ТУАЛЕТ   УМЫВАЛ

Il sistema universale della rappresentazione del tutto

Descrizione dell'installazione

Da decenni molti artisti cercano di risolvere un problema che, così almeno sembra, l'arte figurativa non è affatto in grado di risolvere: come rappresentare su una tela immobile e piana ciò che solo i libri o il teatro sono in grado di rappresentare – trasferire l'azione o nel lontano passato o in un altro luogo, in un altro spazio che non sia però una serie di quadri ma un unico quadro contemporaneamente. In che modo è possibile trovare questo metodo, scoprire questo tipo di "ottica"? Fino ad oggi questo problema è rimasto irrisolto. Ma in realtà è possibile. Cerchiamo di formulare le caratteristiche che deve avere questo quadro: 1) il quadro deve contenere al suo interno il punto di vista dello spettatore, e quest'ultimo deve trovarsi in qualche modo dentro il quadro stesso; 2) lo spazio deve essere sferico, deve tenere conto del punto di vista che deve potersi spostare sia dall'alto in basso fino all'orizzonte, sia dal basso in alto, deve cioè abbracciare l'infinito; 3) deve esservi registrato non solo ciò che è accaduto fino al momento della rappresentazione ma anche ciò che accadrà dopo. S'intende che questo punto di vista, quest'ottica in grado di risolvere i problemi posti, è realizzabile partendo da un'altra dimensione spaziale, fino ad ora inaccessibile a tutti gli artisti del passato, deve cioè provenire dalla "quarta" dimensione. Il quadro, visto da questa dimensione, appare realizzato nella seguente maniera: riproduce un viaggio su un'imbarcazione. Nella parte superiore si vede il sole allo zenit, in basso l'oceano che si allontana piegando verso l'orizzonte. Nell'immagine raffigurata il tempo si muove da sinistra verso destra. Il passato è sulla parte sinistra. Ogni momento del giorno e della notte è uno spicchio definito, una singolare "capsula" di luce cui è saldato il giorno. Il tempo presente dà forma alla "capsula" di maggiore dimensione, che si trova al centro. A sinistra il mattino del suddetto giorno, a destra la sera. Più oltre, "spicchio" dopo "spicchio", si snoda il futuro, che si appiattisce su una linea che non si distingue completamente. Con una freccia sono indicati il luogo e la dinamica del movimento dello spettatore-osservatore, che ora si avvicina rapidamente all'imbarcazione, ora altrettanto rapidamente se ne allontana fino a grande distanza; alcuni particolari si vedono chiaramente, altri sono come immersi nella nebbia. In questa nebbia le parti della realtà (la vela, il vento ecc.) sono, a causa della loro velocità, inaccessibili allo sguardo soggettivo dello spettatore durante il suo avvicinamento all'oggetto (rappresentato dall'imbarcazione).

A Universal System for Depicting Everything

Description of the installation

For decades, many artists have been trying to resolve the problem that seemingly is beyond the power of graphic art to resolve: how to depict on a stationary and flat canvas what is really only within the power of a book or a theater to demonstrate; how to shift the action either to the distant past or to a different place of action, to a different space, yet do so not in a series of such paintings, but rather directly on one and the same painting simultaneously. How, in what way, could such a method be found, such an "optic"? This task remained unaccomplished until now. But in fact this is possible. We shall attempt to formulate those characteristics which must be inherent in such a painting: 1) the viewer's perspective must be contained within the painting, it must somehow wind up inside the painting; 2) space must be spherical, accounting for a view of the horizon from above, as well as from below, that is, it must engulf infinity; 3) what occurred before the depicted moment, as well as what will come after it, must also be depicted. Of course, this point of view, such optics that could resolve these problems, came from another spatial dimension that was inaccessible to all the artists of the past, that is, from the "fourth" dimension. Here is what a painting seen "from there" looks like (see illustration). It depicts a journey on a boat. The sun at its zenith is depicted in the upper part, down below is the ocean disappearing, rolling toward the horizon. Time in the illustration moves from left to right. The past is on the left side. Each time of the day is a specific "slice," a unique light "capsule" encapsulating a day. The present time, forming the largest "capsule" in terms of size, is located in the center. On the left is the morning of that day, on the right is the evening. Then comes "slice" after "slice," then comes future time flattening itself into a single line to the point of indistinguishability. An arrow indicates the place and dynamics of the movement of the viewer-observer who first flies toward the yacht, then moves far away from it. Certain details are very clearly discernible, it is as though others are in a fog. In the fog are those parts of reality (the sail, wind, and others), which, on account of their high speed, are indiscernible to the subjective view of the observer during his approach toward the object (the boat).

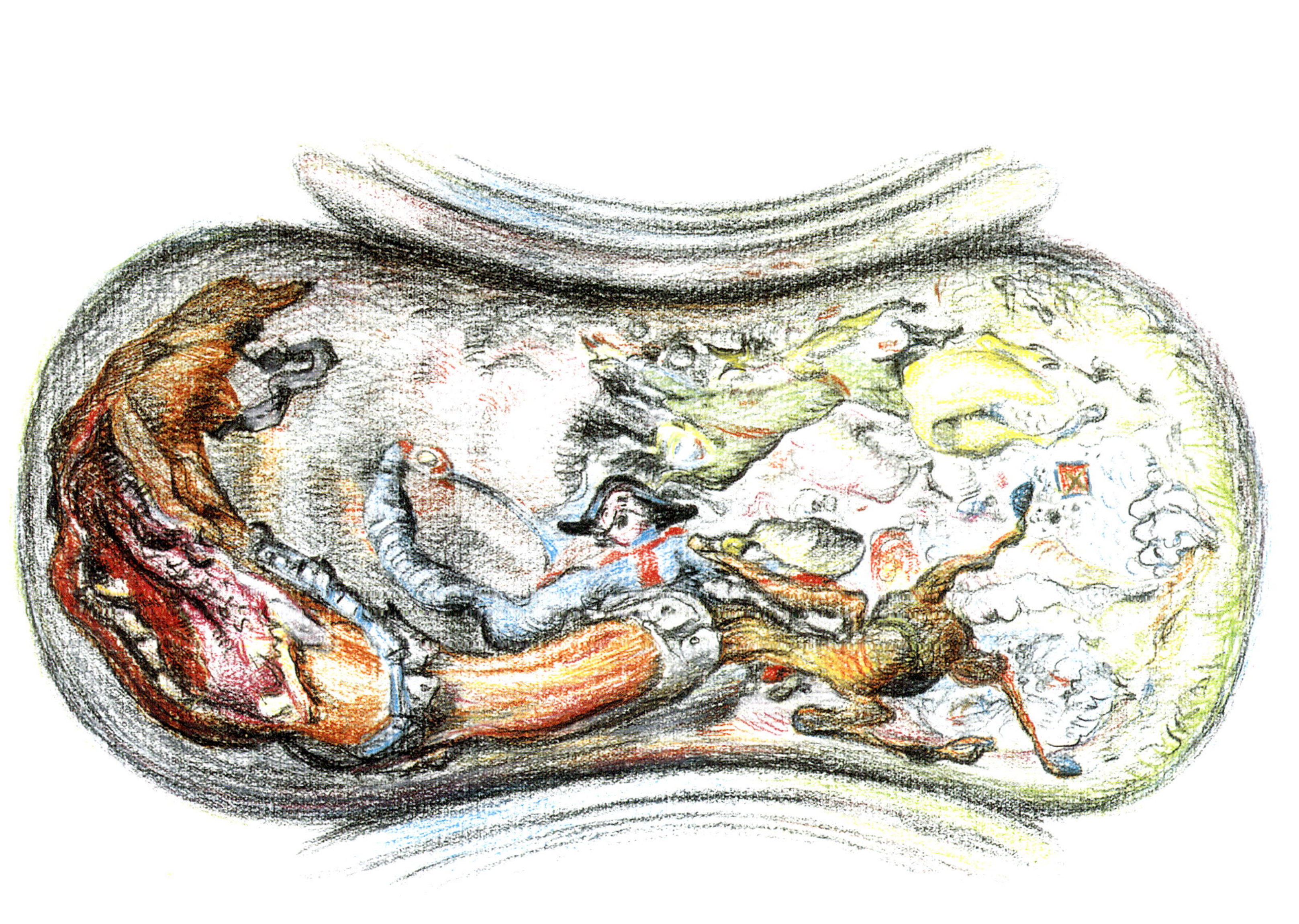

„УНИВЕРСАЛЬНАЯ СИСТЕМА ИЗОБРАЖЕНИЯ ВСЕГО"

Б. Жирнов
Студент
г. Заборск

Многие десятилетия множество художников пытаются решить задачу, которая, как кажется, изобразительному искусству решить вовсе не под силу: как на неподвижном и плоском холсте показать то, что под силу только книге или театру: переносить действие или в отдаленное прошлое или в другое место действие, в другое пространство и не в серии каких либо картин а все здесь же, на одной и той же картине одновременно. Как, каким образом найти такой способ, такую „оптику". До сих пор такая задача оставалась неисполнимой. На самом деле это возможно.

Попробуем сформулировать те свойства, которые должны быть присущи такой картине: 1) она должна содержать внутри себя точку зрения зрителя, он должен оказаться как бы внутри картины; 2) пространство должно быть сферическим, учитывающим взгляд как сверху на горизонт, так и снизу на тот же горизонт, то есть объемлеть бесконечность; 3) должно быть изображено как то, что происходило до изображенного мгновения, так и то, что будет после него. Разумеется такая точка зрения, такая оптика, решающая эти задачи возможна из другого пространства, которое было недоступно всем художникам прошлого, то есть из „четвертого" измерения. Подобная картина, увиденная оттуда, „выглядит" следующим образом: (см. иллюстрацию) На ней изображено путешествие на лодке. В верхней части изображено солнце в зените, внизу океан уходящий, поворачивающий к горизонту. Время на изображении движется слева направо. Прошлое с левой стороны. Каждое время суток определенная „долька" своеобразная световая „капсула", куда занесен световой день. Настоящее время, образует самую большую по размерам „капсулу" находящуюся в центре. Слева-утро этого дня, справа-вечер. Далее „долька" за „долькой", идет будущее время, сливаясь в одну линию до полной неразличимости; стрелкой показано место и динамика движения зрителя-наблюдателя, который то близко подлетает к яхте, то отлетает от нее на большое расстояние. Некоторые детали хорошо видны, некоторые как бы в тумане. В тумане части реальности (парус, ветер и др) которые из-за своей большой скорости недоступны субъективному взгляду зрителя. Время его приближения к объекту (лодке).

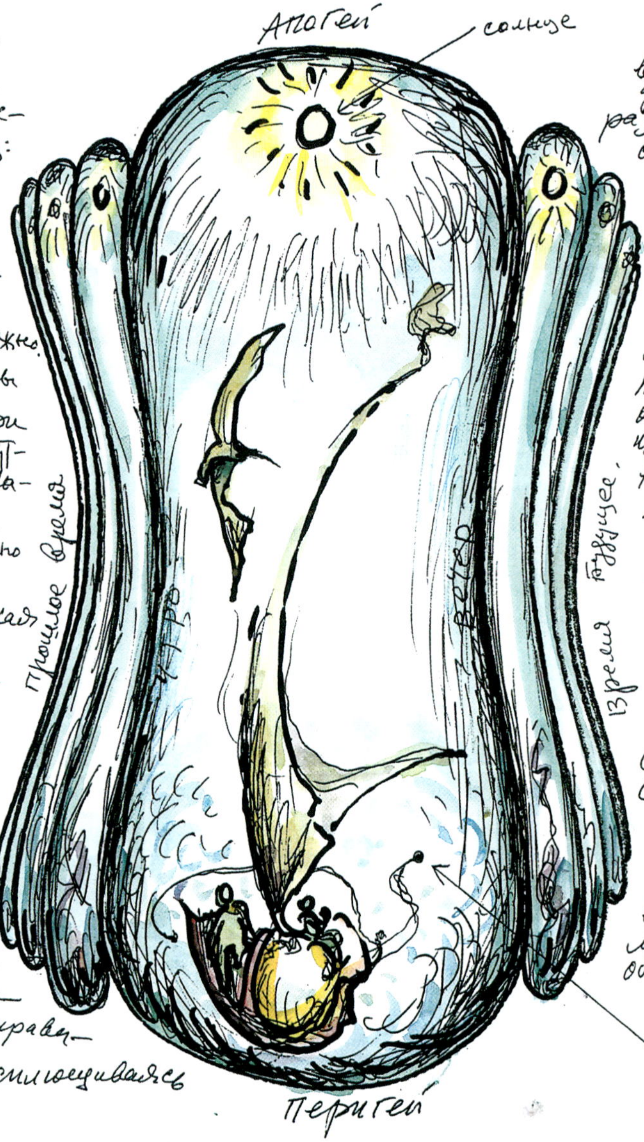

193

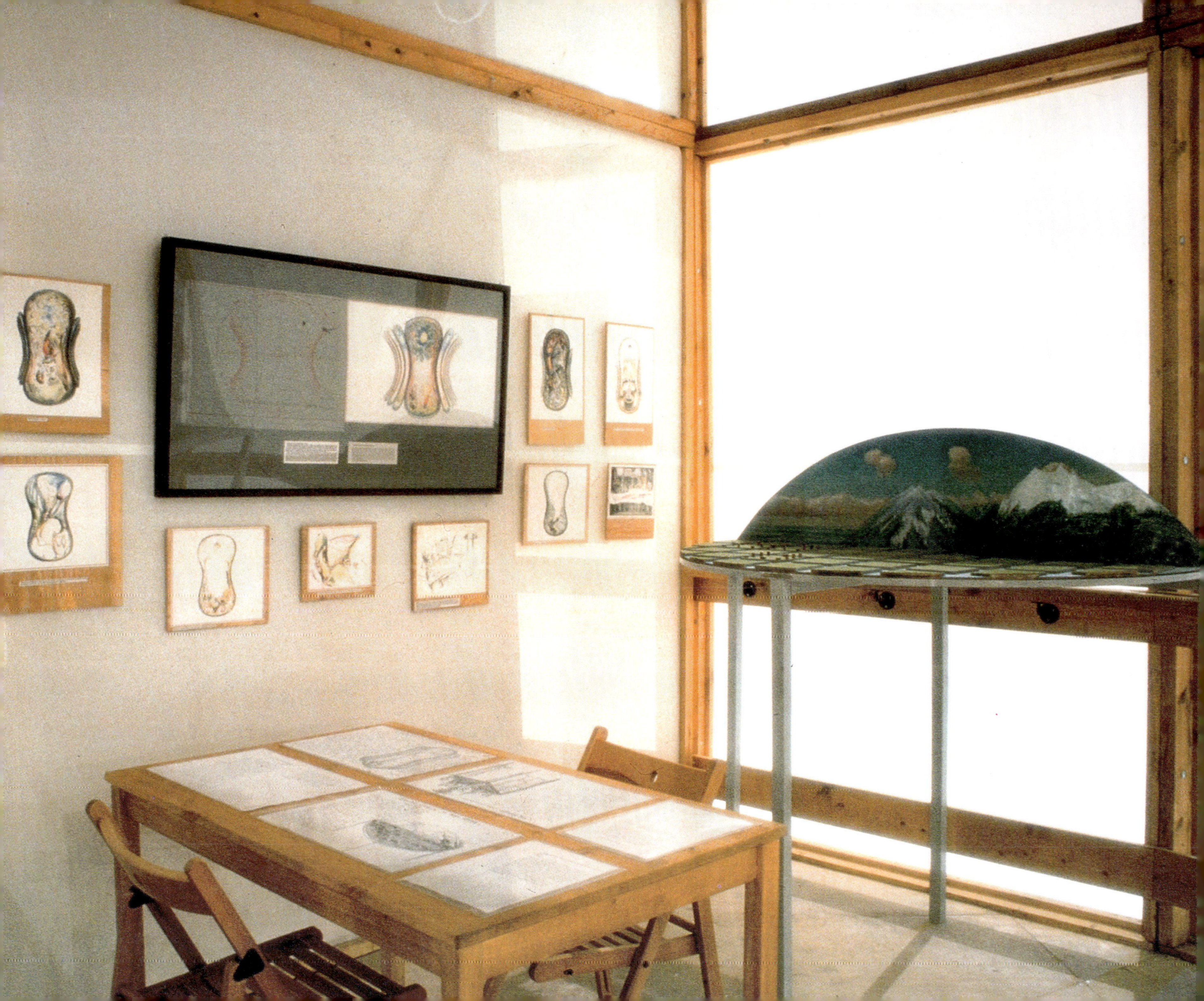

Il collezionista

Descrizione dell'installazione

Ha sempre raccolto cartoline, manifesti, ha ritagliato con cura e costanza dai libri e dalle riviste riproduzioni e fotografie e le ha incollate negli album dando vita a ricche collezioni che conservava in un grande armadio. Quando esaurì gli album dove incollava le cartoline e le riproduzioni ritagliate dalle riviste, cominciò a chiedere ai vicini i libri che non usavano più – si trattava di regola di vecchi libri di scuola – e continuò a incollare il suo materiale sulle pagine di questi libri, sopra le formule di matematica e sulle illustrazioni che raffiguravano epoche storiche lontane. È possibile che quella sua passione giovanile, a tutti nota, di raccogliere francobolli, carte di caramelle, etichette di scatole di fiammiferi sia proseguita e non si sia spenta nemmeno in veneranda età. Eppure la parte principale della sua collezione era costituita da qualcosa di diverso. Su piccoli fogli di grossa carta grigia o marrone accuratamente rifilati egli incollava 10-15 cartoline o fotografie seguendo un ordine del tutto particolare. Di regola disponeva una o due fotografie al centro del foglio e tutte le altre le incollava con rigorosa simmetria ai lati della figura centrale. Ciò dava all'intero foglio una particolare solennità espressiva. Ai lati o in basso corredava l'opera con didascalie, di solito ricavate dal retro delle cartoline stesse. Amava utilizzare in particolare per le sue composizioni cartoline raffiguranti fiori, stelle rosse, nastri, simboli, emblemi, colorando e decorando con essi i suoi fogli.

Per il "nostro" spettatore, qualora avesse avuto l'occasione di vedere tutto ciò, non sarebbe stato difficile cogliere il riferimento di queste opere artistiche, che egli conservava con cura in grandi cartelle color marrone e che mostrava solo a pochi ospiti appositamente invitati (dopo la morte della moglie visse praticamente in solitudine, frequentando raramente i suoi coinquilini). Tra i visitatori che hanno avuto l'onore di essere invitati c'era un nostro vicino che abitava in un altro alloggio, Evdokim Karpovič, e con lui la figlia, che lavorava alla biblioteca Lenin. Egli fece vedere la sua collezione anche a me, non perché fossi degno di tanto onore ma piuttosto perché gli procuravo la colla di cui aveva bisogno (la colla che si vendeva nelle cartolerie non gli andava bene, così io gli portavo dalla fabbrica tutto il lattice fresco di cui aveva bisogno).

Immediatamente, fin dal primo foglio, io individuai il genere delle opere che mi fece vedere. Si trattava di pannelli classici, quegli stessi pannelli che decorano i corridoi, le sale d'aspetto e le stanze dei nostri uffici pubblici, dei vari enti e cancellerie, ai quali non prestiamo più attenzione perché li consideriamo ormai patrimonio esclusivo delle nostre istituzioni pubbliche e amministrative. Si tratta di giornali murali di diverso formato, di documenti militari, di fotografie di feste di fine anno, di servizi fotografici, di slogan, di richieste per la raccolta volontaria dei rifiuti e per la consegna di riviste e di giornali vecchi che dovevano effettuarsi il 12 aprile di quest'anno, di comunicazioni varie che invitavano a rispondere o che "esigevano" una risposta, di appunti di riunioni e di lezioni, di allegri fogli umoristici del tipo "Come siamo an-

The Collector

Description of the installation

As long as I can remember, he always collected postcards and posters, and he was constantly cutting reproductions and photographs out of books and magazines and gluing them into albums. He had a huge collection of albums which he kept in a big cabinet. When he didn't have any albums left for his postcards and magazine cutouts, he would ask his neighbors to give him books which they no longer needed – as a rule these were old textbooks – and would glue things on each page on top of mathematical formulas or engravings depicting historical epochs of long ago. It is possible that in his by now already middle age, the childish passions familiar to everyone for collecting stamps, candy wrappers, matchboxes still lived and just wouldn't go out. And nevertheless, the major part of his diverse collection consisted of something different. He would glue ten to fifteen postcards or photographs, in a very special order, on carefully cut-out small pieces of thick gray or brown paper. As a rule, he arranged one or two photographs in the center of the page, and he would glue all the other pictures symmetrically along both sides of the main picture. Because of all of this, the entire page acquired some kind of special solemnity and significance He often included explanatory captions which he took from the back of the postcards. He would write them on the margins or below, also in a strictly symmetrical fashion. In these "compositions" of his, he especially liked to use postcards with flowers on them, holiday stars, ribbons, all kinds of emblems, using them extensively to decorate and adorn his pages.

Our viewer, if he were able to see this, would not have a hard time understanding to what these works of art correspond. He so carefully kept them in big brown folders and showed them to the very few visitors who were invited to his room specifically for this purpose (he lived alone after the death of his wife, rarely coming into contact with his neighbors in the communal apartment). Evdokim Karpovich, our neighbor from the next apartment, and his daughter who worked in the Lenin Library were two such visitors granted such an honor. He also showed me his collection a few times, but not, of course, because I deserved this honor but simply because I got the glue for him which he needed. (He didn't like the glue which was sold in the "stationery" store because it "warped" the paper, wrinkling it, and at his request I was able to take as much fresh "latex" (rubber cement) as I wanted from the factory.)

And right away, from the first page, I was able to define the type and genre of the works which he let me see. These were classic stands, those same paper stands which decorate corridors, entrances and rooms of our institutions, offices and every kind of department, and which we never notice there because we consider them to be the indispensible property of these "bureaucratic places." These are all kinds of slogans and wall newspapers, "urgent handwritten messages," holiday and New Year's photos and reports, imperative demands to "come out and collect garbage on 12 April of this year," or "please bring

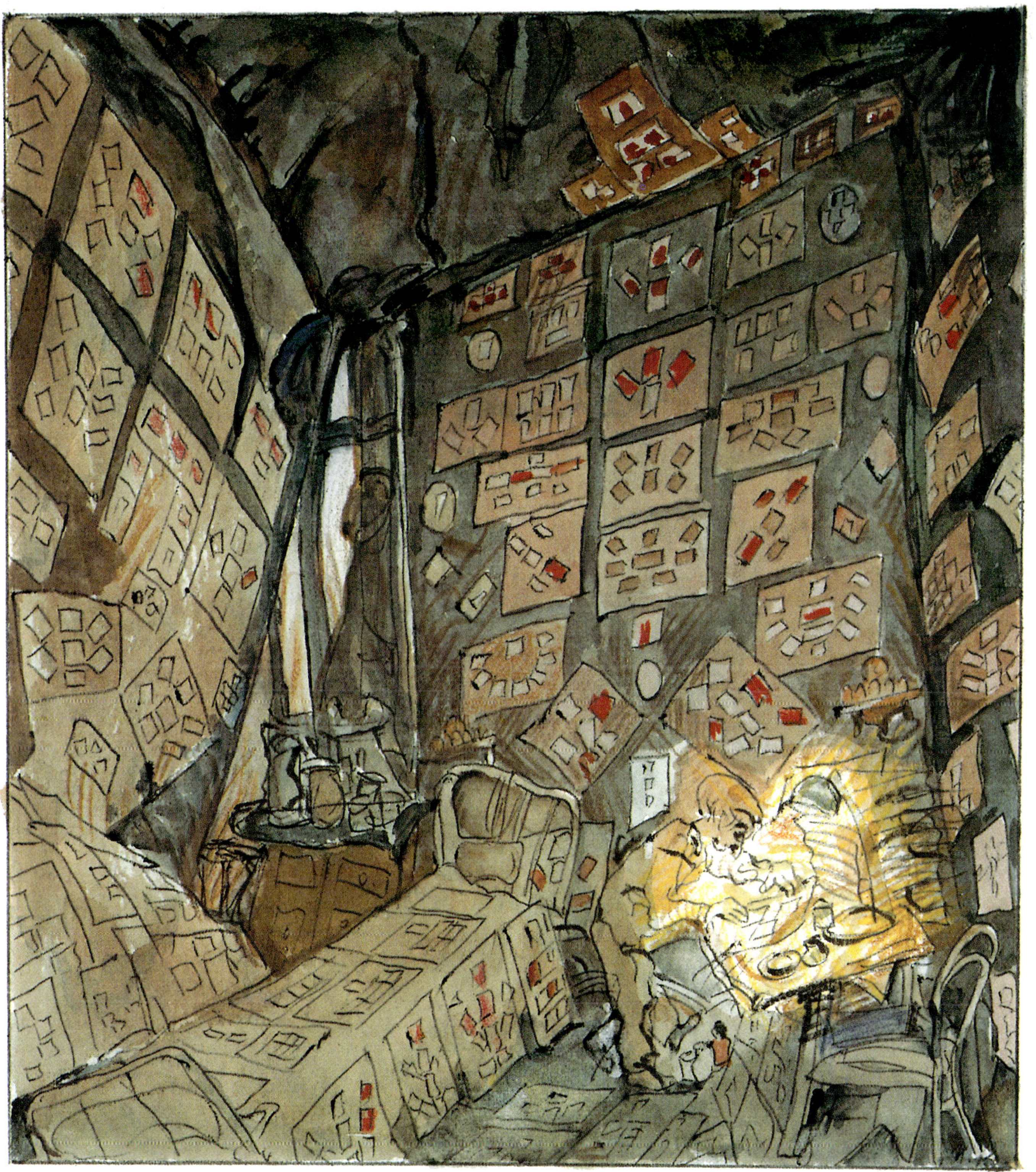

in your old newspapers and magazines," stands which "castigate shortcomings" and "demand explanations" and minutes from the most recent meetings and lectures, or happy and funny pages like "how we went to the collective farm to harvest potatoes," or "an evening with workers from the Satire Theater." And right here, along with the others, there are evacuation plans in case of fire, instructions on what to do during flu epidemics, where to sign up for the five-volume edition of Pushkin. . . . Each of these stands is not just a dry and business-like announcement of events or information. Quite the opposite is true. Each stand is like a book for pre-schoolers – it is a separate work, even if it is a bureaucratic one, of high style and with its own artistic merits. Each piece of information, though short and dry, like: "Everyone comes to clean up the yard! Meet at 9:30 near building No. 4!" must have artistic accompaniment, even if it's a small one – a picture of a shovel, a broom, a wheelbarrow, and the like. And what can be said about stands for the New Year, or for meetings like "with A. Pugach, a clown from the State Circus," or "Board of Disgrace!" and others. These are often enormous, complexly executed pictorial works which are worthy of a very great professional talent. As a rule, every self-respecting organization has such a person and when I turned page after page with the carefully glued postcards, I instantly understood that before me was just such a specialist. The confident hand of a master who had been devoted to this art for many years was visible in the arrangement of the elements on the page, in the nature of the script and selection of colors.

I began to see the former life of my neighbor in a completely different light than before. He wasn't at all a simple bureaucrat, having pored over papers in some place, the name of which was totally unpronounceable. This wasn't the main thing at all. My neighbor was a true creator, an artist in his own way, and there were no doubts that he fulfilled his obligations as a decorator (it seems that's what one is who knows how to draw slogans, posters, announcements, and do all sorts of lettering) without boredom or vexation, as one is supposed to complete a social task that is entrusted to you, freely and with some kind of special passion and enthusiasm, of course! He apparently saw something more significant, serious and important behind the miserly appeals and New Year's invitations. Some sort of more profound and important expanses opened up for him behind such tasks, special shining peaks rose up on the horizon behind the forest of everyday things. And it wasn't just by inertia that he continued to draw, decorate and glue together these stands. For many years after he retired, his art still couldn't find a worthy place in the corridors of our bureaucratic institutions.

I started to look more closely at the dozens of pages before me. The atmosphere affected me in a very peculiar way, an atmosphere emanating from each of these pages. A specific, very clearly expressed sound which was calculated to have a certain effect was contained there. Finally, having given in to this impression and concentrating my attention, I could finally define it, formulate it. Here are the two main meanings expressed in the words: Solemnity and Order.

But where could this come from in a man who had spent his entire life in a small office and in an insignificant rank, which I know for a fact since the pension he received and of which I was aware was very, very modest. True, he was the one responsible for our apartment, but he fulfilled his obligations as such very timidly and tried not to interfere in the continual squabbles and scandals of our insane

dati al kolchoz a raccogliere le patate",
"Serate di intrattenimento con i lavoratori
del Teatro della Satira". Ci sono poi i piani
di evacuazione del fabbricato in caso di
incendio, i suggerimenti da seguire in caso
di epidemie di influenza, come regolarsi
per prenotare il quinto volume delle opere
di Puškin... Ogni pannello non è solo una
semplice e concisa esposizione di fatti o
una laconica informazione, ma tutto il contrario. Come un libro per bambini in età
prescolastica, il pannello è un'opera autonoma, di stile alto, con i suoi notevoli pregi
artistici. Ogni pannello – anche se contiene
un semplice annuncio di pochissime parole
quale "Tutti a pulire il cortile!", "Il raduno è
fissato per le 9.30 presso l'edificio n. 4!" –
è corredato con la riproduzione artistica,
non importa se piccola, degli oggetti che
serviranno allo scopo: per esempio, un
badile, una scopa, una carriola o altri oggetti del genere. E cosa dire dei pannelli
dedicati alla vigilia di capodanno o all'incontro con "A. Pugač, clown del Teatro sta-
tale degli spettacoli", o riguardanti "L'albo
della vergogna" ecc.? Sono opere pittoriche
di non piccole dimensioni, di fattura complessa, il risultato di un lavoro di alta pro-
fessionalità durato molti giorni. Di regola
un uomo come lui s'incontra in ogni ente
che si rispetti. Quando sfogliai uno dopo
l'altro i fogli con le cartoline accuratamente
incollate, capii immediatamente di avere
davanti proprio quel tipo di specialista: nel
modo con cui erano state disposte sul foglio
le fotografie e i ritagli, nella qualità del
segno, nella scelta dei colori, ovunque si
vedeva la mano di un maestro che per lunghi anni si era dedicato a quest'arte.

Il passato del mio vicino mi apparve ora
sotto una luce affatto diversa rispetto a prima. Non era solo un impiegato soffocato
dalle carte in un ufficio dal nome impro-
nunciabile, ma non era questo l'importante. Il mio vicino era un autentico creatore,
a suo modo un artista, e non c'erano dubbi

che i suoi doveri di ornatista (così sembra
che nell'Ufficio personale fosse chiamato
chi sapeva comporre slogan, manifesti,
annunci e documenti di varia natura) egli li
assolvesse non con stizza e angoscia ma
con passione e perfino con ebbrezza. Per
lui c'era qualcosa di più significativo e
importante dietro le poche righe di un
annuncio o di un invito alla festa di fine
anno. Al di là di quelle righe gli si aprivano
dinanzi spazi infiniti e fecondi, che varca-
vano l'orizzonte per sfumare lontano, oltre
la foresta degli affanni quotidiani. E non
era per inerzia che egli continuava a disegnare e a decorare i pannelli: era andato in
pensione ormai da molto tempo e la sua
arte non poteva più trovare degna collocazione nei corridoi di un pubblico ufficio.
Io mi misi a osservare con attenzione le
decine di fogli che avevo davanti. L'atmosfera che quei fogli emanavano mi s'insi-
nuò nell'anima, e mi stordiva la loro eco e
il profumo dei loro colori. Mi concentrai e
alla fine riuscii a formulare le mie impres-
sioni. Il significato fondamentale di quei
fogli andava individuato, a mio giudizio, in
due concetti: Solennità e Ordine.
Ma dove poteva aver afferrato quell'"aura"
così intensa un uomo che aveva trascorso
la vita intera in un piccolo ufficio – e come
so perfettamente, svolgendovi mansioni
affatto modeste, per cui la pensione che
ogni mese gli consegnava il postino non
poteva che essere misera? È vero, era anche
il nostro "responsabile di fabbricato", ma
amministrava questo suo incarico con molta timidezza, cercando di non immischiarsi
nelle beghe e negli scandali che continuamente scoppiavano nel nostro caseggiato.
Da dove gli veniva quell'aria di Vittoria, di
cui era profumato ogni suo stand? E quel-
l'Ordine così sereno e sicuro con cui disponeva un materiale così disparato? Con
eguale attenzione, quasi non distinguendoli
l'uno dall'altro, egli metteva insieme, a
immagine di un tranquillo vicinato, cose e

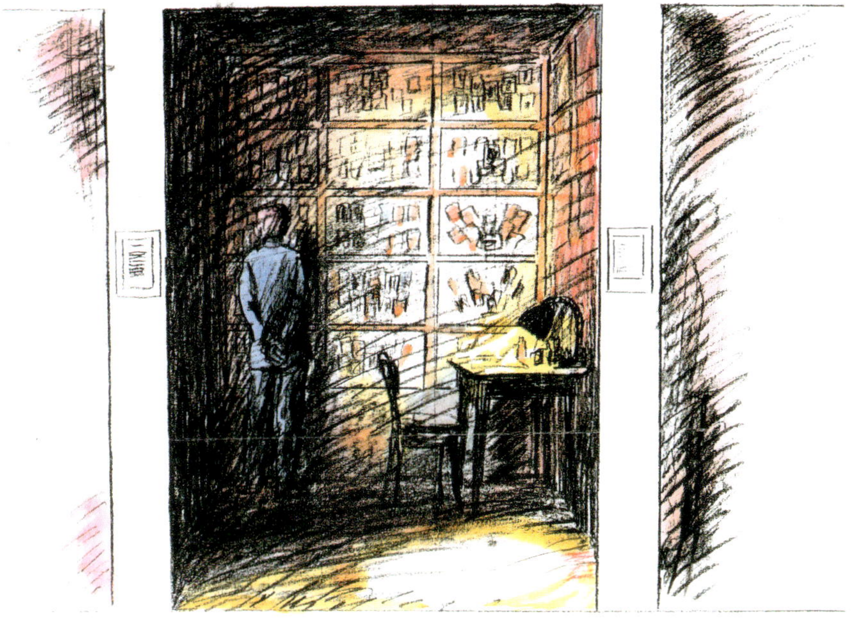

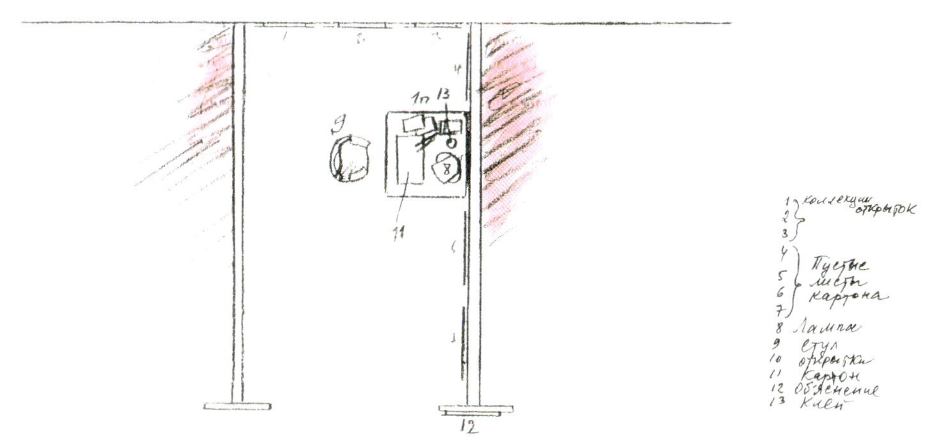

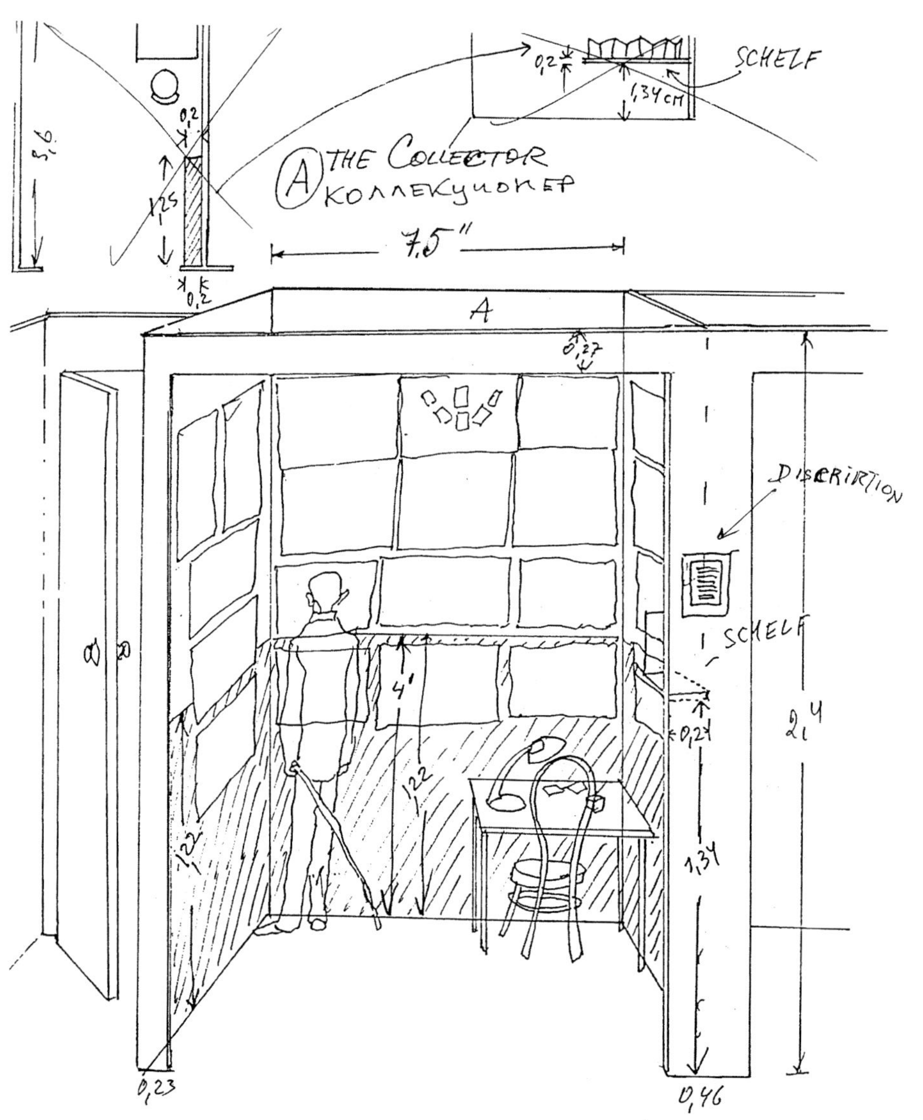

apartment. Where did this air of Victory come from which blew from each of his stands, even the smallest ones, and how did the heterogeneous material which comprised them inevitably take shape? With equal attention, as though not distinguishing between them, he quietly combined in harmonious proximity the most diverse subjects and things, things which are far away from each other in both time and meaning. On one and the same piece of paper there were weapons, cats, folk dances, hats, views of cities and paintings from the Tretyakov Gallery, folk crafts and industrial machinery. . . . This was all infinitely confusing and puzzling, but I was already beginning to understand something, my conjecture was breaking through the thick fog more clearly and more confidently . . . Order! It is order, and it's order precisely because it is *above* those relationships and connections which exist between similar, close and like things, people and phenomena. The power of *order* is power which forms new links which are clear and simple. They are clear to everyone and simple for the understanding of each relationship between the most diverse and opposing phenomena in life. And this is where that solemnity and festiveness contained in each page of his came from – this is the triumph of the victory of order over everything.

And now that joy with which my neighbor executed his works for corridor walls became clear to me. The myriad of questions, phenomena and solutions acquired their solemn peace and order as they were decorated by ornaments, these works shaped by small drawings and glued photographs, with colored headings at the top. It seems to me, that in making these things, the author himself became transparent, he became the ideal expressor and advocate of that will which acted through him at that time when, perhaps, he careful-

ly drew the letters of the headings – that will to universal Knowledge, Order and Triumph.

And there is still one more peculiarity that I detected in the stands. It seemed to me that in some terrible way, some kind of, how shall I say it, idea of *communality* was expressed in them, that very same thing which surrounded us all in our common overcrowded apartment. Didn't a certain anticipated and fulfilled dream sound in them, a dream which was ultimately about a rhythmic silence and harmony, about the merging of everything into a certain harmonious figure, it's unimportant what kind of figure: a flower, a star or a pyramid, full of agonizing contradictions which closely surround us. Wasn't that an image of some happy Utopia into which the daily and hourly witches' sabbath ringing all around us was to turn? And who knows, maybe he made the brightest images on his stands at precisely those moments, those terrible moments in our apartment life, when the kitchen battle boiled, and he often traced red and blue lines with a ruler to drown out, to cast a spell over that hell?

soggetti più diversi, lontani gli uni dagli altri per tempo e significato. Sul medesimo foglio erano disposti armi, gatti, danze popolari, uccelli, cappelli, panorami di città e quadri della galleria Tretjakov, utensili popolari e macchine pesanti per l'edilizia... Tutto ciò era incomprensibile e assolutamente misterioso, ma io avevo cominciato a capire qualcosa, l'enigma aveva cominciato a sciogliersi, ad acquistare chiarezza, ad uscire da quella fitta nebbia. L'Ordine! L'Ordine è ordine perché è AL DI SOPRA delle relazioni e dei legami che legano tra loro oggetti, persone e avvenimenti, siano essi simili, vicini, analoghi. La potenza dell'Ordine crea nuovi anelli, anelli semplici, genuini. Semplici per tutti e genuini per poter comprendere i legami esistenti tra i più diversi e opposti fenomeni della vita. La diversità dei mondi e dei paesi, delle città e degli uomini non spaventano il Grande Creatore di pannelli. Anzi, al contrario: praticamente ogni cosa trovava il proprio posto, la propria tranquillità e la propria armonia nella comune sistemazione. Adesso capisco quella gioiosità con la quale il mio vicino creava le sue opere, destinate ai corridoi. Miriadi di problemi, di quesiti e di enigmi hanno trovato la loro serenità e il loro posto nei pannelli, fatti di fotografie e di disegni corredati di splendenti didascalie. Creandole, l'autore si trasformava, così a me pare, in interprete e messaggero di quella volontà che si manifestava in lui mentre ricamava, lettera dopo lettera, le sue didascalie: la volontà dell'Ordine supremo e dell'Armonia.

Un'altra particolarità ho notato guardando i pannelli. Mi è sembrato anche che in essi si riflettesse, come dire, l'idea della Buona Comunanza, non certo quella che ispirava gli inquilini del nostro sovraffollato alloggio. Non ha trovato forse eco in costoro il sogno così desiderato e mai realizzato di quella tanto bramata tranquillità, il sogno che tutto potesse confluire in un'unica armonica figura, non importa quale – una losanga, una stella o una piramide? Non era forse questa l'immagine della felice Utopia nella quale doveva trasformarsi ora dopo ora il nostro caos quotidiano, un caos che coinvolgeva ogni cosa? E chissà, forse i suoi pannelli più belli egli li ha costruiti nei terribili momenti in cui ferveva la battaglia per la cucina. Per soffocare quell'inferno, per costringerlo ad allontanarsi, egli tracciava con il righello le sue linee rosse e azzurre.

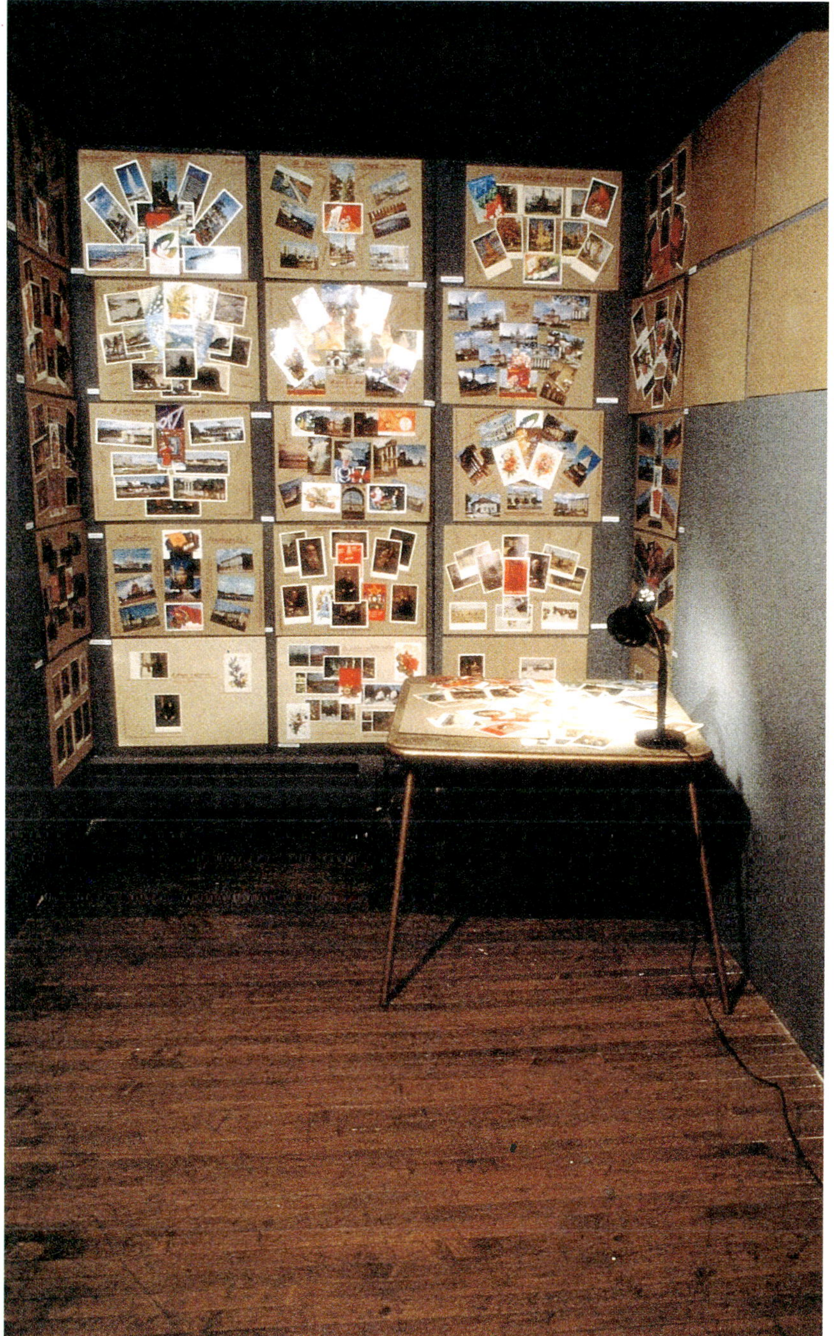

Il compositore

Descrizione dell'installazione
Tutte le domeniche, di primo mattino, quando gli inquilini dell'alloggio ancora assonnati cominciavano il loro pellegrinaggio verso il gabinetto, il bagno o la cucina per preparare il tè, lui puntualmente iniziava a praticare il suo "scandaloso teppismo". Uno dopo l'altro egli portava fuori dalla sua stanza dei leggii e li disponeva in due file lungo tutto il corridoio, tanto che per passare bisognava strisciare addossati alle pareti e alle porte delle stanze che davano nel corridoio. Dopo aver sistemato i leggii provvedeva ad appoggiarvi degli spartiti, dei fogli di colore grigio con sopra incollati disegni e documenti.

E questo rito si ripeteva ogni domenica che dio mandava: gli inquilini, lanciando maledizioni e imprecando, rovesciavano e scagliavano lontano gli ostacoli che si trovavano davanti e strappavano gli "spartiti". Ma non serviva a niente. Alla fine della settimana, esattamente alle nove del mattino, il compositore portava fuori dalla sua stanza il primo leggio.

I testi nell'installazione

All'Ufficio del giudice conciliatore del Servizio alloggi n. 8 del rione Baumanskij, Mosca, da parte degli inquilini del caseggiato n. 24 di vicolo Krjukovskij. I compagni Solodova I. B., Kašmanskij I. B., Zhukova V. B.

Petizione
Vi preghiamo di prendere in considerazione il comportamento del cittadino Evdokimov V. V., che crea condizioni insostenibili di convivenza nel nostro sovraffollato alloggio rendendone impraticabile il corridoio. Regolarmente, nel corso degli ultimi anni, egli colloca in corridoio certi bastoni, tavole e oggetti vari, facendo di tutto per rendere impossibile il passaggio. Alle nostre continue domande sul perché facesse questo, egli ha sempre risposto che le cose e gli oggetti non appartenevano a lui e che comunque ciò serviva a dar vita nel nostro alloggio a un'attività culturale e ad organizzare "concerti". Nel nostro alloggio attualmente la situazione è tale che, anche senza "concerti", di confusione e rumore in corridoio ce n'è che basta e avanza, mentre è importante che il corridoio sia assolutamente sgombro di cose per garantire il libero passaggio: quindi non può in alcun modo essere utilizzato per svolgervi "attività artistiche". Per questo esiste nel nostro Ufficio alloggi un "angolo rosso", dove il signor Evdokimov può organizzare tutti i "concerti" che desidera e dedicarsi tranquillamente alle sue invenzioni. Ma lui dice che la sua iniziativa riguarda esclusivamente i suoi vicini. Noi riteniamo invece che prima di intraprendere una qualsiasi attività sia prassi corretta discuterne e procedere soltanto dopo aver avuto il consenso. Ma il cittadino Evdokimov V. V. ha ignorato queste elementari regole della convivenza e continua ancora oggi regolarmente a ingombrare il corridoio. A tutti i nostri inviti il cittadino Evdokimov V. V. ha risposto facendo orecchie da mercante. Chiediamo quindi di prendere in esame la presente petizione riguardante il cittadino Evdokimov V. V. e di intimargli di rispettare le regole della civile convivenza socialista. Diversamente saremo costretti a rivolgerci alla polizia.

The Composer

Description of the installation
Twice a month he would take music stands out of his room and place them in the corridor of the communal apartment, arrange them in two rows facing each other, mount on each one a little drawing with a text and above all this on a thin line hang two bottomless glass jars and a small paper fly. . . He invited all who lived in the communal apartment to come out for a short while from their rooms, stand behind these music stands, look at the drawings and in pairs read the texts aloud. These strange programs he did not consider just a whim, and he didn't do it for himself. In these concerts he saw a chance to unite his neighbors in a kind of singular artistic action and accustom them to higher spiritual states. Many times he was summoned to the Comrades' Court on complaints of his neighbors.

Texts in the installation:

To Comrades' Court at the Housing Maintenance Committee #8, Baumansky region, Moscow, from the tenants of 24 Kryukovsky Lane, Comrades Solodov I.B., Kashmansky I.B., Zhukova B.V.

Complaint
We ask that you examine the behavior of citizen Yevdokimov, V.V., who, by cluttering up the corridor, is creating unbearable living conditions in our populous apartment. On a regular basis over the past years he displays in the corridor some sticks, boards and objects, which should remain in his room, but he puts them out in the corridor, making it impossible to pass. To the numerous questions and appeals as to why he does this, he answers that these are not his objects and things, and that he does this to establish a time for culture in our apartment, and to organize "concerts."
In our apartment to this day we have enough noise in the corridors even without "concerts." The corridor must be clean and not outfitted for "amateur talent activities." For this we have space in our Housing Maintenance Committee, where citizen Yevdokimov, V.V. can conduct his concerts and inventions. But the fact is, you see, wants to do this only for his neighbors. But before doing so, there should be a preliminary consultation. Yevdokimov, V.V. did not do this and continues on a regular basis to block the hallway completely. We ask you to look into our complaint of citizen Yevdokimov, V.V. and urge him to fulfill the rules of behavior of a socialist dormitory. Otherwise we will be forced to turn to the police.

Extract from the Minutes of the Session of Comrades' Court Housing Maintenance Committee No. 8, 12 March 1996.
Present: Chairman of the Comrades' Court Efremov, B.G., members of Comrades' Court: Koryunov, Ye., Storoeva, A.G., Sedykh, G.R., Markov, S.E., Terekhov, M.S. They heard the complaint of comrades Molodova, I.B., Kamyshansky, I.V. and Zhukov, B.V., as well as the complaint of citizen Akimova, A.S. on disturbing the peace at 24 Kryukovsky Lane, Apartment 4, by citizen Yevdokimov, V.V.

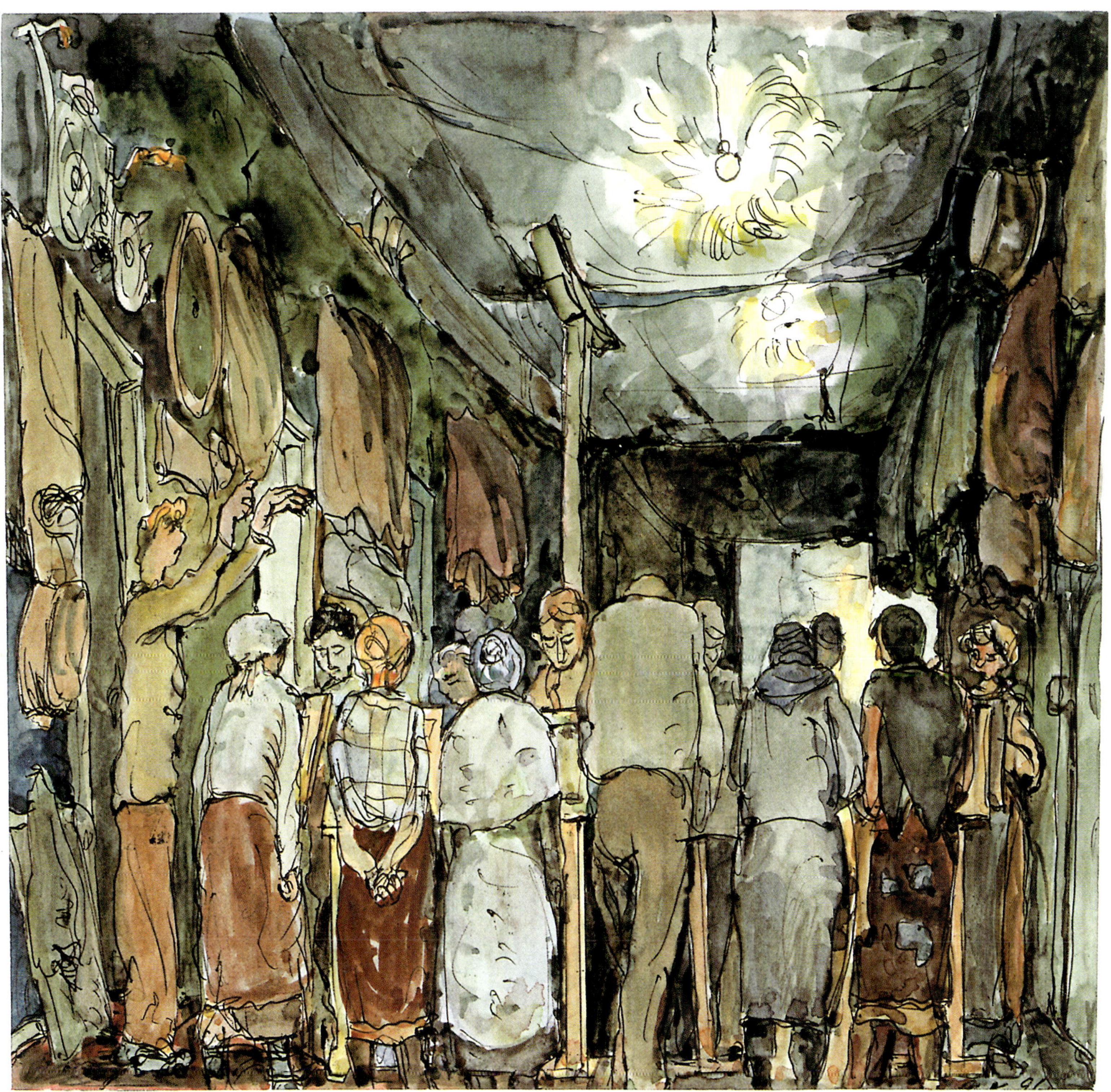

*Estratto del verbale della seduta
dell'Ufficio del giudice conciliatore presso
l'Ufficio alloggi n. 8. 12 marzo 1966*

Sono presenti: il Presidente dell'Ufficio del giudice conciliatore Efremov B. G., i membri dell'Ufficio: Korjunov E. V., Storoeva. Oggetto: la petizione dei compagni Solodova I. B., Kamyšanskij I. V., Zhukov B. V., e della cittadina Akimova A. S. circa il continuo sconvolgere l'ordine pubblico nell'alloggio n. 4 del caseggiato n. 24 in vicolo Krjukovskij da parte del cittadino Evdokimov V. V.

È stato deliberato: si invita il cittadino Evdokimov V. V. a rispettare le regole della civile convivenza nell'alloggio comune e si porta a conoscenza dello stesso che in caso di reiterazione di quanto contestatogli si provvederà a deferirlo al Tribunale popolare del rione Baumanskij, competente per territorio.

Il segretario dell'Ufficio del giudice conciliatore: Melent'eva.

All'Ufficio del giudice conciliatore del Servizio alloggi n. 8 del rione Baumanskij da parte del cittadino Evdokimov V. V., residente a Mosca, Vicolo Krjukovskij n. 24, alloggio n. 4.

Petizione

Io sottoscritto Evdokimov Vladimir Viktorovic, dichiaro di abitare nell'alloggio n. 4 del caseggiato n. 24 da diciotto anni. A mio carico in tutti questi anni non sono mai stati contestati atti perturbativi o sconvenienti nei confronti dei miei vicini. Io vivo da solo e di conseguenza utilizzo in misura minima la cucina e gli altri locali di uso comune (bagno, gabinetto), non come i firmatari della petizione, i cittadini Solodova, Kamyšanskij e Ēukov, le cui famiglie sono molto numerose. Pago regolarmente le pulizie dell'alloggio. Non ricevo persone estranee. Per quanto riguarda le lamentele dei miei vicini, secondo i quali io ingombrerei di proposito con le mie cose la parte di corridoio prospiciente la mia stanza, debbo a questo riguardo riferire quanto segue:

In base alle mie osservazioni sulla vita che si svolge nel nostro alloggio (che accoglie 24 inquilini) tutti viviamo appartati gli uni dagli altri. A volte, quando ci incontriamo, ci scambiamo due-tre parole, non di più, a volte nemmeno ci salutiamo. Da tempo non riscontro né un cordiale rapporto, né una piccola attenzione nei miei riguardi. Liti nel nostro alloggio attualmente ce n'è quante se ne vuole, specialmente in cucina e sempre per delle stupidaggini – per una sedia che non è stata rimessa al suo posto, per un rubinetto lasciato aperto ecc. Ed io penso sempre: sì, la vita di noi tutti è abbastanza dura, ma perché mai l'uomo deve rimanere sempre inchiodato alle piccole cose quotidiane che lo circondano, perché non può aprire la propria anima a qualcosa di importante, che lo eleverebbe e lo nobiliterebbe? Sì, a Mosca ci sono per questo molti cinematografi specializzati, sale da concerto, ogni giorno vengono inaugurate mostre d'arte. Ma i nostri inquilini non vanno da nessuna parte e, pur essendo circondati da ogni parte dal mondo della cultura, vivono chiusi nei loro meschini interessi. Qualcosa deve essere fatto qui, nel nostro alloggio. Ed io ho preparato a questo scopo originali concerti figurativo-musicali, che due volte al mese vengono presentati nel nostro alloggio nell'ampio spazio del corridoio, nel punto in cui questo piega verso la cucina.

Si tratta di un'originale attività concertistico-musicale, cui possono partecipare tutti gli inquilini dell'alloggio, collettivamente o singolarmente. Io dispongo i leggii lungo il corridoio in due file, una di fronte all'altra, e sui leggii depongo dei disegni che corredo con didascalie. Gli inquilini e gli ospiti si dispongono dietro ai leggii e sotto la mia direzione iniziano a leggere, tutti insieme o singolarmente.

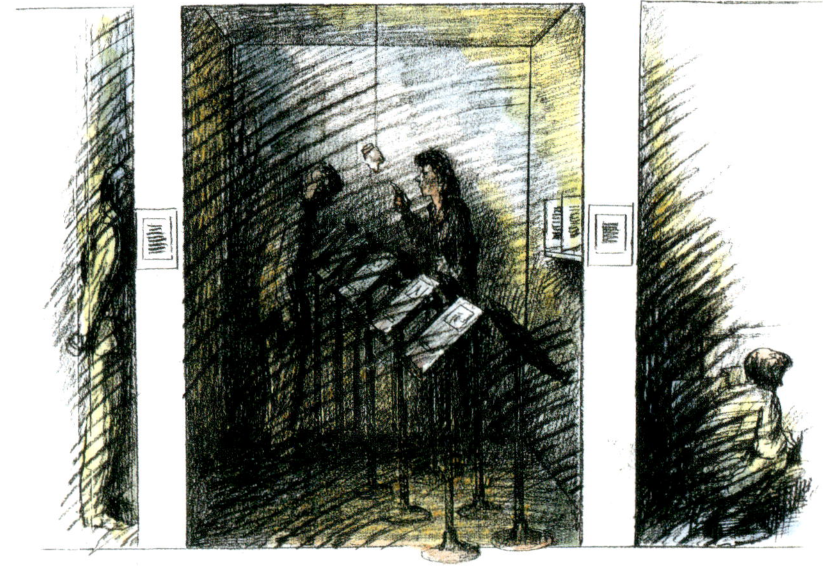

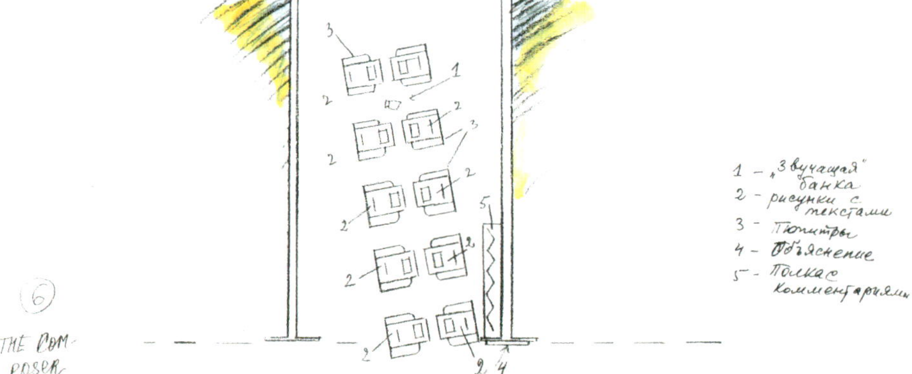

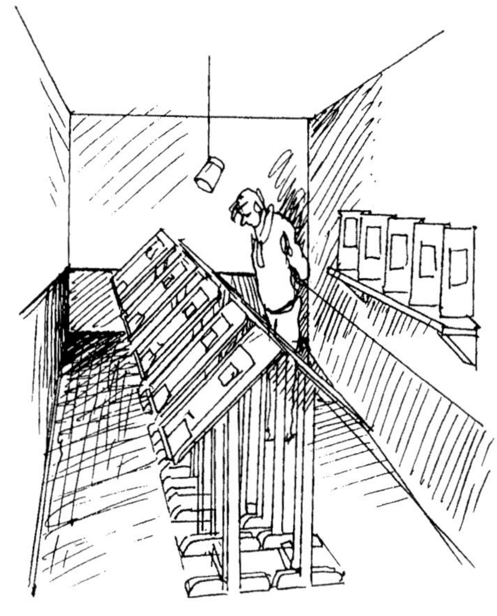

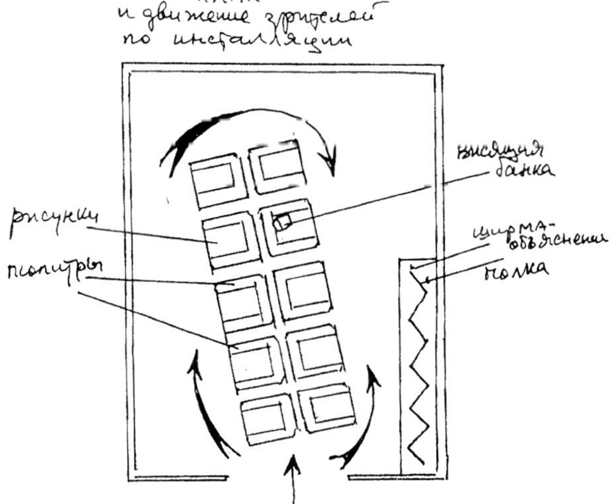

Resolved: Citizen Yevdokimov was issued a warning about disturbing the peace in the communal apartment and informed that, in the event of repeated violations, the matter would be transferred to the Baumansky Peoples' Court in the Baumansky region.

Secretary of Comrades' Court: Melentyeva

To Comrades' Court of the Housing Maintenance Committee #8, Baumansky region, from citizen Yevdokimov, V.V. , Moscow, 24 Kryukovsky Lane, Apartment 4.

Statement

I, Vladimir Viktorovich Yevdokimov, have been living at 24 Kryukovsky Lane for eighteen years now. During all these years I was never cited for violations or disturbance to my neighbors. I live alone and therefore use the kitchen and other common areas (toilet, bath) very little, not as stated in the complaints of citizens Solodov, Kamyshansky and Zhukov, who all have large families. I pay on a regular basis for the cleaning of the apartment. Strangers don't come to see me. As for the complaints of my neighbors concerning how I clutter up the corridor near my room with my things on purpose, I have to report the following: as far as I am able to observe the life that goes on in our apartment (whose inhabitants number roughly twenty-four), we all live extremely separate from one another. I haven't felt either warmth or attention for a long time. But how many arguments we've had during that time! Especially in the kitchen. And as a rule, al over little things – a chair not put in its proper place, a faucet not turned off, etc. And I think to myself all the time that, indeed, our lives here are sufficiently difficult, but why does a person always have to be confined to those lowly banal things which surround him? Why can't he open his soul to something exalted which would ennoble him and lift him up? In Moscow we do have special movie houses and concert halls for this, and every day there are artistic performances. But our tenants never go anywhere. They are surrounded on all sides by a world of culture, yet they live locked inside with their petty concerns. Something has to be done here, inside our apartment. Thus I devised musical concerts, which twice a month should take place within the confines of our apartment, in the wide part of our corridor, before the bend into the kitchen. This is original chamber music, in which all the tenants of our apartment may participate simultaneously and one at a time. I place music stands along the corridor in two rows, facing each other and put on them drawings with texts. The tenants and guests stand behind them and read separately and together under my direction.

I thought up this musical-choral oratorio myself. It represents a special and original combination of image, voice and sound. I arrived at this in my full senses. I observed that when a singer sings, there is nothing for him to look at, and his eyes wander freely, but they should be occupied at this time so that what he sees before him will help his performance. Therefore, I have introduced into his reading various little pictures, and the musical sounds appear in the following manner: I hang to the side of the performer some kind of object two and a half to three meters high, for example, glass jars of various size and, independent of the number of voices that are reading and their intensity, these objects begin to resound and the surrounding space fills with melody, colored in different tones. In this way the image and pronounced text are joined in a single whole. This new lofty note enters into our daily life, offering the soul a chance to discover another form of existence and transporting us to a differ-

Questo principio di oratorio visivo-musicale è stato ideato da me personalmente e rappresenta una singolare e inedita combinazione figurativa, vocale e musicale. A questo progetto culturale sono arrivato con assoluta cognizione di causa. Io ho notato che quando un cantante si esibisce non sa letteralmente dove guardare, così che i suoi occhi vagano ora qua ora là quando invece dovrebbero essere occupati in modo che ciò che egli vede dinanzi a sé gli sia di aiuto al canto. Per questo motivo io unisco alla lettura disegni e illustrazioni e intanto il suono della musica si rafforza nel modo seguente. Io sospendo al soffitto e faccio scendere a fianco dell'esecutore, ad un'altezza di 2,5-3 metri, un oggetto qualsiasi, in questo caso delle coppe di vetro di diversa grandezza, in base al numero delle voci e della rispettiva intensità. Queste coppe cominciano a risuonare vibrando e lo spazio circostante si riempie di melodie di diversa tonalità. In questo modo l'immagine e il testo recitato si combinano tra loro fino a formare un insieme indissolubile. Questa musica assolutamente nuova e sublime entra nella nostra dimensione quotidiana e ci offre la possibilità di conoscere l'altro contenuto della vita, ci trasporta in una nuova condizione esistenziale. Purtroppo il mio desiderio è stato interpretato da alcuni dei miei vicini a rovescio – alcuni leggii che avevo collocato nel corridoio sono andati distrutti e i disegni strappati o rubati. Gli annunci che avevo affisso nel corridoio, protetti da un vetro, non li ha letti nessuno e chi li ha letti non li ha capiti. Mi era stato fatto osservare che in quelle domeniche era impossibile muoversi nel corridoio e trasportare le cose, nonostante io avessi previsto un passaggio parallelo alla mia composizione e avessi anche messo dei segnali per indicarlo. Il 2 e il 18 settembre di quest'anno questi concerti si sono conclusi felicemente, nessuno ha sollevato obiezioni di alcun genere e l'atmosfera nel nostro alloggio è diventata finalmente leggera e piacevole. In relazione a quanto esposto vi chiedo di esaminare con cura la mia petizione e di decidere secondo giustizia.

Evdokimov

Allego i programmi dei due concerti svoltisi il 2 e il 18 settembre del corrente anno.

La musica delle sfere
Nel corridoio sono stati collocati tre gruppi di leggii, esattamente come avviene in tutte le filarmoniche. Ciascuno dei tre gruppi comprende due file di leggii di sette elementi ciascuna, disposti uno di fronte all'altro. Su ogni leggio c'è un disegno con relativa didascalia. Sopra il primo gruppo, ad una altezza di 2 metri e 20 centimetri, appena a sinistra, pende una coppa di vetro senza fondo di 5 centimetri di diametro. Sopra il secondo gruppo una coppa di forma uguale ma con diametro di 10 centimetri. Sopra il terzo gruppo una mosca ritagliata e dipinta. Le persone che percorrono in quel momento il corridoio debbono fermarsi e disporsi davanti ai leggii, simmetricamente, uno di fronte all'altro. (Se non ci sono persone sufficienti si possono invitare altri vicini). Una volta preso posto, ciascun esecutore comincia a leggere il testo che si trova sotto il disegno procedendo secondo quest'ordine: comincia la lettura il primo da sinistra della prima fila e contemporaneamente a lui il primo da sinistra della seconda fila. Successivamente inizia a leggere il secondo da sinistra della prima fila e contemporaneamente a lui il secondo da sinistra della seconda fila. Le voci si spostano verso il centro delle file per poi divergere (vedi il piano della lettura). A poco a poco le persone che recitano i testi, tendendo l'orecchio, cominciano a percepire, dietro i suoni delle loro voci, un suono del tutto particolare appena udibile. Questo suono assomiglia alla voce squillante di un uomo che canta lontanissimo. Sul

ent plane of being. Unfortunately, my desire was received by some of my neighbors incorrectly — some of the music stands were smashed, and the drawings torn up or lost. The explanations which I hung in the corridor under glass were not read or understood. I was told that it was impossible during these days to walk through the corridor and carry things, although I provided a passageway by my musical composition and hung signs telling how to pass through. September 2 and 18 of this year these concerts took place with complete success, without complaints from anyone, and the atmosphere in our apartment became significantly more healthy and benign. I ask you in connection with this to examine my statement thoroughly and make a fair decision.
Yevdokimov

In the form of an insert I am attaching the two concert programs for 2 and 18 September of this year.

Music of the Spheres
Three groups of musical stands were placed in the corridor, just as in any philharmonic. Each group consists of two rows of seven stands each, facing each other. On each one is a small drawing with a text. Hanging over the first group in the air (at a height of 2m 20), slightly to the left is a bottomless glass jar measuring five centimeters in diameter. Over the second group is the same kind of jar, ten centimeters in diameter. Over the third hangs the drawing of a fly (see diagram).

Everyone passing through the corridor at this time must stop briefly and step up to the stands symmetrically, one across from the other. (If there are not enough participants, it's all right if each will call someone from the neighbors.) Standing in place, each performer begins a reading of the text

under his or her drawing in the following order: the first one on the left in the first row reads at the same time as the first on the left in the second row. Then the second from the left in the first row and the second from the left in the second row read. The voices move toward the center of the rows and then again move away from it (see diagram of reading).
Gradually those who are reading the texts begin to notice that beyond the sound of their voices is a faintly heard, special kind of sound. It's like a highly vibrating voice of a person singing ceaselessly from afar. It is heard first as background to the general reading, but soon becomes more distinct, and if the general reading was stopped, a high pure note would be heard rather clearly in the air. Perhaps it comes from inside the large and small hanging glass jars? It is difficult to say, but its strange, secret origin will be obvious to all. Listening intently to this voice, the performers slowly disperse.

The Subterranean Gold River
Two rows of music-stands are arranged along the entire corridor, positioned one in front of the other. Between the two rows, stretched from one end of the corridor to the other is a thin gold rope. On each stand is a drawing, and above that a text. The double row of stands begins at the bathroom door, runs along the entire corridor, and divides into two at the end: one row continues toward the entrance to the apartment, the other toward the kitchen. The concert participants – there can be from eight to sixteen – place themselves behind their own stand, one in front of the other. The two performers on the left begin together to read the text above the drawing. After the reading they move to the end of the row.
It resumes with the second couple of performers, who in their turn after the reading

principio essa fa solo da sfondo alla recita comune, ma poi diventa sempre più distinta; se la recita venisse interrotta, nell'aria si sentirebbe una nota alta, limpida. Che provenga dall'interno delle coppe di vetro? Difficile a dirsi. Ma nessuno potrà negare che la sua origine è strana e misteriosa. Dopo aver ascoltato questa voce gli esecutori si disperdono lentamente.

Il fiume d'oro sotterraneo
Lungo l'intero corridoio sono sistemate due file di leggii, posti l'uno di fronte all'altro. Tra le due file, teso da una estremità all'altra del corridoio, c'è un sottile cavo d'oro. Su ciascun leggio c'è un disegno, al di sopra del quale si trova un testo. La doppia fila di leggii inizia all'altezza della porta del bagno, corre lungo l'intero corridoio e alla fine di questo si sdoppia: una fila prosegue in direzione del'ingresso dell'alloggio, l'altra in direzione della cucina. I partecipanti al concerto – possono essere da otto a sedici – si dispongono dietro al proprio leggio, uno di fronte all'altro. I due concertisti che si trovano a sinistra cominciano a leggere insieme il testo posto sopra il disegno. Dopo la lettura essi passano all'estremità della fila.
Si riprende con la seconda coppia di esecutori, che a loro volta, dopo la lettura, prendono posto in fondo alla fila, dietro la prima coppia. Così, gradualmente, senza che la lettura si interrompa, tutti i concertisti, cambiando posizione, raggiungono il punto dove le file dei leggii divergono, così che alcuni partecipanti vanno verso la porta d'entrata e altri verso la cucina. Leggendo e spostandosi in questo modo, alla fine essi capiscono che stanno seguendo il corso del fiume della Vita e che il sottile cavo d'oro che corre in mezzo alle file simboleggia la loro Anima, con la quale essi formano un insieme unico. Alla fine della Vita il corpo si spezza, si sdoppia prendendo direzioni diverse, e l'Anima rimane sola, libera e nuda.

take their place at the back of the line, behind the first couple. In this way, without interrupting the the reading, gradually all the performers change position and reach the point where the row of stands diverges so that some participants go toward the entryway and others toward the kitchen. Reading and moving in this way, at the end they understand that they are following the course of the river of Life and that the thin gold rope that runs through the middle of the rows symbolizes their Soul, with which they form a unique whole. At the end of Life the body breaks up and separates, going in different directions, and the Soul remains alone, naked and free.

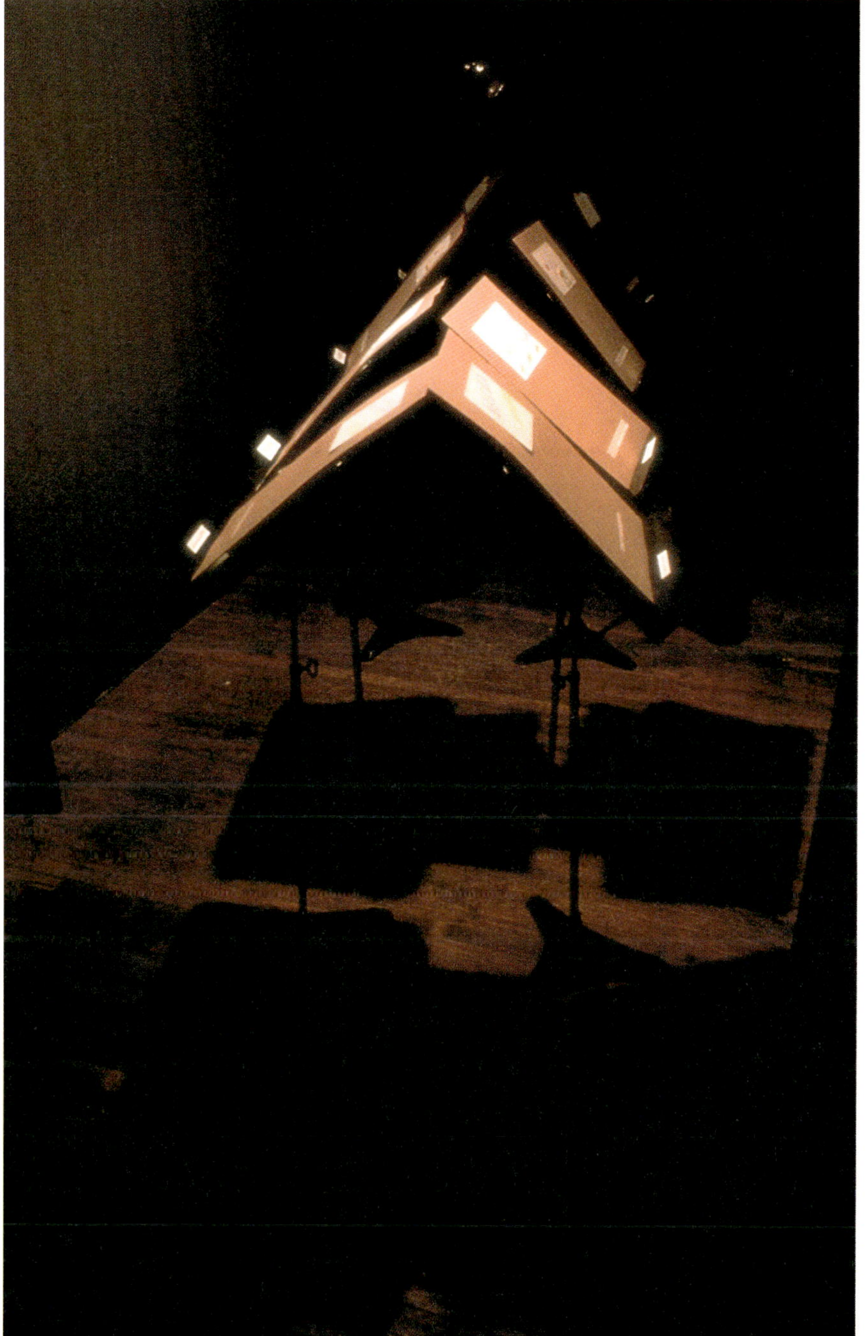

L'uomo che è volato dentro un suo quadro

Descrizione dell'installazione

Egli si è ritratto su una grande tavola bianca, rappresentandosi sotto forma di una piccola figurina grigia, appena distinguibile sull'enorme pannello che incombe nella piccola stanza. Egli scruta la sua immagine, così minuta e irrisoria, sperduta nell'enorme spazio di un campo bianco e deserto, e una strana, meravigliosa sensazione lo assale...

Il pannello bianco cessa di essere un semplice pannello bianco e diventa ai suoi occhi dapprima una nebbia bianca, che poi si dissolve, svanisce. Il "bianco" che egli continua a guardare si trasforma poco alla volta in un enorme spazio luminoso, attraversato da una luce che si irradia uniformemente. La luce che taglia questo spazio è nello stesso tempo immobile e dolcemente fluida, proveniente da una lontananza infinita, da una fonte soave e meravigliosa. Seduto davanti al bianco schermo magico, egli vede realmente dinanzi a sé un oceano infinito di luce che gli va incontro; e proprio in quel momento si fonde con la piccola figurina che egli stesso ha disegnato. Ma anche la figurina si trasforma. Essa cessa di essere un semplice disegno. Viva e reale (ma piccolissima, molto più piccola di lui – questo lui lo sa), si muove delicatamente in questo oceano di luce, allontanandosi progressivamente nell'infinita profondità da cui la luce proviene fino a svanire del tutto.

Contemporaneamente a questa emozione, strani e opposti sentimenti si agitano in lui. Nello stesso momento in cui egli si muove e insegue con tutta la sua anima la figurina che si allontana velocemente, sentendo, chissà per quale misteriosa ragione, che anche lui sta volando laggiù, l'altra metà del suo essere sa perfettamente di essere seduta, sola e immobile, nella piccola stanza, davanti all'enorme pannello (in verità sono due i pannelli, saldati insieme, perché solo così, cioè uno alla volta, era possibile farli entrare nella stanza dove sono diventati poi un unico pannello).

Egli trova noioso e assurdo starsene seduto davanti a quello spazio vuoto con un punto opaco e grigio all'interno. Sa bene che vedere una luce al posto di un colore a olio ingiallito – cui si può arrivare con un dito e staccarne una scaglia sottile e secca – è una fantasia delirante, la conseguenza di una malattia per lui inspiegabile ma sicuramente pericolosa. Non solo: rimanendo a lungo seduto sulla sedia, avendo davanti null'altro che quel pannello, egli sente la realtà allontanarsi da lui e intuisce di non sapere con sufficiente chiarezza dove si trova.

Cercando una soluzione per non farsi sfuggire definitivamente la terra da sotto i piedi, egli arriva alla conclusione che c'è bisogno di una "terza" persona: una persona qualsiasi, un testimone che possa osservarlo "dal di fuori" – guardare lui che, a causa di quel maledetto pannello, è seduto immobile sulla sedia ma allo stesso tempo corre veloce nella profondità di quello spazio luminoso.

Tutte le sue speranze sono ora riposte in questa "terza" persona, per la quale ha scritto un annuncio che ha posto vicino al quadro bianco. Lui solo capisce perché tutto questo sia necessario – stare seduti su una sedia e volare lontano, essere una persona reale e nello stesso tempo un disegno, essere e apparire, annoiarsi e fantasticare follemente...

The Man Who Flew into His Picture

Description of the installation

He drew himself on the big white board, depicting himself as a small gray figure, barely discernible on the enormous board standing in front of him in the small room. He looks at himself, so small and plain, lost in the huge space of the empty white field, and a strange, surprising state envelops him. . . .

The white board stops being just a white board and becomes for him at first a white fog, and then the fog disappears, dispersing, and the "white" at which he continues to stare gradually turns into an enormous bright expanse pierced by a steady sparkling light. The light in this space simultaneously stands still and flows from some infinite distance, from some sort of grand and wonderful source. He moves toward it, sitting in front of this magic screen. He really, in actual fact, sees before him an enormous, endless ocean of light, and at that moment he merges with the little, plain figure that he had drawn. But this figure changes, too. It stops being just a drawn image. Entirely alive and real (though only very small, many times smaller than he – and he certainly knows this) the figure moves away from him into the infinite depth from where the light is shining. And it quickly becomes completely indiscernible in the blinding depth.

But at the same time that he experiences all this, strange and completely contradictory feelings persist to bother him. At the same time that he is moving with all his soul and is following the departing figure, in a strange way understanding that he is also going there himself, the other half of his consciousness clearly realizes that he is sitting completely immobile in his lonely room, sitting alone in front of an enormous, poorly painted white board, and not just before one board, but two which have been placed close together (only in this way, one at a time, could they be brought into his room and stand side by side).

He feels the boredom and absurdity of sitting in front of the emptiness with the dull gray spot on it. He realizes that to see the light in the yellowed oil paint, which he could touch by reaching out his hand and he could chip off the thin, dry layer – this is delirious fantasy, the result of some strange but almost certainly dangerous illness. Moreover, after long and uninterrupted sitting on the chair, alone with this board, he feels that reality is leaving him, he insufficiently clearly can say where he actually is. . . . Intuitively he manages to find a solution as to how to act so that the ground doesn't completely disappear from under his feet.

He comes to the conclusion that he needs a "third," some third person, some sort of witness must be present and watch him "from the side" – must watch him, who now thanks to this damned board, is sitting immobile on the chair while at the same time is rushing into the depth of the shining expanse.

All his hopes are now on this third person. An explanation was written for this third person and placed next to the white painting. He is the only one who understands why all of this is necessary – to sit on the chair and to fly into the depth, to be real and at the same time to be drawn, and to appear to exist, to be bored and to fantasize wildly. . . .

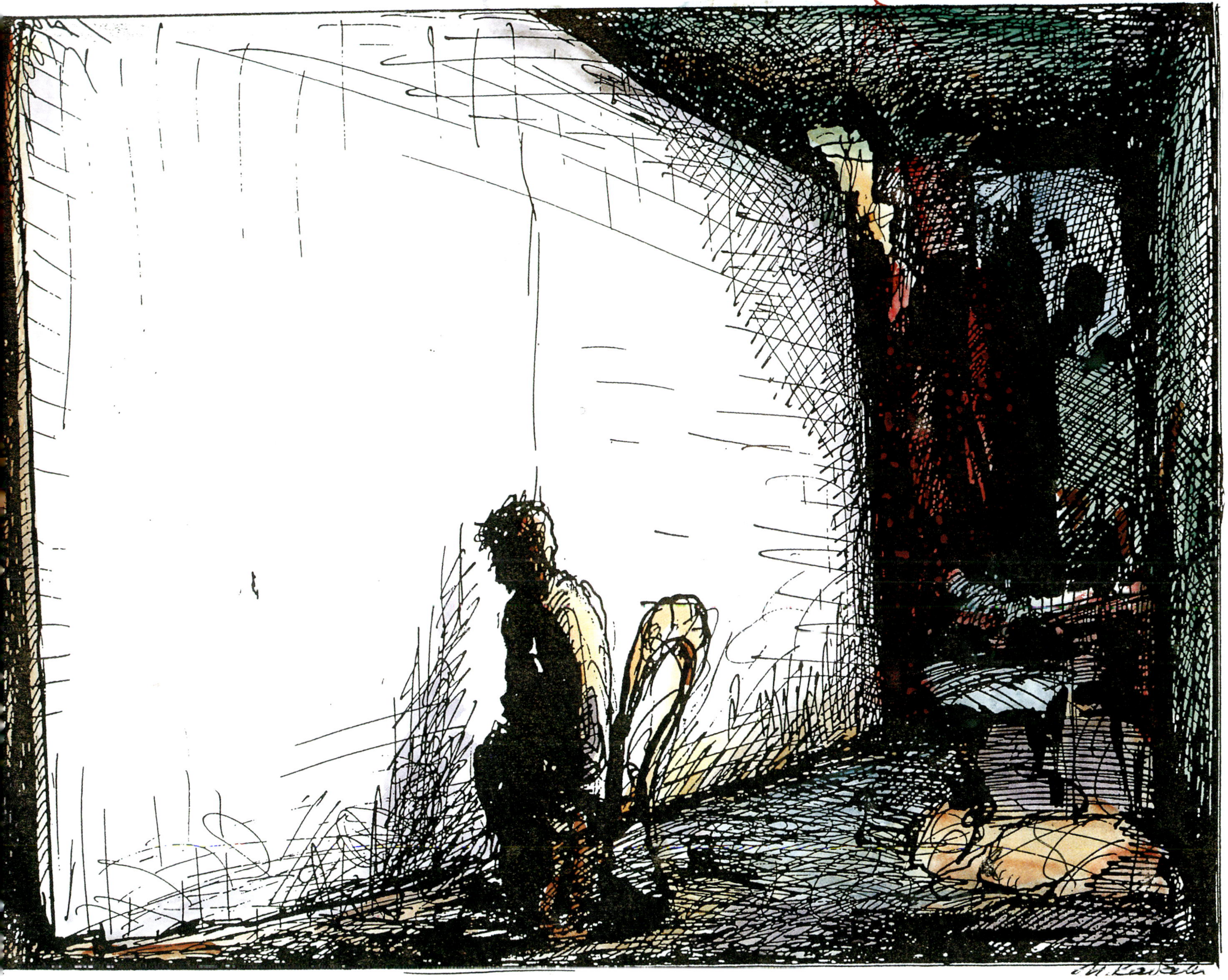

Ma questa "terza" persona che sta in piedi lì accanto ha una particolarità: non parla mai. E fa bene a non parlare, perché se dicesse qualcosa perderebbe ogni fiducia in se stessa. Deve tacere.

Siano gli altri a parlare e a riempire la stanza con le loro voci.

Il suono delle voci s'insinua nelle orecchie, egli le sente fuori e dentro di sé. Gli altri parlano con voce così alta e distinta che sarebbe possibile trascrivere su un foglio singole parole e intere frasi.

Alcune delle frasi pronunciate hanno un legame con il quadro.

But this "third" person standing nearby has one peculiarity – he is always silent. And wisely so, for if he were to say something he would lose all faith in himself. He must be silent.

Let others speak. They fill up the room with their voices, their discordant noise resounds in one's ears, they are heard from outside and from within it. They speak so loudly and so clearly, that it is possible to write down their words and entire phrases on separate sheets of paper.

It's as though certain spoken phrases are relevant to his "Painting."

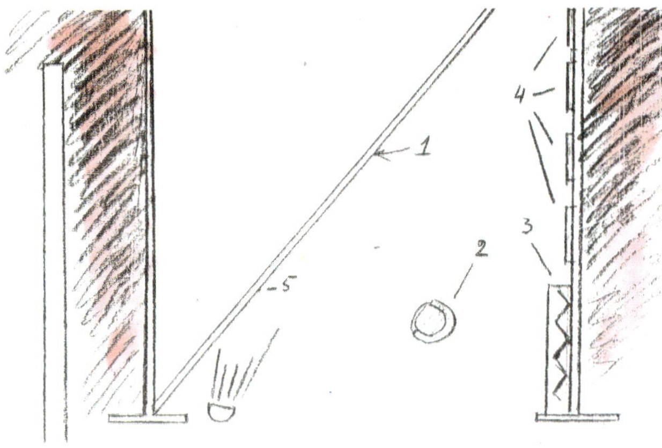

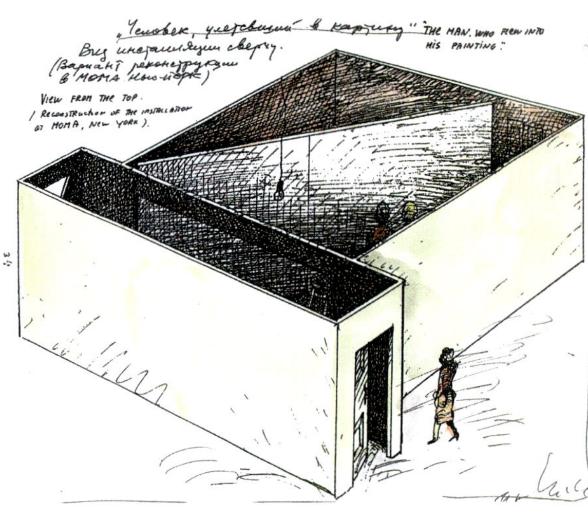

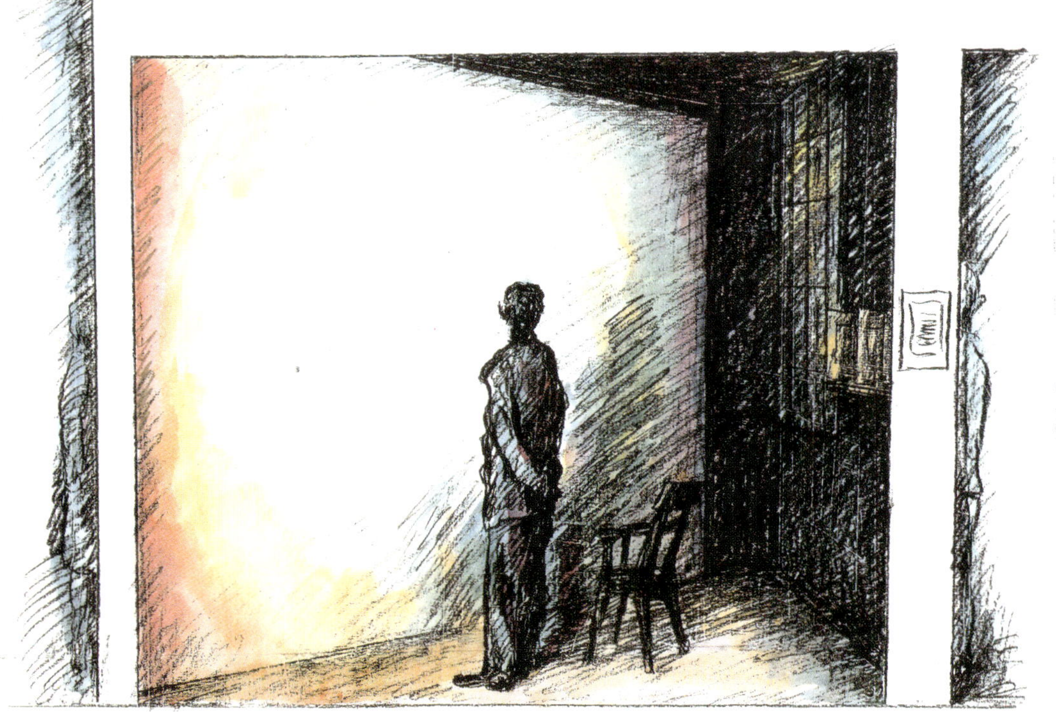

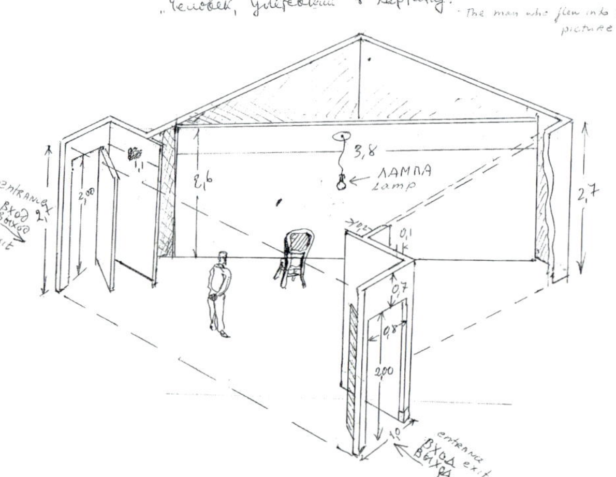

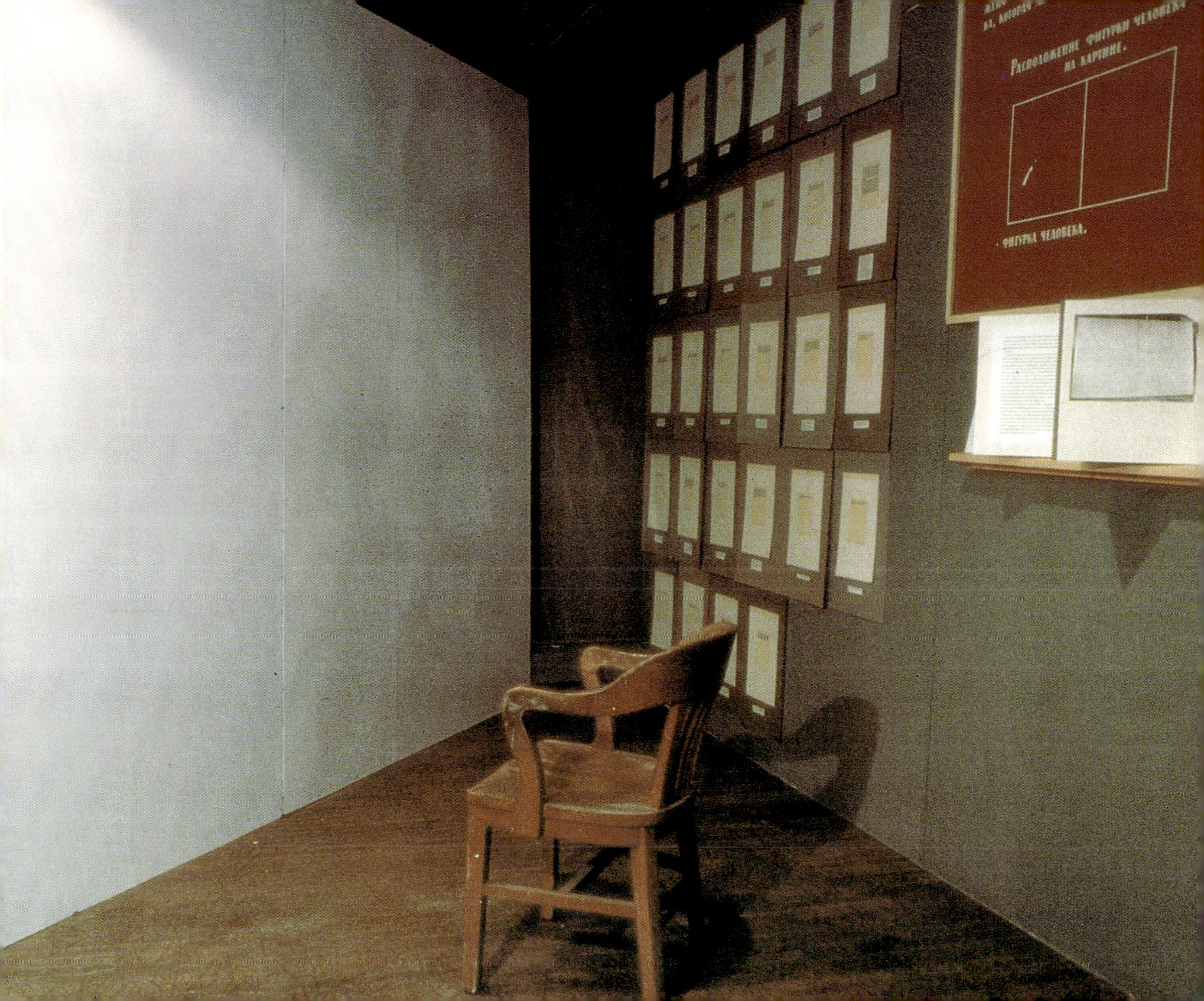
РАСПОЛОЖЕНIЕ ФИГУРКИ ЧЕЛОВѢКА
НА КАРТИНѢ.
ФИГУРКА ЧЕЛОВѢКА.

L'uomo che si è lanciato nel cosmo

Descrizione dell'installazione
Di fronte alla stanza del "compositore" c'è la stanza dell'"Uomo che si è lanciato nel cosmo". In essa non si può entrare: è interamente chiusa da tavole, ma lo spazio tra una tavola e l'altra è tale che guardando dalle fessure è possibile vedere ciò che accade dentro. All'esterno si può leggere una breve comunicazione, accompagnata da un ampio commento.
La comunicazione recita così:

La persona che ha qui abitato ha lasciato la sua stanza e si è lanciata nel cosmo sfondando il soffitto e il solaio.

Per quanto io ricordi, quell'uomo non si è mai sentito del tutto cittadino di questa terra e ha sempre manifestato il desiderio di abbandonarla, di andare oltre i suoi confini. Diventato adulto ha progettato il suo viaggio nel cosmo. Con minuziosa cura e all'insaputa di tutti, egli ha riflettuto attentamente sulle modalità del volo. Ha preso in considerazione la costruzione di un sacco-capsula di plastica, di una catapulta che l'avrebbe lanciato alto sopra la terra – dove avrebbe incontrato i "flussi cosmici" –, ha calcolato il tempo di partenza e la traiettoria del volo... Una sera, quando il progetto volgeva ormai al termine, egli se ne stava seduto a guardare un plastico della città, dove con un filo metallico aveva segnato la traiettoria del volo, e mentalmente salutava per sempre la sua strada e la sua casa. Gli era particolarmente difficile collocare, senza farsi vedere, i sacchetti di polvere da sparo necessari ad aprire un varco nel soffitto e nel solaio: l'operazione si sarebbe svolta alla costante presenza delle persone che abitavano il nostro so-

vraffollato alloggio, dove mantenere un segreto era praticamente impossibile...

All'interno della stanza c'è un mucchio di rovine, risultato del misterioso volo dell'inquilino nel cosmo. Salta agli occhi l'enorme foro nel soffitto, attraverso il quale è volato il "cosmonauta". Le pareti della stanza sono interamente ricoperte di manifesti politici, industriali ecc. Sulla sinistra c'è il plastico della città illuminato da una lampada; da una casa riprodotta nel plastico s'innalza un nastro metallico che riproduce la traiettoria del volo. Al soffitto è appesa la macchina-catapulta cosmica: si tratta del vecchio sedile di una sedia, fissato mediante molle e tiranti di gomma agli angoli della stanza. Alle pareti sono affissi anche i piani di volo, i calcoli della traiettoria, i disegni della catapulta e altre cose ancora. Su una di esse, rivolto verso la porta d'ingresso, c'è un quadro raffigurante un volo spaziale che parte dalla torre Spasskaja e raggiunge il cosmo; non è escluso che il quadro appartenga al pennello dello stesso "cosmonauta". L'aspetto della stanza è misero, come nelle migliori tradizioni delle spelonche degli inventori e dei fantasisti: un modesto letto pieghevole, due vecchie sedie e qualche pentola, che l'esplosione ha scaraventato a terra. Il pavimento, il letto, il plastico, tutto è disseminato di calcinacci. La stanza è fortemente illuminata da un fascio di luce che penetra dal foro nel soffitto.

The Man Who Flew into Space

Description of the installation
The small room is a spectacle of total devastation: the floor is littered with pieces of plaster, there are all kinds of objects scattered around. There is an enormous hole in the ceiling through which a blinding light is falling into the room. It is completely impossible to enter the room: before the viewer is a wall of boards nailed together hastily, so you can only look into the room through the cracks and can see only parts of what is going on.
All three walls of the room are covered over with political and other posters, and as a result the color red prevails in the room. Some sort of a machine is hanging from the center of the ceiling and attached to the four corners of the room. Under it is a strange board placed on two chairs, and behind it near the wall is a cot without a mattress or sheet. Above it is a painting. That's all there is, with the exception of a model of the city standing in the corner which is illuminated by a lamp.

I didn't know him well. . . . He arrived two years ago, having been recruited for a construction job. He was given a room in our communal apartment. Where he worked, I don't know. I was his neighbor, his room was to the right of mine; he sometimes visited me, he let others into his room reluctantly. I don't know if he has anyone, he always lived alone. Two fellows sometimes came to see him. One of them brought the painting which is hanging in his room. When he moved in, he remodeled his room, he couldn't get his hands on any wallpaper so he covered everything with posters which he bought, and said it would be cheaper that way.
Our communal apartment is large, twelve families. We live in a four-story building, on the last floor. Almost every day for a few months he went to the attic, the neighbors asked what he was doing there, but he almost never talked to anyone, and almost never used the kitchen, even though his door was just opposite it; he would only put the teapot on to boil.
I dropped in on him about six months ago – his room was full of scattered blueprints, some of them were glued right to the wall. I thought that they were for the building site where he worked. On a table in the corner stood a model of our block, our street, and you could see our building.
I asked him why there were metal bands attached to the model and leading upward from the roof of our house. He suddenly said that it was the trajectory of his future flight. . . .
He lived very poorly, without any furniture; he slept on a folding cot without a sheet. . .
He felt, as he told me, that he wasn't quite an inhabitant of Earth, as though he had been born not here at all, and that not waiting for death, he had to leave for there, where, according to him, he should be. . . . I'll tell you a little about his "grand theory." . . .

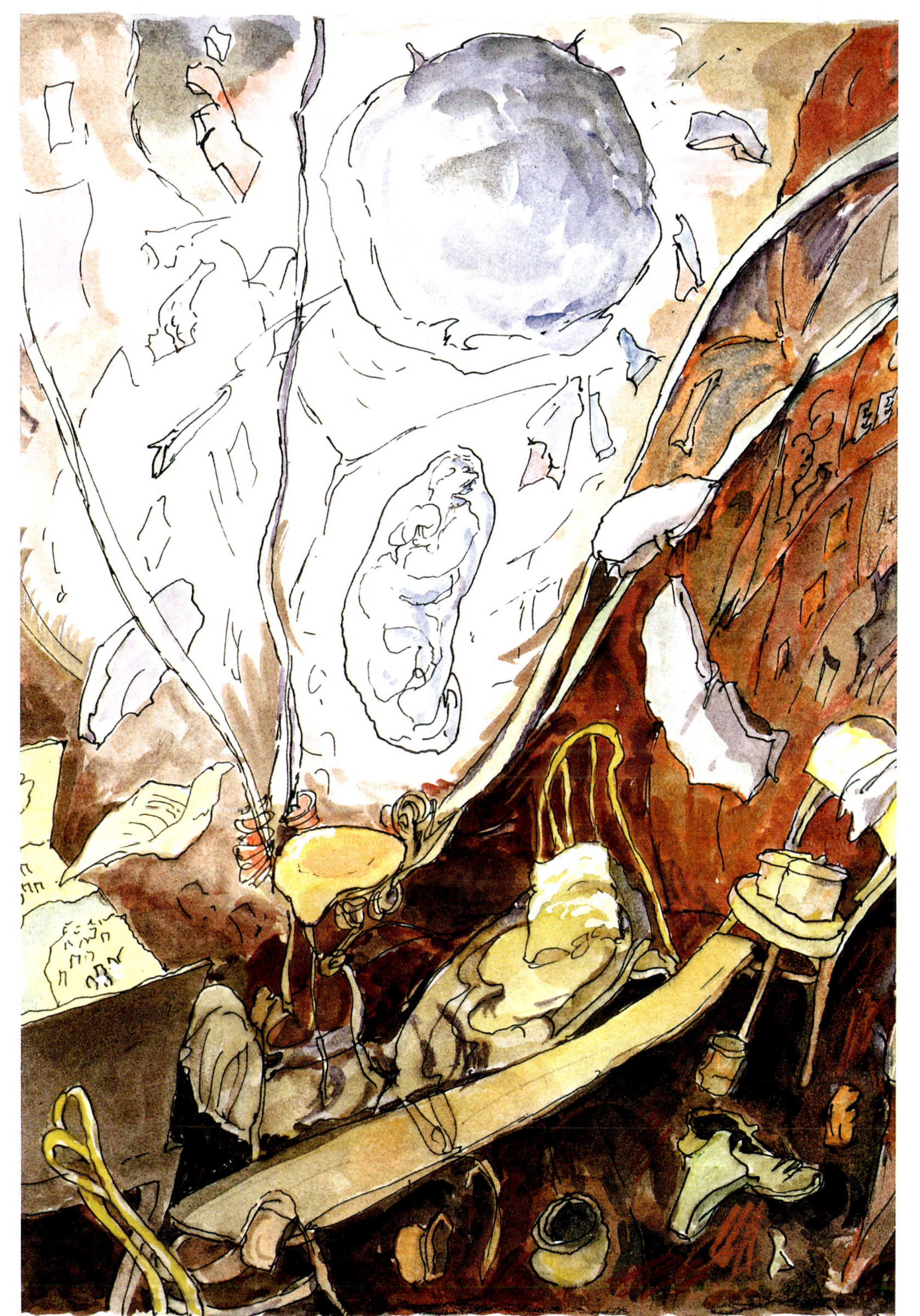

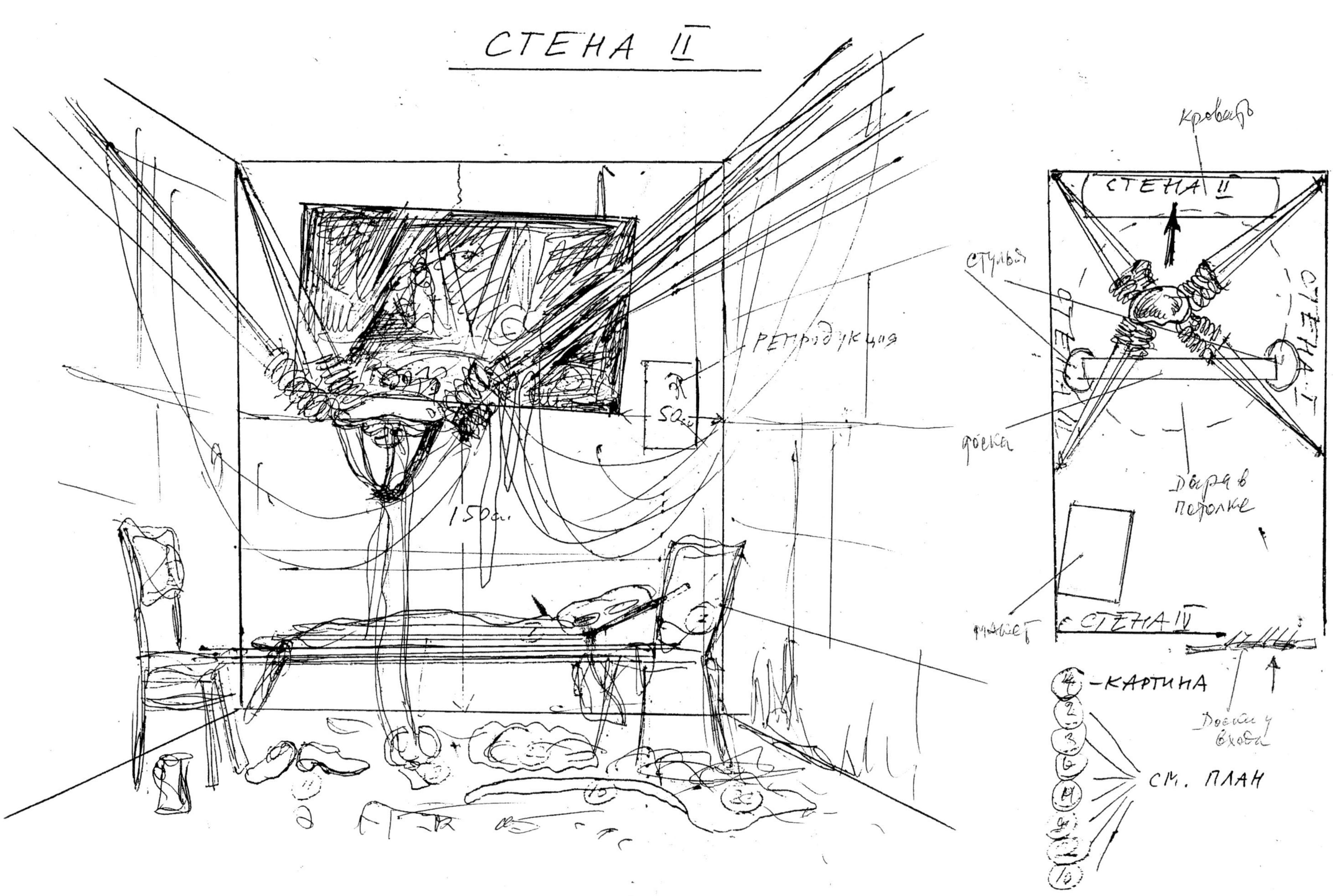
СТЕНА II
РЕПРОДУКЦИЯ
50см
150см
кровать
СТЕНА II
стулья
СТЕНА I
СТЕНА III
доска
дыра в потолке
мольберт
СТЕНА IV
— КАРТИНА
Доски у входа
СМ. ПЛАН

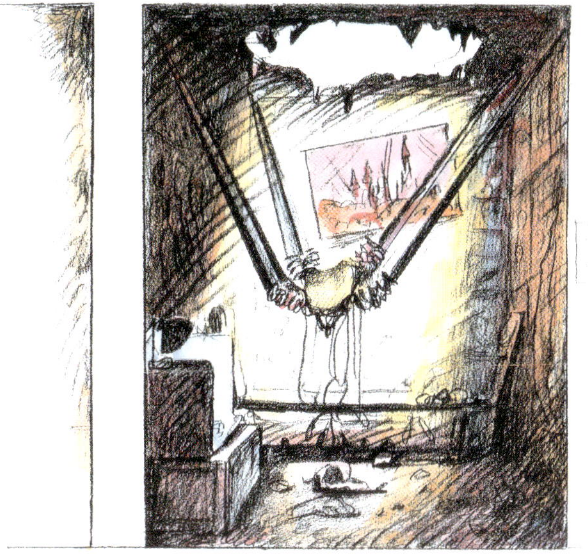
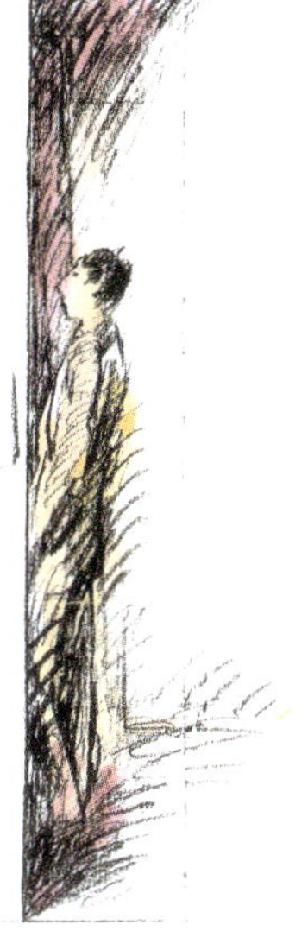
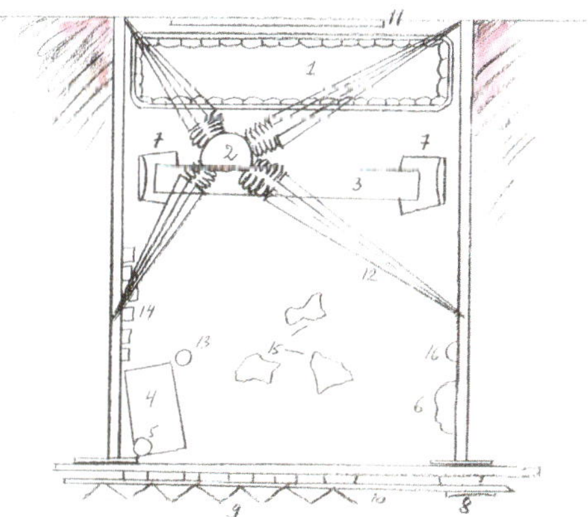

1 - кровать-раскладушка
2 - катапульта
3 - доска для "старта"
4 - макет города
5 - лампа
6 - план
7 - стулья
8 - объявление
9 - полка с коллажами
10 - доски
11 - картина
12 - резиновые жгуты
13 - чайник
14 - чертежи
15 - газеты
16 - капюшон

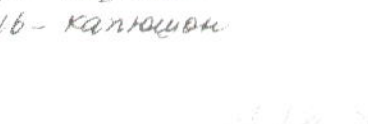

THE MAN,
WHO FLEW
INTO SPACE
FROM HIS
APARTMENT

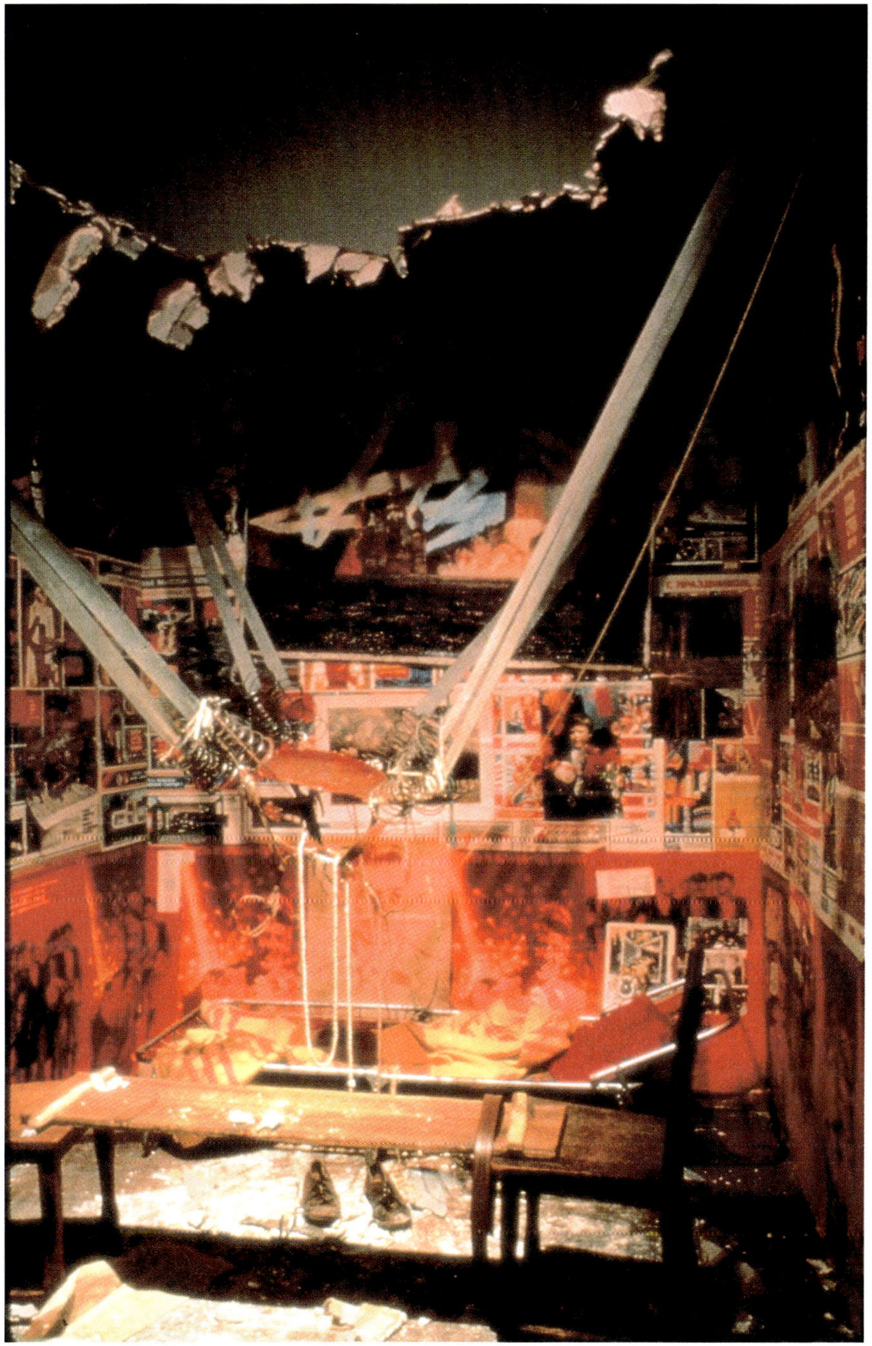

L'uomo di bassa statura

Descrizione dell'installazione

...Era di bassa statura. Per lui è sempre stato un tormento vedere gli altri più alti di lui e perfino molto più alti. "Se almeno camminassero accovacciati", pensava quando entrava nella cucina comune e guardava con stizza l'alto e robusto Nikolaj Matveevic, che occupava la stanza d'angolo. "Ma come costringerli? Comunque non lo farebbero dato che a chiederglielo sarei io". Uno strano episodio venne inaspettatamente in suo aiuto.

Nel nostro alloggio tutti sanno che quando tocca a Sokolov scopare la cucina capita di assistere più ad uno spettacolo che ad un semplice lavoro di pulizia. Non si lascia sfuggire né un pezzetto di carta, nè un piccolo straccio, né un fiammifero usato – tutto egli osserva, analizza, porta nella sua stanza e nasconde.

Fu così anche quella volta. Quando l'uomo di bassa statura entrò in cucina, un mucchio di ciarpame di vario genere – viti, rocchetti, fiammiferi – era già stato riposto dentro scatole e scatoloni di cartone e Sokolov in persona, carponi sul pavimento, stava leggendo qualcosa sul coperchio di un vaso di maionese, tirato fuori con la scopa da sotto la cucina a gas.

"Ecco quel che mi occorre!", balenò d'improvviso nella sua mente. "Quelli lì hanno bisogno di leggere, di guardare attentamente in basso, perfino sul pavimento! Ma cosa mai sperano di trovare? Nient'altro che rifiuti, roba che solo a Sokolov può interessare!". Egli si mise a pensare e a ricordare cosa potrebbe spingere le persone adulte e impegnate a passare il tempo rattrappiti sul pavimento. E gli venne in mente un episo-dio della lontana infanzia. Si vide in ginocchio davanti a un grande palazzo pieno di torrette e di altri ornamenti che lui e suo fratello avevano costruito con cartone, pezzi di legno e carta. Nel castello c'era un grande cortile e loro, novelli Gulliver, passavano attraverso le feritoie delle pareti e organizzavano nel cortile battaglie con minuscoli cavalieri. Dall'alto, chinandosi, si poteva vedere tutto ciò che avveniva nella torre centrale, nella sala del trono, nella stanza della regina...

Quel ricordo gli suggerì un'idea. E perché non fare, non lo stesso castello dell'infanzia, s'intende, – è difficile che una persona adulta trovi il tempo, chinandosi, di guardare dentro un castello di carta – ma qualcosa che assomigli a un labirinto della grandezza di una stanza, con le pareti ornate di disegni e di didascalie tali che per guardare i disegni e leggere le didascalie sia necessario chinarsi? Dall'alto questa costruzione potrebbe ricordare una città, in essa sarebbe possibile muoversi tra le pareti e attraversare le strade, solo che se qualcuno volesse guardare più da vicino per cogliere i particolari di ciò che avviene potrebbe farlo solo piegandosi.

Rimaneva da decidere con quale materiale costruire quella città-labirinto. Era un problema, per così dire, d'ingegneria e bisognava anche tener conto che il labirinto doveva essere installato poco prima dell'arrivo degli ospiti e che doveva poi essere facilmente smontabile. Altro problema: dove conservare il labirinto visto che nella stanza non c'era più posto? Come risultato delle riflessioni e delle prove, egli giunse alla conclusione che l'elemento principale

The Short Man

Description of the installation

. . . He was short and it really bothered him that others were a lot, and sometimes a great deal taller than he. "If they would only all walk in a squatting position," he thought, going to our communal kitchen with a feeling of vexation, and glancing at the tall Nikolai Matveevich from the corner of the room. "But how can I make them do this? For they won't do this just because I ask them to." An unexpected incident helped him in this dilemma. Everyone in our apartment knows that when it is Sokolov's turn to sweep the kitchen, that it's more like a performance than a simple cleaning. He doesn't miss one scrap of paper, not one rag, not one piece of match – everything will be examined very carefully, investigated, and carried away to his room and hidden. And so it was on this occasion. When the short man entered the kitchen, a number of diverse pieces of junk – screws, spools, matches – were all laying in special boxes and jars, and Sokolov himself, on his hands and knees, was reading something from the lid of a mayonnaise jar which he had swept out from under the stove. "This is just what I need!" was the thought which suddenly flashed through the mind of the short man. "They have to read something, look at something right near the floor! But what could be located so low? Garbage, after all, lying on the floor wouldn't work, since that could only interest Sokolov!"

He began to think and remember, what could possibly make adults, busy people, spend time bending over the floor. A recollection from distant childhood occurred to him. He saw himself on his knees in front of a big palace, decorated with towers and all possible kinds of ornaments, which he and his brother glued together out of cardboard, paper and pieces of wood. In the castle there was a big courtyard, and they stepped across the wall with embrasures like Gulliver's, and waged battles with tiny knights in that courtyard. Leaning over from above, it was possible to see all that was happening in the main tower, all that was going on in the throne-room and in the queen's room. . . .

This recollection prompted him to the following idea. What could happen if you built a similar castle, of course, not like the one from childhood, since it's unlikely that adults will find the time to lean over and look into it – but something like a labyrinth to fill the entire room, and if you covered the walls of the labyrinth with pictures and inscriptions. And you could look at these pictures and read these inscriptions only if you bent down to the ground. From above it would remind one of an entire city, and you could walk through it, walking over its walls and streets, but you could only actually look inside and examine the details up close from a squatting position.

Now he only had to figure out what to use to make this city, this labyrinth. The engineering task, so to speak, was that such a labyrinth must be able to be assembled shortly before the arrival of guests, and just as easily disassembled. Another problem was how and where to store the "labyrinth," since there wasn't any extra space in the room at all.

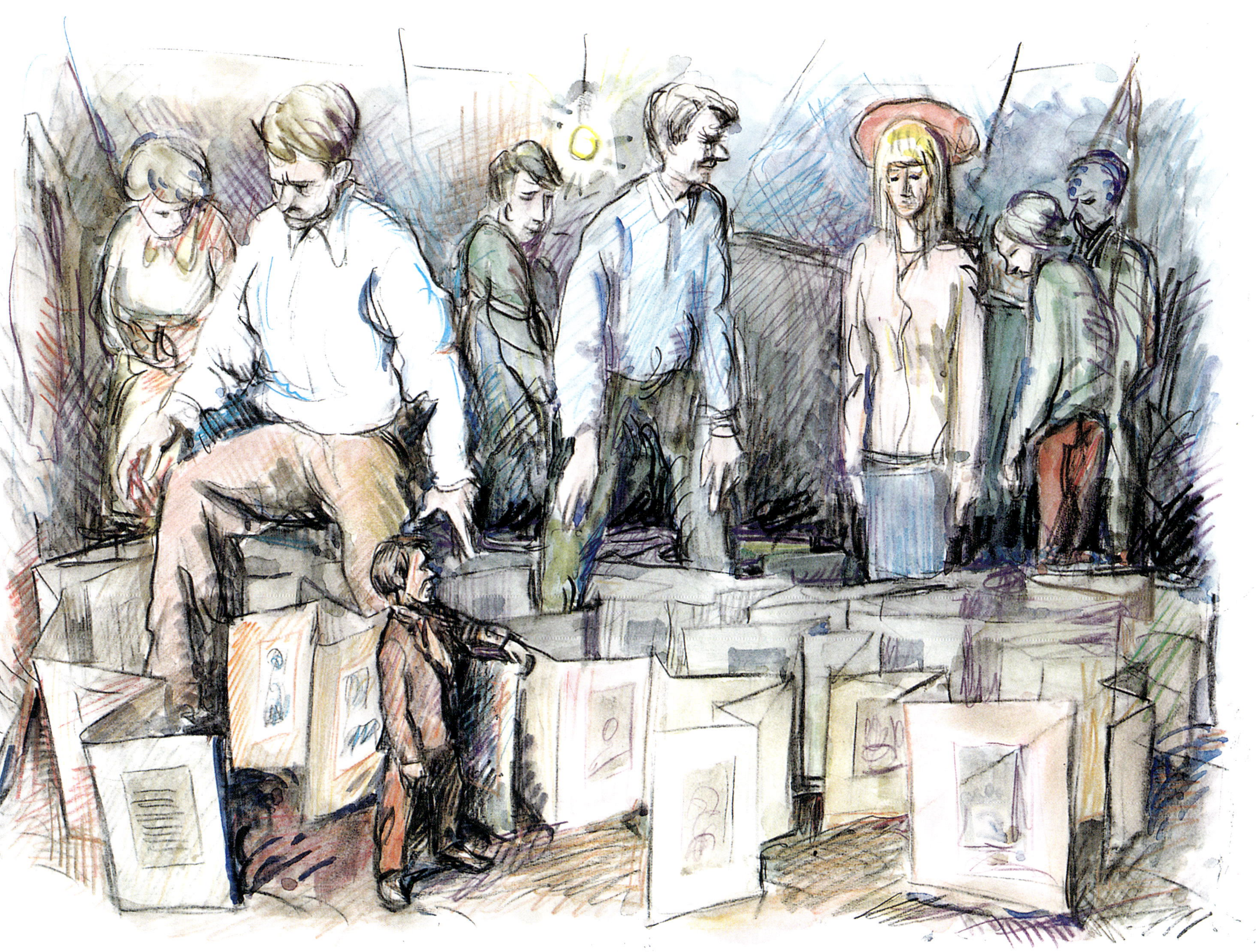

del labirinto doveva diventare un pieghevole, un normale libro pieghevole per bambini, di quelli che si vendono da noi, pubblicati dalle case editrici per bambini. Certo, il contenuto doveva essere diverso, più complesso.

Pagina dopo pagina ecco snodarsi un racconto e lo spettatore, chinandosi, può seguirne lo svolgimento percorrendo con la lettura l'intero pieghevole. Quest'ultimo si può chiudere facilmente e conservare come un comune libro; altrettanto facilmente lo si può dispiegare e sistemare nella stanza.

Quanto più egli pensava al suo progetto tanto più esso gli piaceva. Fare un pieghevole è facile e semplice: un po' di colla, della carta, qualche foglio di cartone e della comune similpelle per incollare i fogli lungo le pieghe, e il gioco è fatto. Anche il soggetto è facile da concepire – in gioventù aveva scritto piccoli racconti che non erano male, aveva provveduto anche a illustrarli personalmente, peccato che gli editori li avevano sistematicamente rifiutati quando lui portava i libri belli e pronti, almeno così

lui riteneva che fossero.

All'opera! Il lavoro l'aveva ormai completamente conquistato. Passò serate intere a incollare, tagliare, disegnare, scrivere, e un po' alla volta il suo progetto si materializzò. I pieghevoli diventavano sempre più numerosi, lunghi e corti, composti di 6-8 fogli e perfino di 10-14, dai contenuti più disparati. Quando li stendeva sul pavimento, sul principio essi occupavano solo una parte della stanza semivuota (il cui mobilio era composto da un letto che si poteva chiudere e da un tavolino), poi la metà, e infine la stanza tutta intera. Alti e bassi, grigi e colorati, coperti di disegni o solo di testi, essi ricordavano realmente una enorme città. L'autore di quell'opera inedita era felice come un bambino, quando passeggiava nella "sua" città tenendo in mano una lampada da tavolo per rischiararne ora una parte ora l'altra...

Ma quando il lavoro era ormai vicino alla conclusione e la stanza del tutto ingombra, tanto che non c'era più un solo centimetro libero, gli sembrò che mancasse un detta-

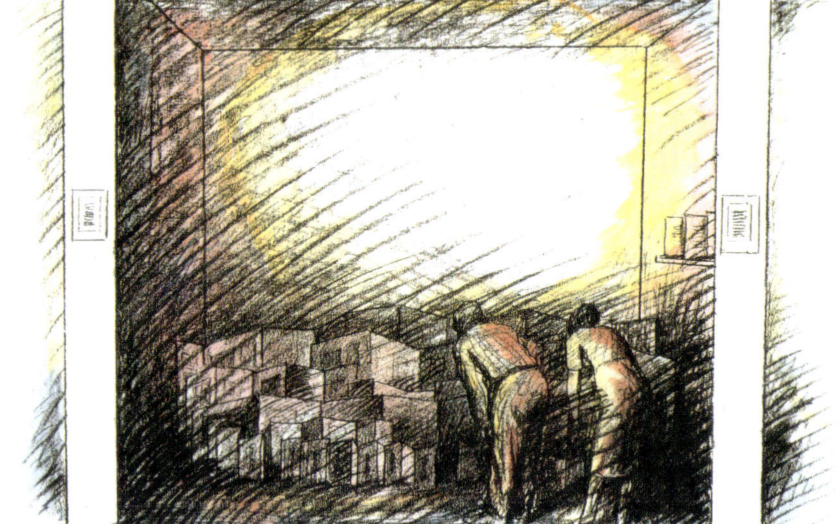

As a result of lengthy considerations and estimations, he came to the conclusion that the basic element of this "labyrinth" should be a "screen," a common children's screen which is produced by our publishing houses for kids. Of course, the content of the screen should be different. It's as though all of its leaves make up one story, so that the viewer, bending down, could follow it along the entire length of the screen. Furthermore, this kind of screen folds up quickly and can be stored in a pile like an ordinary book, and when it was needed you could unfold it quickly and set it up throughout the room.

The more he thought about his project, the more he liked it. It was easy and simple to make such a screen – all you needed was a little glue, paper, cardboard, ordinary book-binding paper to form hinges between the leafs – and the screen was ready. Nor was it difficult to think up a subject – when he was young he used to write pretty good short stories, and he even drew the illustrations for them himself. It's a pity that they didn't accept them for publication when he submitted what he thought was a finished book. Take it and publish it, but pay for it!

And so he set to work. He got carried away by his work. He spent entire evenings gluing, cutting, drawing, writing, and finally, his idea began to come to life. There were more and more screens, of the most diverse content; short screens, long screens, consisting of six to eight panels and ten to fourteen panels. . . . When he began to place them around his half-empty room which contained a small table and a cot where he slept, they at first took up only a part of the room, then half, and finally the entire room. They were tall and short, bright and dull, covered with pictures or texts, and they really did remind one of a big city, and he, the author, was as happy as a child roaming about inside it,

holding a table lamp to light up this or that part. . . . But just when he was almost finished with his work and the entire room was so full that there wasn't a single free space, then it would seem to him that some important detail was missing, some essential screen which would truly complete his plan. After thinking for a while, he decided that he had to make one more screen, one might say, a superscreen, which could surround and enclose the entire labyrinth with its length and height. But what subject should be depicted on it? If it is a story, then it should turn out to be unusually long, i.e. almost a novel – for after all, a screen encompassing all the others must be at least forty meters long! And what subject should he choose for this?

"Here I am searching for an answer and it's right under my nose!" – he hit himself on the head. "Everything that goes on in our communal kitchen, why, isn't that a subject, it's actually a ready-made novel! If you were to remember and write down all the phrases which have resounded during all of these years in the kitchen, you would get not just one, but many detective stories!" He began to recall these phrases, and they literally started ringing in his ears. Here were conversations about how to make squash caviar, the fights of neighbors, discussions about the latest film, arguments about who should take out the garbage, curses, and tears. . . . He decided to glue all of these phrases individually on pieces of paper cut from wall-paper and then glue them to cardboard. In the spaces between the separate pieces of paper he decided to arrange photographs of that very same kitchen and other communal "conveniences" of our apartment: the toilet, the bathroom, the "common room," i.e. the storage area. It took him almost three months to make this screen since he didn't type all these phrases but wrote them out "by hand," carefully forming, almost draw-

glio importante, un elemento essenziale che avrebbe dovuto completare splendidamente la sua opera.

Dopo aver riflettuto, egli decise che era necessario costruire un altro pieghevole, anzi, un "superpieghevole", che doveva abbracciare e racchiudere in sé l'intero labirinto. Ma cosa raffigurarvi? Forse un racconto, ma allora avrebbe dovuto essere un romanzo, visto che il superpieghevole sarebbe stato lungo non meno di quaranta passi. E quale soggetto scegliere?

"Cerco il berretto e ce l'ho in testa!", disse dandosi una manata sulla fronte. "Quello che succede nella nostra cucina comune è un romanzo già bell'e pronto! A ricordare e trascrivere parole ed espressioni che si sono udite in tutti questi anni, si potrebbe ricavare non una ma tantissime storie poliziesche straordinarie!".

E così cominciò a cercare di ricordare quelle frasi ed esse tornarono a risuonare, letteralmente a risuonare, nelle sue orecchie.

C'erano le dispute su come preparare il passato di zucchini e i giudizi sull'ultimo film e le liti per chi doveva portare via il secchio dell'acqua sporca, e le bestemmie, i pianti e i lamenti per la conquista della cucina... Egli decise di incollare queste frasi, singolarmente, su fogli di carta da parati e poi di riportare tutto sui fogli di cartone; negli spazi liberi tra le singole pagine avrebbe inserito le fotografie della cucina e degli altri "servizi comuni": il gabinetto, il bagno, le stanze di uso comune. La preparazione del superpieghevole durò più di tre mesi, perché le frasi non le scriveva con la macchina, ma a mano, con grande cura, quasi dipingendo ogni singola lettera. Quando fu finalmente pronto, egli circondò tutti i pieghevoli che componevano il labirinto con quello più grande e si mise a guardare tutto l'insieme; capì allora che il lavoro era ultimato e che poteva finalmente invitare i primi ospiti.

Sul principio decise di chiamare i suoi coinquilini (lui lavorava come contabile in una industria tessile). Tra questi, Nikolaj Ivanovic era, a suo giudizio, un uomo di alta statura e già pregustava il momento in cui quest'ultimo si sarebbe piegato fino a spezzarsi la schiena per poter guardare il pieghevole più basso. Gli ospiti furono invitati per la sera, dopo il lavoro; al mattino, prima di recarsi in fabbrica, egli dispose con cura il labirinto e, pienamente soddisfatto, andò a lavorare chiudendo la porta dietro di sé. Per tutto il giorno rimase in uno stato di incredibile eccitazione, prevedendo l'effetto che la sua opera avrebbe prodotto sugli ospiti e rallegrandosi al pensiero che il suo progetto stava finalmente per realizzarsi.

Di ritorno dal lavoro, un piccolo gruppo di inquilini si recò nella sua stanza, pregustando una cena appetitosa e abbondante; altrimenti perché mai quello sguardo così sibillino con cui era stato accompagnato l'invito? La chiave girò nella toppa, la porta si aprì e tutti furono invitati a entrare. Ma dall'aspetto, prima smarrito poi irritato, dei suoi ospiti egli capì subito che i suoi calcoli erano destinati a fallire. Gli ospiti cominciarono a muoversi alla spicciolata tra le pareti che avevano davanti senza prestarvi la minima attenzione e vedendovi non più che uno stupido e incomprensibile intralcio, forse dei rifiuti che l'ottuso padrone di casa aveva dimenticato di gettar via prima che loro arrivassero. Nessuno, con suo grande disappunto, si piegò e tutti, simili a dei Gulliver, muovendosi a fatica in mezzo a quegli ostacoli, si dispersero per la stanza. Non c'erano tavoli apparecchiati, non era prevista nessuna cena. Tutti si misero a guardare le pareti, chiedendosi il perché di quell'invito. Ma nemmeno sulle pareti c'erano cose interessanti da guardare: c'erano due-tre fotografie in tutto attaccate con dei chiodi, e alla sinistra della porta, anch'esse fissate con dei chiodi, erano appese due vecchie camicie e un vestito grigio. Il

ing each letter. And when this "Big Screen" was finally ready and he set up his labyrinth made of ten to sixteen screens and surrounded them on all sides by the big one, he looked over everything that he had done and decided that the work was finished and he could now invite viewers.

First he invited his co-workers. (He worked as an accountant at a textile depot.) Among them was Nikolai Ivanovich who he thought was especially tall, and he anticipated with pleasure how Nikolai Ivanovich would "hunch up" as he looked at the smallest screen. Of course they were invited in the evening, after work, and in the morning before he left he carefully set up his entire labyrinth, and one more time admired the finished work. He left completely satisfied, locking the door behind him.

Having singled out and invited a few of his co-workers in the morning, he was in a state of extreme excitement all day, anticipating the sudden effect, and he was looking forward to the realization of his plan.

After work, a small group set out for his place, secretly counting on a satisfying and tasty dinner, otherwise why would anyone invite guests with such a secretive and enigmatic look? The key rattled in the lock, the door opened, and everyone was invited to enter. But by the confused and irritated look of his guests, he understood instantly that what he had counted upon to happen did not. The guests simply began to step over the obstacles that had been placed in their way, not paying any attention to them at all, considering them to be ridiculous and incomprehensible hin-

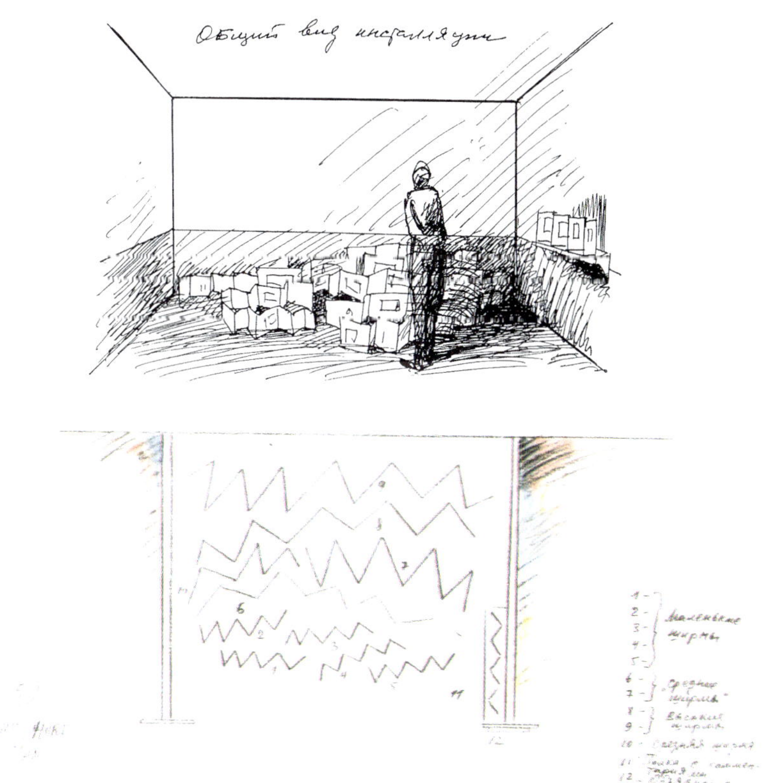

padrone di casa taceva con aria avvilita. Muoversi tra tutte quelle pareti di carta che ingombravano il passaggio diventava sempre più difficile e privo di senso e così gli ospiti, ormai al limite della sopportazione, cominciarono un po' alla volta a congedarsi, chi con la scusa dell'arrivo di due nipoti, chi dicendo che a quell'ora c'erano difficoltà con i mezzi di trasporto. Il padrone di casa, ormai in preda al più cupo avvilimento, non ebbe il coraggio di trattenerli. Un'anziana donna, anche lei contabile nella sua stessa fabbrica e che lavorava alla scrivania accanto alla sua, vedendolo così avvilito, gli disse di aver intuito che scriveva racconti e che le interessava anche leggerli ma, poiché aveva male alle gambe, non era in grado di piegarsi. E disse anche che nel suo alloggio c'era un inquilino che si occupava di letteratura e che forse avrebbe avuto interesse a leggere i suoi racconti. Gli chiese il permesso di raccontargli quello che aveva visto nella stanza.

Dopo alcuni giorni, l'uomo di bassa statura fu chiamato al telefono; qualcuno, con voce tranquilla e gentile, dopo essersi presentato, chiese di passare a vedere le sue "opere". La stanza era tornata da tempo vuota, i pieghevoli erano stati riposti in uno scatolone. Il padrone di casa spiegò tutto questo, chissà perché prevenuto verso lo sconosciuto visitatore. Le sue opere erano state messe via da tempo, così gli disse; ma se proprio desiderava vederle avrebbe potuto dargliene qualcuna in visione "a casa". Ciò che egli sentì all'altro capo del filo lo stupì profondamente. Gli veniva chiesto di disporre ogni cosa come era stato fatto prima dell'arrivo degli ospiti. "Esattamente come la volta precedente", disse la voce alta e stridula. Si misero d'accordo per incontrarsi e all'ora stabilita il nuovo ospite entrò nella stanza predisposta esattamente come in occasione della prima visita. Solo che questa volta andò diversamente e il risultato fu esattamente quello su cui egli

aveva contato fin dall'inizio. Tutti i calcoli risultarono esatti, l'ospite si inginocchiò e così inginocchiato, senza mai alzarsi, iniziò, leggendo e guardando, a spostarsi lungo i pieghevoli aperti, senza perdere un disegno, un testo, né il più piccolo particolare. Ogni cosa suscitava in lui un frenetico entusiasmo e una profonda meraviglia. Era entusiasta sia dell'idea che della esecuzione e a volte si piegò a tal punto che la testa nemmeno si vedeva da dietro i pieghevoli. Disse anche che l'intera opera doveva essere ospitata in un museo, solo che non sapeva dire quale. Promise che ci avrebbe pensato.

C'era solo un piccolo "ma" a guastare un successo così accuratamente preparato e finalmente conseguito. Un fatto che gli impediva di godere fino in fondo del suo trionfo, qualcosa che con non poca contrarietà egli aveva notato non appena l'ospite era sceso dall'autobus alla fermata dove avevano concordato di incontrarsi per poi andare a casa: anche l'ospite era di bassa statura, addirittura minuscola, esattamente come il padrone di casa.

drances, perhaps garbage which hadn't been cleaned up, which the muddle-headed host had forgotten to take out and who in general didn't know how to receive guests. To his disappointment, not one of the guests bent down, and all of them, like giants, dispersed into different corners of the room, having stepped over the obstacles which had very carefully been placed in their way. There was no table set for dinner, no meal was in sight, and they all started to look around the walls in search of something to do. But there was nothing special or interesting on the walls. Two or three photographs hung on nails, and to the left of the door, also on nails driven into the wall, hung two shirts and a gray suit. The guests were already bored, and the host remained silent and depressed. It was getting more and more difficult and awkward to step over the paper fences that had been scattered in all possible directions, and the guests gradually began to say good-bye, blaming it on the arrival of two nephews and the problem with transportation. The host, completely out of sorts, didn't try to detain them. The elderly woman, also an accountant, who sat at the desk next to him at work, having noticed his despondent look, said that she had an interesting time at his place and that she understood that apparently he wrote stories, and she would be interested in reading them, but because of her bad legs, she couldn't bend down very far. However, one of the neighbors in her apartment was interested in literature, and that perhaps it would be interesting for him to "read" all this. She asked his permission to tell her neighbor about it.

A few days later there was a telephone call, and a quiet, polite voice, having stated his name, asked to be allowed to come and look at "his works." The room had been cleaned up a long time ago, and the "exhibits" were already carefully arranged

in boxes. The "master" of the room told the caller all this, thinking about this unknown visitor with animosity. The "things" were put away a long time ago, but if someone wanted to look at them, then he could give them a few to take home. What he heard on the other end of the line surprised him in a strange way. He was asked not to "write" it, but to arrange everything exactly as it had been when the guests arrived: "Just exactly like it was the last time," said the thin and high voice. They arranged to meet, and at the appointed hour the new guest entered the room, which had been carefully prepared for his visit exactly like the time before. This time everything was different, and the result was precisely the one that the short man had anticipated from the very beginning. All of his calculations turned out to be correct, and the new guest, crying out in amazement, fell to his knees and in that position, not getting up again, began to read and examine, to move along the arranged screens, not missing a single drawing, not a single text, not one, not even the smallest detail. It evoked complete delight and amazement in him. He was thrilled with the very idea and with the execution, and at times he leaned over so low, that his head wasn't visible over the screens. He even said that this entire work should be placed in a museum, he just didn't know in which one, and he promised to think about it and do something.

And there was just one little "but" in this success, only one thing ruined the thoroughly anticipated result that had been achieved, one thing prevented the enjoyment of total satisfaction in the triumph. The guest was himself short, almost tiny, just like the host, who noticed this with vexation at the very moment when the guest stepped off the bus at the place where they had agreed to meet before the visit.

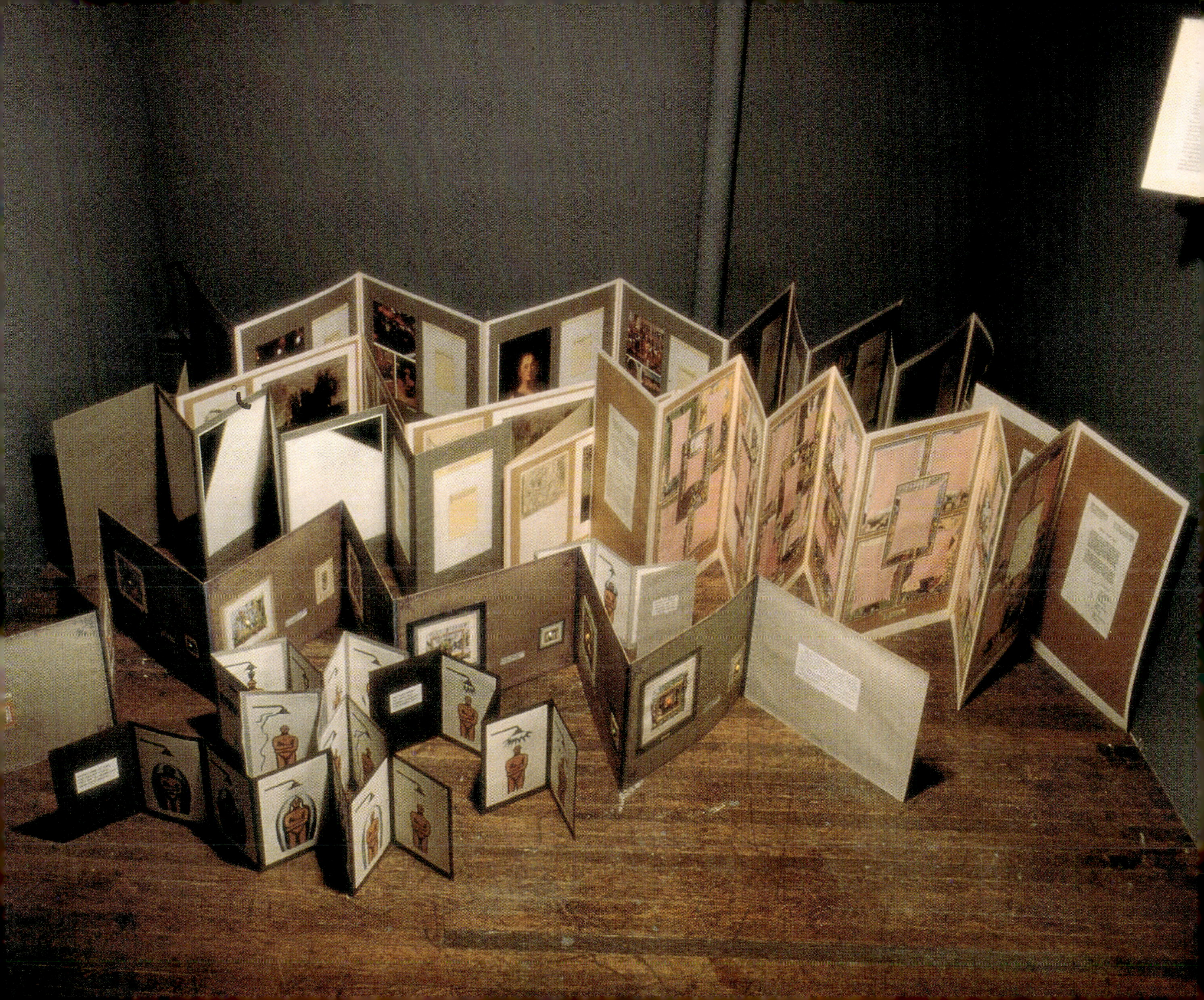

Il collezionista di opinioni altrui

The Man Who Collects the Opinion of Others

Descrizione dell'installazione

Lo si poteva vedere sempre impegnato in una occupazione piuttosto strana: gettava sul pavimento del corridoio del nostro ampio alloggio in coabitazione, accanto alla sua porta, ogni tipo di oggetti – poteva essere una vecchia scarpa, un sudicio barattolo di conserva con dentro della carne, un mazzo di vecchie chiavi o addirittura un cappotto o dei vecchi pantaloni. Oltre a fare ciò, era solito starsene dentro la sua stanza, nascosto dietro la porta socchiusa, con in mano una matita e un blocco per appunti, ad aspettare con trepidazione che qualcosa accadesse nel corridoio. Chi per un caso fortuito l'avesse visto, l'avrebbe paragonato a un pescatore con la canna in mano, in paziente attesa della preda.

...Ecco diffondersi nel corridoio un rumore di passi. Sono quelli di un vicino e di un'altra persona che lui non conosce, che si stanno dirigendo verso la cucina o il gabinetto. Hanno inciampato in qualche strano oggetto che gli è finito sotto i piedi e ognuno dei due esclama qualcosa di appropriato all'avvenimento. Egli, in piedi dietro la porta, trascrive all'istante sul taccuino quello che i due hanno detto al suo indirizzo, non importa cosa: una prolungata o ben articolata bestemmia, un'esclamazione di meraviglia oppure, come accade di solito in questi casi, una parolaccia...

Quando notava che le imprecazioni provenienti dal corridoio cessavano o cominciavano a ripetersi, egli eliminava l'oggetto vecchio, che evidentemente aveva ormai svolto il suo ruolo, e al suo posto ne metteva uno nuovo. A volte, è vero, accadeva che uno degli oggetti attirasse l'interesse della persona che passava e che questa lo raccogliesse. Accadeva anche che qualcuno, inavvertitamente o di proposito, con un calcio scagliasse lontano, in fondo al corridoio, l'oggetto che gli era capitato tra i piedi oppure che qualcuno lo scopasse via. Quest'ultimo caso era in verità il più raro. L'oggetto continuava a rimanere ancora a lungo al suo posto, scatenando un variegato fiume di imprecazioni con piena soddisfazione dell'inquilino che si nascondeva dietro la porta socchiusa.

Venni a sapere di questa sua segreta passione per puro caso. Una volta restammo seduti a lungo in cucina. Accadde che per un bel po' di tempo rimanessimo soli – di rado si verificano situazioni come queste: di solito la cucina è affollata dalla mattina alla sera, come il piazzale davanti ai Magazzini universali, per la contemporanea presenza di tutte le donne che abitano il nostro alloggio. Quella sera, chissà perché, la cucina era deserta. È vero, l'ora era piuttosto tarda – ci sedemmo che era mezzanotte e quando ci salutammo e rientrammo nelle nostre stanze dalle finestre già entrava la luce dell'alba.

Cominciò a raccontare dettagliatamente di quella sua occupazione, cui aveva dato inizio, come credetti di capire, non per motivi di vendetta o in generale per interesse bensì, se così si può dire, per motivi teorici. In quell'occasione venni a sapere, senza che me l'aspettassi, che era filologo di formazione e che fin dagli anni della scuola aveva provato interesse per le opinioni degli altri. In base alle sue osservazioni, le opinioni si propagano per onde concentriche. Cominciano in un determinato punto, poi

Description of the installation

You could almost always catch him engaged in a rather strange occupation: he would throw some object on the floor in the corridor near his door – it could be an old boot, a dirty can from corned beef, a bunch of useless keys, or even a coat or old trousers. He would stand in his room, on the other side of the slightly opened door, with a notebook and pencil in his hands and he would tensely wait to see what would happen in the corridor. If it were possible to see him from the side, then he usually reminded one of a fisherman, tensely waiting for his luck with his rod in hand.

But there someone's footsteps could be heard coming down the hallway. (It's a neighbor or someone he doesn't know going toward the kitchen or bathroom.) Having seen or bumped into the strange object under their feet, each person says something appropriate to the occasion. And he, standing behind the door, immediately writes down in his notebook everything which is said, no matter what it was: a profound and long utterance, an exclamation of surprise, or some filthy curses which are common here . . .

When it seemed to him that the "utterances" coming from the corridor either stopped or were being repeated, he removed the old object which had "played out" its role, and threw out a new one in its place. Sometimes, it's true, it would happen that the object would catch the passerby's interest, and he would pick it up. It occasionally happened that someone would kick the object to the far corner of the corridor, either accidentally or intentionally, or sweep it away with a broom. The latter, however, happened rather rarely, and the object would continue to lie in its place, invoking a diverse stream of utterances to the great delight of the inhabitant standing behind the half-opened door.

I found out about this secret pastime of his completely by accident. Once, he and I sat in the kitchen until very late. It somehow happened that our other neighbors didn't come near us for a fairly long time – sometimes there are small breaks in the kitchen, which from morning until night is always filled, like the area in front of a department store, with the female half of our apartment. But that night the kitchen was totally empty. True, it was already quite late – my neighbor and I sat up well past midnight, and when we finally went to our separate rooms, it was already getting light out.

He began to tell me in detail all about his pastime, and as it quickly became clear to me, he began to do this not for some vindictive or selfish intentions, but rather, if you could call it that, because of some theoretical considerations. Here I unexpectedly learned that he was a philologist by training. And way back in his student days he became interested in people's opinions. According to his view, people's opinions are arranged in circles. Beginning at any point, they then move centrifugally and as they move away from the center they meet "opinions" moving from other centers. These waves are superimposed, one on top of another and, according to him, the entire intellectual world is a gigantic net-

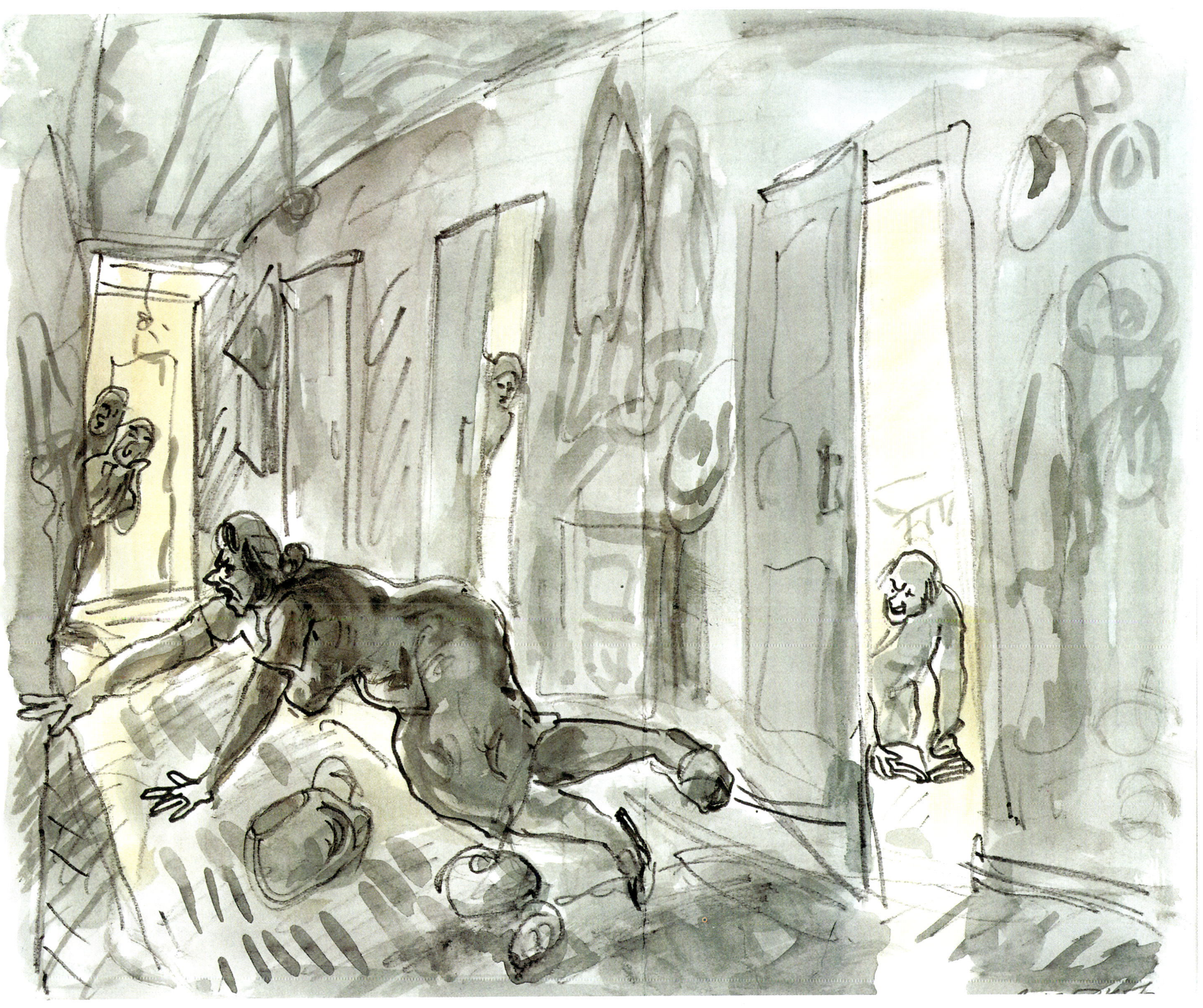

subentra un movimento centrifugo e nel loro allontanarsi dal centro le onde incontrano altre opinioni, provenienti da altri centri. Si determina così una sovrapposizione di queste onde, un'onda passa sopra l'altra; per questo motivo il mondo pensante si può raffigurare come una gigantesca rete, una griglia composta da tutte queste intersezioni dinamiche. Questo intersecarsi delle onde fu da lui paragonato alla superficie di un lago nel quale vengono gettati in modo disordinato e continuo dieci-venti sassi contemporaneamente. Le onde che si propagano partendo da ciascun sasso e le intersezioni che si determinano su tutta la superficie del lago costituiscono il migliore esempio cui si possa ricorrere per illustrare ciò di cui vogliamo parlare. Le vecchie opinioni, come le onde concentriche dei sassi, gradualmente sfumano, si annullano e il loro posto viene preso da nuove onde concentriche, da nuovi cerchi. È vero, un ruolo importante ha la forza dell'impulso iniziale di queste opinioni, vale a dire sono molto importanti le dimensioni del sasso. Se il sasso è molto grande, le onde provocate continueranno a propagarsi a lungo e influenzeranno il ritmo di quelle successive, ma anche l'onda originaria, per quanto forte sia la sua origine, è destinata a sfumare e poi a scomparire.

In questo espandersi delle opinioni dal loro centro, il mio vicino individuava tre momenti, tre stadi.

Il primo momento è da lui definito di clamore o di esplosione. Ciò si verifica quando l'uomo si scontra d'improvviso con un avvenimento, con un ostacolo, in generale con un fatto imprevedibile. In quel momento egli agisce d'impulso, senza pensare, esprimendo confusamente e in modo incontrollato quello che gli viene in testa al momento e, cosa più importante, egli reagisce con tutto il suo essere istintivamente e con convinzione (nell'esempio del lago questo momento coincide con l'attimo in cui il sasso colpisce l'acqua fino a quel momento calma).

Il secondo stadio si manifesta quando queste opinioni si esprimono verbalmente in forma del tutto meditata. È questo il momento culminante, il momento della loro fioritura e della loro maturità. Le opinioni acquistano una forma ben precisa e nello stesso tempo intercettano una quantità di interpretazioni, di valutazioni e di descrizioni dello stesso fenomeno. Tante sono le persone, tante le opinioni. L'interesse che calamita l'attenzione, i giudizi di varia natura anche infondati, le smentite, il desiderio di conoscere ogni cosa fino in fondo, di descrivere tutte le situazioni, di conoscere tutti i risvolti – "vita, morte e miracoli"– dei fatti: in poche parole, questo momento è, come dire, l'apogeo dell'esistenza delle opinioni. E in base all'imprevisto, alla forza, all'importanza dell'evento secondo "tutti e ciascuno", questo stadio può raggiungere un'ampiezza e un coinvolgimento davvero straordinari (nell'esempio del lago sono quelle onde regolari, alte e dinamiche che si propagano sulla superficie del lago dopo la caduta del sasso).

Ma fatalmente si avvicina il terzo e ultimo stadio del processo di diffusione dell'opinione: il suo incontro con le altre opinioni, il suo intersecarsi con esse, poi il suo sfumare, il suo graduale dissolversi e infine il suo completo svanire dalla superficie dell'essere.

"Un particolare interesse e una sincera simpatia", dice il mio vicino , "suscitano in me le opinioni del primo stadio. Qui ogni uomo si comporta in modo affatto naturale, non premeditato, esprime all'istante tutto ciò che gli viene in mente, senza discutere, senza conformare le proprie parole e affermazioni a quelle degli altri. Egli è solo, come dire, con l'evento che d'improvviso ha davanti a sé, egli non ha ancora diviso la sua conoscenza con un altro, non ha ancora preso in considerazione la realtà dell'e-

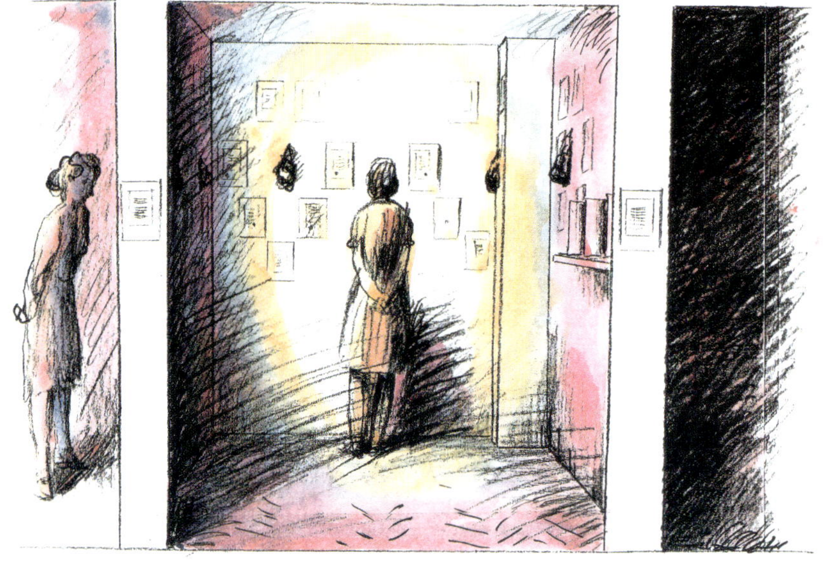

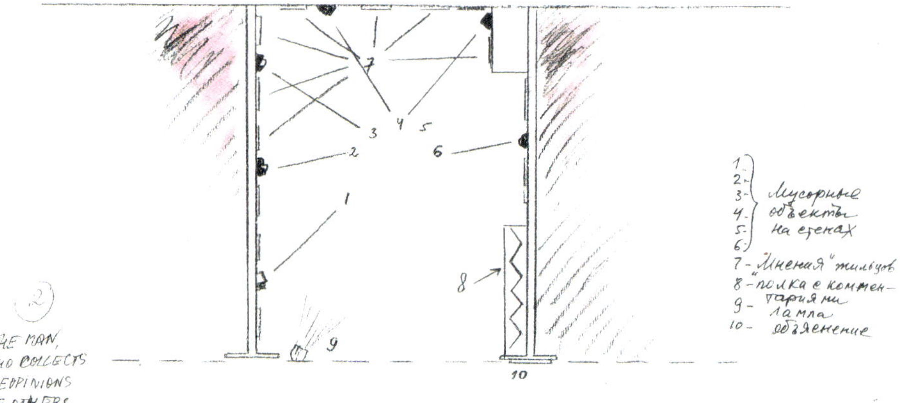

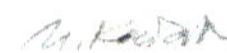

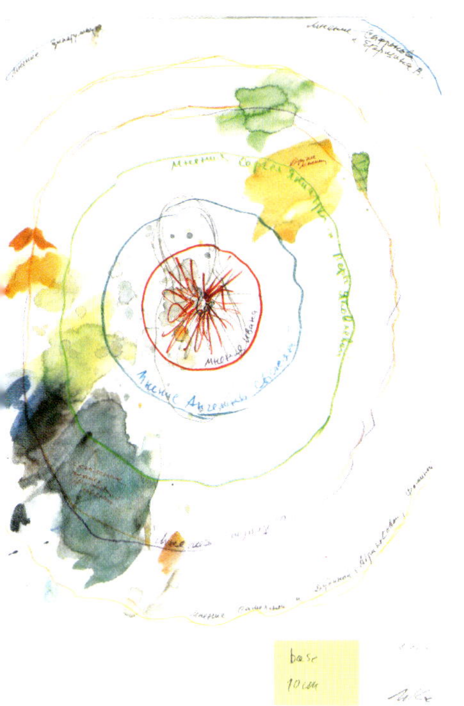

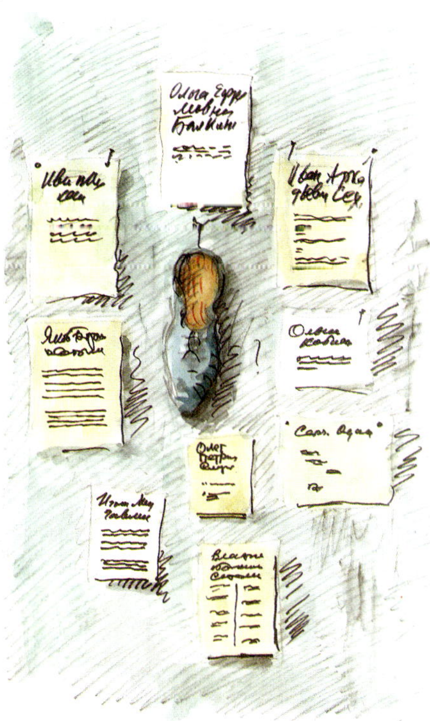

work, a lattice of similar dynamic intersections of these waves. He compared all of this with the surface of a lake, where ten to twenty stones are randomly and uninterruptedly thrown all at once. And the spreading out of the waves across the entire surface of the lake would be the best illustration of what he was talking about. Old opinions, like round waves from stones thrown long ago, would calm down, quiet down, and their places would be taken by new circles, new waves. True, the force of this initial impulse of each of these opinions is of great significance, so to speak, like the size of the rock. If it was very big, then the wave from it would move and exist for a long time, influencing the rhythm of the subsequent waves, but even this wave, no matter how strong it is, is doomed to die out and disappear.

My neighbor distinguished three factors, three stages of the wave in this movement of opinions from the center.

The first stage he called "splash and outburst." This occurs when a person suddenly, for the first time encounters some occurrence, in general some unexpectedness. At that moment he behaves almost impulsively, without forethought, saying confusedly and uncontrollably the first thing that pops into his head. And most importantly, he reacts during this stage with all of his being – quickly and decisively. (In the example of the lake, this is that very moment when the stone hits the water which had until then been calm.)

The second stage of "opinions" begins when they take on an entirely well-thought out, premeditated verbal expression. This is like the peak moment, the time of blossoming and maturity. The opinions here acquire a precise form and simultaneously a multitude of interpretations, evaluations and descriptions of one and the same phenomenon. "There are as many opinions as there are people" – this is said precisely about the second stage. The interest which rivets our attention, all possible false interpretations, refutations, the desire to know everything smoothly, to describe all the circumstances, to learn the real cause, the "whole truth" – in short, this period is, one might say, the apogee of the existence of the "opinion." And depending upon the unexpectedness, power, and the significance of the event for "each and for everyone," this stage may reach an uncommon height and excitement. (In the example of the lake, these are those even and clear circles, those fine and high waves which move along the surface of the water after the stone drops.)

But inevitably the third and last stage of the dissemination of the "opinion" approaches – it's encounter with other opinions, it's intersection with them, and ultimately, the total extinguishing, dissolution and disappearance of it from the surface of being.

My neighbor told me that he was "particularly interested in and liked "opinions" of the first stage. Here, each person behaves totally naturally, unpredictably, instantaneously says the first thing that enters his head, not discussing or weighing his words and utterances with those of others. He goes one on one, so to speak, with the phenomenon which suddenly appears before him. He hasn't yet shared his knowledge with another person, hasn't discussed it. And thus, collecting these spontaneous utterances, the attentive investigator can form from them a full "circle" of utterances about any object or phenomenon. This "circle" comprises a sort of halo around it's center, where the given object or phenomenon is located.

In talking about this, it was as though my neighbor had actually seen these magical, shining circles. After a short hesitation, and as though looking at me in doubt, near

vento. Ed ecco che, raccogliendo questi pareri istantanei, un attento ricercatore può ricavare da essi un'enorme massa di informazioni relative a un determinato oggetto o fenomeno. Questo "anello" rappresenta una specie di aureola che incorona il centro, dove si trova l'oggetto o il fenomeno."
Parlando di ciò, era come se il mio vicino vedesse con i propri occhi quei cerchi magici e luminosi. Dopo un breve attimo di perplessità e osservandomi dubbioso, giunti ormai alla fine della nostra conversazione, egli mi invitò ad andare nella sua stanza. La stanza era quasi vuota, nel mezzo c'era un tavolo con nulla sopra, e anche le pareti erano spoglie, non una fotografia o un quadro, come nelle altre piccole stanze del nostro alloggio comune. In tutta la stanza regnava, se così si può dire, un vuoto opprimente, il vuoto di un'attesa. Come se la stanza aspettasse che accadesse qualcosa.
Il mio vicino, concentrato al massimo e come del tutto dimentico di me, cominciò la sua rappresentazione. Da un sacco abbastanza grande, che si trovava in un angolo, egli cominciò a tirar fuori oggetti piuttosto strani, inservibili e sciatti – un vecchio scatolone di cartone, una volta contenitore di uova, una scopa ormai inutilizzabile, un sacchetto di plastica pieno di carte, un mazzo di chiavi, uno straccio nero – e cominciò ad appendere tutto sulle nude pareti a dei chiodi che erano stati piantati lì, così mi sembrò di capire, a bella posta e a una distanza notevole e regolare l'uno dall'altro. Uno di quegli oggetti, un vecchio paio di calzoni, venne invece appoggiato sul tavolo. Dopo di che egli prese ad estrarre dei fogli di carta, ricoperti di frasi brevi, disposti secondo un particolare ordine e accuratamente numerati, e con della carta adesiva cominciò ad attaccarli alle pareti in modo che formassero un cerchio attorno a ciascuno degli oggetti appesi ai chiodi.
La stanza si trasformò ben presto in uno strano negozio colorato, pieno di stravaganti ghirlande. Terminato il suo lavoro, il vicino si volse verso di me, come se volesse dirmi qualcosa, forse voleva commentare quello che stavo vedendo. In realtà non c'era bisogno delle sue parole: mi era tutto chiaro. Sulle pareti, sul tavolo, perfino sul pavimento c'erano le testimonianze visive della sua teoria. Intorno a ciascun oggetto erano disposte le opinioni che erano state espresse nei suoi confronti e bisogna dire che le ghirlande e la stanza così decorata non erano prive di un originale valore artistico. La teoria, questo fu il mio giudizio, era anch'essa straordinariamente affascinante dal punto di vista estetico.
Volgendo lo sguardo tutt'intorno, mi immersi sempre di più in quella strana atmosfera. Cominciai con calore ad invitare il mio vicino a far pubblicare la sua scoperta e ad esporre in qualche luogo la sua opera. "È possibile che si tratti di una importante scoperta scientifica", dicevo, "c'è infatti un legame tra la sfera intellettuale e la sfera visiva". Attratto da questa idea e passando da un oggetto all'altro, per un certo tempo persi di vista il padrone di casa. Poi notai che lui non mi aveva mai interrotto mentre parlavo e che alle mie parole non aveva dato alcuna risposta. Mi interruppi e mi voltai… Egli era in piedi accanto al tavolo, con il taccuino in mano, e trascriveva con cura e passione tutto quanto io dicevo…

the end of our conversation he invited me into his room. It was almost empty, in the middle stood a completely empty table, on which there was absolutely nothing, and there was nothing on the walls either, not even a simple photograph or picture like in the other little rooms of our communal apartment. A strained emptiness reigned in everything, if you could put it that way, an emptiness of some kind of anticipation. It was as though the room was waiting for something, as though something was supposed to happen in it. And then, as though he had completely focused his attention and had forgotten all about me, my neighbor began his action. From a fairly large sack that was lying in the corner, he began to take out rather strange, and in general, old and sloppy things – an empty egg carton, a used broom, a plastic package filled with papers, a bunch of keys, a black rag – and he began to hang all of this along his bare walls, as it turned out, on special nails, at even and fairly large intervals from one an other. He placed one of these objects, it seemed it was an old pair of trousers, on the table. After that he began to take out pieces of paper with short phrases carefully written on them, which were in specific order and carefully numbered, and with bits of glue he began to paste these pieces of paper to the wall in such a way that they formed a full circle around each object hanging on the nails. Soon it was as though the room turned into some strange flower store, filled with unique wreaths. Having finished his work, my neighbor turned to me. As though wanting to say something, maybe to make some comments about what I had just seen. But even without his comments everything was clear to me. On the walls, on the table, even on the floor hung and lay visual illustrations of his theory. In fact, opinions about each object were arranged around that item, and I must say, that each wreath individually and the entire room as a whole when it was "ready" looked quite pretty, not without it's own unique artistry. And the entire theory, as it began to seem to me, was also extremely attractive from an esthetic point of view, and I looked around the room, and becoming more and more engrossed in its strange atmosphere, I began heatedly persuading him to publish his discovery and maybe to show his exhibition somewhere, at least in the form of a lecture. Possibly, this was a very important scientific discovery and proved some sort of special connection between the intellectual and visual spheres. Enthusiastically developing this idea, moving from one exhibit to another, I temporarily lost sight of my neighbor. But then I suddenly noticed that he hadn't interrupted my long speech even for a minute, and hadn't responded to my words with a single sound. I shut up and looked around. . . . He was standing near the table and with notebook in hand, he was carefully and concentratedly writing down all that I had said in the heat of the moment.

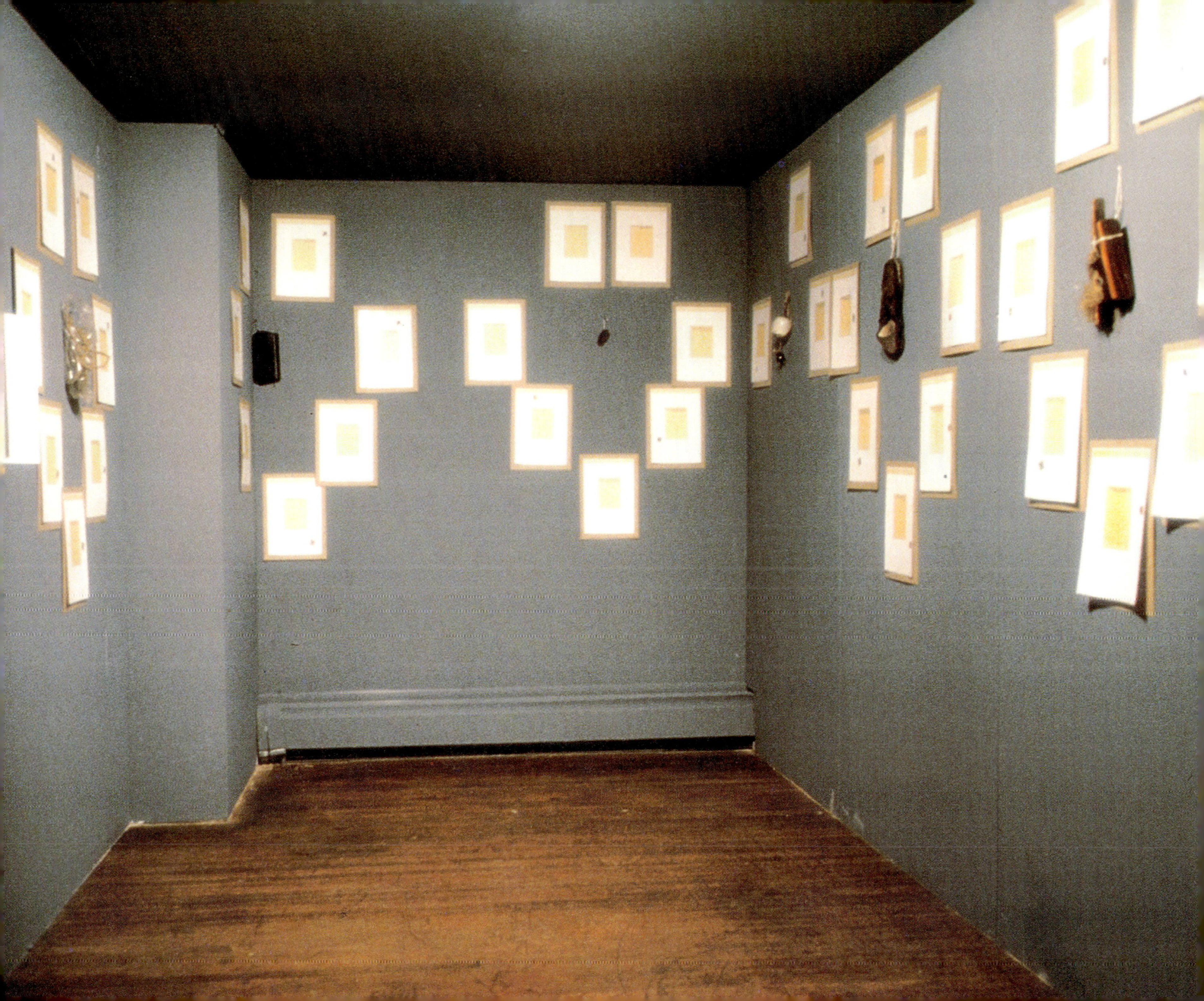

L'artista senza talento

The Untalented Artist

Descrizione dell'installazione

Questo artista lavora in casa e prepara i suoi quadri in forma di grandi pannelli – si tratta di raffigurazioni dipinte velocemente e alla buona con colori sgargianti – e li dipinge in occasione di qualche festività, avvenimento o anniversario oppure in occasione di qualche solenne ricorrenza. Molto spesso questi "quadri" vengono rimossi subito dopo l'avvenimento, ma accade anche che essi rimangano per un certo tempo nelle strade e nelle piazze, soggetti a subire i capricci del tempo: si bagnano sotto la pioggia, s'inumidiscono, si screpolano; dopo un certo tempo, e questo dipende dalle condizioni in cui si trovano, vengono ritoccati, restaurati oppure ridipinti.

Questo genere di pannelli che il nostro artista compone era diffuso nel nostro paese alla fine degli anni cinquanta, inizio anni sessanta – oggi questo tipo di propaganda agitatoria visiva ha cambiato forma e dimensioni.

Bisogna dire subito che questi "quadri-pannelli" sono eseguiti almeno da due persone, mai da una sola: due autori partecipano alla concezione e alla realizzazione dell'opera. Uno dei due è il "capo", la persona che commissiona il pannello, che ha avuto l'idea e che ha indicato il tema; può essere il secondo o il terzo segretario del Comitato esecutivo (*ispolkom*) incaricato della "propaganda". Alla vigilia di una festività, egli affida la "materializzazione" del progetto al nostro artista, che già in precedenza aveva eseguito tutte le opere di decorazione per conto del Comitato esecutivo, che aveva dipinto striscioni, manifesti, annunci – qualsiasi lavoro legato alla grafica e alla pittura.

Il secondo autore è questo artista, che si definisce "senza talento" e lo dice ad alta voce agli altri (anche se in realtà non pensa così di sé). Non è più giovane, ha superato i cinquant'anni e ha vissuto una complessa vita "artistica" prima di abbassarsi a fare l'"artista-decoratore" per il Comitato esecutivo – probabilmente dietro promessa, alla fine mantenuta, di un piccola stanza in un alloggio comune, quella dove ora abita, dove riceve gli ospiti ed esegue i suoi lavori.

In gioventù, a quanto racconta, aveva seguito dei corsi, ricevuto un'iniziale formazione artistica; poi la vita l'aveva preso a calci, lo aveva sbattuto di qua e di là e infine inghiottito, così che ormai non c'era più tempo ormai per diventare un vero artista, eppoi gli mancavano le forze...

Ma il talento giovanile è ancora vivo e lo si scopre guardando le opere che gli sono state commissionate, eseguite a volte con chiara maestria e perfino con ispirazione.

I pannelli di cui si parla sono fondamentalmente inutili, anche alle due persone ad essi direttamente legate: il capo-committente e l'artista-esecutore. Il destinatario di queste opere è assolutamente ANONIMO. Entrambi vogliono liberarsi al più presto dell'opera, come di una mosca noiosa e importuna che non si riesce a scacciare. Ed entrambi sono spinti da un sentimento, benché diverso nell'uno e nell'altro, che non è solo noia ma anche paura. Guardando l'opera finita, il capo valuta mentalmente se sarà rimproverato dal suo diretto superiore (per esempio il presidente del

---

The Untalented Artist

Description of the installation

This artist works, making these paintings of his in the "stand" genre – quickly and garishly painting images which are always in time for some holidays, events or decrees, corresponding to some solemn occasion. Most often these "paintings" are taken down right after the event, but it happens sometimes that they remain on the streets and in the squares for a long time, and belong to, shall we say, visual agitation and as such they are exposed to the vicissitudes of all types of weather: they get soaked when it rains, damp, crack, and after a while, depending on their condition, they are touched up, repaired, or replaced by new ones.

This type of "stand" which our artist makes belongs to the period of the end of the 1950's to the beginning of the 1960's in our country, and by now this type of visual agitation has taken on different form and sizes.

It must be said at the outset that these "painting-stands" were made not by one, but by at least two artists, two participated in the conception and actual realization of these "works." The first of these is the "boss" who ordered the "stand," who proclaimed its theme and idea. This might be the second or third secretary of the Party Executive Committee, the one responsible for "propaganda." Before the approaching holidays he commissioned our artist to do this work "with real materials." Before this the artist had already done all sorts of routine work for the committee: writing slogans, posters, announcements – any work involving lettering and images.

The second author is that very artist who calls himself "untalented" aloud to others (although in fact he himself doesn't think this is so). He is far from young, he is already over fifty, and he lived a rather complicated "artistic" life before settling as an artist-decorator at the Executive Committee, for which perhaps he was promised and eventually received a small room in a communal apartment where he lives, receives guests, and carries out his work all at the same time. According to his stories, he graduated from some kind of "courses" when he was young, and had an "elementary art education," but then life threw him around, pushed him and "swallowed him up," and there was no longer the time nor the energy to become a "real artist."

But the "talents of his youth" are still alive and come to the fore in this or that commissioned work which are at times executed with skill and even inspiration.

In essence, no one has a need for these "stand-paintings" which we are discussing, just like the two people who are directly connected with them don't have a need for them: neither the young boss-client nor the artist-producer. The addressee of these works is absolutely *anonymous*. Both want to be rid of these "works" as soon as possible, as one wants to be rid of an importunate and tiring fly which refuses to be chased away; and both in their own way are governed by a feeling not only of boredom, but also of fear, but if it were possible to say how, in a different way for each of them. Upon viewing each finished "work," the "boss" ponders whether he'll get hell from his direct superior (perhaps from the

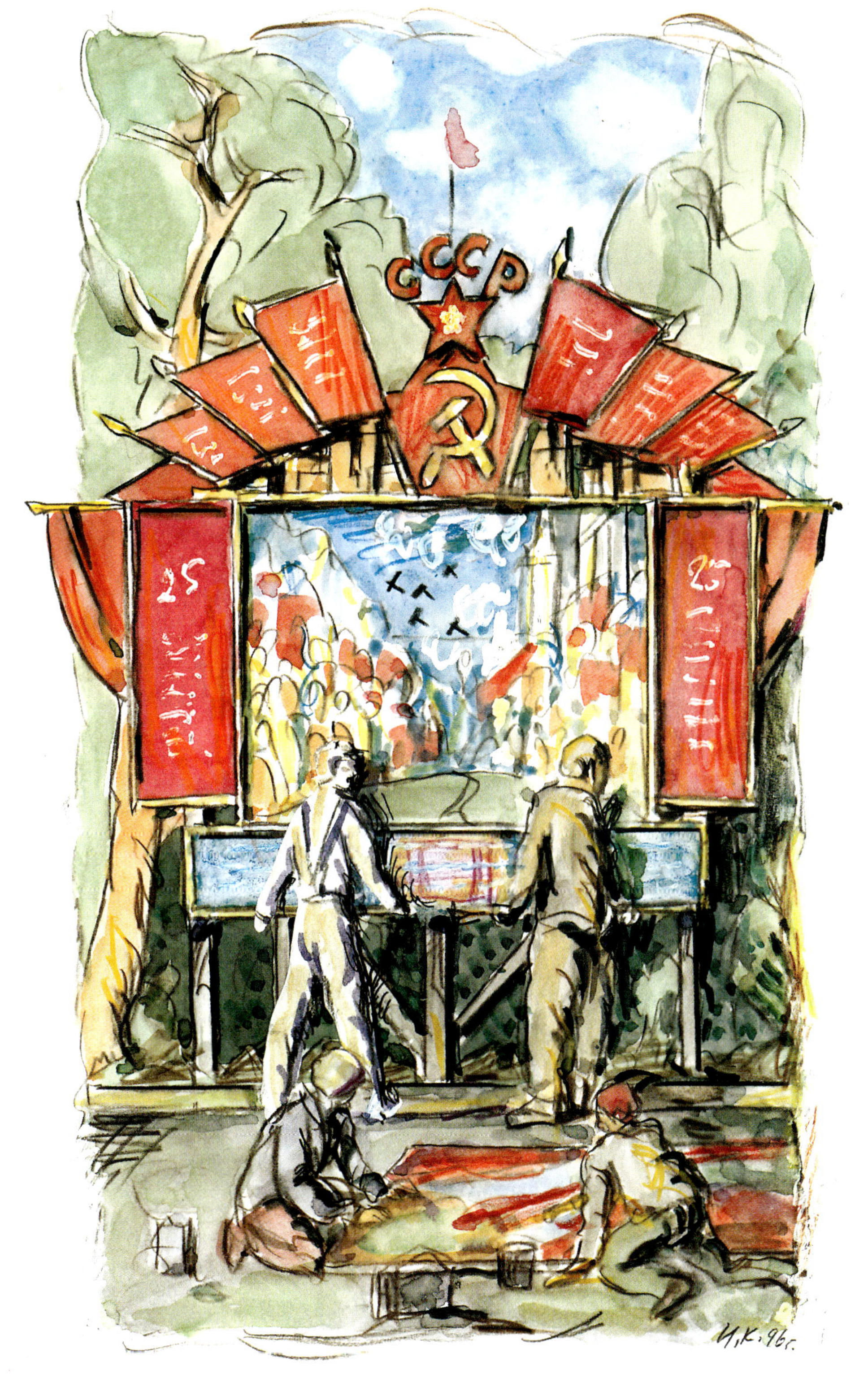

СССР
25
25

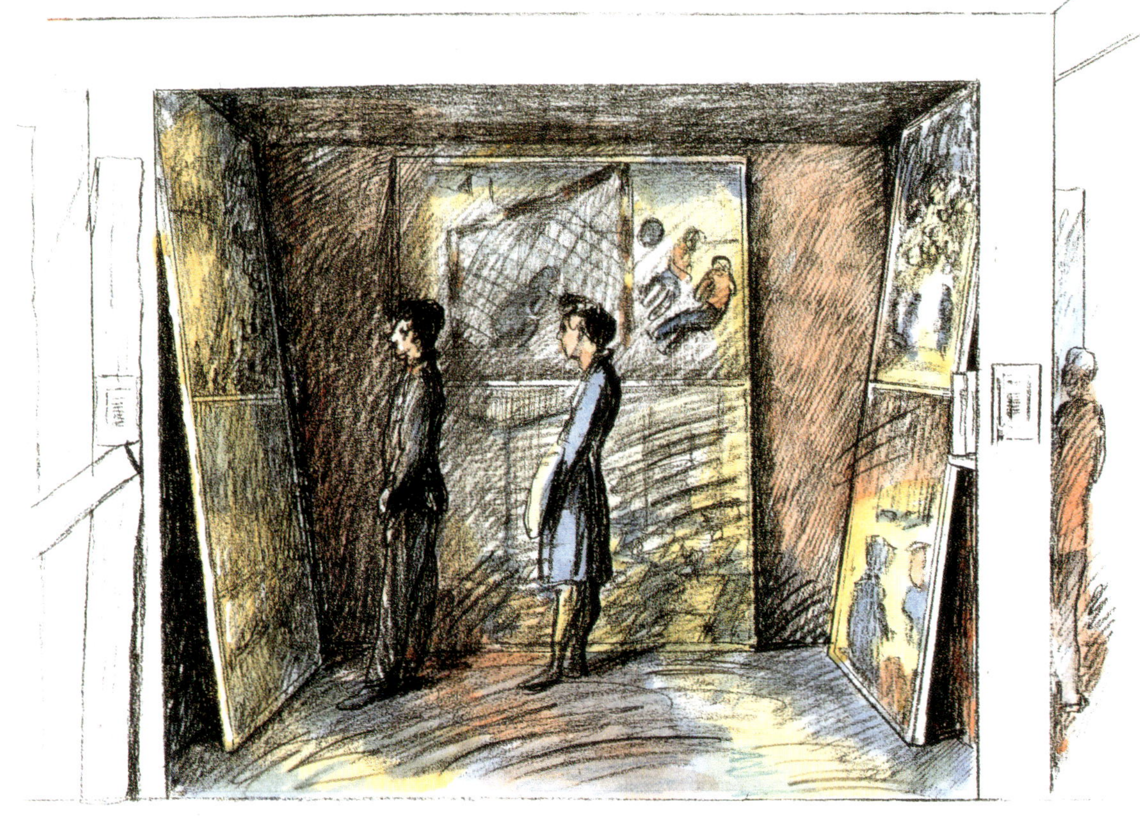

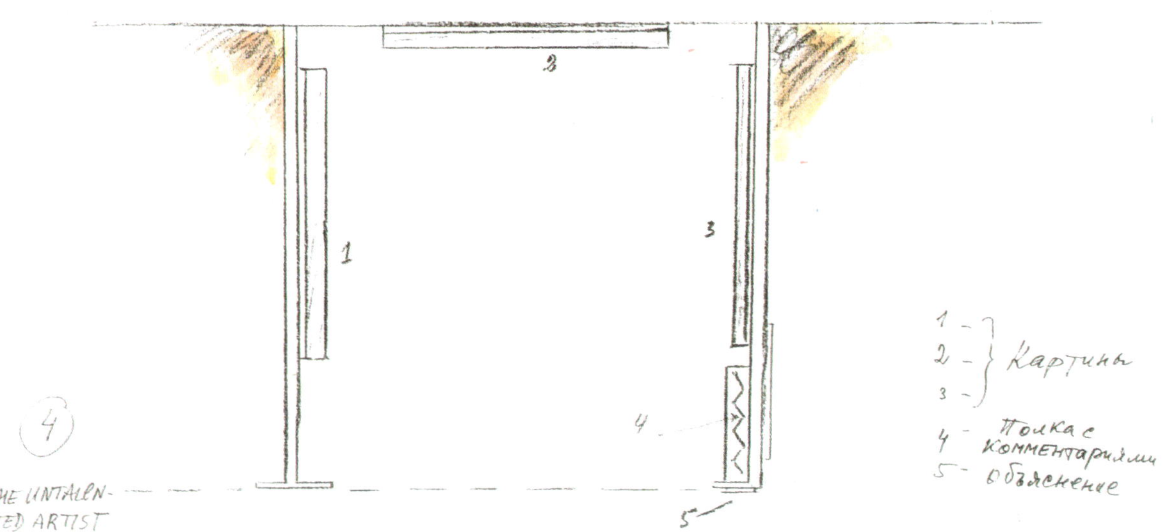

(4)

THE UNTALEN-
TED ARTIST

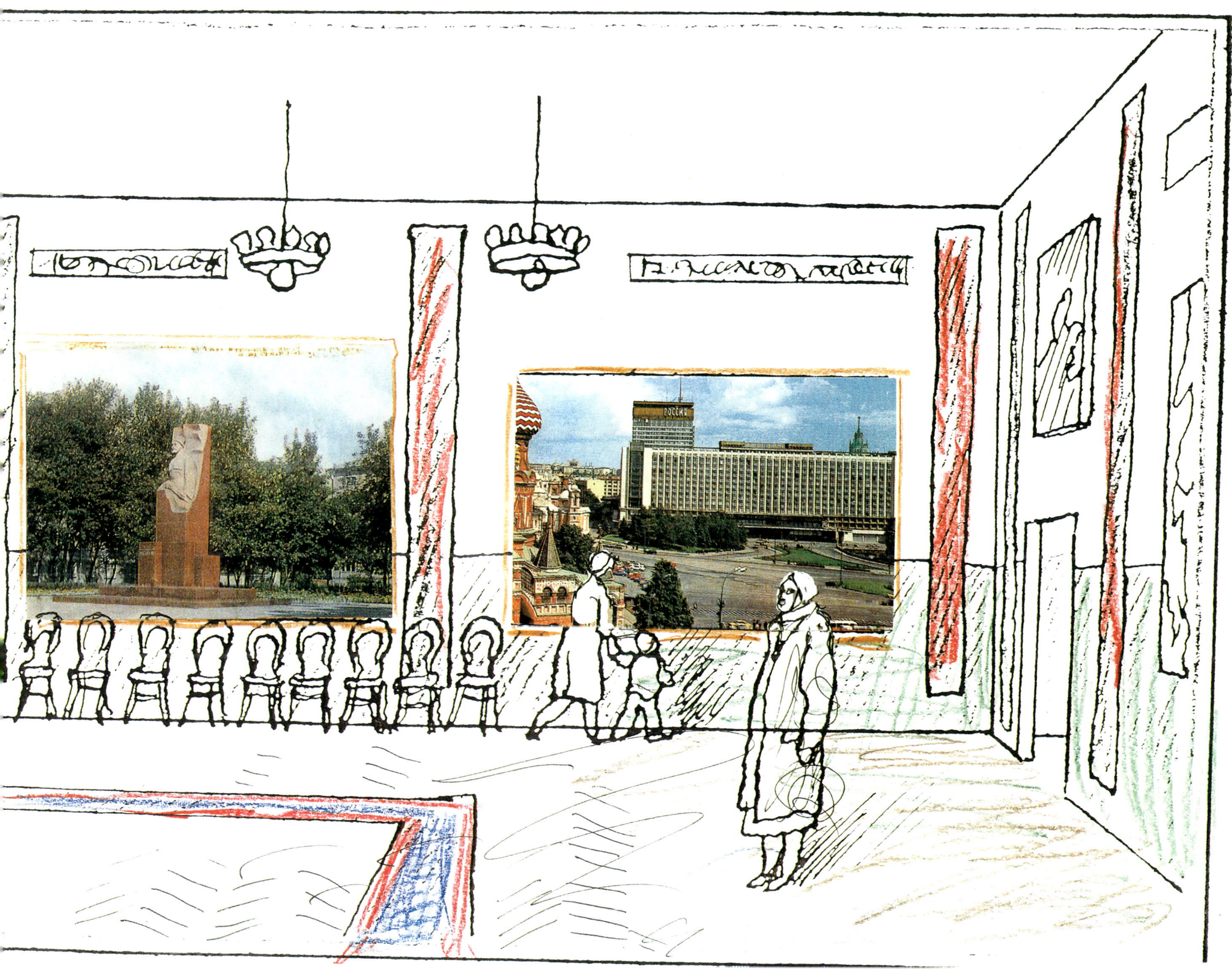

Comitato centrale) quando questi vedrà il pannello montato sulla piazza oppure vicino alla sede del Comitato durante la festa; cercando di indovinare la sua reazione, egli decide se dare l'assenso all'esposizione dell'opera, secondo lui evidentemente mal riuscita, o se imporre all'artista di aggiungere ancora qualcosa oppure rinunciare a chiederlo perché "va bene così". D'altra parte l'artista stesso, temendo non tanto la persona del suo superiore quanto che questi non "riconfermi" l'ordinazione, assicura di aver dato il massimo e che il risultato deve considerarsi semplicemente straordinario. Tra di loro comincia una lunga e tormentosa battaglia nel corso della quale il committente, pensando al futuro castigo, esige, minaccia e fa vedere al maestro che nonostante questi abbia apportato qualche miglioramento, l'esito dell'opera resta assolutamente incerto mentre il maestro, a sua volta, assicura che è stato fatto tutto il possibile, che meglio di così era impossibile fare e che "basta mettere il quadro all'ombra, sotto un albero, e tutto andrà per il meglio, eppoi si tratta di tenerlo esposto solo due giorni!...".

Ma è doveroso rendere giustizia all'artista: conscio dell'importanza dell'ordinazione, egli dà libero sfogo all'ambizione e alla sua intuizione, alla sua memoria visiva e alla sua originaria formazione artistica. Rinunciando a penose ripetizioni – anche se da lui si pretende una produzione ideologica assolutamente standardizzata –, egli elabora alcuni elementi e certe figure così come lui le concepisce. E proprio per questo nascono spesso dei problemi: molti frammenti dei pannelli sono eseguiti con quella negligenza con cui, secondo lui, lavoravano i "grandi maestri"; altri sono semplicemente omessi, ne ignora l'esistenza; alcuni tuttavia gli riescono benissimo (come per esempio "la partita allo stadio" e altri). In conclusione: una strana combinazione di lavoro fatto alla buona, di semplice incapacità ma anche di accecanti vampate, di misteri e di lampi di genio.

Capita sovente che un bambino trascurato da tutti, dai genitori, dagli zii, dalle zie alla fine risulta godere di ottima salute, di essere pieno di entusiasmo e di gioia di vivere... In quest'opera, realizzata in modo così strano, la gioia e il sole vivono malgrado la negligenza – anzi, forse proprio grazie alla negligenza – dei due genitori, che non hanno voluto trasmetterle tutto il loro talento, il loro senso di responsabilità, il loro cuore e la loro anima.

chairman of the committee) when his superior sees this stand in the appropriate place in the square or near the committee during the holiday; and trying to guess at the result, he tries to decide for himself whether or not to give his approval to the finished, but obviously hackwork, to make the artist add something, or not to give a damn, having decided that "it'll do as it is." On the other hand, the artist himself, afraid not so much of his boss as afraid that he won't "close" the order, assures him that he has done his best and that the result is simply magnificent. A long, agonizing struggle begins between them, in which the boss, himself thinking about future retribution, will plead, threaten and invoke the artist's skill so that he would somehow improve it, add to it, touch up this highly questionable work, and the artist in his turn, assures him that he has done everything possible, that he can't make it any better than it is, and that they should "put it in the shade, under a tree, and then it'll do just fine, after all, it's only for two days . . ."

However, we must be fair to the artist, who, feeling the scale and significance of the commission, he ambitiously gives free reign to his intuition, visual memory, and to his "elementary art education." Repudiating pathetic repetitions – even though one might expect from him entirely standard ideological production which had been turned out many times before – he makes certain elements "from himself," just like he imagined them. And this often lets him down – many fragments of the stand he executes carelessly, thinking that that's how the "great masters" work, and others he leaves out, not suspecting that they even existed. But some of them turn out quite well (like the "game at the stadium" and a few others).

What results is a dreadful mixture of obvious hackwork, simple lack of skill, and bright flashes here and there of artistic premonitions and "illuminations." But as is often the case, a child who is wanted by no one, not his parents, not uncles, not aunts, turns out to be entirely healthy, capable and joyful. . . . The rejoicing and the sun somehow break through and exist in the work which is produced in this way, despite, and maybe thanks to the fact that both parents didn't devote to it "all their talent," "responsibility," and "their entire hearts and souls."

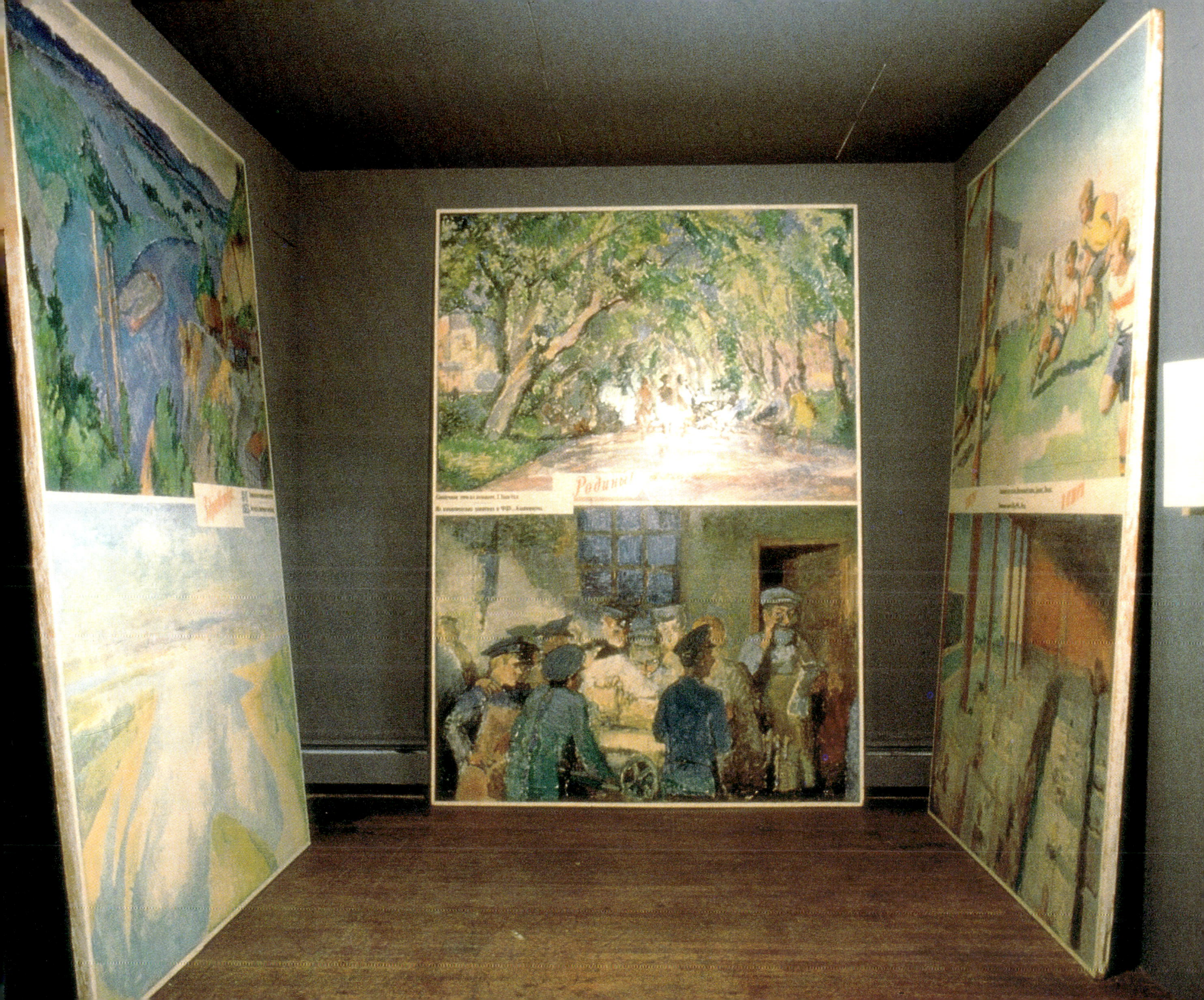

L'uomo che porta in salvo Nikolaj Viktorovič

Descrizione dell'installazione

"Suvvia, aiutiamo Nikolaj Viktorovič!
Il nocciolo della questione sta tutto qui.
Laggiù sul mare, lontano dalla riva, sta annegando Nikolaj Viktorovič. Sulla superficie del mare s'intravedono di lui appena la testa e le spalle. Se non gli si dà una mano, egli presto annegherà. Ma per molti chilometri dal luogo dove si trova Nikolaj Viktorovič non c'è ombra di nave. Solo noi, io e voi, possiamo aiutarlo. E questo dipende dalla nostra prontezza d'ingegno e dalla nostra tempestività. Guardate attentamente cosa c'è davanti a voi, accanto alla porta della mia camera. Quello che vedete è un quadro di comando con il quale potete salvare Nikolaj Viktorovič, se farete presto e leggerete – questo é importante, se leggerete con molta attenzione – le istruzioni che si trovano sul quadro e se seguirete scrupolosamente le indicazioni.

Dinanzi a voi vedete una quantità di funi e di cordicelle dalle quali pendono oggetti di legno e di metallo con delle didascalie… Tutto quello che vedete è in un modo o nell'altro collegato al quadro che vi sta davanti.

Adesso procediamo insieme passo dopo passo per cercare di capire qualcosa di questo marchingegno, per sapere come funziona e per poter salvare al più presto Nikolaj Viktorovič.

Per prima cosa dobbiamo trovare Nikolaj Viktorovič, come dire, fissarlo nella nostra attenzione. Egli si trova lontano da noi, poco discosto dalla parete della stanza, disegnato su un pezzetto di carta ovale, fissato ad una corda da bucato, tesa al massimo e posta esattamente all'altezza dei nostri occhi. E anche se Nikolaj Viktorovič è disegnato in piccolo e in modo così indistinto che quasi non si riesce a vederlo, è comunque così che bisogna fare, altrimenti tutti i nostri tentativi di salvarlo risulteranno vani. Dobbiamo avere ben chiaro in mente il luogo della catastrofe, perché proprio a questo luogo saranno legate tutte le nostre successive azioni.

Ora rivolgiamo la nostra attenzione ad un'altra corda, uguale alla prima, anch'essa tesa al massimo, solo molto più vicina a noi, quasi sotto il quadro di comando. Da questa corda pendono degli oggetti di vario genere, posti ad eguale distanza l'uno dall'altro e fissati alla corda mediante piccoli anelli metallici. Sotto ciascuno di essi, a loro volta appesi, ci sono dei foglietti con qualcosa scritto sopra.

Al di sotto della corda principale alla quale sono appesi gli oggetti, vi sono due corde più sottili. Esse servono per spostare gli oggetti stessi da sinistra a destra e da destra a sinistra, da una parete all'altra della stanza: essi si muovono all'altezza dei nostri occhi, dinanzi a noi, ora verso sinistra, ora verso destra.

Il terzo elemento del meccanismo è il quadro di comando dinanzi al quale voi ora vi trovate. Le sottili corde che regolano il movimento degli oggetti sono fissate al quadro di comando. Conformemente alle istruzioni che regolano il movimento di questi oggetti e che si trovano sul quadro di comando, una volta prese in mano queste cordicelle, voi stessi potrete far muovere gli oggetti ora verso destra ora verso sinistra.

Passiamo ora a descrivere gli oggetti che

The Man Who Saves Nikolaj Viktorovič

Description of the installation

"Let's help Nikolaj Viktorovich!"
The crux of the matter is this:
Nikolaj Viktorovich is drowning, far out at sea, in all probability, hundreds of kilometers away from the shore. His head and shoulders are barely visible above the water. If he doesn't get help, he will soon sink to the bottom. But for hundreds of kilometers around there is not one ship, not a single sail in sight. Help can only come from us, from you and me. And everything depends on our quick-wittedness and speed. Look carefully at what is standing before you in my room near the entrance. In front of you is a control panel, and if you stand behind it you can save Nikolaj Viktorovich if you will be cautious and, most importantly, if you carefully read the instructions lying on the panel and follow them exactly.

You see in front of you many ropes and strings, and hanging on them, wooden and metal objects with notes attached. . . . All of this is connected somehow to the panel in front of you.

Let's figure out this apparatus together, step by step, so we understand how it works, and so that we can save Nikolai Viktorovich quickly.

First we must find Nikolai Viktorovich, so to speak, fix him in our sights. He is far away from us, near the very wall of the room, drawn on a small, oval scrap of paper which is attached to a tightly stretched clothes-line and hanging at eye-level. And even though Nikolai Viktorovich is drawn so fine and illegibly that it is almost impossible to see him, it is still necessary to locate him, or otherwise all of our efforts will be useless. We must remember this place of catastrophe well, for all of our further actions will be connected with it.

Now let's turn our attention to another rope. Also like the first one, it is stretched between the walls, only this one is much closer to us, almost near the very "control panel" at which we are standing. Various items on metal rings are hanging from this rope at even distances from one another, and there is a caption under each item.

Under this main rope with the items there are two thinner ropes. These are for moving the items from left to right and from right to left, from one wall of the room to the other. In this way, the items move back and forth, to the left and right, in front of us at eye-level.

The third element of this whole mechanism is the control panel which is before you. Thin strings which are attached to this panel control the movements of the items. According to the rules for controlling these items, which are to be found in the manual on the panel, you can move these ropes to the right and left by taking these ropes in your hands.

Now a few words about the items which are hanging from the main rope. They are called "gifts." Here we have a copper ball, a metal key, a box, a small bottle of medicine. They are all small. Among these gifts is a small wooden boat.

Now, after all of this explanation, you understand how you can save Nikolai Viktorovich; you literally have the power in your hands. Standing at the panel and

pendono dalla corda principale. La loro
comune denominazione è "regalo". Si tratta
di una sfera di rame, di una piccola chiave
metallica, di una scatoletta, di un barattoli-
no con un medicamento. Sotto tutti di piccole dimensioni. Tra i "regali" c'è anche
una barchetta di legno.

Dopo questa spiegazione avrete certamente
capito come sarà possibile salvare Nikolaj
Viktorovič e come tutto sia nelle vostre
mani. Voi siete in piedi accanto al quadro
di comando e, dopo aver preso con
entrambe le mani le cordicelle che coman-
dano il movimento degli oggetti, vedete in
fondo alla stanza un foglio di carta sul quale è raffigurato il mare e, guardando attentamente, scorgete la piccola figura di Nikolaj Viktorovič che sta per annegare. Quindi,
senza farvi sfuggire il punto d'orientamento
che avete trovato, senza staccare gli occhi
da esso, cominciate a muovere i regali (e la
barchetta insieme a questi) usando le cordicelle per spostarli da sinistra a destra o
viceversa fino a quando la barchetta non
sarà vicina a Nikolaj Viktorovič. Per far ciò
bisogna naturalmente che Nikolaj Viktorovič e la barchetta si trovino entrambi all'altezza dei vostri occhi.

Finché voi terrete la barchetta vicino a
Nikolaj Viktorovič lui non annegherà e forse..."

Un regalo per Anna Makarovna

"Per lungo tempo mi sono preoccupato di
salvare Nikolaj Viktorovič. Ma a me questo
fatto sembra poca cosa, anche se aver salvato il solo Nikolaj Viktorovič non è poi
male. Ma bisogna fare ancora e ancora del
bene, senza fermarsi. Voi, evidentemente,
pensate che io abbia abbandonato la mia
stanza e il mio posto e lasciata aperta la
porta per caso. Ma vi sbagliate, perché le
cose sono andate esattamente nella maniera
opposta. Io, certo, avevo previsto che
sarebbero entrati nella mia stanza, che
avrebbero letto le istruzioni e salvato Niko-

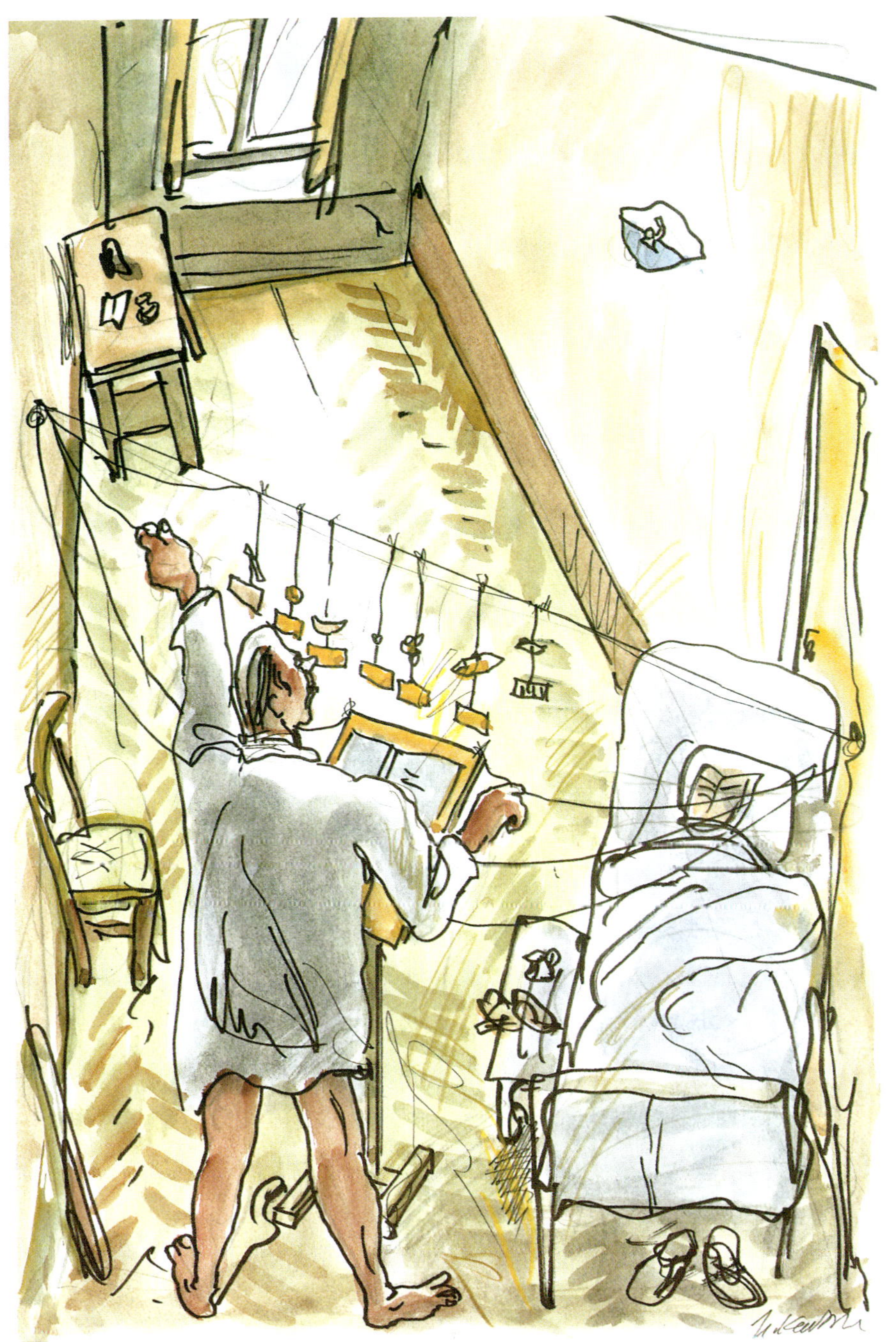

having taken the control strings in both
hands, locate the piece of paper with the
image of the sea there, far across the room,
and carefully find the drowning figure of
Nikolai Viktorovich. Then, not losing
Nikolai Viktorovich from your sights, not
taking your eyes off him, you begin to
move the "gifts" (and the boat among
them) by moving the ropes, from right to
left or vice versa until the boat "reaches"
Nikolai Viktorovich. To do this, of course,
Nikolai Viktorovich and the boat must
both be located at eye-level. It's like this:
"As long as you hold the boat near Nikolai
Viktorovich, he won't drown, he will float
and maybe . . . "

A Gift for Anna Makarovna

"I tried to save Nikolai Viktorovich for a
long time. But it seems to me that it wasn't
enough, although to save Nikolai Viktorovich would be a good thing. But you
have to do good deeds over and over, without stopping. You obviously assume that I
unintentionally abandoned my room and
my post, and left my door unlocked. You
are mistaken, everything is just the opposite. I, of course, foresaw that others will
come to my room, read the instructions
and try to save Nikolai Viktorovich, too. I
thank you for that. But now I have the following request. Now next to Nikolai Viktorovich hangs Anna Makarovna. Properly
speaking, she isn't hanging but sitting at
the table next to her family, and it's as
though everything is ok, not like in Nikolai
Viktorovich's case. But I would like to do
something nice for her. And so, the third
item from the boat is a candy wrapped in
silver paper.

My urgent request to you is this: (You
already know how to work the mechanism.) Give Anna Makarovna the candy.
Let it make her feel good. Believe me, it
will do your soul good, too. And so, I will
repeat it one more time – the Candy – the

laj Viktorovič. Vi ringrazio per questo. Ma ecco ora la mia richiesta. In questo momento accanto a Nikolaj Viktorovič che sta annegando è appesa Anna Makarovna. Più precisamente, non è appesa ma seduta a tavola insieme alla sua famiglia e sembra che tutto sia in ordine, cosa che non può dirsi di Nikolaj Viktorovic. Ma si vorrebbe che anche per lei ci fosse qualcosa di buono. E allora ecco, accanto alla barca pende una caramella avvolta in carta argentata.
Questa è la mia precisa richiesta (voi ormai sapete come comandare il movimento del meccanismo): regalate ad Anna Makarovna la caramella. Che abbia anche lei qualcosa di buono. Credete, anche la vostra anima ne avrà sollievo. Così, lo dico ancora una volta: la caramella è una piccola sfera d'argento, la terza da sinistra rispetto alla barca (sotto c'è la scritta 'per qualcuno').
Con molti ringraziamenti
24.10.985 Il vostro vicino"

Con questa descrizione dello strano meccanismo anche la storia di Nikolaj Viktorovič all'improvviso si interrompe. Il manoscritto, battuto con molta cura a macchina e corredato di schemi e disegni diligentemente eseguiti, giaceva dentro un pacco di carte sul quadro di comando accanto alle istruzioni che spiegavano come manovrare quel groviglio di corde e cordicelle.
Debbo dire che tutto questo – la stanza vuota, il meccanismo con il suo corredo di corde, il quadro di comando e tutto il resto – io lo vidi per puro caso. Ecco come è successo.
Nessuno di noi conosceva la persona che abitava quella stanza del nostro sovraffollato alloggio, dove gli inquilini sono così numerosi che uno nemmeno riconosce la persona nella quale gli capita di imbattersi in corridoio o in cucina. Certo, tra i nostri inquilini ci sono anche coloro che seguono con attenzione gli spostamenti dei flussi umani nel nostro alloggio, che è più simile

ad una sala d'aspetto di una stazione che ad un alloggio nel quale vive sempre la stessa famiglia – o due o tre famiglie insieme – senza mai cambiare il proprio sistema di vita. Nel nostro alloggio c'è sempre qualcuno che parte, che se ne va non si sa se temporaneamente o per sempre, e qualcun'altro che arriva, non si sa se per rimanere a lungo o soltanto per un breve periodo...
Non è possibile osservare tutti e riuscire a sapere tutto, star dietro a ogni persona. Certo, come in ogni casa-comune anche da noi ci sono i "guardaportone" e sono loro che stanno attenti a cosa accade nella stanza di cui si parla: se va tutto per il verso giusto, se tutto è "come si conviene".
Per farla breve, sono due settimane che l'inquilino non esce dall'alloggio...
Non va in bagno al mattino per lavarsi, non va al gabinetto, non va in cucina, né a fare la spesa. E la sua scomparsa non ha lasciato alcuna traccia di natura, per così dire, investigativa. Non c'è stato alcun rumore, nessuno era stato informato di un eventuale viaggio per chissà dove, se per un certo tempo o per sempre, nessuno è venuto a chiedere sue notizie.
...Hanno verificato, hanno guardato – effettivamente non c'era nessuno e una stanza, seppur piccola, rimasta vuota per due settimane senza preavviso non poteva passare inosservata in un mondo sovraffollato come il nostro –, e subito due famiglie, i Komyšanskij e i Laptevij, hanno fatto richiesta all'Ufficio alloggi perché gli venisse assegnata la stanza rimasta libera. I Kamišanskij sono in cinque e vivono in un'unica stanza, i Laptevij sono in quattro. Quando si verificano circostanze simili, l'Ufficio alloggi è solito assegnare le stanze libere a persone che vengono "da fuori". E così è accaduto anche questa volta. L'amministratore dell'Ufficio alloggi ha accompagnato, chissà perché a mezzogiorno, il nuovo inquilino per fargli visitare la stanza "in

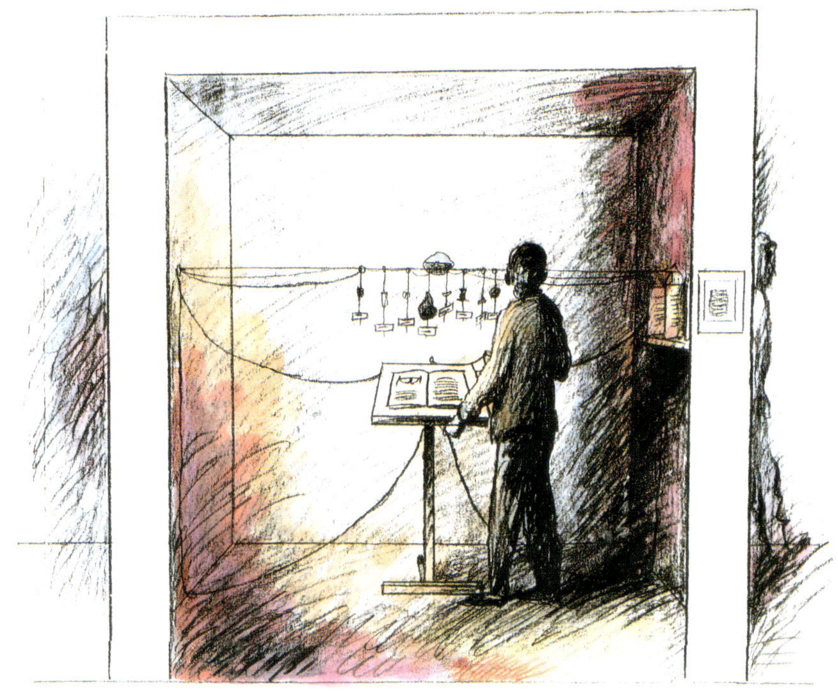

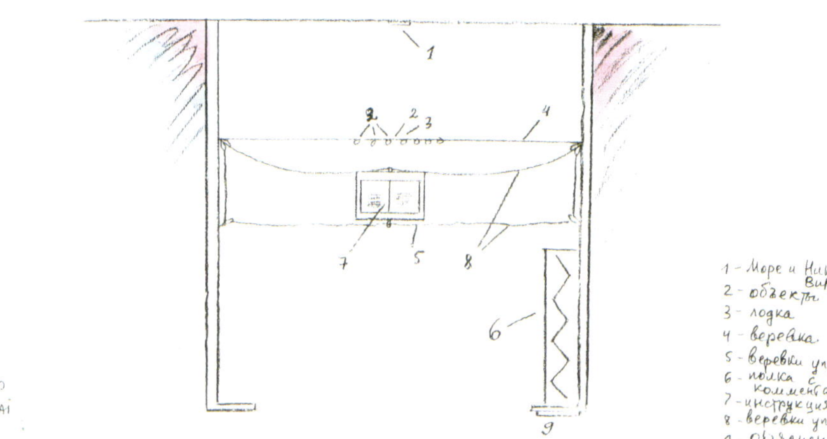

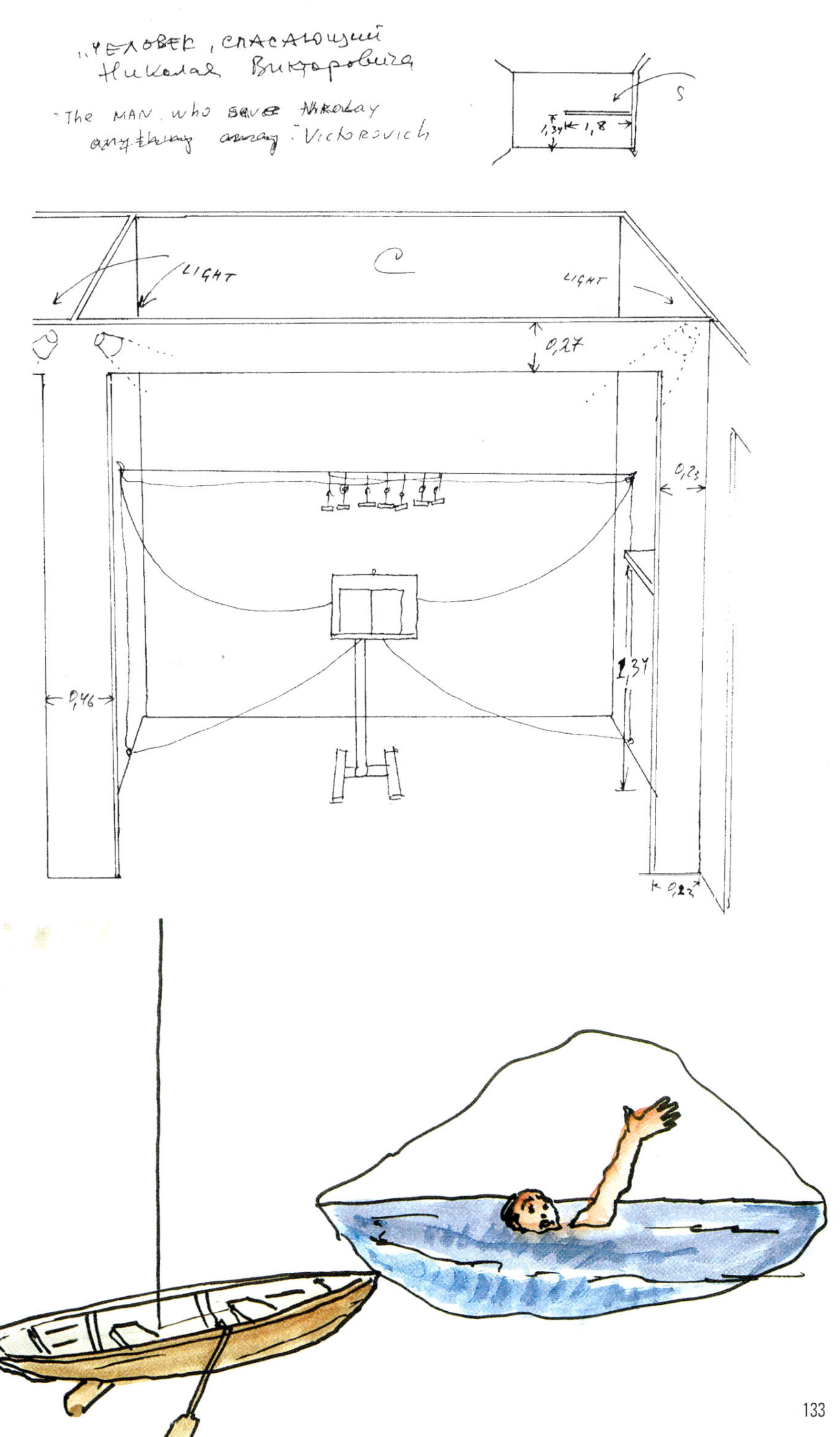

small silver ball which is the third item to the right of the boat. (By the way, under it is the inscription "for whom.")
I thank you in advance.
24 October 1985 Your neighbor."

With this the description of the strange mechanism and the story of Nikolai Viktorovich suddenly breaks off. It, this manuscript, which was painstakingly typed and neatly supplied with sketched blueprints and diagrams, was in a folder on a music-stand next to the manual which explains how to use all of these complexly interwoven ropes and strings.

It must be said that I was able to see all of this – the empty room, the mechanism made of ropes, the control panel, and all the rest of it – completely accidentally. This is how it happened.

The inhabitant of the room was unknown to almost all of us. In our overcrowded apartment where there were so many people, you couldn't always see who it was that you were bumping into in the hall or kitchen. But of course, among all the other inhabitants, there are those who attentively follow the movement of the streams of people in our apartment, which is more like a waiting area at some station than an apartment in which only one family lives, with its own way of life, or at the most two or three nearby. In our apartment, someone was continually leaving, and it was never clear whether it was only temporarily or for good, someone was always moving in, and we never knew whether it was for a long time or just a short while . . .

It was impossible to discern everyone, and it was exhausting to know everything, to follow everything. But of course, like in any good "communal" apartment, we had our own "gate tenders," too, and they were the ones who noticed that something was wrong in the room under consideration, that anything wasn't all right, that anything wasn't "as it should be," in short, that the tenant of the room hadn't come out for two weeks.

He hadn't come out in the morning, he hadn't gone to the bathroom, or to the kitchen, or to the store. But his disappearance left no traces, so to speak, that could give us a clue. There was no noise, in a sense of an "announced exit," no one was informed of a departure anywhere, either for a while or for good, no one came to ask about him . . .

But the room which was sitting empty for two weeks already without an announcement, even though it was a tiny one, couldn't go unnoticed in our overcrowded world, and two families moved in at once. The Komyshanskys and the Laptevs put in an application to the ZhEK (housing maintenance committee) at the same time, claiming to have a right to the "living area" which had been freed up. There were five Komyshanskys in one room and four Laptevs in another. As usually happens in such cases, the ZhEK gave the room to some completely different people, "outsiders." This is what happened in this case. For some reason, the accountant of the ZhEK brought some new tenant around in the middle of the day so he could look at "the room available for occupancy," and he calmed down the Laptevs and the Komyshanskys, having whispered to them that the tenant needed a place for only two weeks, and then their requests would be reviewed at a general meeting.

The door of the former tenant was unlocked. The new tenant (for some reason it was decided that he was a "pilot," maybe because he was dressed in a fur jacket and was carrying only a small suitcase) pushed open the door and looked in for only a minute. And then, half closing the door, and having drank some water in the kitchen from a cup of Elena Nikolaevna's, which would have been intolerable for

oggetto" e ha tranquillizzato i Laptevij e i Kamyšanskij dicendo loro che il nuovo inquilino non si sarebbe fermato a lungo e che la loro richiesta sarebbe stata esaminata dall'assemblea generale.

La porta della stanza del vecchio inquilino era aperta. Il nuovo venuto (chissà perché era stato deciso che si trattava di un pilota, forse perché indossava un giaccone di pelliccia e aveva in mano solo una valigetta nera), spinta la porta, guardò fugacemente nella stanza; poi, lasciata la porta socchiusa, dopo aver bevuto in cucina un bicchiere d'acqua usando il bicchiere di Elena Nikolaevna – che, qualora se ne fosse accorta, l'avrebbe considerata la peggiore delle offese –, lasciò l'alloggio sbattendo forte la porta.

Ma per quanto possa sembrare strano, la storia della stanza lasciata libera non finì a questo punto perché si trasformò ben presto in una scena da antica commedia "dei travestimenti". Il "pilota" non si fece vedere per due interi giorni, come riferì il nostro "guardaportone" nonna Kašírina della stanza d'angolo. Nel frattempo, verso la fine del primo giorno, ricomparve il vecchio inquilino che riprese a "vivere" nella sua stanza esattamente come prima: la mattina andava al gabinetto, poi si recava al lavoro e rincasava piuttosto tardi... Nel periodo del suo "ritorno", venne due volte anche il nuovo inquilino, il "pilota", una volta perfino in compagnia di un suo amico che non somigliava affatto ad un "pilota"; si fermarono piuttosto a lungo nella stanza, dalla quale proveniva un tintinnare di bottiglie, poi uscirono di nuovo, forse questa volta per prendere "le cose"...

La sera tornò il vecchio inquilino, che nulla sapeva dell'esistenza di un coinquilino. Alla fine il "pilota" risultò essere realmente un "pilota", o quanto meno una persona la cui professione era comunque "volante", tanto che tornò ancora una o due volte nella sua stanza senza mai incontrare – come accade nelle favole – il vecchio inquilino. Il "pilota", dunque, non si fece più vedere e allora io, profondamente interessato a tutta questa storia, decisi di dare un'occhiata alla stanza nella quale avevano abitato contemporaneamente due persone diverse, o meglio la stanza dei "due assegnatari". Con quella porta sempre socchiusa, la stanza attirava la mia curiosità come una calamita.

Una volta, approfittando del fatto che nel corridoio non c'era nessuno, mi introdussi di soppiatto nella stanza, girai l'interruttore e vidi per la prima volta il meccanismo a corde. Oltre a questo non c'era altro. Allora capii perché il secondo inquilino non toccò né portò via alcun oggetto: per lui nella stanza non c'era nulla. Alla luce della lampadina lessi le "Istruzioni per il salvataggio di Nikolaj Viktorovič".

Ma perché quegli strani rapporti con le persone intorno si aprirono davanti a me, senza che me l'aspettassi? Rapporti che un uomo non stabilisce con nessun essere vivente, con i quali nulla realizza nella vita reale. Eppure un contatto con questa realtà esiste. Che si debba definire questo contatto "ottico"?

Tutto questo ricorda un gioco che i bambini fanno quando vedono una persona camminare in lontananza. I bambini vi puntano contro il dito indice poi, muovendolo, giocano a fare camminare la piccola figura lungo i contorni del dito.

Vuol forse dire che il legame con la vita è definitivamente infranto, ma che il punto di rottura fa male, sanguina e che questo legame viene ristabilito con un mezzo così strano, doloroso e fantastico?

her if she had seen it, he went out, slamming the front door.

But strange as it seems, the story of the vacancy didn't end there, but rather turned into a scene from some old show with "quick changes." The "pilot" didn't appear for two days, as we were informed by the "gate tender," grandma Kashirina from the corner room. Then, toward the end of the first day, counting from the arrival of the new tenant, the former tenant showed up, and again began to "live" as before in his room – he would come out to go to the bathroom in the morning, then leave for work, come home fairly late. . . . During the whole time of his "return," the new tenant of the room showed up twice, the "pilot" once even with a friend, but who wasn't at all like a "pilot," and they stayed in "his" room for a long time, clinking bottles, and then left again, maybe this time to get "their things. . . ."

In the evening the old tenant arrived again, not even suspecting the existence of his roommate. But the "pilot" evidently really did turn out to be a pilot or a person of some other such "disappearing" profession, since having come home to his room one or two more times, as in an enchanted fairytale, he didn't bump into the old tenant even once, and he never showed up again. Being extremely interested in this whole story, I wanted to look into the room for just a minute, where simultaneously two different men lived in a room without a single "official" tenant.

The door, which was always unlocked and half open, attracted me like a magnet.

Once, having picked a time when there was no one in the hallway, I slipped into the room, turned on the light and saw the entire apparatus made of ropes. There was nothing else in the room. Now I understood why the "second" tenant didn't take anything out of the room and didn't touch anything – he thought that there wasn't anything there. By the light of the lamp, I read "Instructions on How to Save Nikolai Viktorovich" and left, half closing the door behind me . . .

What kind of strange relationships with people are these that I had unexpectedly stumbled upon? Relationships in which a person doesn't come in contact with anything alive, doesn't accomplish anything in reality. And nevertheless, some kind of contact with this objective reality exists. Maybe it could be called "optical"?

This reminds one of the game a child plays when he puts his finger under a figure that is walking far away from him and it's as though the figure starts to walk along the edge of his finger.

Does this mean that the active and live connection with objective reality is broken inside of him forever, but that the place of the break hurts, bleeds, and this real connection is re-established in such a strange, painful, and fantastic way?

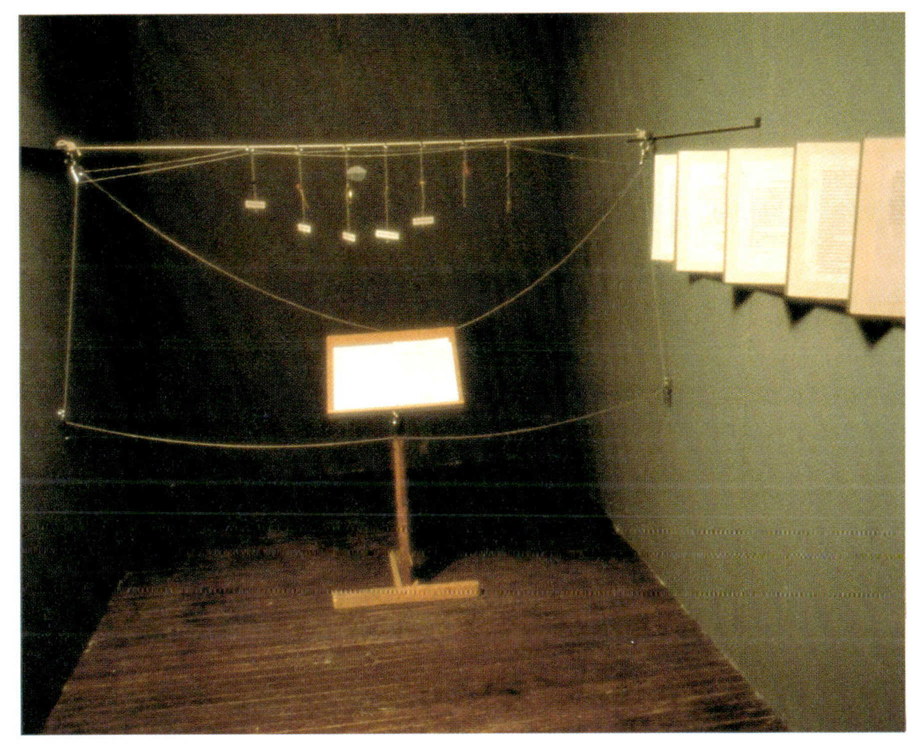

La cucina comune

Descrizione dell'installazione

Il centro, il cuore dell'alloggio comune è senza dubbio la cucina. In essa, come in un magico cristallo, si riversano e risplendono in tante sfaccettature gli aspetti più diversi della vita dell'alloggio. Tutto qui trova posto: l'infimo e l'elevato, il quotidiano e il romantico, l'amore e la lite scatenata da un bicchiere rotto, la generosità antica e le dispute meschine per la bolletta della luce, l'invito a mangiare un pasticcio appena sfornato e il problema di rovesciare in strada il secchio con l'acqua sporca. La cucina è anche la piazza di una città medievale, è il teatro dove gli spettatori e gli attori si scambiano i ruoli, dove le scene si trascinano noiosamente per ore o mutano con la velocità di una valanga, dove i protagonisti sono ora due, ora una vera folla.

Qualunque sia la situazione, il luogo dell'azione è sempre il medesimo e nessuno può né ambisce rimanerne fuori: si partecipa sempre, passivamente o attivamente, a tutto quanto accade. E in qualsiasi momento può accadere qualsiasi cosa, dalla conversazione tranquilla e meditata all'urlo ossessionante e al gemito, dal morbido affondare del cucchiaino nella marmellata alle liti furiose come cicloni, che strappano le mensole dalle pareti e rovesciano tutto ciò che c'è intorno – piatti, pentole, vasi, bicchieri – sul pavimento di mattonelle, fino a dar vita ad un ammasso informe...

La cucina comune è una stanza piuttosto grande. Lungo le pareti ci sono tanti tavoli quante sono le famiglie che vivono nell'alloggio: cinque, sei, sette ecc. Ogni famiglia, o meglio, ogni padrona di casa dispone di un proprio tavolo. I tavoli possono essere diversi – ce ne sono di nuovi, di grezzi, di verniciati, di vecchi –, a condizione che le dimensioni non superino in alcun modo quelle degli altri.

I tavoli sono disposti gli uni vicino agli altri e ciascuno ha il proprio ripiano per le pentole, per i bicchieri, per il barattolo del sale ecc. Quando da noi apparvero i frigoriferi, gli inquilini li tenevano nella propria stanza perché in cucina non c'era posto, ma ancor più per evitare che di notte qualcuno andasse a curiosare e a cercare qualcosa da mangiare. Di regola in cucina si tenevano solo le pentole, le stoviglie, le posate e ognuno sorvegliava attentamente gli altri perché ogni tavolo fosse ben pulito, sopra e sotto. In prossimità della fila di tavoli c'erano le cucine a gas, una o due, a volte perfino tre, sempre in relazione al numero degli inquilini. C'erano poi uno o due rubinetti con il relativo acquaio per lavare le pentole e prendere l'acqua.

Negli alloggi in coabitazione di regola non c'era l'acqua calda, e l'acqua per il bucato veniva riscaldata in enormi recipienti oppure nei secchi. Se l'acqua veniva riscaldata nei grandi recipienti, questi occupavano due-tre fornelli della cucina a gas e la schiuma della biancheria che bolliva scivolava pian piano nei tegami e nelle pentole vicine dove stava cuocendo il pranzo o la cena. Questo scatenava naturalmente frequenti e violente liti. La biancheria da asciugare si stendeva in cucina su corde tese a soffitto, sfiorava le teste della gente e toglieva la luce sui tavoli. Le gocce cadevano non solo nelle bacinelle ma anche nei piatti...

In una delle denuncie inviate alla polizia da

The Communal Kitchen

Description of the installation

The heart of the communal apartment is, beyond a doubt, the communal kitchen. In it, like in a magical crystal, the most varied aspects of the life of the apartment sparkle and intersect at their edges, its illnesses are there, its problems and hopes. Everything finds his own place in it – the base and the great, the everyday and the romantic, love and battles over a broken glass, unconditional generosity and penny arguments over the payment for light, the treating to a just baked pie and the problem of taking out the garbage. This is the city square of the Middle Ages, and a theater where the audience and the actors change places, where the scenes either drag out boringly long, or they change with the speed of an avalanche; where there are either two main characters or they are innumerable – but under all circumstances, the place of action is always the same. No one can nor dares to remain on the sidelines, always being either a passive or active participant in everything, and anything at all can occur here at any moment: from a quiet, thoughtful conversation to a frenzied shout and howl, from quite stirring of compote with a spoon to a fight-typhoon, ripping shelves from the walls and turning everything all around upside down – plates, pans, meals, jars – into a shapeless heap on the tiled floor. . . .

The communal kitchen is a rather large room in the communal apartment (from 4forty sqaure meters to eighteen to twenty in a small apartment). Its entire perimeter is lined with tables, the same number as there are families in the apartment, five, six, seven, etc. Each family, or more precisely, each woman of the family, has her own little table. It, this table, can be of varied quality, new, painted, old, but its size is an indispensable condition: not bigger than the others. All the tables stand right up against each other, each has its own individual shelf above it with pots, mugs, etc. When refrigerators appeared, the residents, as a rule, placed them in their rooms because there wasn't much space in the kitchen and it was better that way: none of the neighbors could sneak in at night looking for something to eat. Only the dishes remain in the kitchen, everyone strictly watches to make sure that the floor around the tables is kept swept and washed. . . .

There are stoves next to the row of tables – one, two or even three depending on the number of residents. There are one or two sinks where people wash dishes and get water. Usually, there wasn't any hot water in communal apartments, and people heated up water in buckets or in three or four gigantic bucket-sized barrels to do the laundry. These barrels would take up two or three burners, foam would drip right onto other people's frying pans and pots with food, which, of course, became the reason for numerous scandals. Of course, laundry was rinsed and dried right there in the kitchen, and from that everything down below would become completely dark, water dripped into dishes and bowls. . . . In one complaint sent to the police I saw myself (this is an entirely real case) a sketch of the location of the tables in the kitchen and the laundry hanging above,

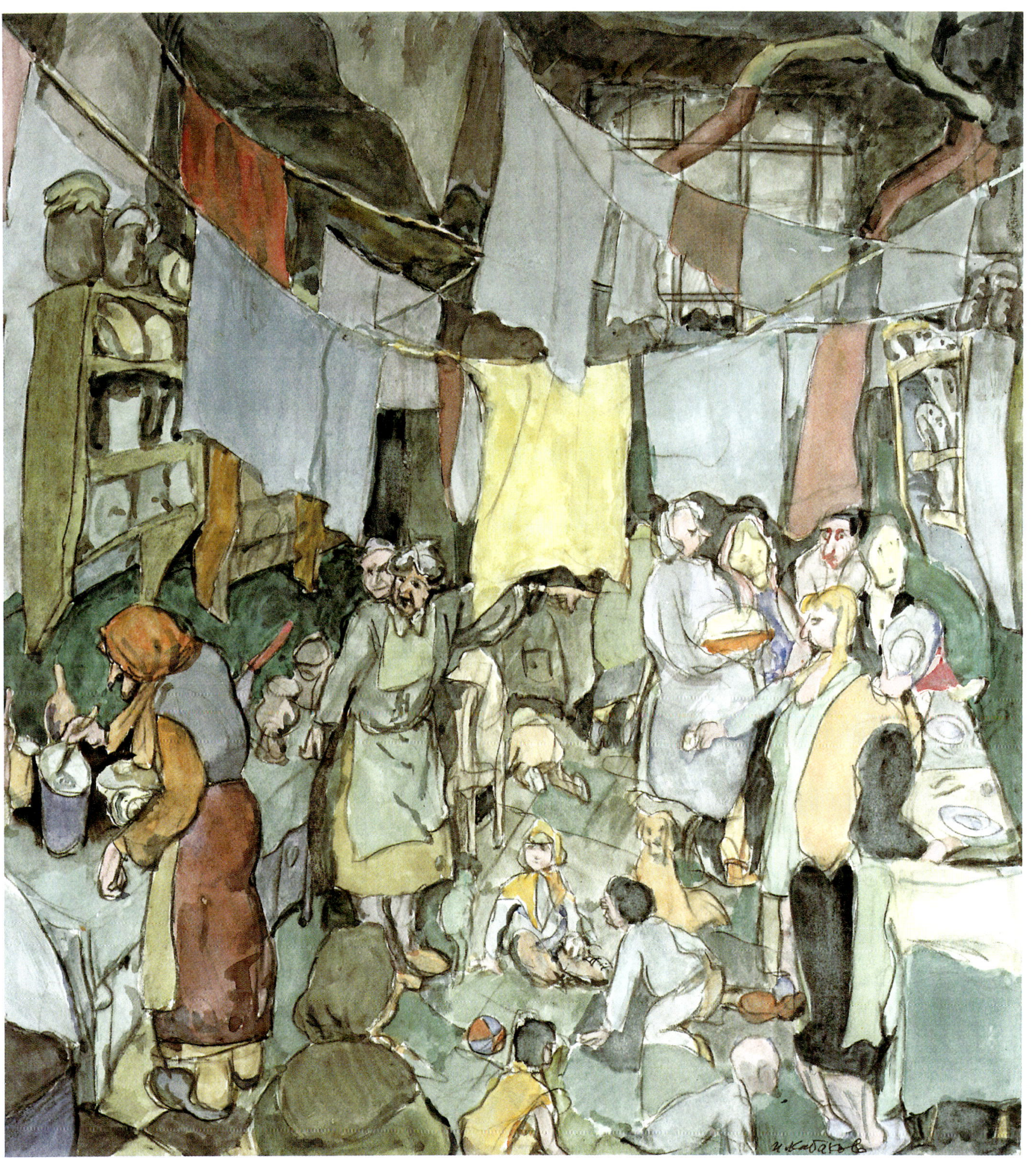

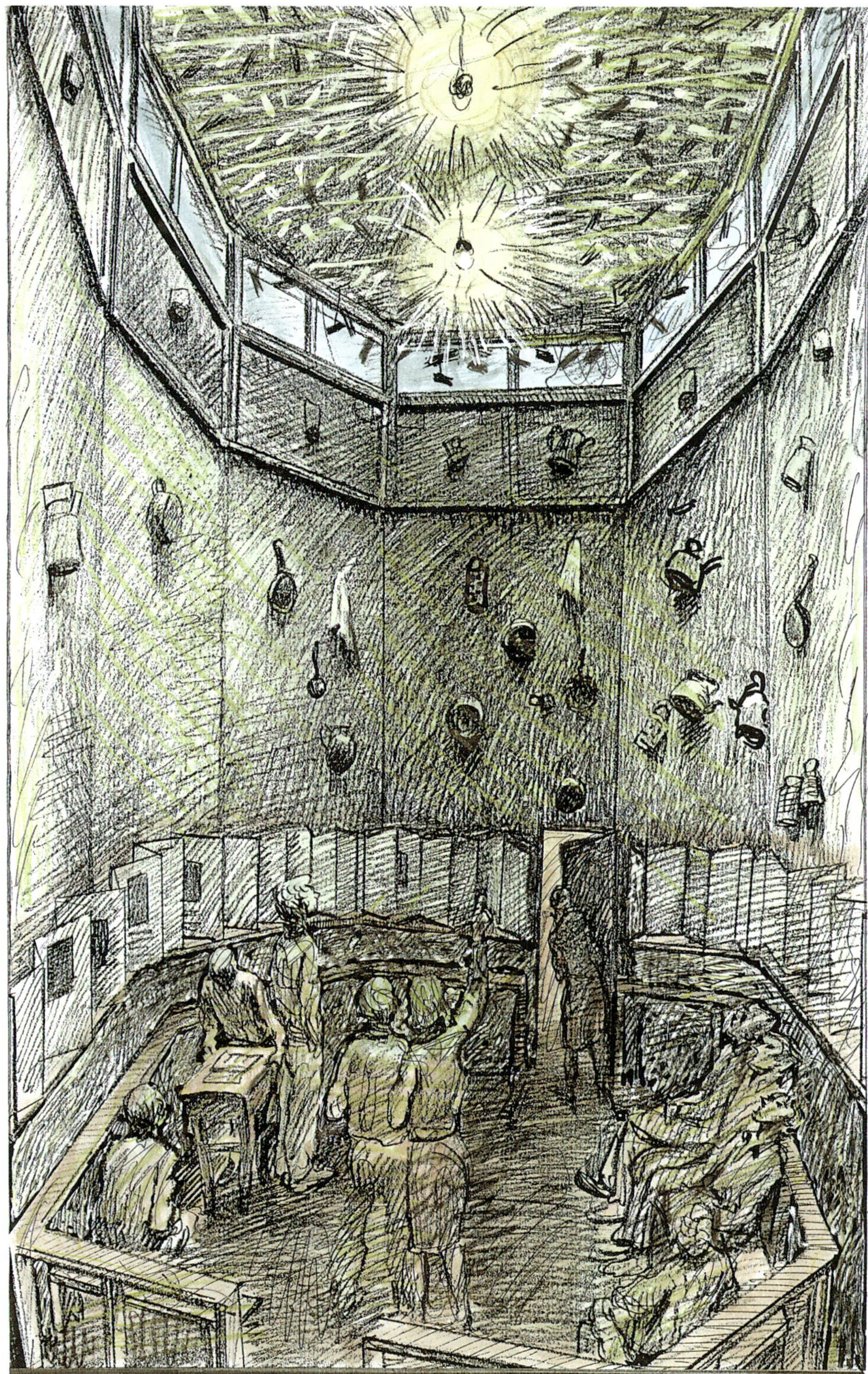

un inquilino nei confronti di un vicino ho visto con i miei occhi (non è un'invenzione) esattamente riprodotta la disposizione dei tavoli della cucina e la posizione della biancheria stesa. Il disegno illustrava con maligna precisione il tragitto delle gocce che, cadendo dal vestito dell'inquilino, finivano nel tegame del cittadino A., quello che aveva sporto denuncia...

which was intended to demonstrate visually the conscious villainous intention of neighbor N, who had insidiously calculated the trajectory of the falling drops of water from her laundry into the pan of citizen A, the author of the complaint. . . .

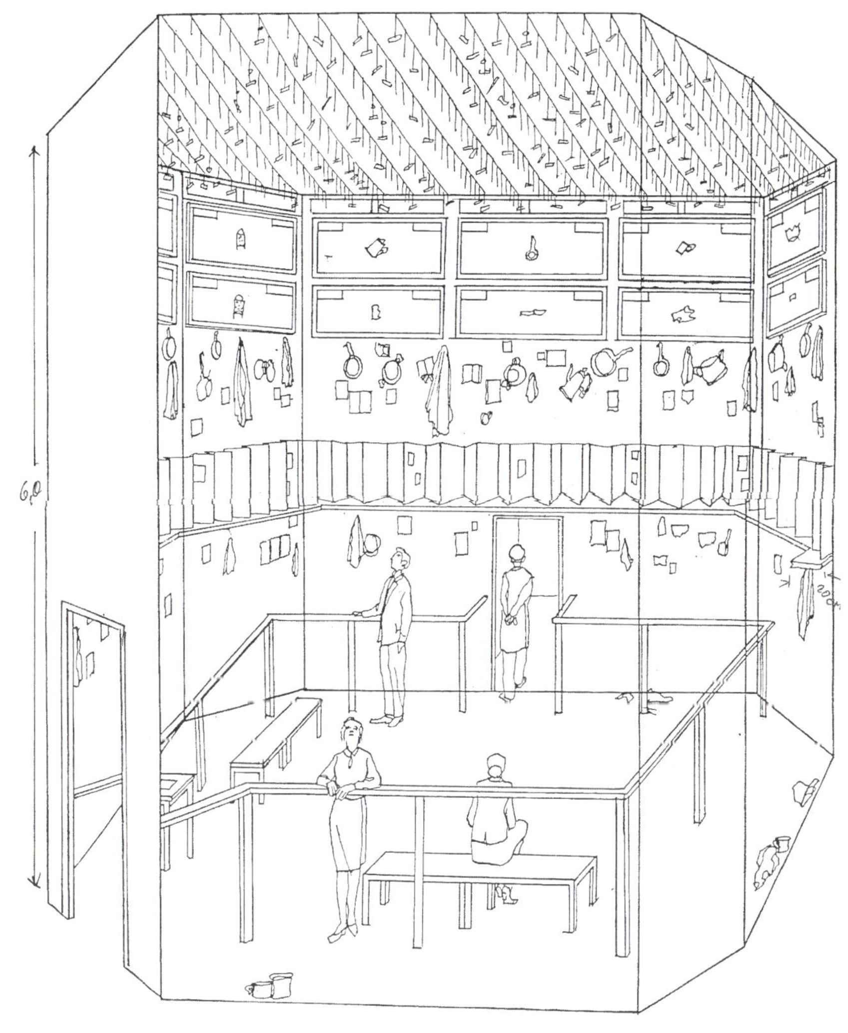

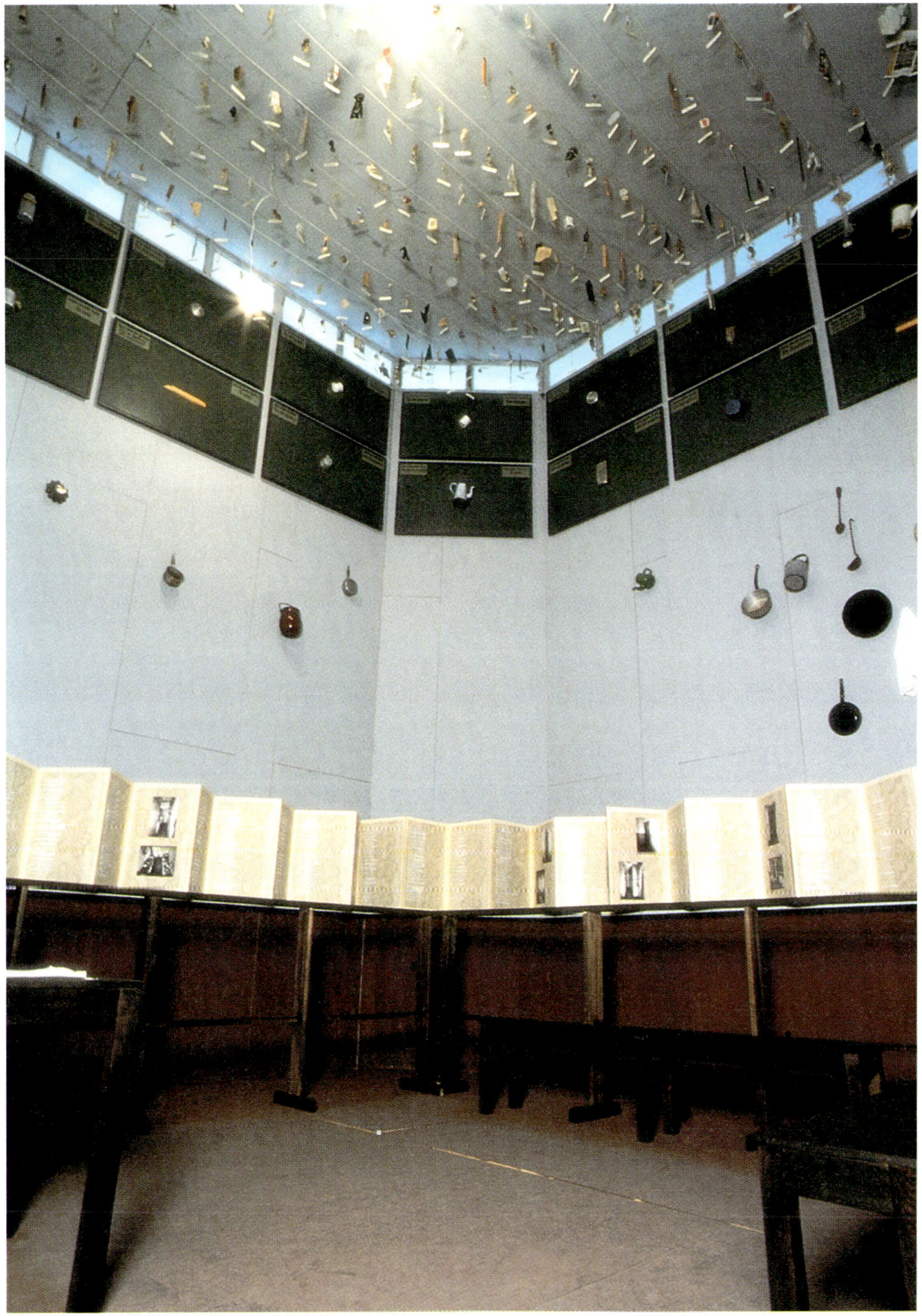

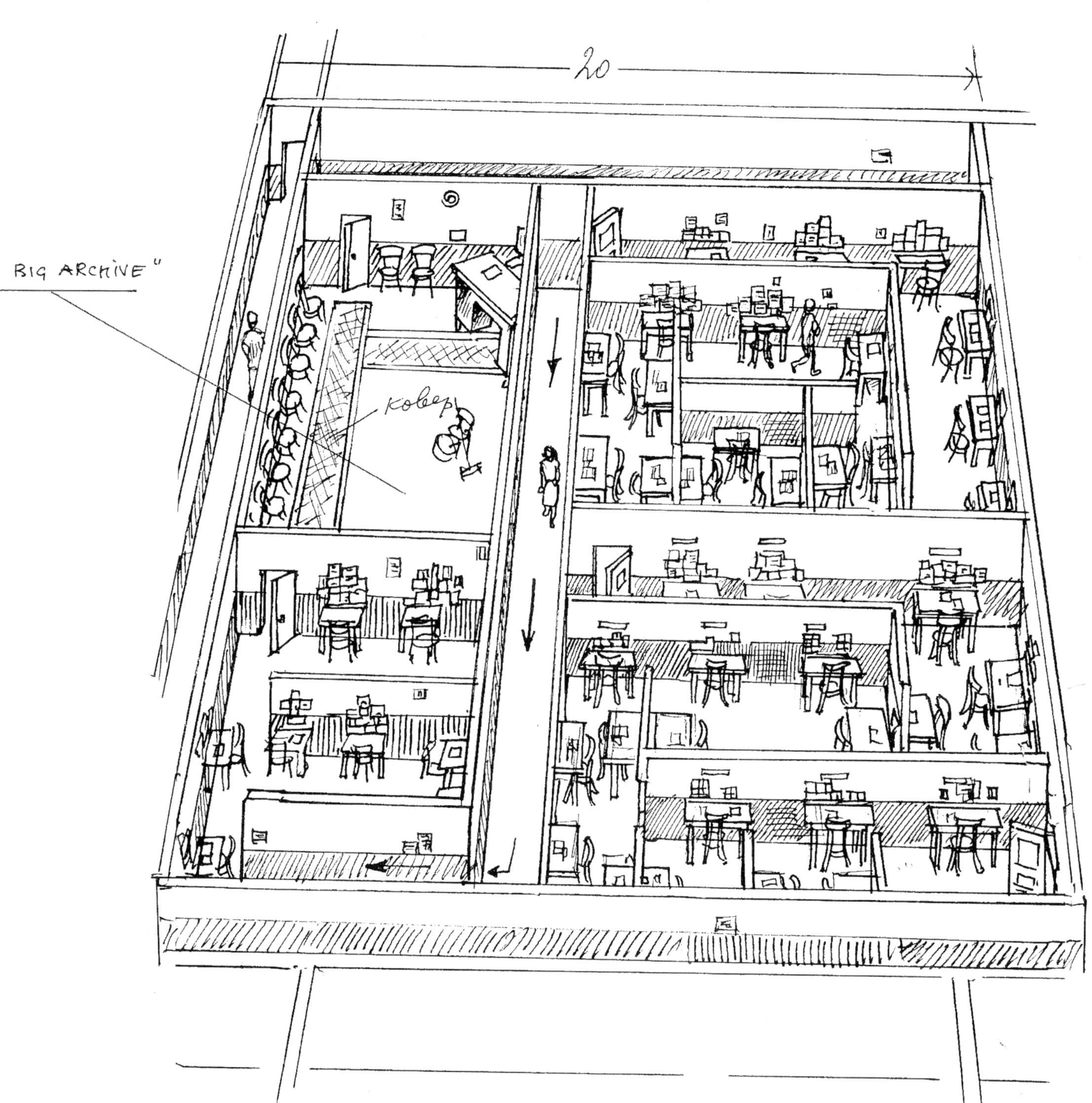

Секция „В": „Большой архив"   section "B": "THE BIG ARCHIVE"
20
,"THE BIG ARCHIVE"
ковер

Sono qui rappresentate situazioni contabili che non finiscono mai, informazioni, chiarimenti, petizioni – un mare di carte e di informazioni sulle infinite forme di vita dell'uomo sovietico – la vita personale, ufficiale, sociale ecc. Il terzo rione è costituito da una sola installazione:

1. **Il grande archivio**

dove sono concentrate tutte le complicazioni burocratiche descritte. L'installazione è situata alla sinistra dell'ingresso.

Situations of endless accounting, information, clearances, petitions, are represented here – a sea of papers and information on the infinite life forms of Soviet man – the personal, official, or social life etc. The third neighborhood consists of just one installation:

1. **The Big Archive**

where all the bureaucratic complications are concentrated. The installation is situated to the left of the entrance.

Il mondo della burocrazia
The World of Bureaucracy

Il grande archivio

Descrizione dell'installazione

L'installazione "Il grande archivio" appartiene a un gruppo di installazioni che insieme formano una superinstallazione, il "Mondo russo".

Ecco le installazioni che vi sono comprese:

1. La cucina comune
2. L'alloggio comune
3. L'uomo che è volato dentro un suo quadro
4. L'uomo che si è lanciato nel cosmo
5. L'uomo spazzatura
6. Il collezionista
7. La nave
8. Il manicomio
9. Il corridoio
10. L'orfanotrofio
11. Il vagone rosso
12. Il ponte
13. Il gabinetto
14. La vita delle mosche
15. La biblioteca (l'"esposizione di un solo libro")

Riunite insieme (più nell'immaginazione che nella realtà, perché altrimenti occorrerebbe un intero quartiere di una città), esse devono riprodurre una certa immagine del "Mondo russo", un universo completo e autonomo (in verità più che russo bisognerebbe chiamarlo "sovietico", l'"universo sovietico", ma questa differenziazione potrebbe essere il tema di un'altro dibattito).

L'installazione "Il grande archivio", come molte di quelle elencate, è costituita da una grande spazio chiuso, da un sistema di spazi che lo spettatore attraversa come se fosse un intricato labirinto, dove l'inizio del "viaggio" è diverso dalla sua conclusione, il significato e il carattere dell'installazione cambiano strada facendo. E, certamente, un ruolo importante è svolto dal rapporto esistente tra l'atmosfera dello spazio creato (nel quale tutto è rifatto: le pareti, il soffitto, il colore della pittura, l'illuminazione – c'è anche un suono) e gli oggetti che in esso si trovano.

In questa installazione gli oggetti principali sono: le cabine per la compilazione delle richieste di informazioni; le barriere che impediscono il movimento; tavoli, mobiletti e sedie e, sui tavoli, una grande quantità di carte, incollate su pannelli, affisse qua e là – un mare di carte di ogni tipo nel quale è destinato ad annegare chiunque capiti qui. In questa atmosfera anche gli spettatori che vagano nel labirinto (spuntano da dietro le barriere, ma solo fino alle spalle) potrebbero sembrare oggetti.

La prima stanza è l'ingresso dell'installazione. Qui l'illuminazione, le pareti e il soffitto non sono cambiati. La grande quantità di questionari affissi alle pareti o che giacciono sui tavoli prepara lo spettatore a ciò che sta per vedere.

La seconda stanza nella quale viene a trovarsi lo spettatore è delimitata da un soffitto costruito in modo speciale (3,15 metri di altezza). Ha un aspetto grigio, deprimente, burocratico ed è illuminato dalla fioca luce di sei lampadine. Il soffitto e le pareti sono dipinte di grigio e la parte bassa delle pareti di marrone. Davanti a una di esse sono installate tre cabine destinate ad accogliere le persone che entrano per riem-

The Big Archive

Descrizione dell'installazione

The installation The Big Archive belongs to a group of installations that together form a superinstallation, The Russian World.
The installations that it includes:

1. The Communal Kitchen
2. The Common Room
3. The Man Who Flew into His Picture
4. The Man Who Flew into Space
5. The Garbage Man
6. The Collector
7. The Ship
8. The Mental Institution
9. The Corridor
10. The Orphanage
11. The Red Wagon
12. The Bridge
13. The Toilet
14. Life of Flies
15. The Library (The "exhibition of only one book")

Collected all together (more in the imagination than in reality, because it would be necessary to sacrifice a small city for them) they are supposed to create the image of a "Russian World," a complete and independent cosmos. (However, why "Russian"? It should be called "Soviet," a "Soviet Cosmos," but this difference is for another conversation.) The core of the installation *The Big Archive*, like the other installations, is a big, closed space, the system of a few such spaces. The viewer is going through them as through a labyrinth, where the beginning of such a journey is different from the end; the contents and the meaning are also changing during this move-ment. And, of course, the main part is the relation between the atmosphere of created space (where everything was changed: the walls, the ceiling, color, lighting, sound) and the objects, which are placed in this atmosphere.

The main objects of this installation are: booths for filling out papers (certificates, etc.), tables, shelves and chairs, barriers which are dividing the whole space, an enormous amount of papers lying on the tables, glued to the stands, simply nailed to the walls everywhere, a sea of all kinds of papers in which the person who has wound up there incidentally can easily drown. The viewers who are wandering through this labyrinth, barely visible to each other over the barriers, also could become the objects in such an atmosphere.

First Room. This is the entrance to the installation. The light, the walls and the ceiling are left unchanged, and because of the large quantity of questions (placed on the walls and on the tables) and which are addressed to the viewer, he becomes aware of what he is going to see.

Second Room. This room has a specially built ceiling (the height is 3.15 m) and looks gray, cheerless, bureaucratic. The room is dimly lighted by six "bare" bulbs without lampshades. The walls are painted dark brown. There are three booths placed by one of the walls, so people can walk in and fill out the papers. The samples and instructions hang on the walls. In each booth is a table and a chair and in front of the table stands something like a box where the person who filled out these

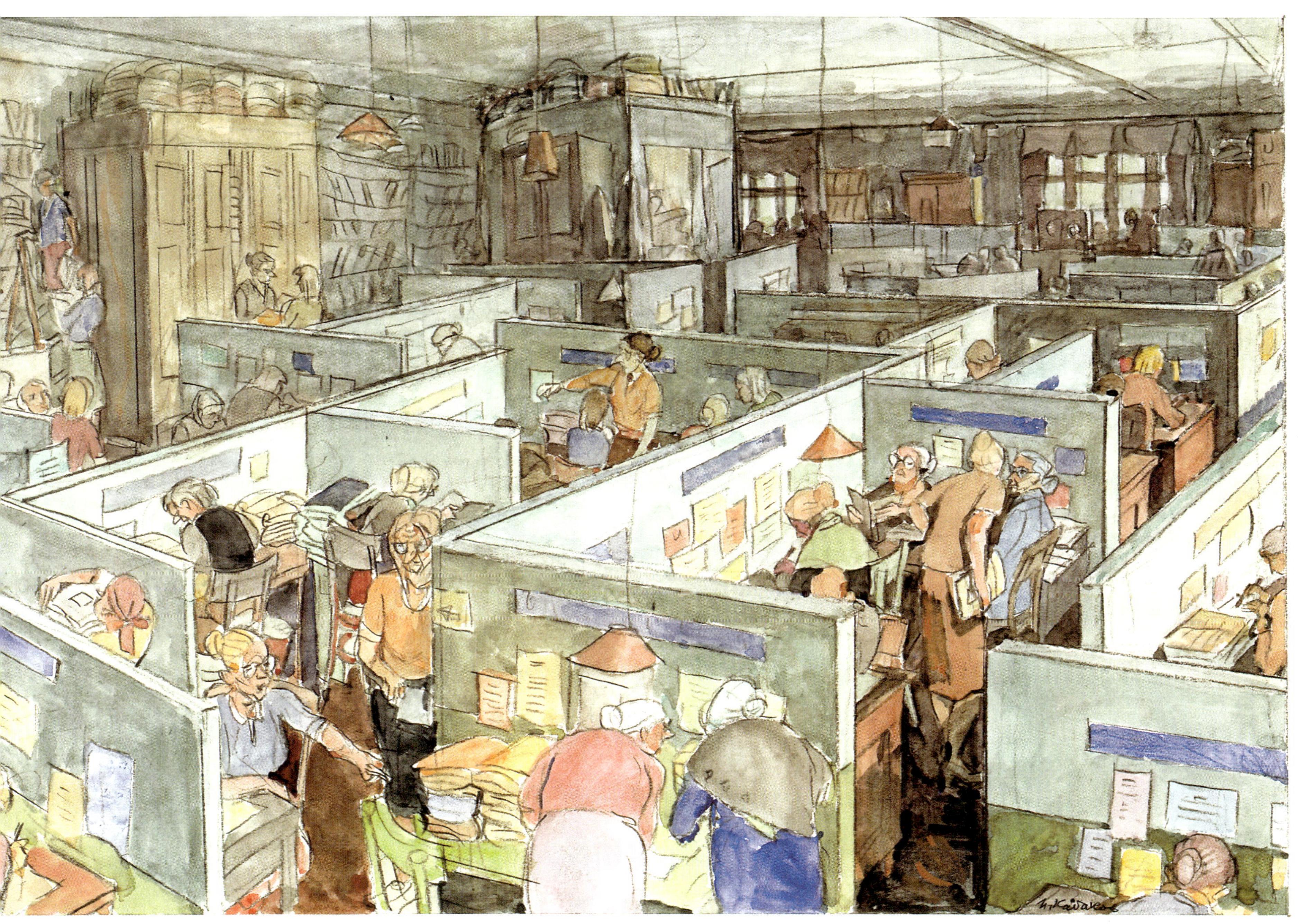

pire i moduli. Intorno, sulle pareti, sono affisse istruzioni e modelli che aiutano a compilare accuratamente questi moduli. In ogni cabina ci sono un tavolo e una sedia e davanti al tavolo qualcosa che assomiglia ad una scatola, dove il compilatore ripone le sue risposte. Ogni cabina è destinata ad una precisa categoria di visitatori: una per le "persone con più di settant'anni", l'altra per i soli abitanti della "città" ecc. La destinazione della cabina è indicata sull'entrata della cabina stessa.

La terza stanza assomiglia alla seconda – il medesimo soffitto grigio di uguale altezza, la stessa illuminazione – solo che le cabine sono cinque. Accanto all'entrata delle cabine c'è l'indicazione delle persone cui ciascuna cabina è destinata: gli "ammalati", coloro che "non sono soddisfatti della casa", che "elaborano i progetti", che "risiedono in permanenza in campagna", che "sono stati rinchiusi in prigione". Ciascuno deve rispondere di quello che fa, di cosa risponde, della firma che appone.

Le stanze si susseguono una dopo l'altra. Nella successiva regna la stessa atmosfera delle precedenti solo che lungo le pareti, al posto delle cabine, ci sono delle barriere che transennano l'intera stanza e la trasformano in un complicato labirinto. Alle barriere sono addossati dei tavoli con delle sedie e su ogni tavolo un cartellino indica a chi rivolgersi e per quale motivo. Ciascun tavolo è destinato ad un determinato "richiedente", che ha già compilato i moduli in cabina: "impiegati", "lavoratori del commercio", "insegnanti", "militari"... Lo spettatore sprofonda nell'atmosfera monotona di un ufficio dove si lavora senza soluzione di continuità; leggendo i documenti e le denominazioni sui tavoli, diventa partecipe di un processo infinito: dopo avere ottenuto la firma, il visitatore deve compilare un altro documento e recarsi ad un altro tavolo per ottenere un'altra firma, ma prima di trovare questo

tavolo è costretto a vagare all'interno del labirinto.

La quinta stanza assomiglia alla quarta. Anche se le barriere, i tavoli e i cartelli sono disposti diversamente, in essa si svolgono le medesime operazioni della sala precedente. Periodicamente si diffonde nell'aria una voce proveniente da una radio (come nelle stazioni o negli aeroporti) che dà informazioni o disposizioni ma, come spesso accade, non si riesce a capire cosa dica.

La stanza nella quale viene a trovarsi lo spettatore dopo l'assurdo e sovraffollato ufficio è per contrasto quasi deserta. Questa è la stanza dei "superiori", dove si entra per l'ultima firma, quella "definitiva". In fondo, dalla parte opposta all'ingresso, c'è un tavolo grande e lungo, illuminato dalla luce di una lampada (le altre luci sono spente) e lungo le pareti ci sono le sedie destinate a chi è in attesa della firma, disposte in fila. Le indicazioni a parete spiegano come raggiungere il "direttore" per ottenere la firma "definitiva". Nella stanza regnano un silenzio e una austerità solenni. È questo il nodo principale di tutta l'installazione, il suo contrappunto – qui si compie l'atto magico, si decide il destino dei postulanti.

Lasciato l'ufficio del direttore, si accede ad un altro spazio: un corridoio stretto e dal soffitto basso (2,40 metri) costruito come un labirinto, fiocamente rischiarato da lampadine disposte secondo la sua lunghezza. Sulle pareti sono affisse qua e là altre indicazioni e istruzioni, ma lo spettatore avverte che da qualche parte deve esserci l'uscita, ed egli si aspetta di vederla ogni qualvolta l'infinito corridoio cambia direzione. L'uscita appare all'improvviso. Nelle pareti del corridoio, che ricorda un tubo a sezione rettangolare, appaiono improvvisamente delle fessure, delle fratture sempre più ampie. Alla fine le pareti scompaiono del tutto e non rimangono che dei pannelli coricati sul pavimento.

where the person who filled out these papers can place them.

Each booth is only for a specified category of visitors: residents, etc. Which room is for which category of people is specified above the entrance.

Third Room. The character of this room is exactly like that of The Second Room – the same gray ceiling of the same height, the same kind of light, but instead of three booths, there are five. There is the same notice in front of each of them: what kind of visitor is this room intended – for "sick people," for "people living permanently in villages," for "people who were in jail." Everyone has to fill out some report, answer some questions, sign something.

Fourth Room. One room follows the other: the viewer enters the next one with the same atmosphere as the previous one, but instead of the booths, this room is divided by barriers, which transform the whole space into a complicated labyrinth. There are tables with chairs standing next to the barriers. Each table has a notice telling the visitor to whom he must go for each problem. And each "table" is "receiving" only a certain kind of "applicant" who filled out and answered all questions on the papers in the booth: "employees," "teachers," "workers," "servicemen, . . ." The viewer is immersed in the atmosphere of a cheerless and nonstop working office, he reads the notices and papers on the tables and becomes a participant of this endless process: after receiving a signature in one place, it's necessary again to fill out the paper and to go back to another table, to get another signature and in search of the "necessary" table he must walk through the endless labyrinth.

Fifth Room. This room repeats the fourth room and, in spite of a different arrangement of the barriers and the tables, different notices, the same office work is going on. It must be said that periodically in the

air can be heard a voice which sounds like a radio (like in an airport or train station), and it gives some information or direction, but as it often happens, it is impossible to understand exactly what is said.

Sixth Room. The viewer arrives here after a futile and overcrowded office, and in contrast, it is almost empty. This is the authorities' room, where people come for the final signature. At the far end, opposite the entrance, stands a big long table, lit by a lamp (the rest of the room is dimmed). The row of chairs by the walls are for the visitors who are waiting for a signature. There are fewer instructions on the walls, but the ones that remain tell in which order to move to the various authorities that are present in the room. Here is the main junction of this installation, its "counterpoint" – a magic activity is going on here, your destiny is decided.

Seventh Room. The exit from the authorities' room takes you to another space – a low and long *corridor* build like a labyrinth. The ceiling of the corridor is lower than the ceiling in the other rooms (2.40 m); it is dimly illuminated by light bulbs hanging along the length of the corridor. On the walls are hanging new rules and instructions, but by now the viewer feels that there is an exit at the end which he expects to see behind every "turn" of the endless corridor.

Eighth Room. The entrance comes suddenly. In the walls of the corridor, which resemble a rectangular tube (pipe), suddenly appear splits and cracks. The walls are not solid anymore, and finally, there are no walls at all, they are lying on the floor as simple boards. The viewer finds himself in a big bright space (regular gallery space) and feels like a person who walks into the daylight from a strange, painful dream.

Ninth Room. Through the door opposite to the left of the corridor, the viewer again enters the room where he started his jour-

Lo spettatore si trova in un grande locale illuminato (la normale sala di una galleria) e si sente come un uomo che si risveglia alla luce del giorno dopo uno strano e angoscioso sonno.

Attraversata la porta, opposta al corridoio da poco abbandonato, egli si trova di nuovo nella stanza dalla quale era cominciata la visita dell'installazione e qui ha fine il suo lungo e strano viaggio nel "Grande archivio".

ney through the installation and where his long and strange voyage to *The Big Archive* is finished.

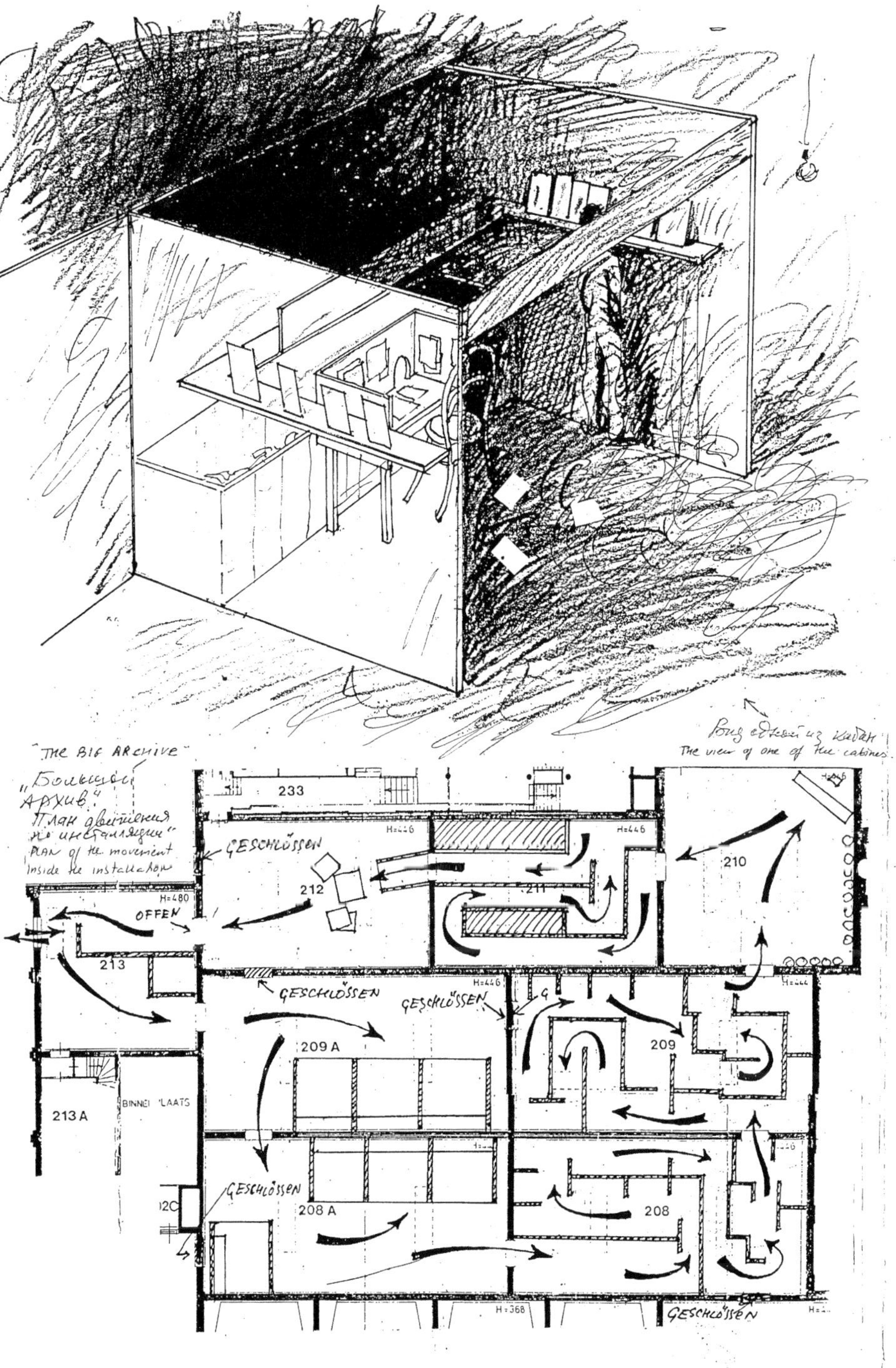

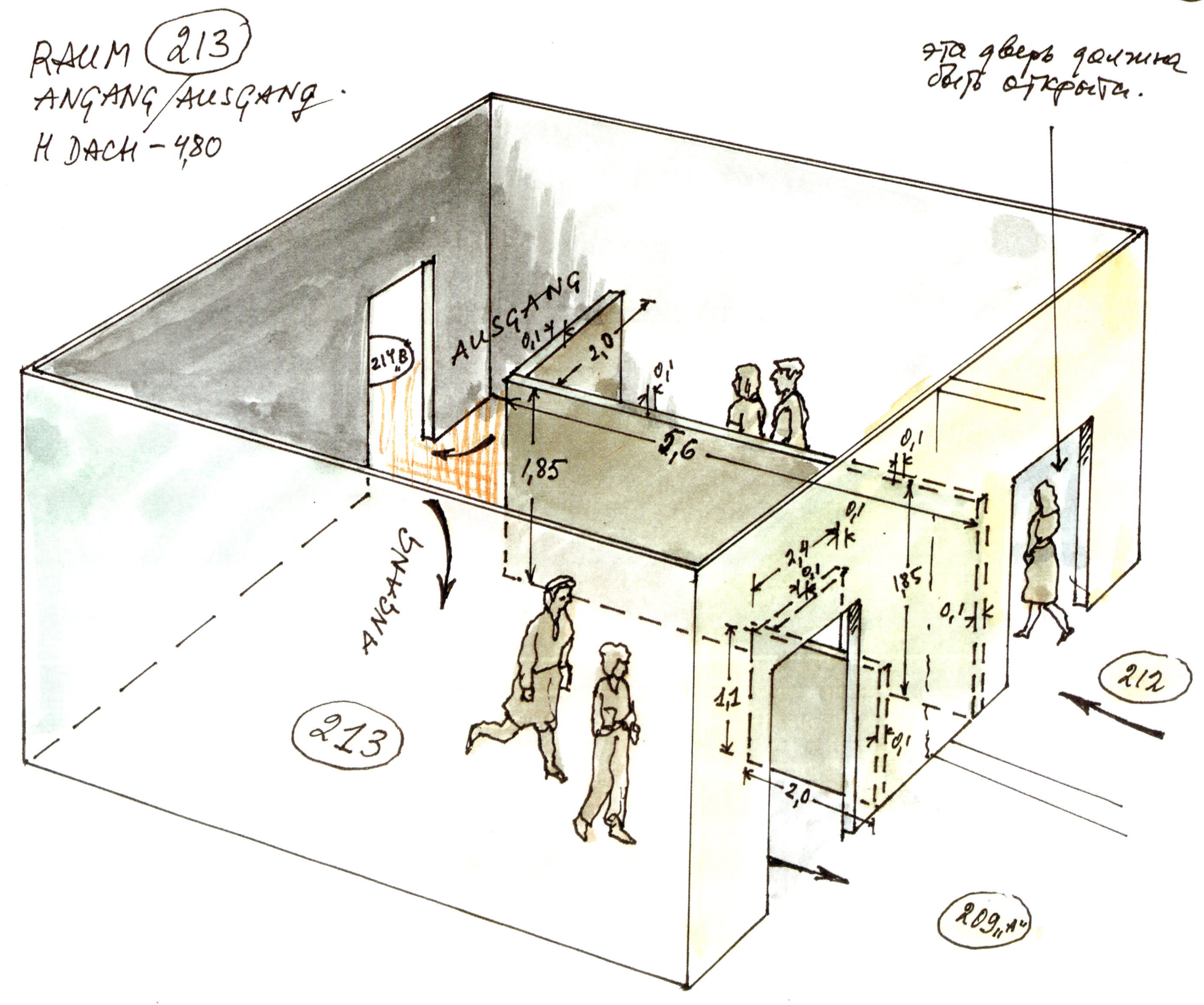

RAUM 213
ANGANG/AUSGANG.
H DACH - 4,80
эта дверь должна быть открыта.
214 B
AUSGANG
ANGANG
213
212
209 „A"
2,0
5,6
1,85
0,1
1,85
0,1
1,1
2,0
2,4
0,1
0,1
0,1
0,1

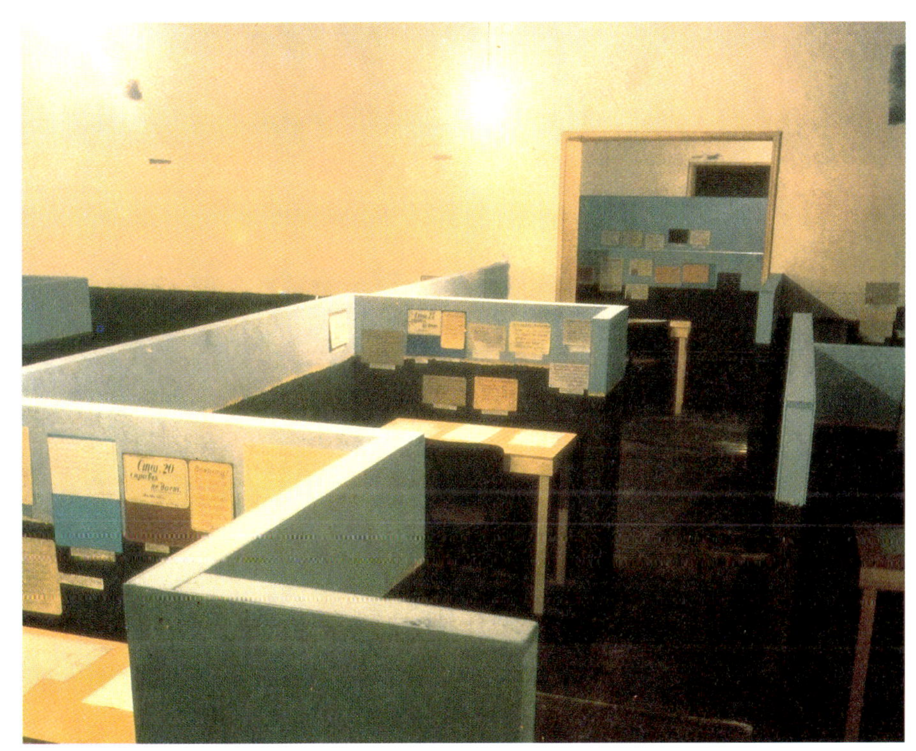

Секция „Е" „Музейная и образовательная" зоны.
Section "E" museum and educational zone"

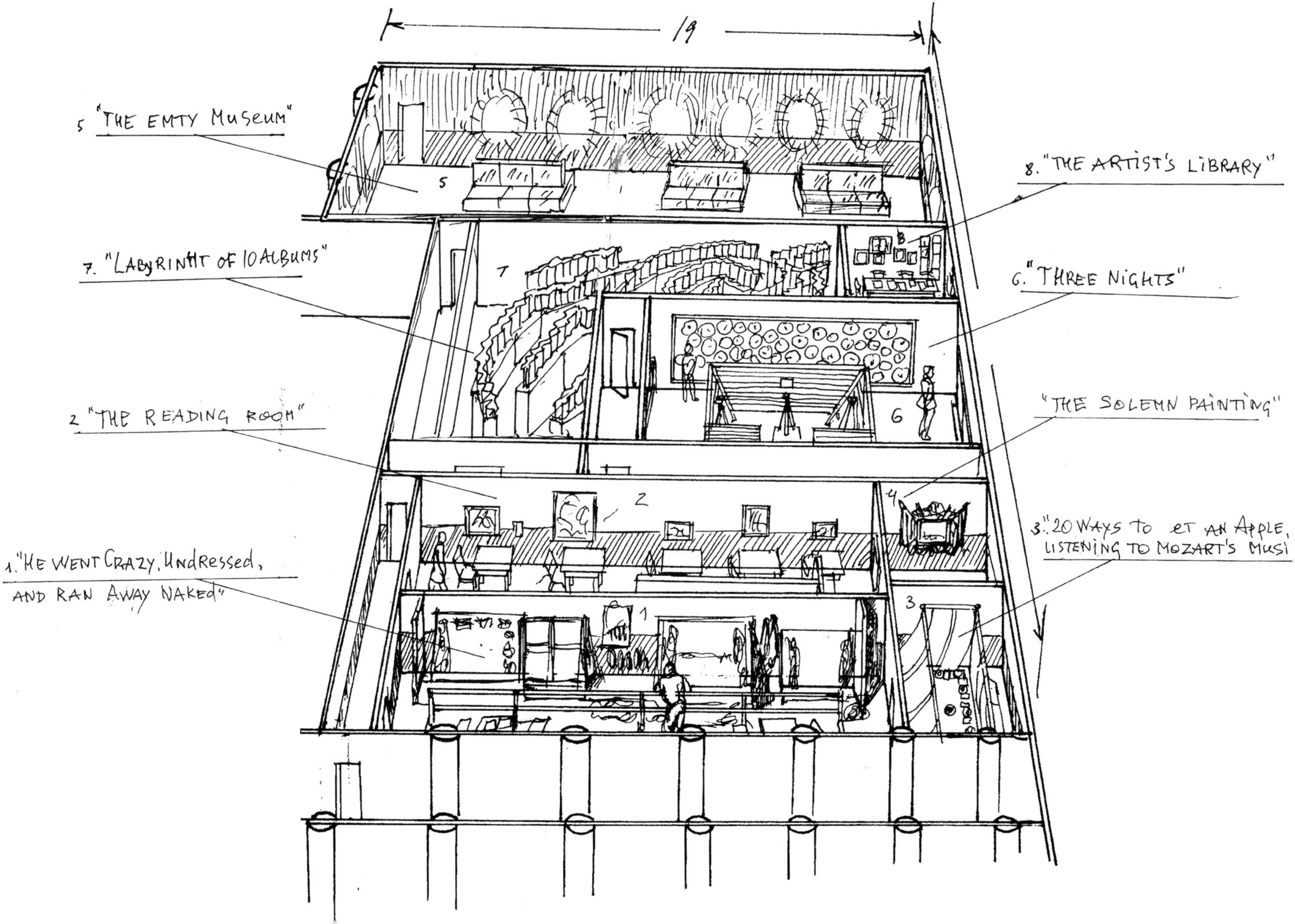

19

5 "THE EMTY MUSEUM"

8. "THE ARTIST'S LIBRARY"

7. "LABYRINHT OF 10 ALBUMS"

6. "THREE NIGHTS"

2 "THE READING ROOM"

"THE SOLEMN PAINTING"

1. "HE WENT CRAZY, UNDRESSED, AND RAN AWAY NAKED"

3. "20 WAYS TO ET AN APPLE, LISTENING TO MOZART'S MUSI"

La zona museale e dell'istruzione
The Museum or Education Zone

Sono compresi in questo rione: la sala di un museo, una sala di lettura, una biblioteca e altri luoghi ove trascorrere il tempo in attività "culturali".

In this neighborhood there are: a museum room, a reading room, a library and other places in which one spends time in "cultural" activities.

È impazzito, si è spogliato ed è fuggito via nudo

Descrizione dell'installazione
L'installazione occupa una intera parete, alta 2,8 metri. Inoltre essa si spinge sulle pareti laterali per 1 metro e 80 centimetri e occupa parte del pavimento, sul quale giacciono vecchi fogli di cartone e dove sono sparse alcune scatole, barattoli di pittura e altri rifiuti. L'insieme si presenta come parte di un interno piuttosto strano. L'intera parete è decorata con pannelli-affreschi, eseguiti su carta e raffiguranti soggetti tipici della propaganda sovietica sul tema "La vita felice che si è realizzata". Ci sono i pionieri in vacanza al mare, scorci di una casa in costruzione e un paesaggio della "città del futuro". Tutto è eseguito secondo lo stile del "realismo socialista", ma con poco zelo. Accanto a questi pannelli, addossati alla parete, ci sono dei grandi cartelloni bianchi con orari e piani di ogni genere, scritti a mano e con una calligrafia pulita, "da ufficio".

Dai chiodi piantati nei pannelli pendono calzoni, camicie, impermeabili ed altri vestiti; altri capi di abbigliamento sono appesi alle pareti oppure giacciono in disordine sul pavimento. L'insieme ha un aspetto caotico che richiama una catastrofe esistenziale.

Davanti all'installazione c'è una lunga barriera e, in primo piano, a destra e a sinistra, ci sono dei tavoli e qualche panchina. Sulla sinistra del tavolo c'è una tabella "per gli intellettuali" e, sulla destra, una per "gli uomini semplici". Su ogni tavolo ci sono dei documenti di vario contenuto rilegati a formare una gran numero di quaderni: "Sul concettualismo in Russia", "Cosa significa il "bianco" nei quadri", "A proposito di que-sta installazione". Tra gli altri testi, "Il racconto di Charitonov", che narra di un "eroe" che viveva in una stanza di rappresentanza e del perché egli "impazzì, si spogliò e fuggì via nudo".

Il racconto di Charitonov
(Il vicino d'appartamento)
Io non lo conoscevo molto bene, ma chi di noi sa bene qualcosa di un coinquilino dell'alloggio comune dove ci si incontra in cucina, in corridoio, ci si scambia qualche parola e si corre via... Una vita da cani... Nemmeno io lo conoscevo, lo vedevo soltanto... La sua stanza era accanto al ripostiglio, all'angolo del corridoio. Per quanto ricordi viveva da solo, qualche volta veniva a trovarlo un parente, un nipote di Vinnitza, ma non so precisamente da dove. Ecco perché tutto questo è accaduto, e in che modo è accaduto. Lavorava all'Ufficio alloggi competente per la nostra zona, che gli aveva assegnato quella stanza. Quali erano le sue mansioni? Sapeva fare un po' di tutto, lavorava per tutti, faceva, come si dice, il "galoppino" – era sempre al margine delle cose... Poi imparò in qualche modo a disegnare e a scrivere con bella calligrafia e allora cominciò a compilare per l'Ufficio alloggi gli annunci, gli slogan, i grafici, le modifiche d'orario... Nella cucina del nostro alloggio aveva scritto, con ordine, a chi toccava di portare via il secchio con la spazzatura e quando, a chi toccava il turno di andare al gabinetto, a chi di spazzare il corridoio... Aveva una bella calligrafia, una mano ferma, poteva scrivere un orario sulla lavagna senza fare sbavature, l'ho visto spesso con i miei stessi occhi porre queste lavagne in un

He Went Crazy, Undressed and Ran Off Naked

Description of the Installation
The installation takes up an entire wall (2.8 m high). It also pushes onto the side walls for one meter and eighty centimeters and occupies part of the floor where old pieces of cardboard lie and boxes, bottles of paint and other refuse are scattered. Altogether it looks like a part of a rather strange interior. The whole wall is decorated with panel-frescos, done on paper and figuring typical subjects of Soviet propoganda on the theme "The wonderful life that has been realized." There are pioneers on vacation at the seaside, foreshortened images of a house under construction, and a landscape of a "city of the future." It is all done according to the "socialist realism" style, but with little zeal. Next to these panels, leaaning against the wall are large white placards with schedules and plans of every type, written by hand and with a neat "office" calligraphy. From nails in the panels hang trousers, shirts, raincoats and other clothes; other items of clothing are hung on the walls or lie in disorder on the floor. It all has a chaotic look that recalls an existential catastrophe.

In front of the installation is a long barrier and in the foreground to the left and right are tables and a few benches. On the left of the table is a schedule "for intellectuals" and on the right is one "for simple men." On every table are documents of various content bound to make a lot of notebooks: "On Conceptualism in Russia," What Does White Signify in Paintings," Regarding This Installation." Among the texts is "Kharitonov's Story," which tells of a "hero" who lived in a delegation room and why he "went crazy, undressed and ran off naked."

Kharitonov's Story
(The neighbor)
I didn't know him very well, but then who does know anything very well about someone else living in our "communalka"? So we run into each other in the kitchen, in the hallway, you say a couple of words to each other and run on . . . it's a dog's life. I didn't know him very well either, I would see him. . . . His room was next to the bathroom near the corner of the hall. As far as I remember, he lived alone, a relative would visit him sometimes, a nephew from Vinnits, but I don't remember exactly. Why and how did this all happen with him? He worked in our ZhEK, that's where he got the room from, but what kind of work did he do? Well, he could do a little bit of everything, he was at everyone's beck and call, so to speak, ready to do anything. . . . Then he somehow learned how to sketch and write nicely and he began to write all the announcements, slogans, various schedules. . . In our kitchen he would write who was supposed to take out the garbage and when, whose turn it was to use the bath, to clean the hallway. . . . He had nice handwriting, his hand was steady, he could write the schedule on the board without a ruler – I saw it myself – he often put those boards in the corner in the kitchen and would write on them, he didn't have room for them in his own room.

Then he would transfer these boards to the "Red Corner" of the ZhEK. Last year he drew all of the agitational murals, slogans, and he gradually began to draw different scenes, landscapes from photographs, he sort of made himself an art studio there, he

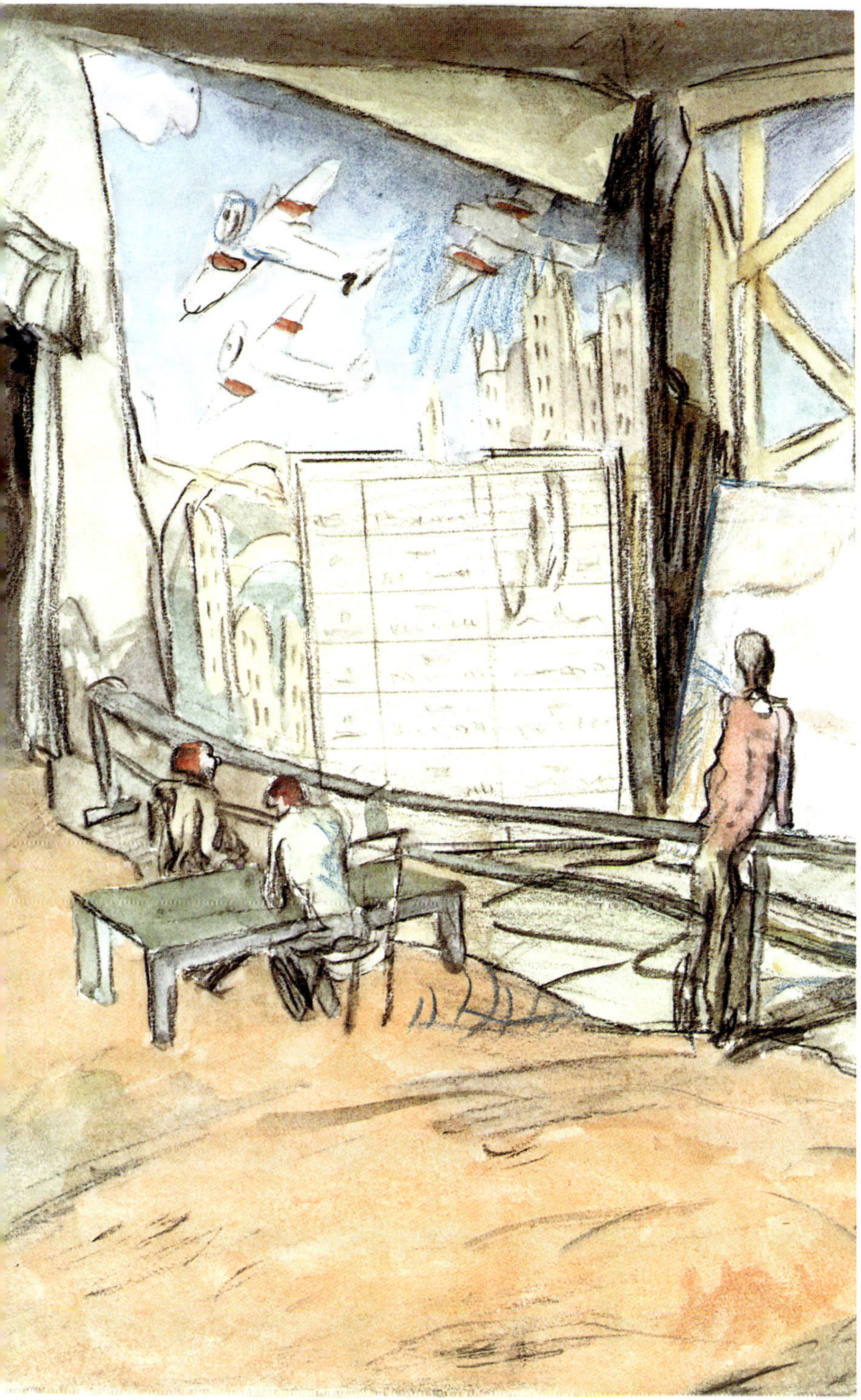

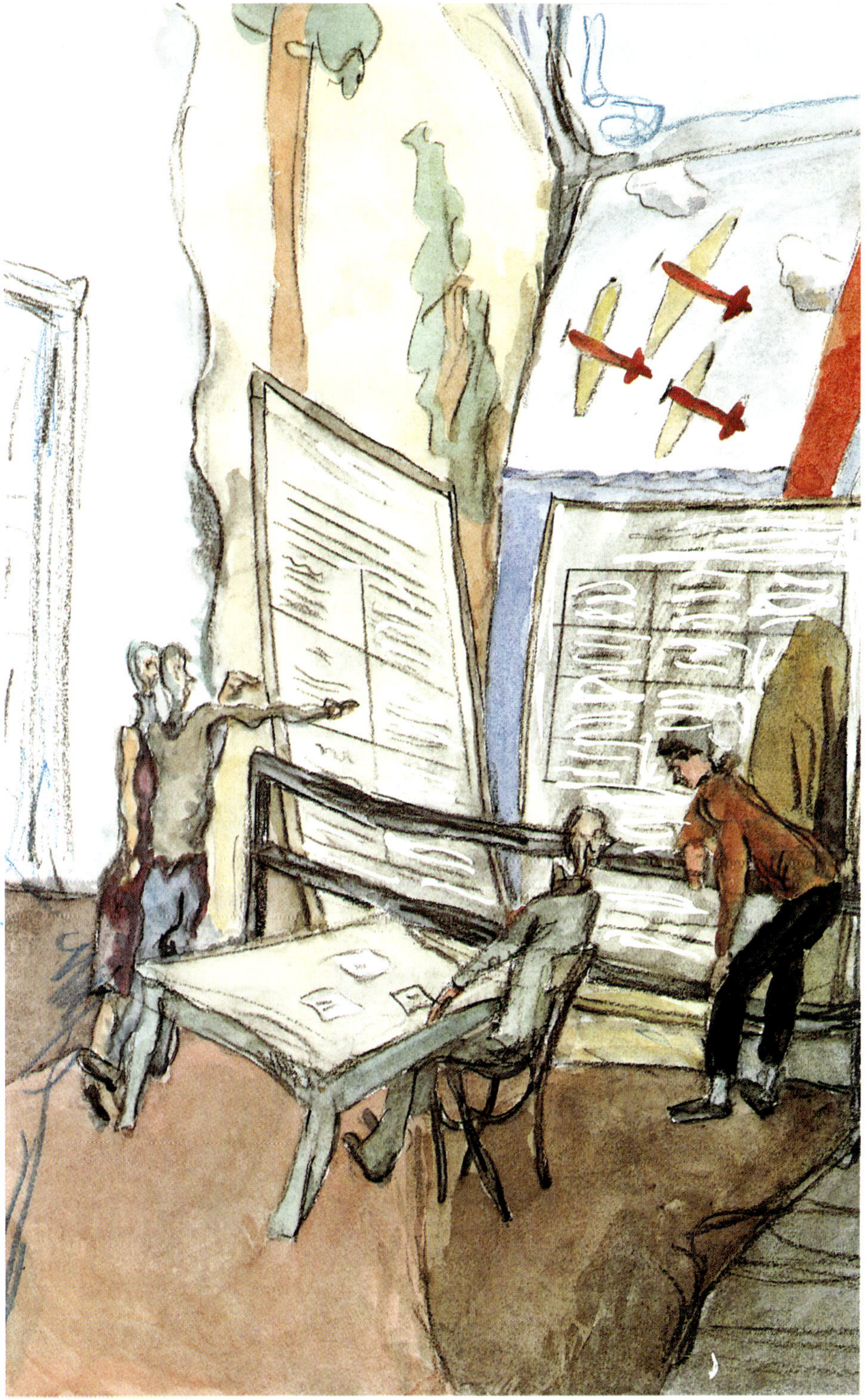

angolo della cucina e scrivere – nella sua stanza non c'era posto per le lavagne.

Poi trasferì queste sue lavagne nell'"angolo rosso" dell'Ufficio alloggi – l'anno passato ha fatto da solo tutti i pannelli agitatori, tutti gli slogan, e dopo cominciò zitto zitto a dipingere paesaggi, scorci presi dalle fotografie. Si era creato lì, nell'"angolo rosso", qualcosa che assomigliava ad un laboratorio di pittura. E aveva anche una chiave personale di questo "angolo".

...Ecco, era come se si fosse trasferito laggiù. Certo, il locale era più grande, ma era buio e senza finestre, c'era umidità, era un ampio seminterrato. Poi, un po' alla volta, cominciò a portare laggiù le sue cose e non si fece quasi più vedere nel nostro alloggio. Disegnava grandi quadri da parete con colori a olio e non più per l'Ufficio alloggi, ma "per sé" – forse immaginava di essere un artista e volle cominciare a fare qualcosa da esporre in una mostra vera, o almeno cercava di farlo...

Probabilmente era uscito leggermente di senno, per il fatto di credere di essere un artista o magari per la vita che conduceva nel seminterrato, nell'"angolo rosso", dove c'erano quadri dappertutto, e locandine e proclami. Ma forse anche per un altro motivo...

Su incarico dell'Ufficio alloggi aveva compilato un elenco che precisava chi doveva svolgere un determinato servizio e quando: quando spazzare il cortile, quando recarsi al lavoro volontario, quando andare in gita... Egli cominciò, così almeno io penso, a dimenticare chi gli aveva dato l'incarico di compilare l'elenco, e prese a fare tutto di sua iniziativa: dove e da chi andare, cosa fare... Ecco, questi ordini e queste disposizioni lo fecero andare fuori di senno, ma solo un po'. Cominciò a inventare egli stesso disposizioni, orari e ordini del giorno: da chi e dove recarsi, quale comportamento tenere... Molte di queste tavole io le ho viste con i miei occhi, le ho viste affisse alle pareti dell'"angolo rosso", – e già allora mi sembrò di capire che il nostro ex inquilino non era del tutto a posto. Ebbene, tutto si chiarì dopo, quando avvenne il fatto: tutto ciò che aveva indosso fu da lui appeso a questi suoi organigrammi, tutto fino all'ultimo paio di calzini. Dopo di che scappò via "come mamma lo aveva fatto": lo videro fuggire nudo per la strada.

Nel nostro alloggio, nella seconda stanza cominciando dalla cucina, vive un medico psicologo del policlinico. Fu lui a motivare la vicenda, la stessa sera in cui noi tutti ne avevamo parlato. Sulle lavagne, dove egli componeva i suoi "organigrammi", era scritto: "Da eseguire il 12 marzo" oppure "Lo eseguirò il 15 aprile". Evidentemente egli sentiva il "dovere" di fare una certa cosa ma non era riuscito a farla, ecco perché era uscito di senno. Ma perché non era riuscito a farla?

Doveva compilare degli elenchi e non li aveva compilati. Ecco la "colpa", e come dice il medico, per questo era uscito di senno – sul principio compilava gli elenchi per gli altri, poi ha cominciato a farli per se stesso e per questo motivo è crollato. Meglio sarebbe stato se avesse continuato a compilare comunicazioni e organigrammi su incarico degli altri. Tanto più che nel nostro alloggio nessuno aveva mai rispettato le sue disposizioni. Tutte le lavagne che lui aveva riempito di scritte erano rimaste vanamente in bella mostra nella nostra cucina. Da noi scoppiavano solo scandali e liti e tutti facevano a modo loro, nessuno leggeva né rispettava quelle disposizioni.

E nell'Ufficio alloggi nessuno si dedica al "lavoro volontario", nemmeno se riempi le pareti di disposizioni e di annunci – grida pure, che tanto fan tutti orecchi da mercante...

even had a key to that "corner."

. . . And so, it was as though he moved in there. It was a big place, but dark, without windows, and it was a bit damp, it was a big sort of half-basement. But he gradually moved all of his things there and rarely showed up in our apartment.

There he would draw large pictures for boards, with oil paints, and they weren't entirely for the ZhEK but sort of "for himself" – he probably imagined himself to be an artist, and began to draw for a real exhibit, to try . . .

This is what probably made him go a little soft in the head, he "lost his marbles" because he imagined himself to be an artist, and maybe it was because of life in that basement, in that "Red Corner," where there were portraits, posters, and proclamations all over the place, and it was really damp. . . . And maybe it was because of some other reason, I don't know.

At the orders of the ZhEK he wrote announcements about who was supposed to do something when: when the courtyard was to be swept, when we were to go to a *subbotnik*, when there would be an excursion. . . . And he began, I think, to forget who he was working for and started to write everything as he saw fit: who should go where, what they should do. . . . And he started to "lose it" on account of these orders and instructions, he started to make up all kinds of instructions himself, lists and schedules: who should go where, how they should live. . . . I myself saw a lot of these boards standing along the walls in the "Red Corner" when I dropped in there. At that time I already thought that he was a bit out of his mind. But then everything became clear later, when all this happened: he hung all the clothes that he had on his "schedules," everything down to his last socks, and ran off in his "birthday suit": he was seen running down the street completely naked.

A doctor-psychologist from the clinic lives in the room two doors down from the kitchen and he explained how this happened when we were all discussing it in the evening. On his boards where he had written his own "schedules," the following was written everywhere: "I must complete this by 12 March," or "I will finish this by 15 April." This meant that he felt that he "must" do something, but didn't, and this drove him crazy. It's as though these were orders and at the same time their pre-programmed non-fulfillment. And the doctor says that it is because of this "guilt" that he went crazy: at first he wrote instructions for others, then he started to write them for himself, and this is what did him in. It would have been better if he had just continued to write instructions for others. And by the way, no one ever does anything here. And all those schedules were hanging in our kitchen for nothing: there were only scandals all the time, it didn't matter, everyone did as they pleased, no one read these orders.

And in the ZhEK, too, no one ever came out to the *subbotniks*, even if you covered the entire wall with announcements – what was the point, no one would come anyway

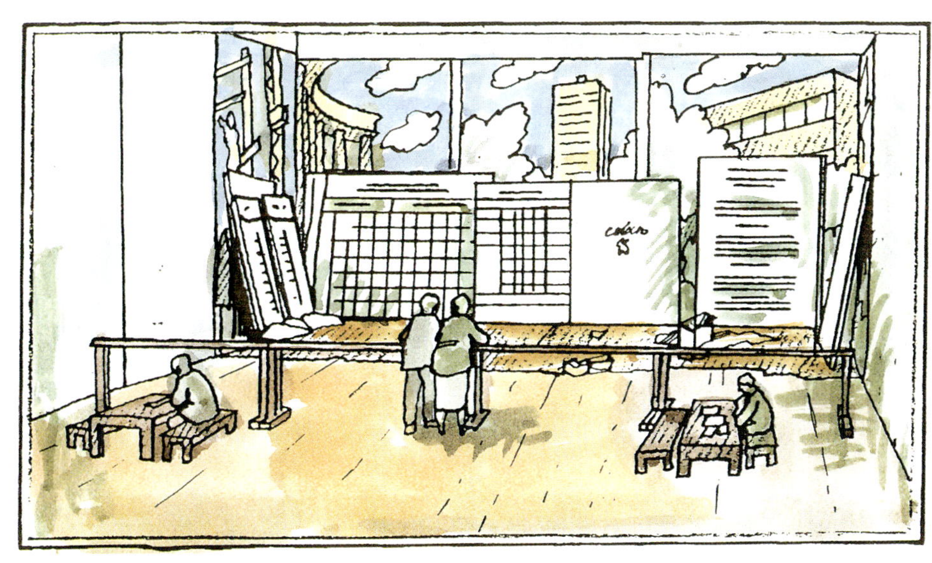

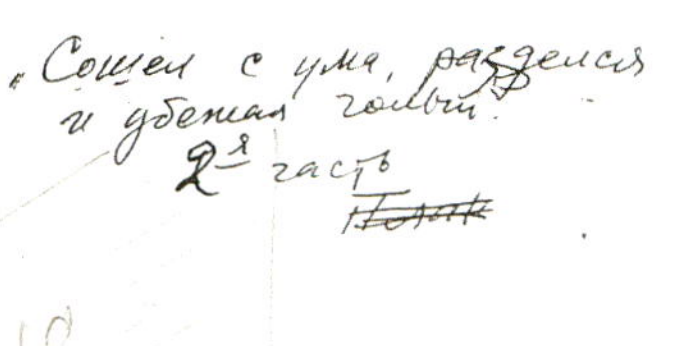
«Сошел с ума, разделся
и убежал голым».
2-я часть

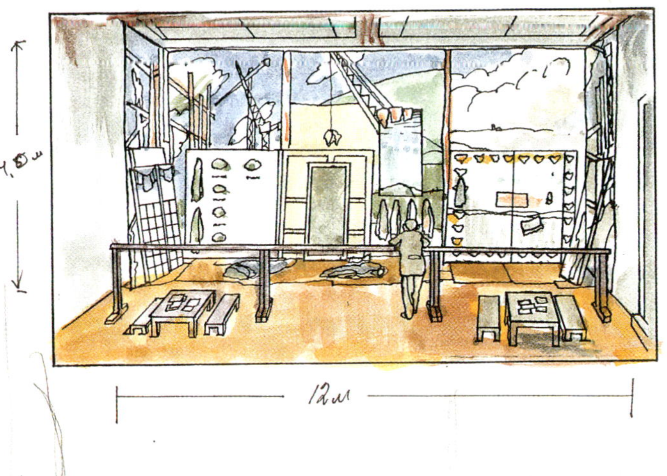
4,0 м
12 м

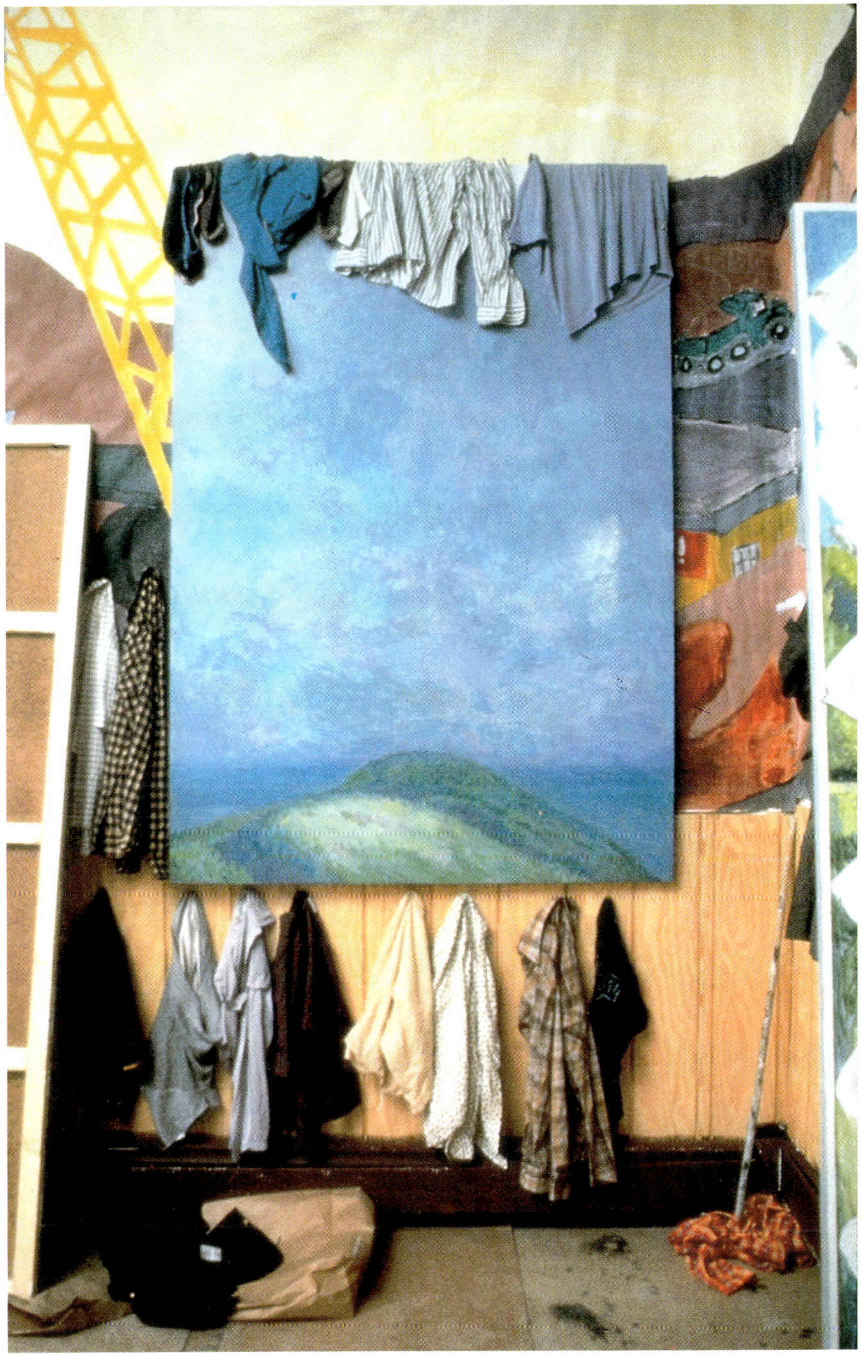

La sala di lettura

Descrizione dell'installazione

L'installazione riproduce le sale di lettura di una biblioteca russa, o meglio, di una biblioteca della provincia russa. Le pareti sono dipinte di grigio chiaro e nella loro parte bassa, fino a un metro di altezza, con pittura "lavabile" di colore verde; il "rivestimento" verde corre monotono lungo le pareti, tra le porte, e prosegue in tutti i locali della biblioteca. Le sale sono divise tra loro da tende di panno color marrone: questo perché ovunque, in ogni singolo spazio, sia rispettato il silenzio e la riservatezza, perché il lettore non si distragga e rimanga sempre concentrato.

In ciascuno di questi locali, separati e isolati, ci sono i tavoli per la lettura, che non sono come quelli che si vedono nelle sale "comuni" delle biblioteche, dove ci si siede dietro a lunghi tavoli, gli uni accanto e di fronte agli altri: questi sono come i tavoli delle sale riservate al lavoro "scientifico" specialistico. Sono tavoli singoli, per una sola persona e sono disposti lungo le pareti piuttosto lontani gli uni dagli altri – in questo modo "non ci si disturba" a vicenda. Appeso al muro in corrispondenza di ciascun tavolo c'è un quadro. Tanti sono i quadri, tanti i tavoli. I tavoli sono di legno chiaro; anche le sedie sono di legno e dello stesso colore.

In mezzo alla sala c'è un tavolo un po' più lungo degli altri e un mobile che ricorda nella forma una cattedra tutta particolare. Io non mi sono sbagliato quando all'inizio ho detto che si tratta di una biblioteca di provincia, ma per essere più precisi circa l'epoca, dirò che l'"azione" si svolge negli anni Sessanta-Settanta, quando ancora non si sentiva parlare di computer e l'intero "apparato di consultazione" era fatto di volumi, di cataloghi cartacei, di fascicoli ecc. Il tavolo lungo con i pannelli divisori, che ricorda i tavoli degli uffici postali, è destinato alla più svariata letteratura di consultazione e ai "periodici".

La "cattedra", posta trasversalmente al tavolo, è sostanzialmente anch'essa un tavolo, solo un po' più alto, e contiene i cataloghi, i vocabolari, i programmi che hanno un rapporto più generale, "fondamentale", con le tematiche "scientifiche" di questa sala: chiunque può alzarsi e utilizzare questo materiale.

Solitamente sulle pareti di una sala di lettura è collocata una ben nota produzione artistica, adeguata al luogo: quadri o incisioni. Il significato di questa produzione è quello di garantire all'attività che si svolge nella sala la massima concentrazione e produttività, creare uno sfondo per certi aspetti solenne e comunque neutrale che non distolga dal fine principale che porta qui le persone e fa loro trascorrere lunghe ore in silenzio: la lettura di un libro.

Ma nel caso della nostra installazione l'accento è posto proprio su questa "produzione": gli oggetti più importanti sono i quadri disposti sulle pareti; l'impressione visiva che dà la sala – se non si considerano i tavoli e le sedie – è quella di una normale sala d'esposizione in un museo qualsiasi o in una qualsiasi grande galleria d'arte. Inoltre la mostra nel suo insieme si configura come una retrospettiva assolutamente rigorosa delle "opere" non di un "artista-personaggio" convenzionale – che attribuirebbe anche all'intera esposizione un significato

The Reading Room

Description of the installation

The combination of an exhibition dwelling and a reading room produces a rather strange, but very interesting impression. On the one hand, viewers see paintings on the walls, and they walk around this space as though they were in an ordinary gallery or museum. But something forces them to be more reserved, quieter, to lower their voices when they speak. This is the presence in the entire space of the hall of people sitting at the tables, intensely reading texts. These people who are sitting still *themselves along with the paintings* form a unique live installation and because of them the space is filled with silence.

The viewer actually really feels that he is in a "reading room" where there are tables with reading people arranged along the walls along the entire perimeter of the hall, the atmosphere of a library reigns around anyone who finds himself here. What arises is a unique connection between the viewer reading and the one who is still just standing (if all the tables are occupied): a unique presence of a mystery – he will now find something out about this painting, and I haven't done so yet – and this creates a completely special state of tense silence reigning in this place.

This atmosphere spreads beyond the bounds of the halls of paintings as well, into the "corridor" where there are drawings, albums, screens and objects. The air of the "reading room" is present everywhere where the wandering viewer can see in the field of his vision a "figure of a person studying at the table." It's as though everywhere, no matter where he turns, there is a sign: "Please be quiet!" And, of course, there is yet one more component of the installation that affects the viewer automatically, that forces him to be tense and to "be quiet." This is the vertically hanging dark curtains that conceal the entrance into each of the halls. The presence of this "out-dated" circumstance magnifies the reality of the staging of the "fake" library, and simultaneously, it adds significance, even a special solemnity to the paintings exhibited here.

Concerning the question posed above as to whether the paintings serve as illustrations to the texts lying on the tables, or do the texts elaborated to enormous sizes serve as commentaries, where the paintings serve merely as a "starting point" for them: the answer is contained in the proposed second part of this exhibit, in the book titled *The Text as the Basis of Visual Expression.* The title, as they say in such cases, "speaks for itself."

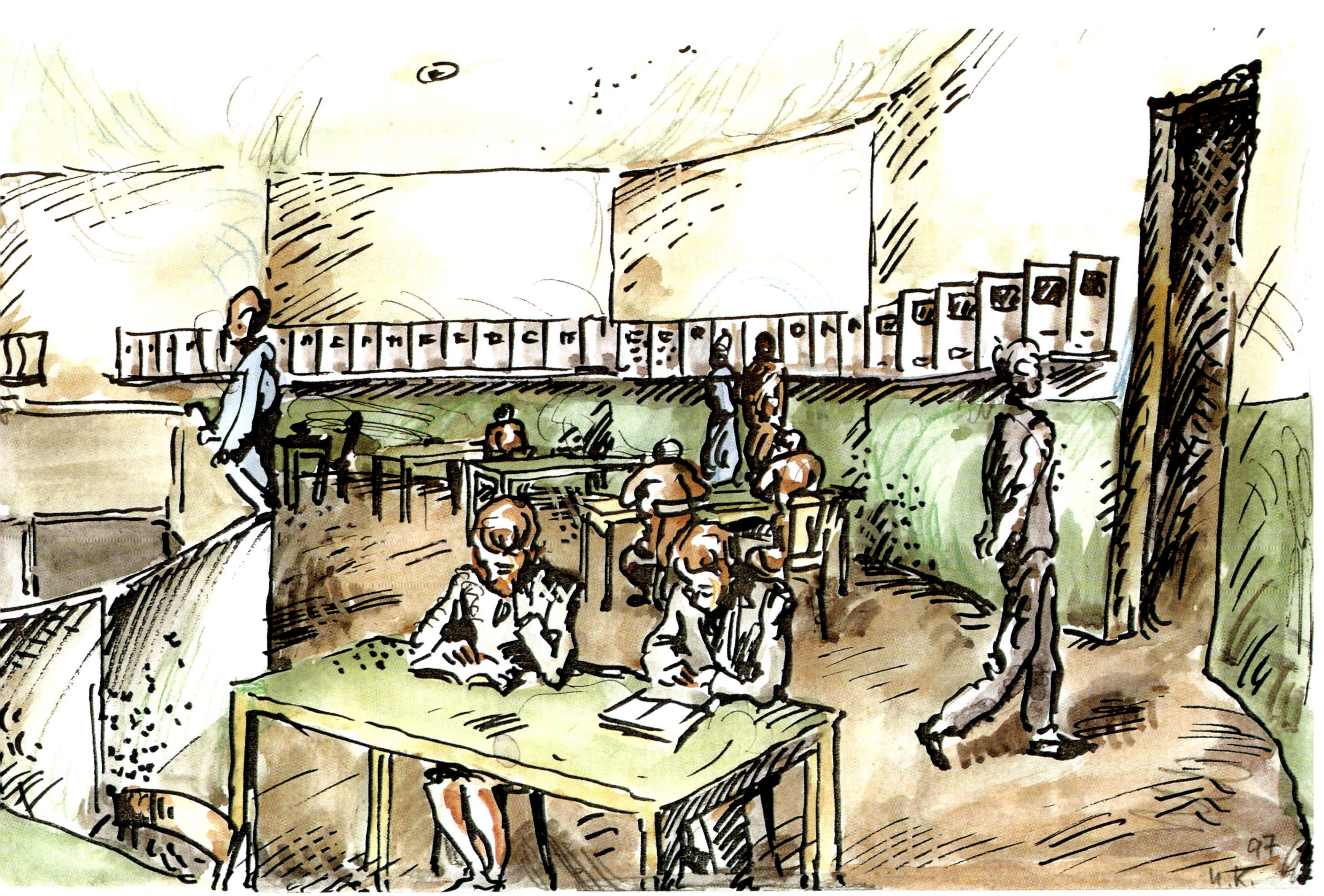

affatto convenzionale – ma di un autore profondamente "realista", che ha fatto tutto con la massima serietà.

Ma dov'è il legame tra i quadri e i disegni eseguiti nel passato, quadri e disegni assolutamente autonomi, indipendenti gli uni dagli altri, e la "sala di lettura" dove tutto questo trova la sua collocazione? E ancora: cosa hanno in comune una retrospettiva di quadri e di disegni, che costituiscono una normale produzione visiva, e l'enorme quantità di testi che giacciono sui tavoli, sul tavolo lungo per la "consultazione" e sulla "cattedra"?

E chi è "importante" in questa coppia: gli oggetti plastici oppure gli oggetti verbali? I modelli visivi servono forse ad illustrare i testi oppure i testi aiutano solo a capire, a completare gli oggetti visivi, che anche senza quelli potrebbero esistere in modo affatto autonomo? E qual è in generale il rapporto esistente tra i diversi generi che nel passato sono stati individuati con tanto successo e, pare, per sempre?

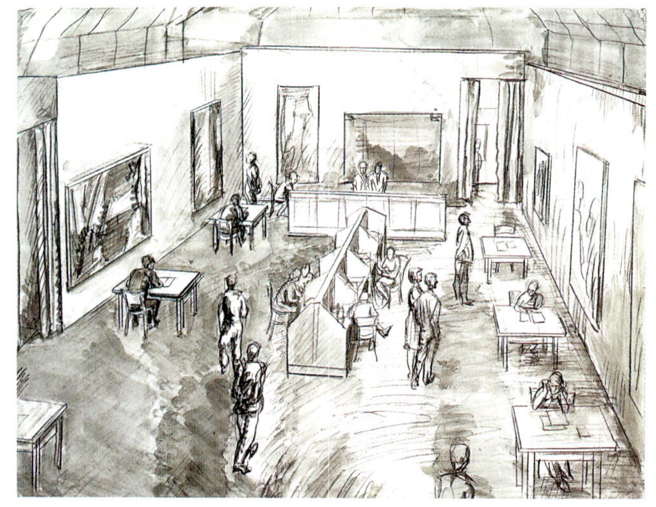

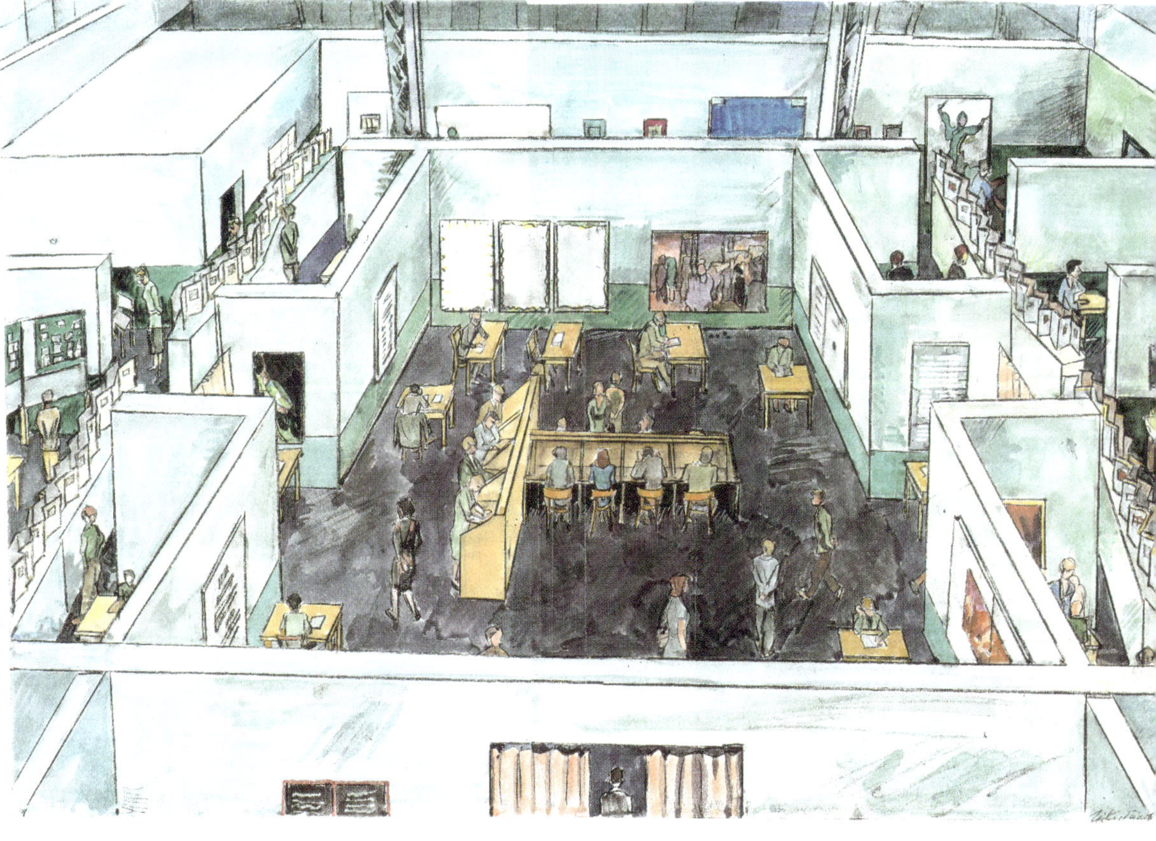

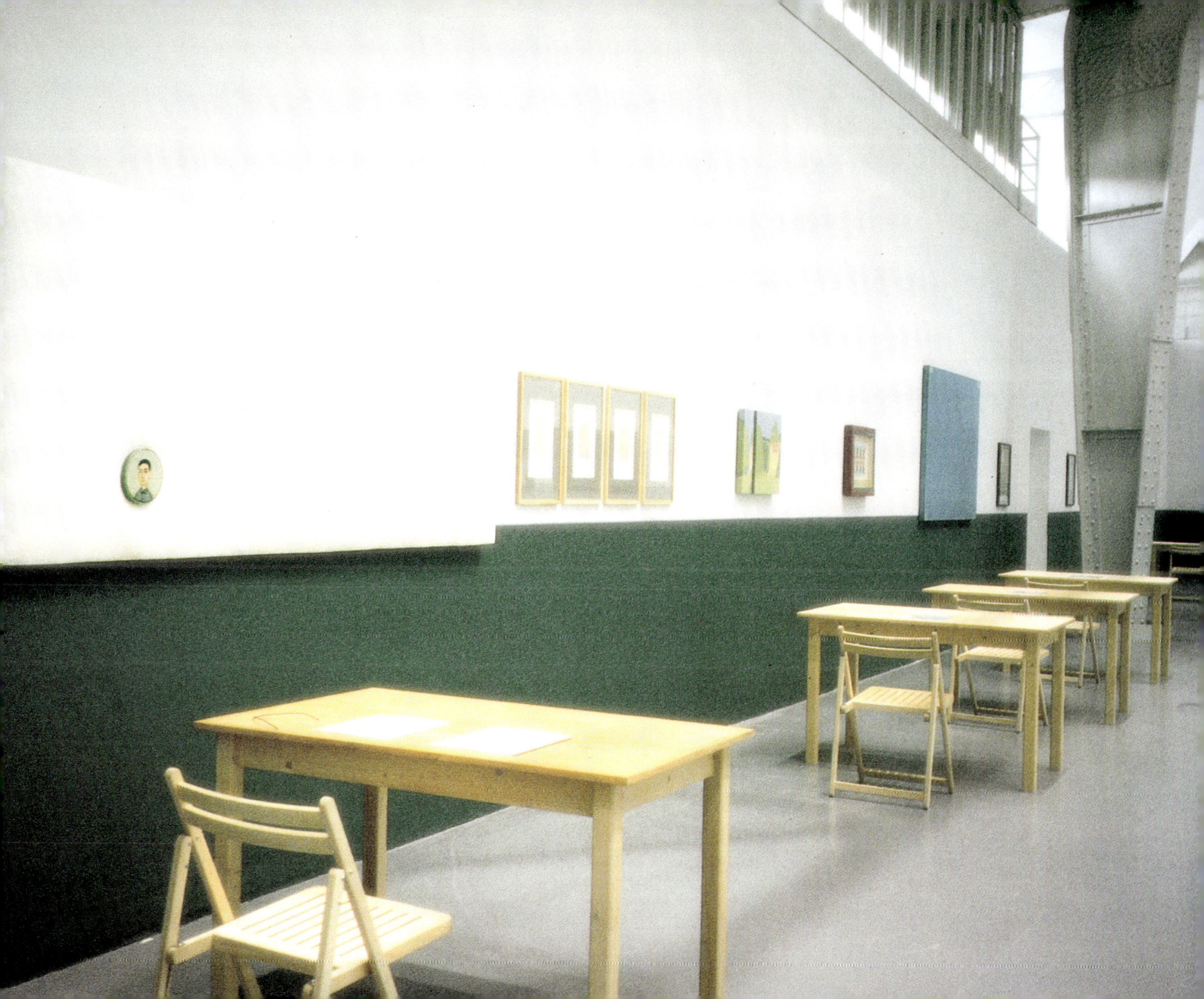

Venti modi per procurarsi una mela ascoltando la musica di Mozart

Descrizione dell'installazione
Entrando nel locale della galleria, lo spettatore si trova davanti un enorme tavolo che occupa una superficie sproporzionatamente ampia della stanza: a disposizione dello spettatore rimane solo uno spazio esiguo, che egli può percorrere solo strisciando lungo le pareti. Il tavolo è coperto da una tovaglia bianca e ai quattro lati sono disposti in fila i piatti e le posate; sulla sinistra di ogni piatto c'è un disegno e sulla destra un testo. Proprio nel mezzo del grande tavolo c'è un piatto con una mela, posizionato in modo tale da non poter essere raggiunto da nessuno dei suoi quattro lati. Tre grandi pannelli – ciascuno ricoperto di tessuto bianco su entrambe le facce – sono appoggiati ai tre lati della stanza, dipinta di bianco. In questo modo nel locale tutto è bianco, il bianco è il colore principale di questa installazione. Per ogni coperto – nell'installazione ce ne sono venti – c'è una sedia (possibilmente di legno e dal disegno semplice). Nella stanza si sente una musica di Mozart: è una delle sue composizioni per pianoforte, una musica lieve e limpida. Questa è la descrizione visiva e "musicale" dell'installazione. Ora passiamo alla descrizione dei disegni e dei testi che sono sul tavolo e che lo spettatore deve leggere e analizzare uno dopo l'altro aggirando il tavolo in senso orario.
Nei testi che si trovano alla destra del piatto viene spiegato "come" raggiungere la mela. Questo "come" è ogni volta diverso e inatteso. C'è a questo riguardo un grande "ventaglio" di possibilità, una diversa dall'altra. Le possibilità possono essere filosofiche, linguistiche, magiche, tecnologiche, psicologiche, politiche ecc. Ogni "come" è descritto nei più minuti particolari e con grande serietà e in un certo senso tutto l'insieme – i 20 "come" – può essere considerato una piccola enciclopedia di tutti i modi possibili di "appropriazione" – che esclude naturalmente il più semplice e comunque inaccessibile: allungare la mano e prendere la mela. I disegni che si trovano sulla sinistra servono ogni volta da illustrazione e da commento visivo ai testi.
Tutto l'insieme dei testi e dei disegni ha un aspetto serio e saccente, mentre le pareti e le tende bianche, l'illuminazione e la musica diffusa attribuiscono all'installazione un tocco ludico, festoso, ironico.

Twenty Ways to Get An Apple Listening to the Music of Mozart

Description of the installation
Entering the gallery dwelling the viewer sees an enormous table occupying a disproportionate space in the room: only a narrow space is left for the viewer to get around it, flattening himself against the wall. The table is covered with a white tablecloth, along all four sides there are plates and silverware arranged in a row, a drawing lies to the left of each, a text lies to the right. Exactly in the middle of the table is a plate with an apple lying on it; it is placed in such a way so that it is impossible to reach it from any side of the enormous table. Three large boards are standing along the three walls of the room, painted white, and half of each board is covered on both sides with white material. Hence, everything in the place turns out to be white; white is the main color of the installation. At each place setting – there are twenty in the installation – there is a chair (preferably wooden with a simple pattern). The music of Mozart, light and transparent, can be heard in the room, one of his piano pieces. Such is the visual and "aural" description of the installation.
Now we shall turn to a description of the drawings and texts on the table which, one after another, should be read and examined by the viewer, who moves in a circle from left to right "clockwise" around the table. The texts lying to the right of the plates tell about and explain a "way" to get the apple. Each time this "way" is new and unexpected. Here is a large "fan" of diverse possibilities: philosophical, linguistic, magical, technological, psychological, political, etc. Each way is described in extraordinary detail and very seriously, and in a certain sense, all of this taken together – all twenty ways – represent a small encyclopedia of all possible ways of "appropriation" – except, of course, the most simple and inaccessible way: to grab it with your hand and take it. The drawings lying on the left of the place settings in each case serve as an illustration, a visual commentary on these texts.
All of this, both the text and the drawings, have an extremely serious and profound appearance, but the very atmosphere of the installation – the white walls, the white curtains, the lighting in the installation and the music resounding in it – impart to all of this a nuance of playfulness, festivity and irony.

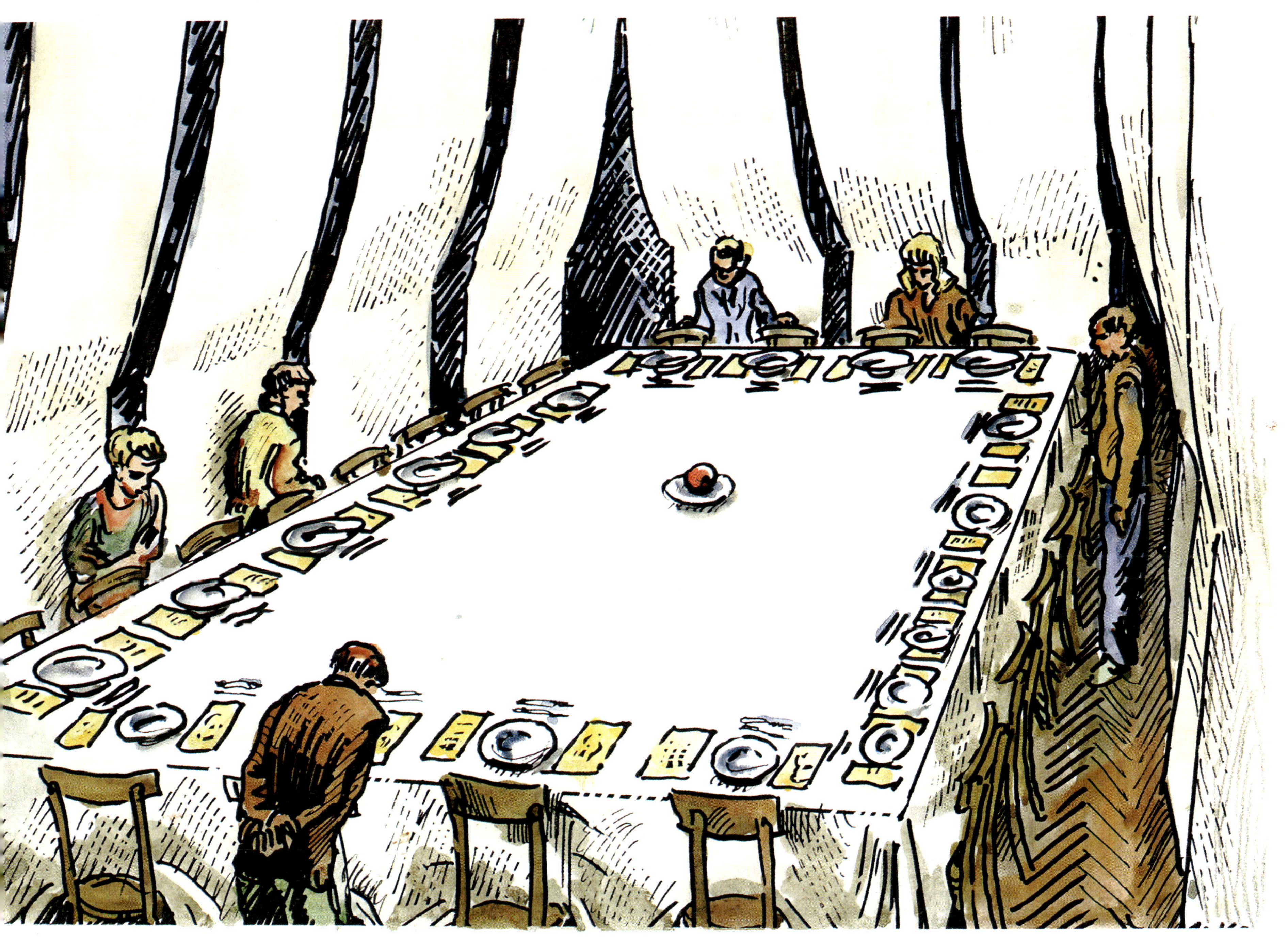

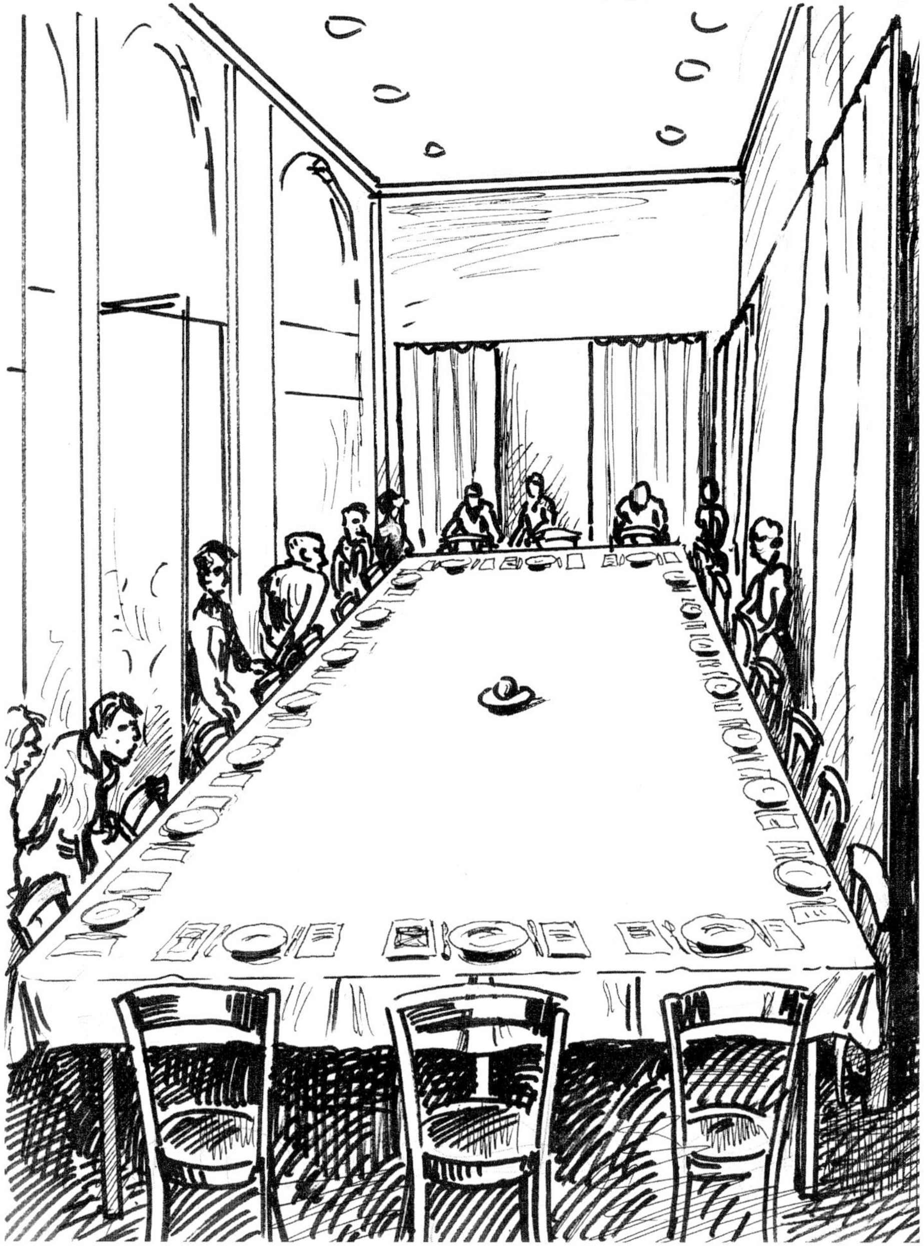

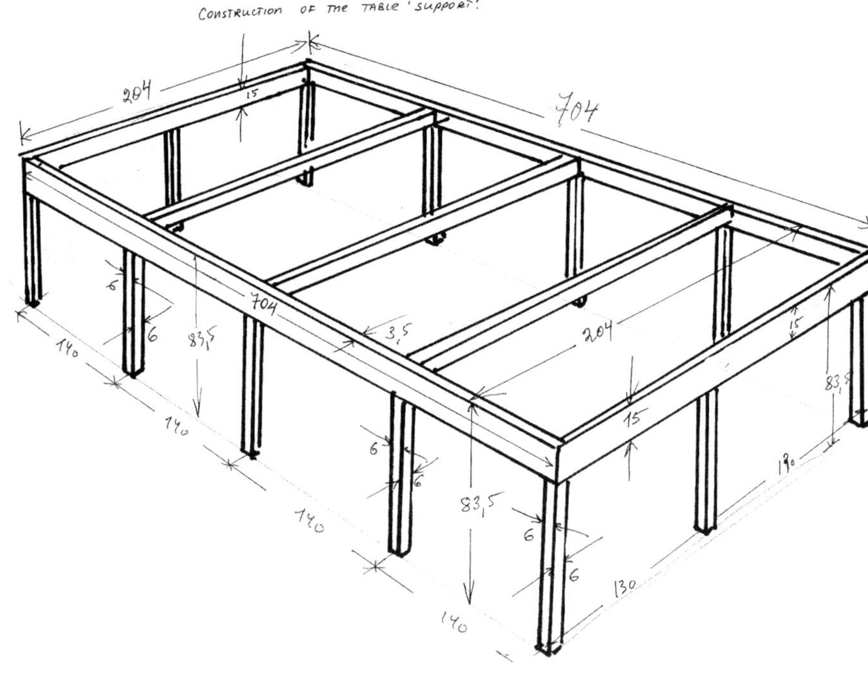

CONSTRUCTION OF THE TABLE 'SUPPORT'.
204
704
15
704
204
6
6
83,5
140
3,5
15
140
83,5
6
6
190
15
6
130
140
6

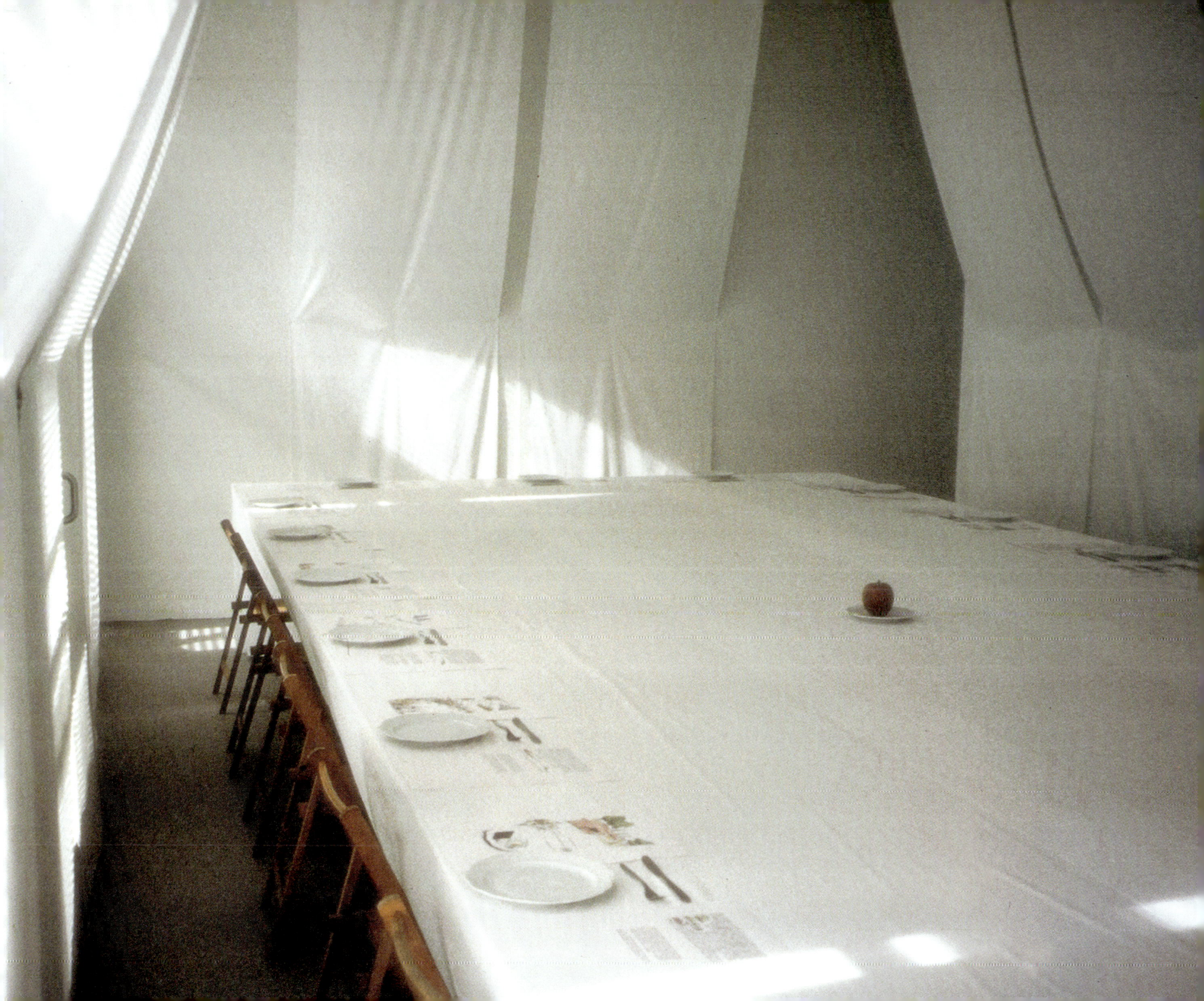

Un quadro solenne

A Solemn Painting

Descrizione dell'installazione
Da tempo io mi diletto a dipingere con i colori a olio e lavoro sul paesaggio russo. Raffigurare la natura, guardare cioè le macchie di alberi e la campagna fin nei loro più remoti recessi, oppure il fiume lontano, dove io sono volato con tutta. la mia anima, è per me altrettanto importante che raffigurare rilevanti avvenimenti storici. Ma da tempo io ho notato che per i quadri a soggetto storico e per i ritratti si scelgono cornici molto più belle, più solenni e imponenti di quelle che adornano i paesaggi, anche se splendidi. Questa ingiustizia toglie nobiltà alla pittura paesaggistica, la pone in una posizione affatto marginale nella storia dell'arte. E quanto acquisterebbe, invece, anche il più semplice scorcio della natura se avesse una veste ricca e solenne! E come attirerebbe l'attenzione del visitatore e dello specialista! Non è escluso che, in questo caso, tale scorcio potrebbe trovare collocazione nel posto più importante di una delle sale centrali di un'esposizione! Non per nulla si dice: "L'abito non fa il monaco"

Description of the installation
I have been interested in oil painting for a long time, I am working on a Russian landscape. For me, depicting nature – a view into the depths of a glade or fields, or a river scene, where my very soul soars – is no less significant than the depiction of an important historical event. But I noticed long ago that for paintings with historical subjects or portraits, frames are made that are much more beautiful, solemn, and simply more respectable than those made for landscapes, even the most beautiful ones. This injustice diminishes landscape painting, places it in the position of the unloved daughter in the history of art. But, oh, how even the most modest little corner of nature, if presented in a rich, fancy frame, would begin to function and immediately attract the attention of both the viewer and the connoisseur! It is even possible that in this case it could even be placed in the most important place in one of the central halls! The expression "one is judged by appearance upon meeting, but by one's mind upon parting," is not groundless.

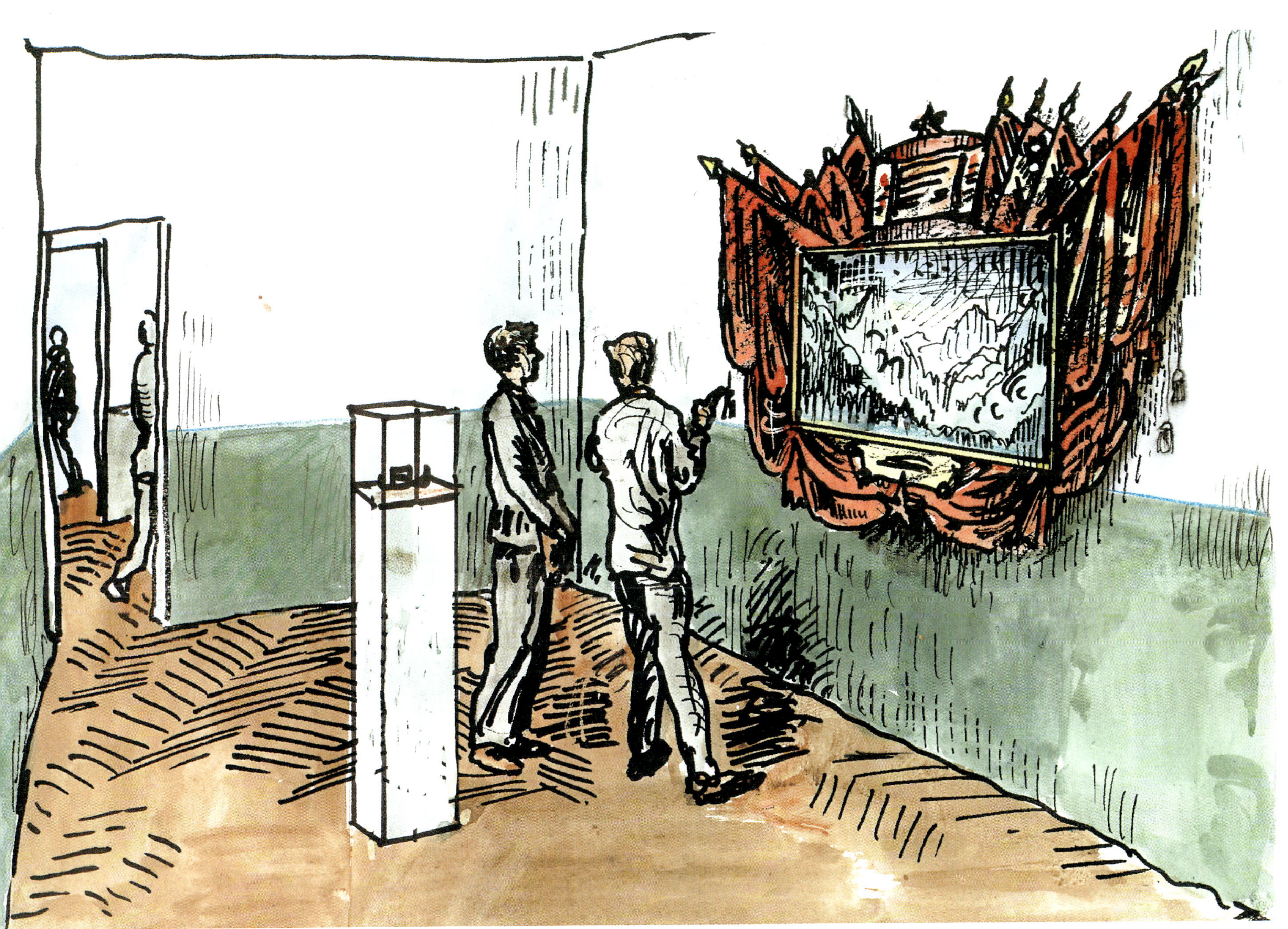

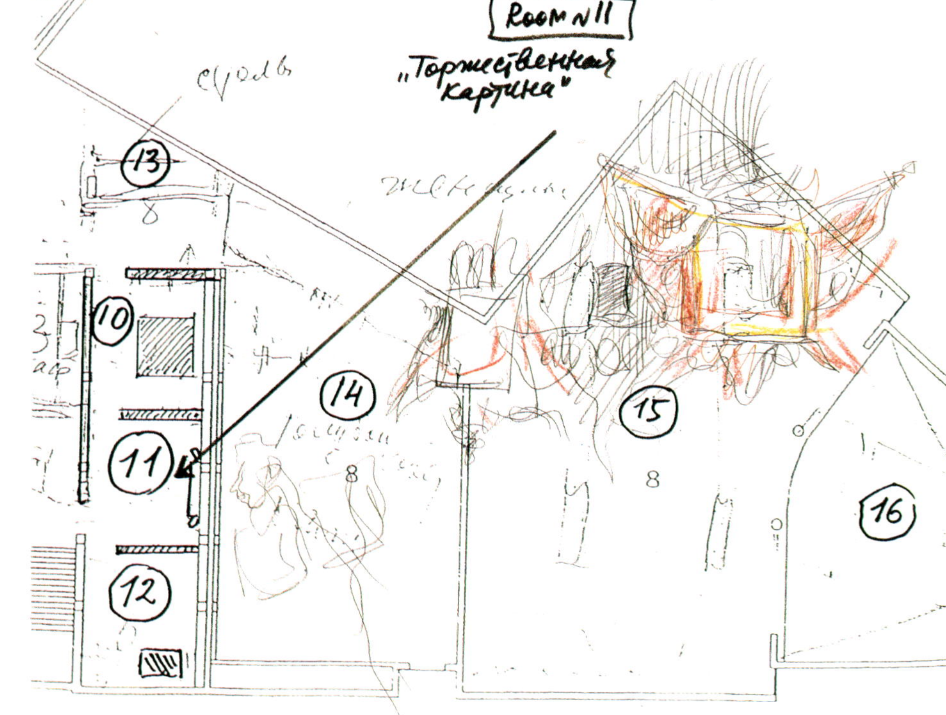

Палата N°

Я давно увлекаюсь масляной живописью работая над русским пейзажем. Для меня изображение природы, взгляд в глубину рощ или полей, или речной дали, куда улетаю я всей душой — не менее значительно, чем изображение важных исторических событий. Но я давно заметил, что к картинам исторических сюжетов или портретам делаются рамы гораздо красивее, торжественней, просто солиднее, чем к пейзажам даже самым красивым. Эта несправедливость унижает пейзажную живопись, ставит её в положение нелюбимой дочери в истории искусства. А как бы заиграл даже самый скромный уголок природы, заключенный в торжественное богатое оформление, как сразу обратил бы он на себя внимание и зрителя и знатока! Не исключено, что в этом случае его могли бы поместить на самое главное место в одном из центральных залов! Не даром говорится: "По одежке встречают, по уму провожают."

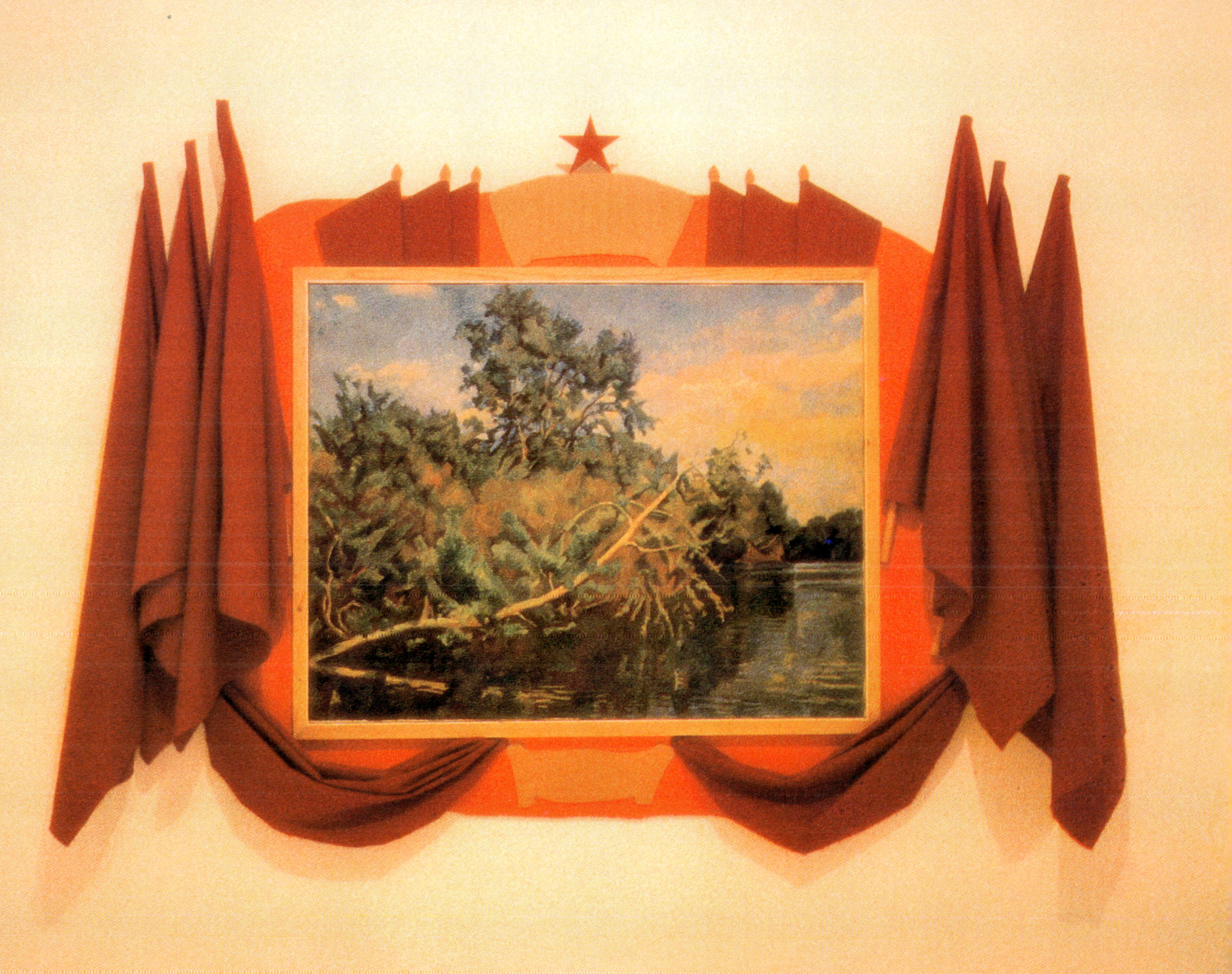

Il museo vuoto

Descrizione dell'installazione

L'installazione "Il museo vuoto" ricostruisce lo spazio di un "classico" museo del passato: le pareti sono dipinte di rosso scuro, lungo il soffitto e intorno alle porte corre una modanatura dorata, bassi rivestimenti di legno ricoprono le pareti. Al centro della sala ci sono due comodi divani da museo. Sulle pareti non ci sono quadri. Al loro posto ci sono delle macchie ovali di luce indirizzate da plafoniere, dodici in tutto. Nella sala si diffonde alta la musica maestosa della passacaglia di Bach eseguita all'organo. La musica si diffonde e riempie lo spazio vuoto della sala rettangolare del museo, risuonando come in una sala di conservatorio o in una chiesa. Il registro alto, solenne della musica e il suo significato rituale si accordano perfettamente alla sala antica e immersa nella penombra. Con i suoi divani neri, i suoi ori antichi e le sue modanature regge bene il confronto con una sala da concerto, un conservatorio, una cattedrale. Ma particolarmente inaspettato e allo stesso tempo naturale appare il legame tra la musica che risuona e le macchie ovali di luce sulle pareti. Se qui ci fossero, incorniciati, i quadri antichi di gusto classico, questo effetto inatteso ma armonioso non si sarebbe manifestato. La ragione di questa evidenza è facilmente comprensibile e spiegabile: gli ovali di luce sulle pareti evocano le finestre, le splendenti vetrate di una cattedrale quando il sole illumina, "acceca" con i suoi raggi queste finestre. Ma c'è una seconda ragione che ha, a nostro giudizio, un fondamento più sottile, si può dire psicologico. La presenza, la necessità della musica nel "museo" è subito spiegabile e si lega direttamente alla mancanza di quadri alle pareti: questo vuoto trova il suo naturale e immediato rapporto con la musica che riempie lo spazio. Nella sala c'è una *totale* assenza di quadri ma anche una *totale* pienezza dovuta alla musica. E, ripetiamolo, si tratta di una musica dello stesso ordine – classico, tradizionale e maestoso – dei quadri che avrebbero potuto figurare su queste pareti.

Questa sostituzione, questo cambio inatteso di una forma d'arte con un'altra, che stupisce per la sua natura paradossale, non ha per lo spettatore una "funzione" minore. Egli è in grado, come ha dimostrato l'esperienza della lunga durata della vita di questa installazione, di restare per molto tempo seduto in silenzio, immerso allo stesso tempo nell'ascolto e nella contemplazione.

Con questa descrizione ho voluto semplicemente indicare che lo scambio tra quadro e suono è assolutamente possibile. Tuttavia non saprei trarre da ciò alcuna conclusione che potrebbe dar luogo all'elaborazione di una teoria.

The Empty Museum

Description of the installation

The spatial atmosphere of an old "classical" museum is recreated in the installation *The Empty Museum*: dark red walls, golden molding under the ceiling and around the doors, low wooden paneling around all the walls. There are two comfortable "museum" couches in the middle of the room. But there are no paintings hanging on the walls; instead, there are oval spots of light produced by spotlights aimed here. There are twelve such illuminated ovals in the entire space. Bach's ceremonious organ *Passacali* resounds rather loudly in the space, filling the entire rectangular museum hall, as it might resound in a conservatory, or more precisely, even in a church space. The style of the music is loftily ceremonious, ritualistic – it corresponds well and naturally to the old, even somewhat gloomy hall. The image is easily accessible, and such a hall with its dark seats-couches, the old gilding and wooden panels, turns out to be on the same level with a concert hall, a conservatory and a church. But particularly unexpected and yet at the same time naturally perceived is the connection between the resounding music and the oval spots of light on the walls. If classical old paintings were to be hanging on the walls in these places, this unexpected but harmonious effect would not occur. The reason for this "naturalness" is easy to explain and understand: the ovals of light on the walls are easily associated with windows, the shining stained-glass windows in a church when the sun hits, "blinding" with its rays. But the second reason has, it seems to us, a more subtle, one might say, psychological explanation: the presence, the necessity of the music in the "museum" is explained directly by the absence on its walls of paintings; this emptiness on the walls has a direct and natural connection to the filled space of the museum. There is a complete absence of paintings in the hall, but it is completely filled, to its very edges, with music. Moreover, it should be repeated, that this is the very same, great, traditional, classical content that the paintings that could be hanging there might have.

This unexpected substitution, the replacement of one form of art by another, although it is surprising in its radicalness, nonetheless "worked" for the viewers, who could sit silently for a very long time, submerging into parallel listening/contemplating (this was demonstrated by the experience of the lengthy existence of this installation). In this protracted description I merely wanted to show the possibilities of such a substitution – of paintings by sound – but not to draw specific conclusions and accompany them with theoretical interpretations.

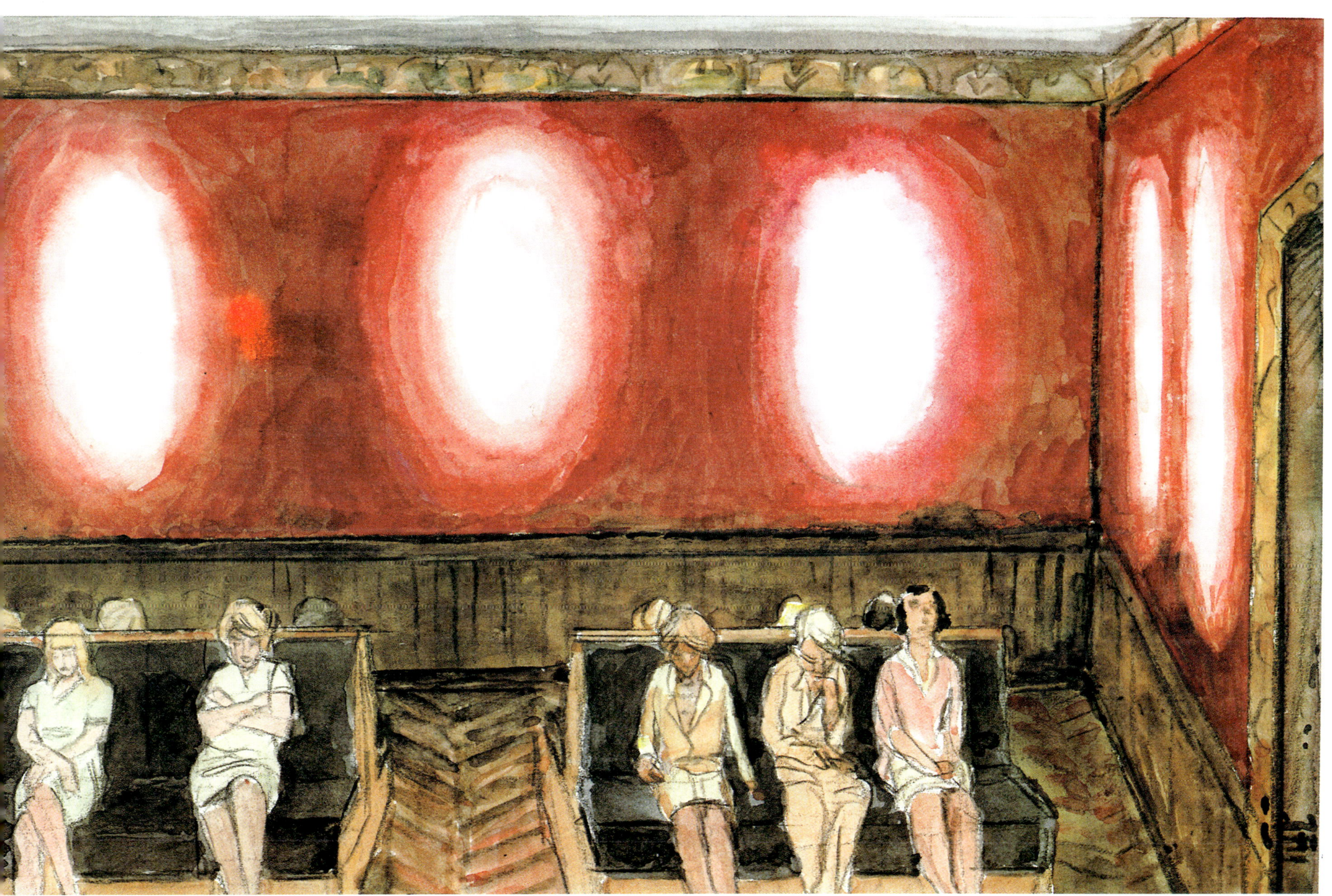

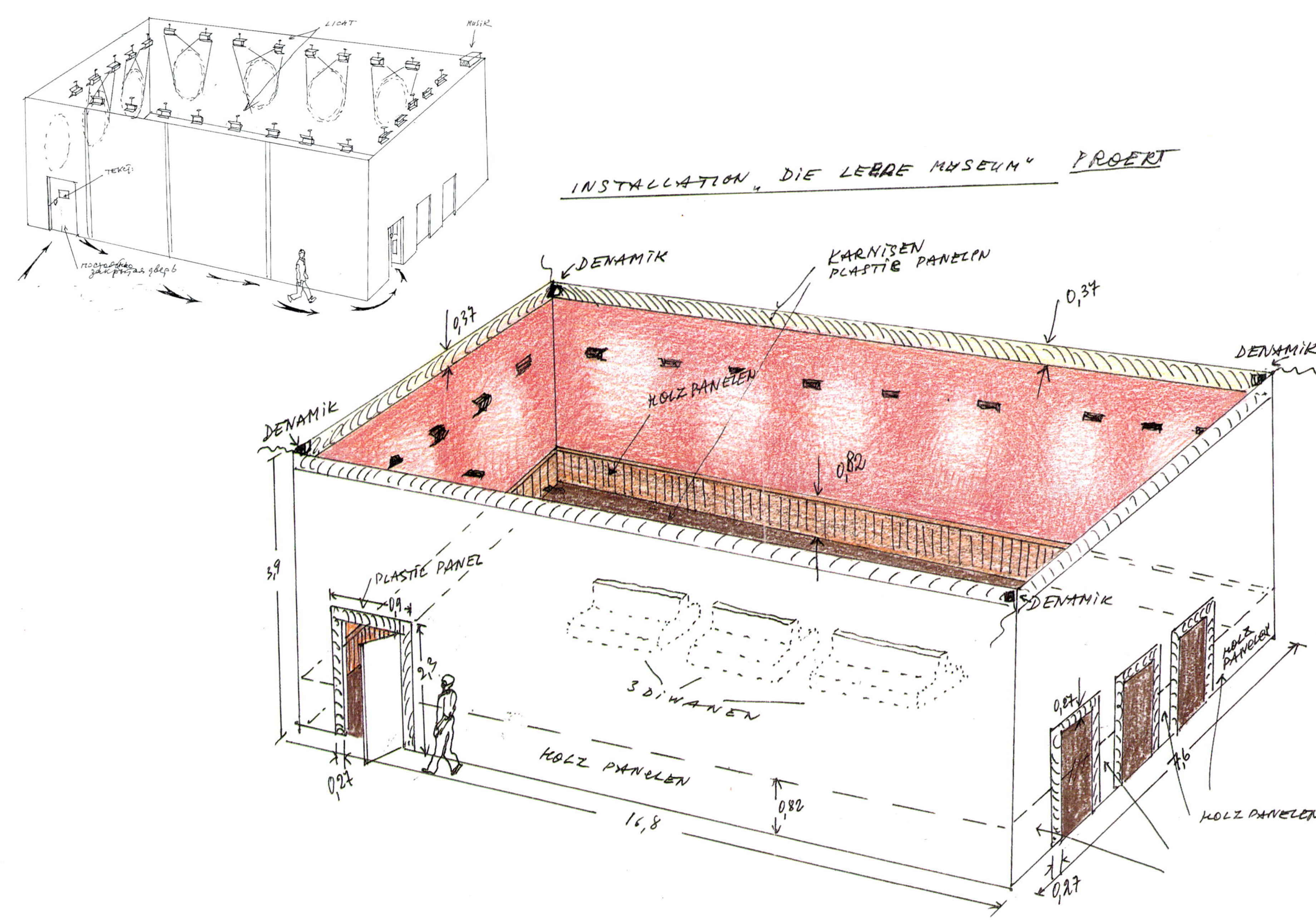

LICHT IN INSTALLATION
LICHT
MUSIK
TEKCT
постоянно закрытая дверь
INSTALLATION „DIE LEERE MUSEUM" PROEKT
DENAMIK
KARNISEN PLASTIC PANELEN
0,37
0,37
DENAMIK
DENAMIK
HOLZ PANELEN
0,82
DENAMIK
PLASTIC PANEL
0,9
3,9
2,2
3 DIWANEN
0,27
HOLZ PANELEN
HOLZ PANELEN
0,07
7,6
16,8
0,82
1k
0,27

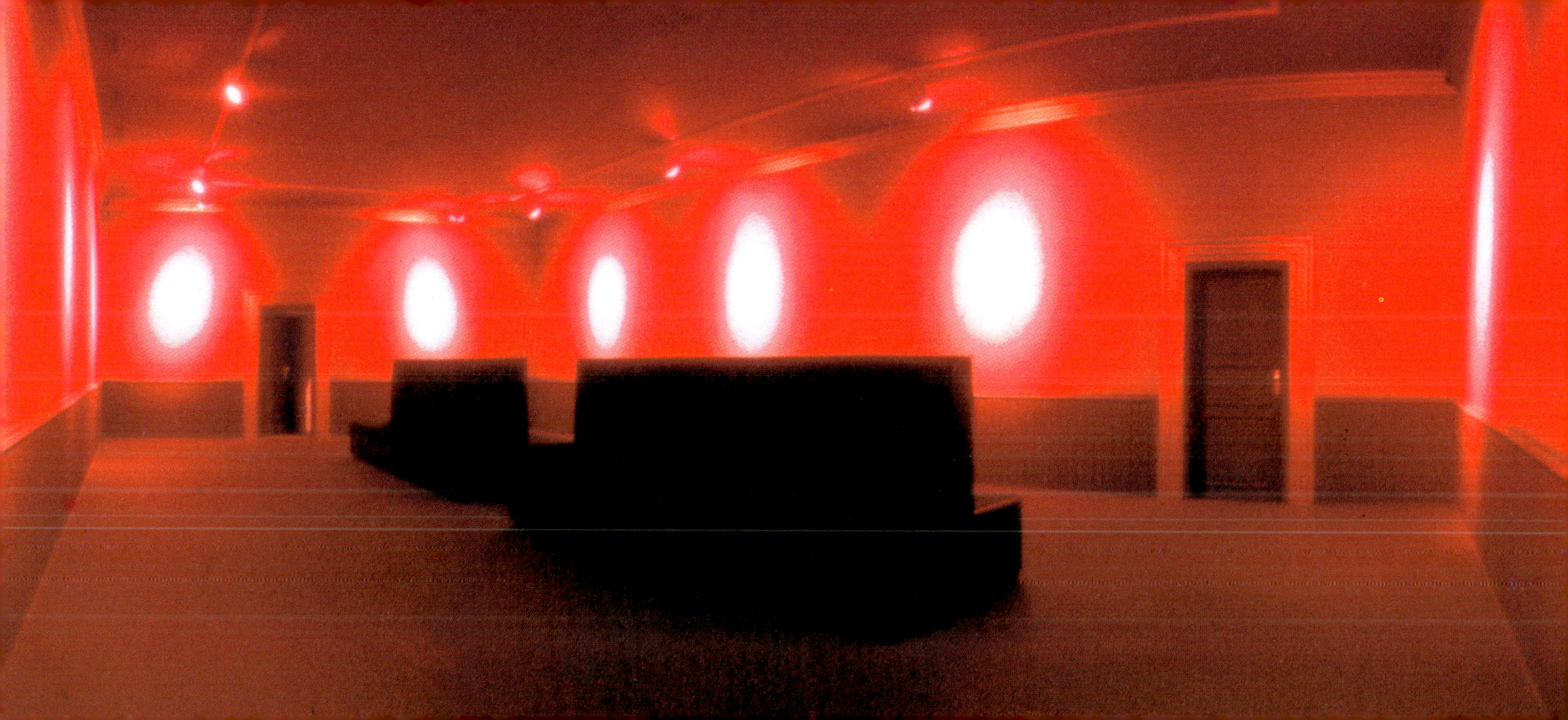

Tre notti

Descrizione dell'installazione

Un locale ampio e alto (12x8x6 metri). Su tre delle sue quattro pareti ci sono tre quadri, uno per parete. Sulla parete di sinistra c'è un quadro verticale (226x368 cm), su quella di centro un quadro orizzontale (590x224 cm) e sulla parete di destra un altro quadro orizzontale (808x320 cm). Ma non ci sono né il titolo, né la firma dell'autore; non si conosce quindi né la loro denominazione, né il nome di chi li ha dipinti. Siccome per eseguirli è stata usata la vernice, si può supporre che siano stati dipinti molto molto tempo fa. Tutti e tre i quadri raffigurano la notte.

Sul primo, quello verticale, la notte, a somiglianza di un nero sipario, si apre dal centro verso i lati e nello spazio luminoso che appare si vedono molte persone che camminano; ma sono raffigurate dall'alto, come a volo d'uccello, così che sono visibili solo le spalle, le teste, i nasi.

Nell'angolo inferiore sinistro del secondo quadro è dipinto un grande scarabeo sopra una foglia verde. L'intero quadro è quasi nero – è notte. Sul lato inferiore del quadro e per l'intera sua lunghezza, sulla "notte", sono trascritti con calligrafia uniforme e accurata dei versi infantili, più precisamente dei versi per bambini.

Nel terzo quadro è raffigurato un cielo notturno costellato di stelle. Nel centro dorato chiaro di ciascuna stella c'è un oggetto di uso domestico – una tazza, un piatto, un tritacarne –, ogni stella ha il suo oggetto.

Al centro della stanza c'è uno spazio delimitato da tre pareti, al cui interno il visitatore può muoversi liberamente. Su ciascuna delle tre pareti, ad altezza d'uomo, c'è un foro quadrato e, davanti, un binocolo nel quale il visitatore può guardare. Sulla parete di fronte c'è un testo esplicativo da cui si viene a sapere che su ognuno dei tre quadri, prima di essere esposti, in diversi punti avevano cominciato a comparire piccole figure di omini bianchi. Ad occhio nudo però è impossibile riuscire a distinguere questi omini, li si può vedere solo per mezzo del binocolo.

Il testo nell'installazione

Nel 1978, nella pinacoteca di Voronov, esaminando uno dei tre quadri dal titolo comune "Tre notti" (i quadri furono acquisiti dal museo nel 1938 ma non fu possibile stabilire né l'identità dell'autore né la loro originale denominazione; il titolo "Tre notti" è pertanto convenzionale), nella sua parte superiore furono casualmente individuati alcuni particolari che prima di allora non avevano attirato l'attenzione di nessuno. Erano delle figure di omini bianchi, non più alti di un centimetro.

Si pensò che anche sugli altri due quadri potessero trovarsi le stesse creature. In realtà, un esame attento dei quadri "La notte n. 2" e "La notte n. 3" confermò questa supposizione, che fu fissata in fotografia in quello stesso autunno del 1978.

All'esame dei quadri eseguito nel 1982 la posizione delle figurine bianche fu rilevata spostata di quaranta centimetri rispetto alla posizione originaria. Da allora l'esame delle figurine è continuato ininterrottamente e la loro nuova posizione è stata protocollata.

2 gennaio 1985
Il vicedirettore della pinacoteca di Voronov
Il segretario scientifico (Ignat'ev)

Three Nights

Description of the installation

It is a large and high dwelling (12 x 8 x 6 m). There are three paintings, one on each of the light-yellow, almost white walls. A vertical painting (368 x 226 cm) hangs on the left, a large horizontal one (224 x 590 cm) is in the center, and on the right of it is also a horizontal one (320 x 808 cm). There is neither a name nor an inscription either on the paintings themselves or near them. It is not clear what they are called or who did them. But the method of *Lasierung* was used in their preparation, so it seems that they could have been made a long time ago. Night is depicted in all three paintings. In the right, vertical painting, night separates the space at the sides, similar to a black curtain. In the opening – the light space – many people walking are visible, but sort of from above, from a bird's-eye-view, and so only the shoulders, heads and noses can be seen.

In the second painting, there is a large beetle sitting on a green leaf in the lower left corner, while the entire space of the painting is almost black – night. Children's verses, or rather verses for children, are written in neat handwriting along the entire length of the lower edge, on top of the "night."

In the third painting is depicted a night sky covered with stars; there are household articles (a cup, a plate, a meat-grinder) in the light-golden middle of each star; each star has its own object.

There is a partition built from three walls in the center of the room, and the viewer can freely enter it. There is a square hole in each of the walls at eye-level; binoculars through which the viewer may look are placed opposite the hole. On the front part of the partition there is an explanatory text, and the same kind of text next to each hole. It follows from the explanations that figures of little white people began to appear in different places on each of the three paintings, even before they wound up at the exhibit. But it is impossible to see them on the surface of the painting with the naked eye, they are visible only through the binoculars.

Text in the Installation

In 1978 in the Voronezh Picture Gallery during an examination of one of the three paintings by the common name *Three Nights* (the paintings arrived in the Museum in 1938, and it has been impossible to establish either the name of the artist or the genuine title of the works; the title *Three Nights* was given conditionally), details were accidentally discovered in its upper part that until that time had not attracted attention to themselves. These were figures of small white people, no larger than one centimeter in size. It was suggested that such creatures might also turn out to be in the other two paintings. In fact, a thorough examination of the paintings *Night No. 2* and *Night No. 3* affirmed this, which was recorded by photograph at that time, in the fall of 1978.

During an examination of the paintings in 1982, the location of the white figures had shifted from their original place by forty centimeters. Continual observation of the little figures has been conducted from that time, and their new location is specifically recorded.

2 January 1985
Deputy Director Voronov Picture Gallery
Scientific Secretary of the Museum (Ignat'ev)

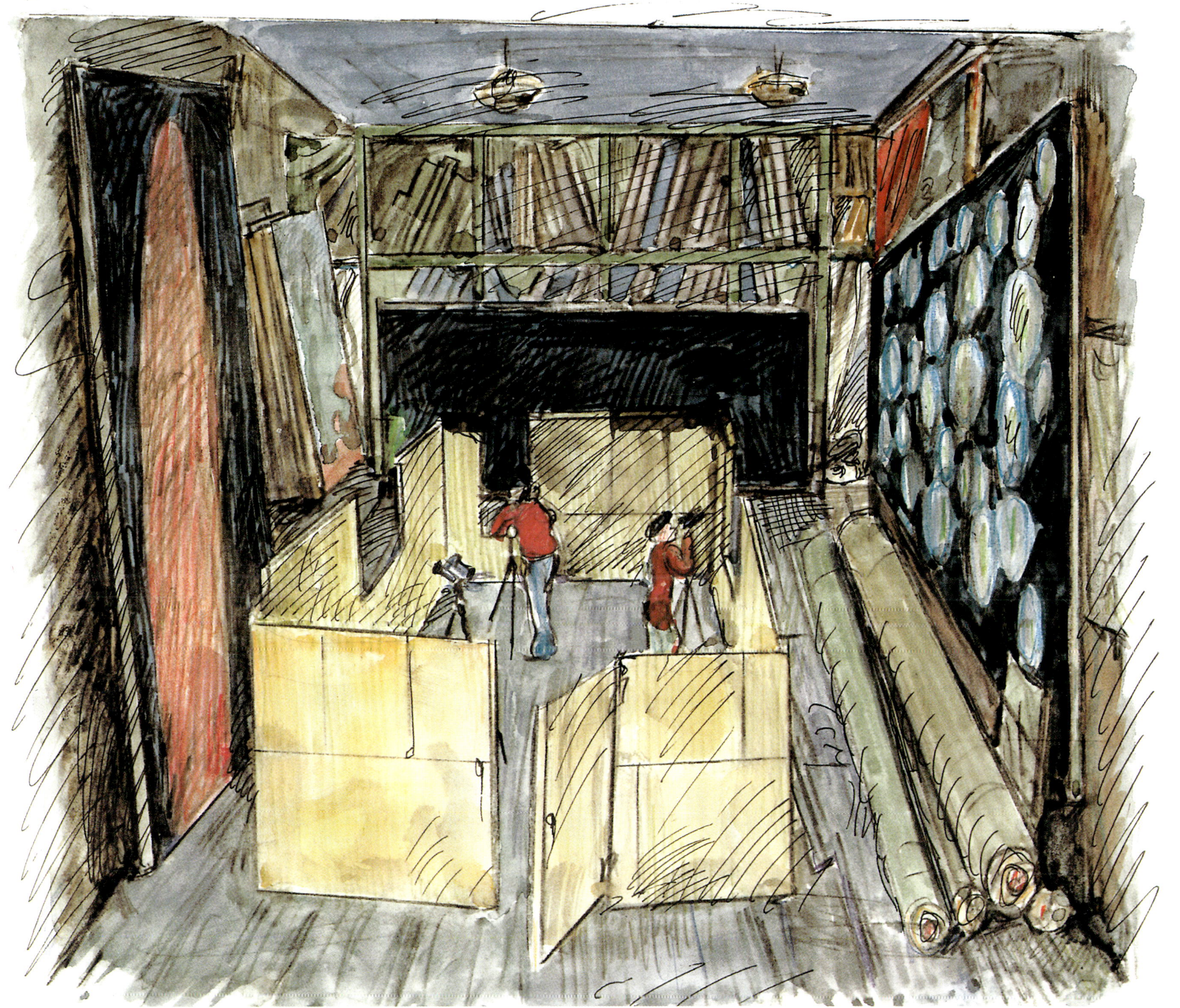

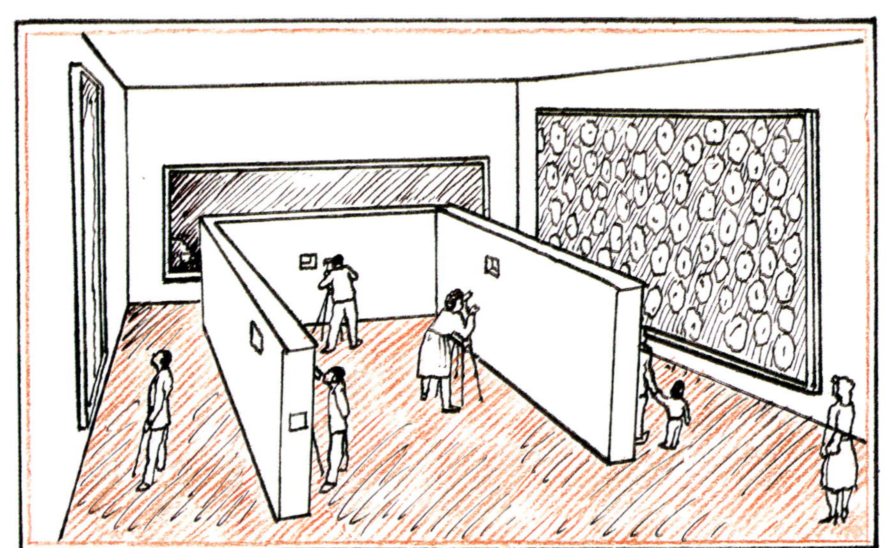

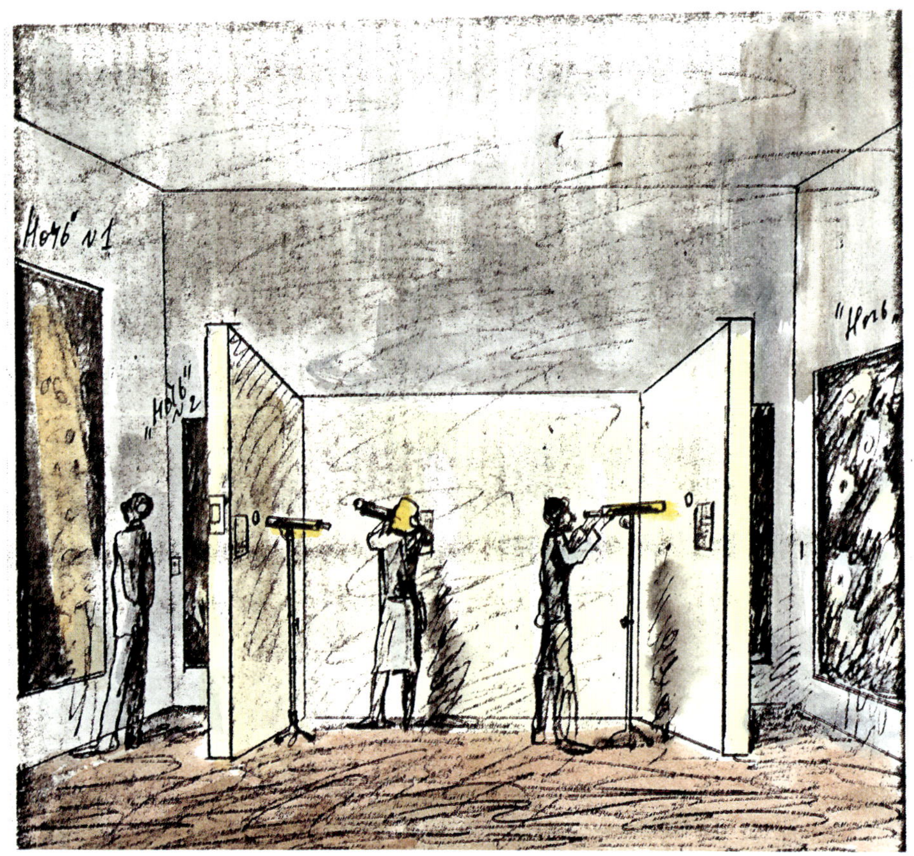
"Ночь" №1
"Ночь" №2
"Ноч"

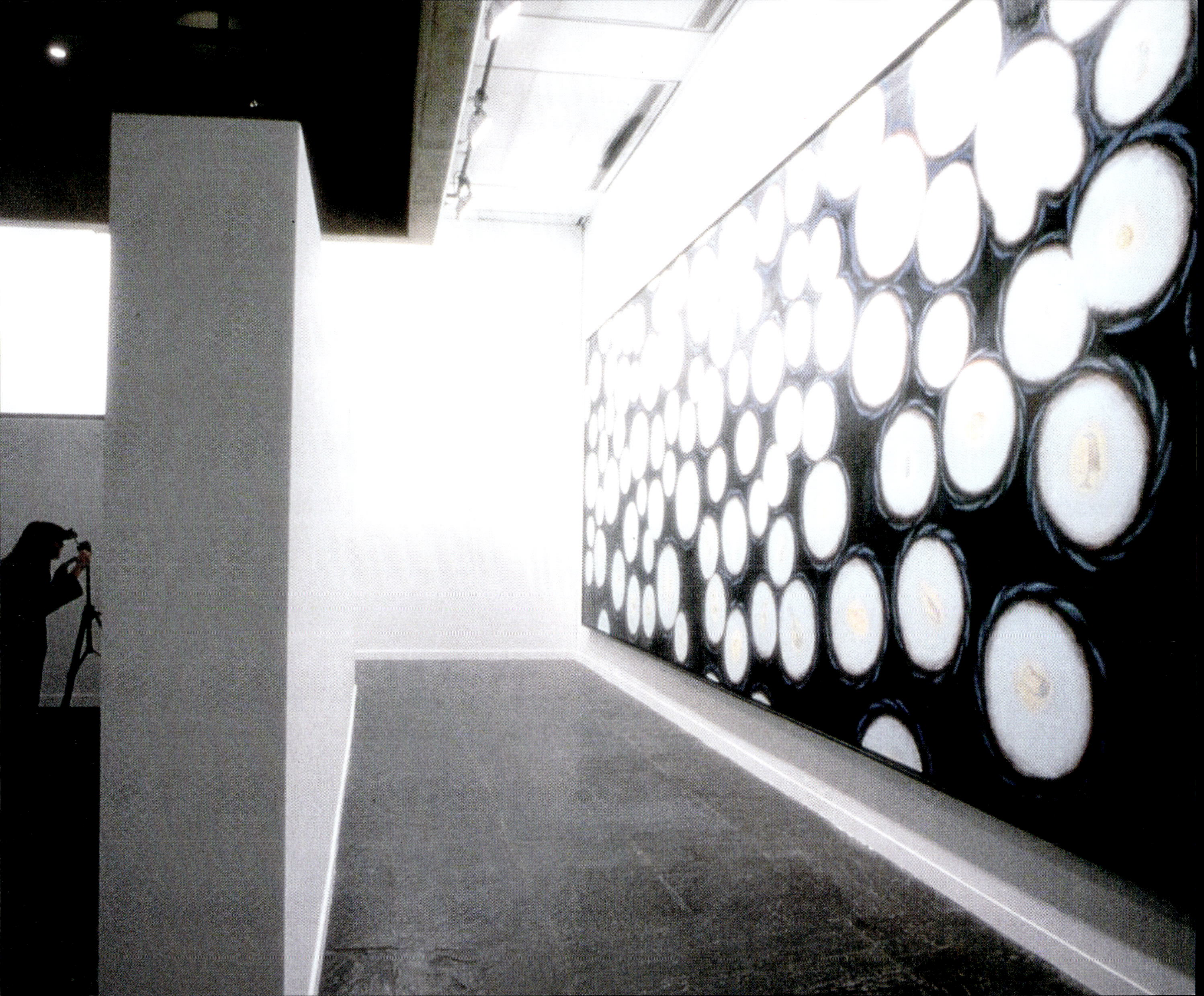

Un labirinto di dieci album

Descrizione dell'installazione

L'installazione riproduce un labirinto formato da molti tavoli alti e stretti, sui quali sono collocate delle cornici vetrate, fissate tra loro per mezzo di cinghie così da ottenere una lunga fila di cornici, una accanto all'altra, in forma di un lungo paravento. In queste cornici ci sono dei disegni (tutti di uguale formato) che insieme raffigurano e raccontano varie storie di "personaggi" inventati. Sono le storie di dieci personaggi.

Si tratta delle "voci" intime dello stesso autore, che cerca di esprimere i diversi problemi che lo tormentano non "direttamente" ma utilizzando a questo scopo "eroi", personaggi del tutto particolari – esattamente come fa qualsiasi scrittore quando per esprimere idee di diversa natura le personifica nei suoi protagonisti "psicologizzandoli" (l'esempio di Dostoevskij è qui affatto opportuno). Così i "dieci personaggi" sono la rappresentazione di dieci idee "psicologizzate", colte nella loro evoluzione, dall'inizio fino alla loro logica conclusione.

Nell'album "Primakov chiuso nell'armadio" c'è l'immagine di un'esistenza dentro uno spazio chiuso, il proprio isolamento dagli altri, il proprio rinchiudersi in una dimensione di completa e oscura solitudine. L'uscita in volo del personaggio dall'armadio non porta comunque a conquistare la vita, ad abbracciare un orizzonte reale ma ad un'altra, bianca e non nera, dimensione vuota.

Nell'album "Gorochov il burlone" viene criticato il rapporto "umoristico" con la vita, come mezzo di percezione della realtà circostante troppo facile e privo di conflitti.

Nell'album "Il generoso Barmin" sono sottoposti ad analisi la possibilità e il desiderio, così connaturati a ciascuno, di "definire" un altro uomo, di attribuirgli caratteristiche diverse, che di regola nulla hanno in comune con l'uomo reale.

Nell'album "Il tormentato Surikov" il personaggio soffre perché il senso profondo della vita gli è precluso da un velo attraverso il quale egli vede solo frammenti, brandelli, scorci.

L'album "Il sogno di Anna Petrovna" racconta di un'anima priva di un involucro materiale, fisico, che vaga nel nostro mondo senza entrare in contatto con nulla e che, infine, s'invola lontano dal mondo abbandonandolo.

"Il volo di Komarov" è l'utopia della felicità, uno stato di eterno volo librato, di lievitazione tra "la terra e il cielo", tra il sogno e la realtà.

Nell'"Istituto di matematica" è descritto il terrore di trovarsi senza volerlo in fila con gli "altri", il "desiderio di uscire dalla fila" e, costi quel che costi, di abbandonarla.

L'album "Malygin il decoratore" racconta dell'impossibilità, della riluttanza di trovarsi "al centro", del desiderio di "uscire dal centro" e di nascondersi in un angolo, di stare "ai margini", "in disparte".

Anche in "Gavrilov liberato" si racconta del desiderio di fuggire, di svanire, di dissolversi, di perdersi nella natura, dove la natura è l'immagine di un ozio felice, di un felice non-essere.

L'ultimo album dei dieci personaggi, "Archipov che guarda dalla finestra", racconta di una coscienza morente, dove le immagini della realtà svaniscono come arabeschi di ghiaccio da un vetro e davanti alla coscienza appaiono visioni di un altro mondo.

Labyrinth of Ten Albums

Description of the installation

The installation represents a labyrinth formed from many tall and short tables, on which in turn are displayed frames with glass connected to one another by loops in such a way that the long row of such frames placed at an angle to one another that results resembles a long screen. These frames contain sketches (all of identical format) illustrating the various stories of the invented "characters." There are ten such "stories," one for each of the ten characters.

It is as though they are all the inner "voices" of the author himself. The author is trying to express various problems that disturb him, not in a "direct," so to speak way, but rather by using for this his unique personage-"heroes," in the very same way that any writer does when he expresses various ideas by personifying them in specific individual characters, by "psychologizing" them. (Dostoevsky is the best example of this.)

Hence, the *Ten Characters* represent a description of ten "psychologized" ideas depicted in their development from their very inception to their logical conclusion.

The album "The Sitting-in-The-Closet Primakov" illustrates the image of existence in a locked space, isolation of oneself from other people, locking oneself in total solitude, darkness. But, "flying out" of the closet by such a person leads not to the acquisition of life, to a real horizon, but rather to the exact same kind of void, only not black but white.

In the album "The Joker Gorokhov," a "humorous" attitude toward life is subjected to criticism as being a too light, non-conflictual way of perceiving one's surroundings.

The album "Generous Barmin" analyzes the ability and desire of each person to "define" another person, to give him various qualities, as a rule, that have nothing in common at all with the actual person.

In the album "Agonizing Surikov," the personage suffers because life, the meaning of life, is closed to him by a film of some sort; he sees only parts, fragments, scraps through this curtain.

The album "Anna Petrovna Has a Dream" tells about a soul that doesn't seem to have a material, physical shell, a soul that is wandering amidst our world, not touching anything, and finally it flies away, abandoning it.

"The Flying Komarov" is a utopia of bliss, a state of floating, hovering between heaven and earth, between dream and reality.

In "Mathematical Gorsky" fear turns out to be in the "compulsory" order of things, next to others, and this album illustrates the desire to "leave this order" no matter what, to abandon it.

The album "The Designer Malygin" is about the impossibility, the lack of desire of winding up in the "middle," of going out into the "center," about the desire to hide in the corner, to be "on the edge," on the "sidelines."

"The Vacationing Gavrilov" also tells about the desire to flee, disappear, dissolve, lose oneself, but only in nature, where nature is the image of happy idleness, of happy nonexistence.

The last of the *Ten Albums* is "The Looking-Out-The-Window Arkhipov" and it tells about dying consciousness, where the images of reality blur like temporary patterns on glass, and visions of another world arise.

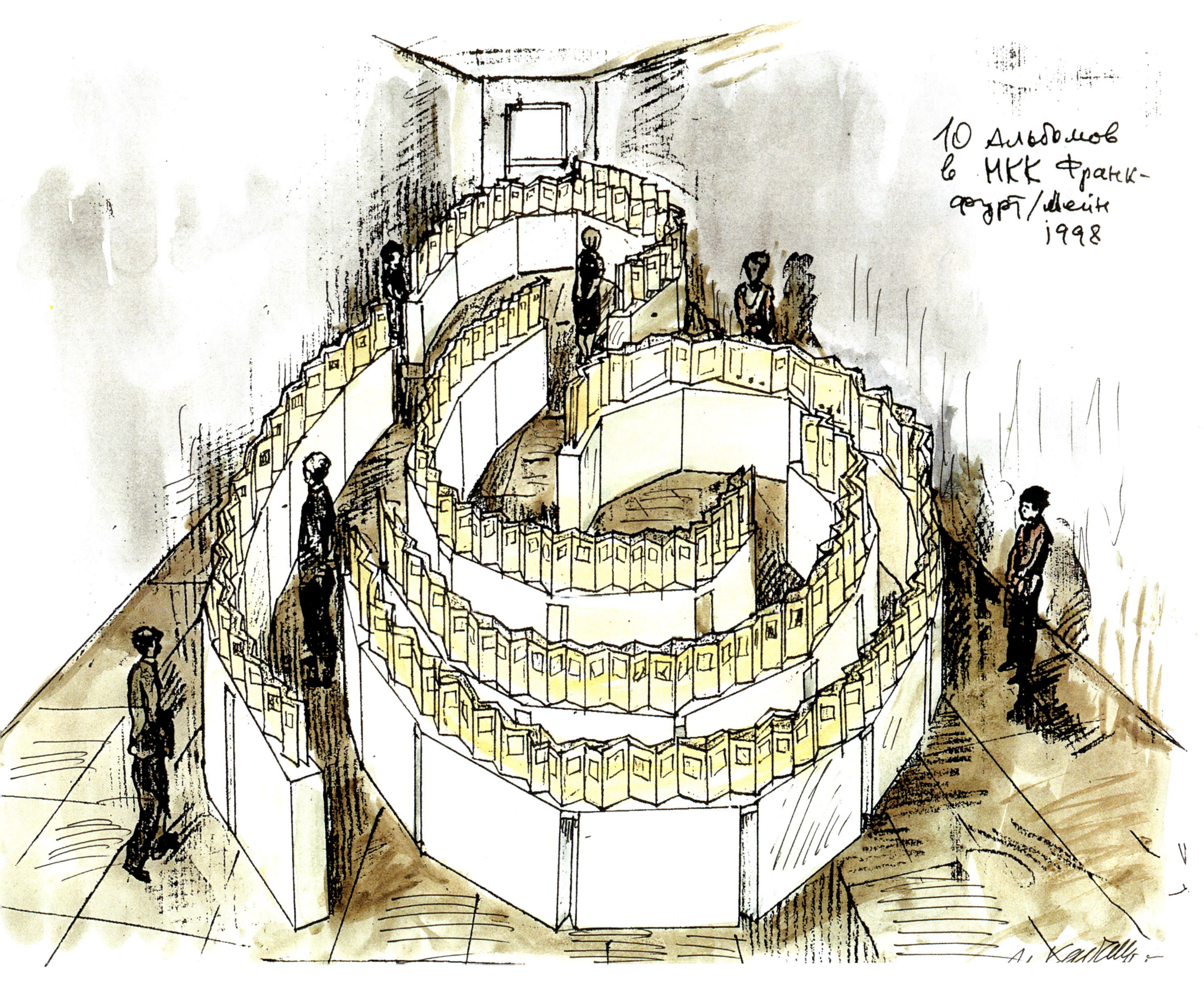

10 Альбомов
в МКК Франк-
фурт/Майн
1998
А. Кабаков

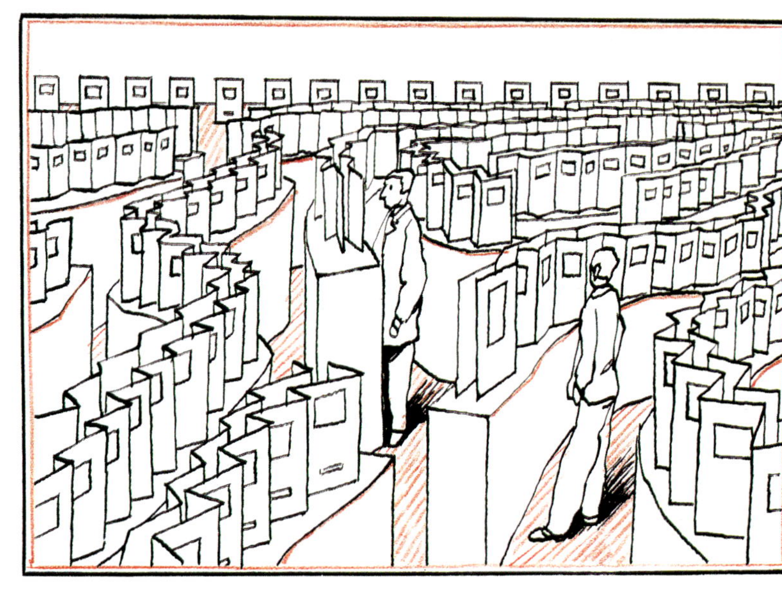

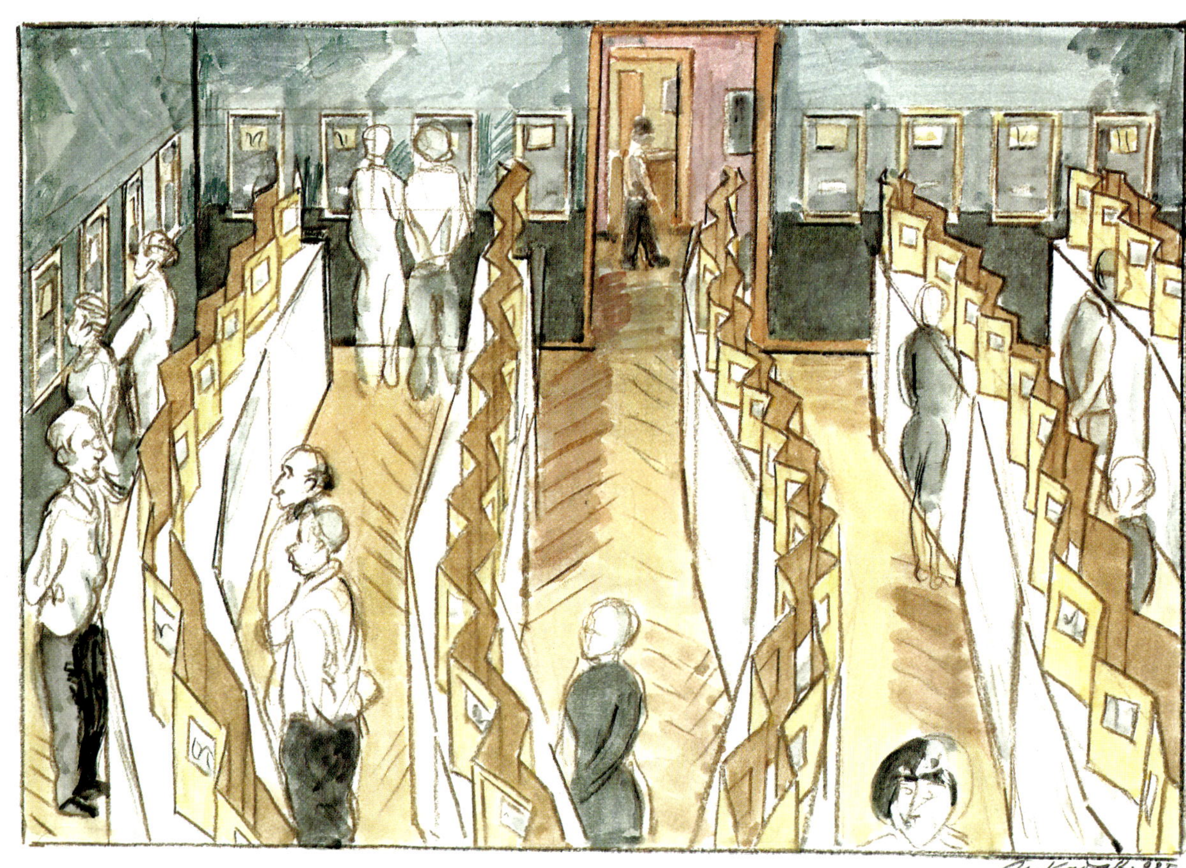

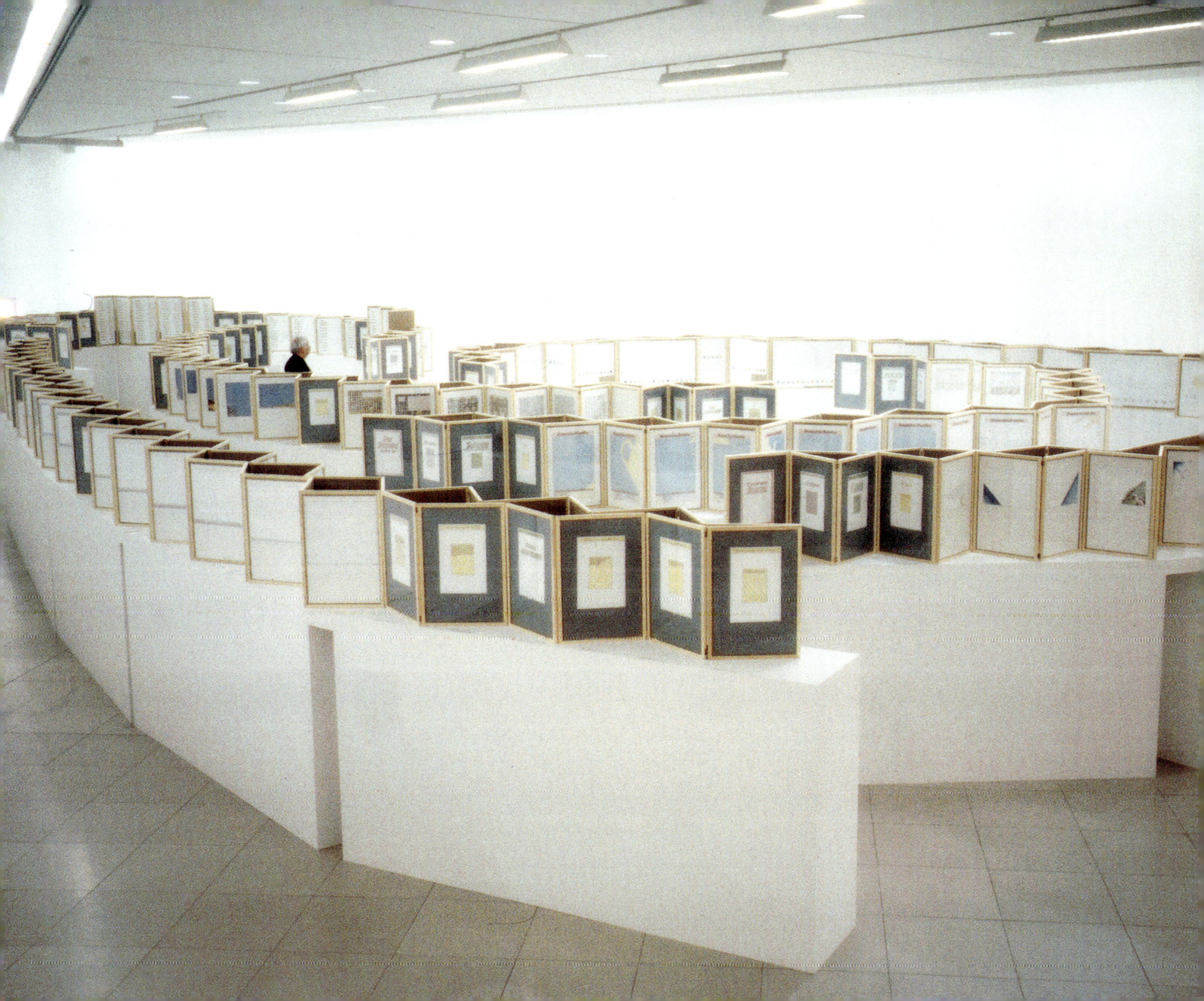

La biblioteca dell'artista

Descrizione dell'installazione

L'installazione riproduce la collezione di libri, di album e di cataloghi di proprietà dell'autore. Sulle quattro pareti sono rappresentate le pagine dei dieci album, un album per ogni gruppo.

Sui due leggii d'angolo ci sono due album della stessa serie, ma mostrati nel loro aspetto "originale": in pacchi e con l'indicazione di come bisogna sfogliarli.

Sui tavoli lunghi ci sono i cataloghi e i libri, accanto ci sono delle sedie. Il visitatore si può sedere sulle sedie e leggere.

The Artist's Library

Description of the installation

The installation represents a collection of books, albums and catalogues belonging to the author. Pages from *Ten Albums* are displayed on all four walls, one album per grouping. There are two music stands in the corners holding two of the albums in their "original" form: in folders so that the pages can be turned as intended. Catalogues and books are lying about on long tables; there are chairs next to the tables so that one may sit and read.

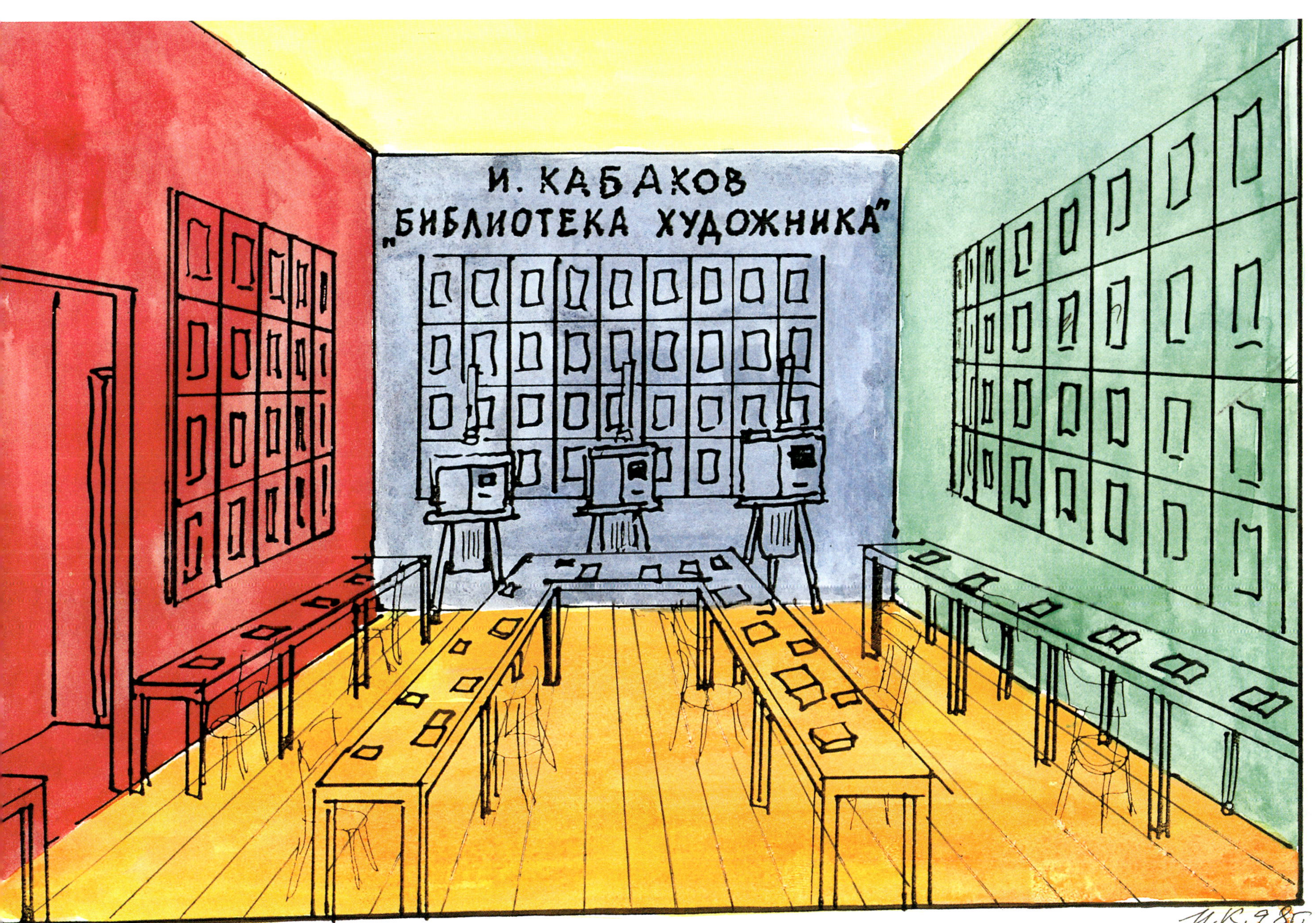
И. КАБАКОВ
„БИБЛИОТЕКА ХУДОЖНИКА"

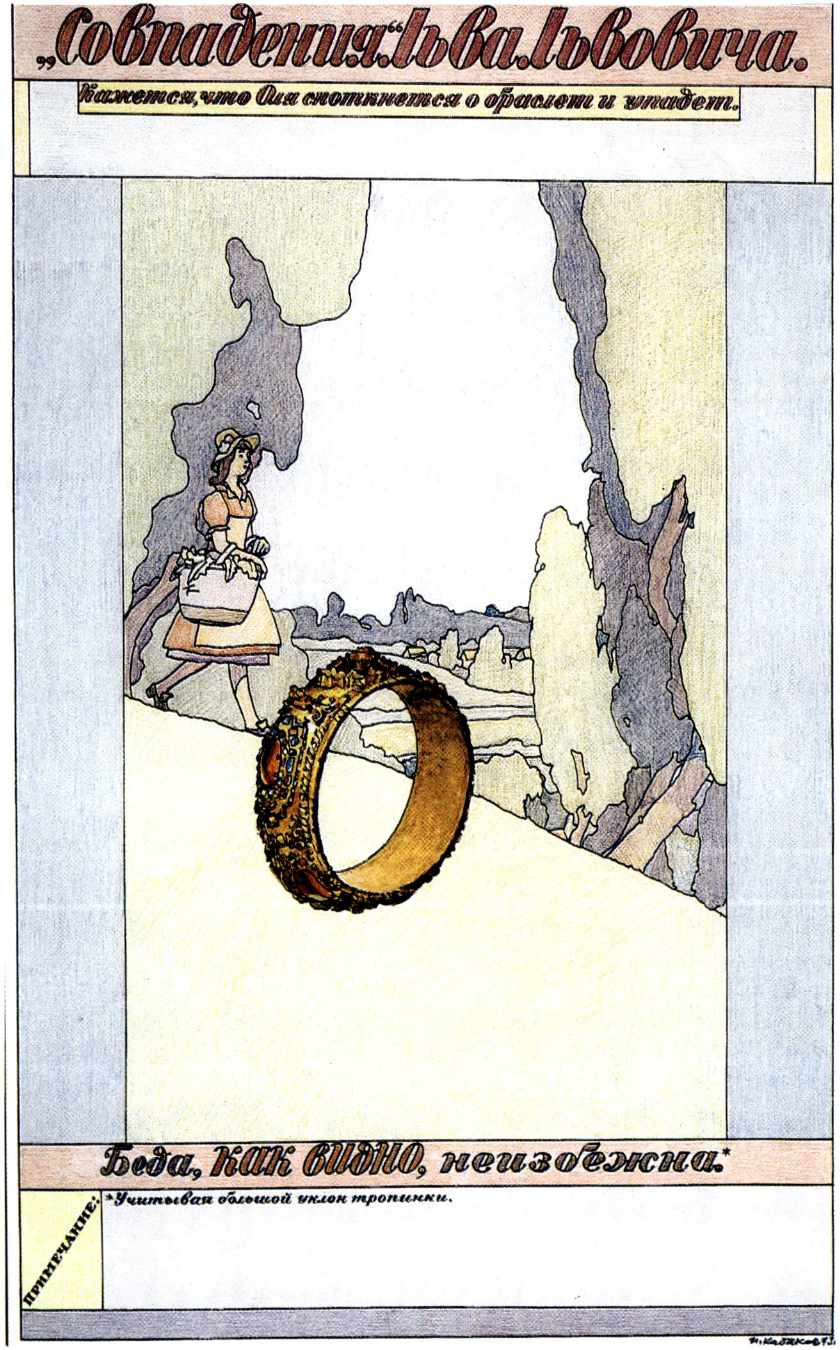

„Совпаденія" Льва Львовича.
Кажется, что Оля споткнется о браслет и упадет.
Беда, КАК ВИДНО, неизбежна.*
ПРИМѢЧАНІЕ: *Учитывая большой уклон тропинки.

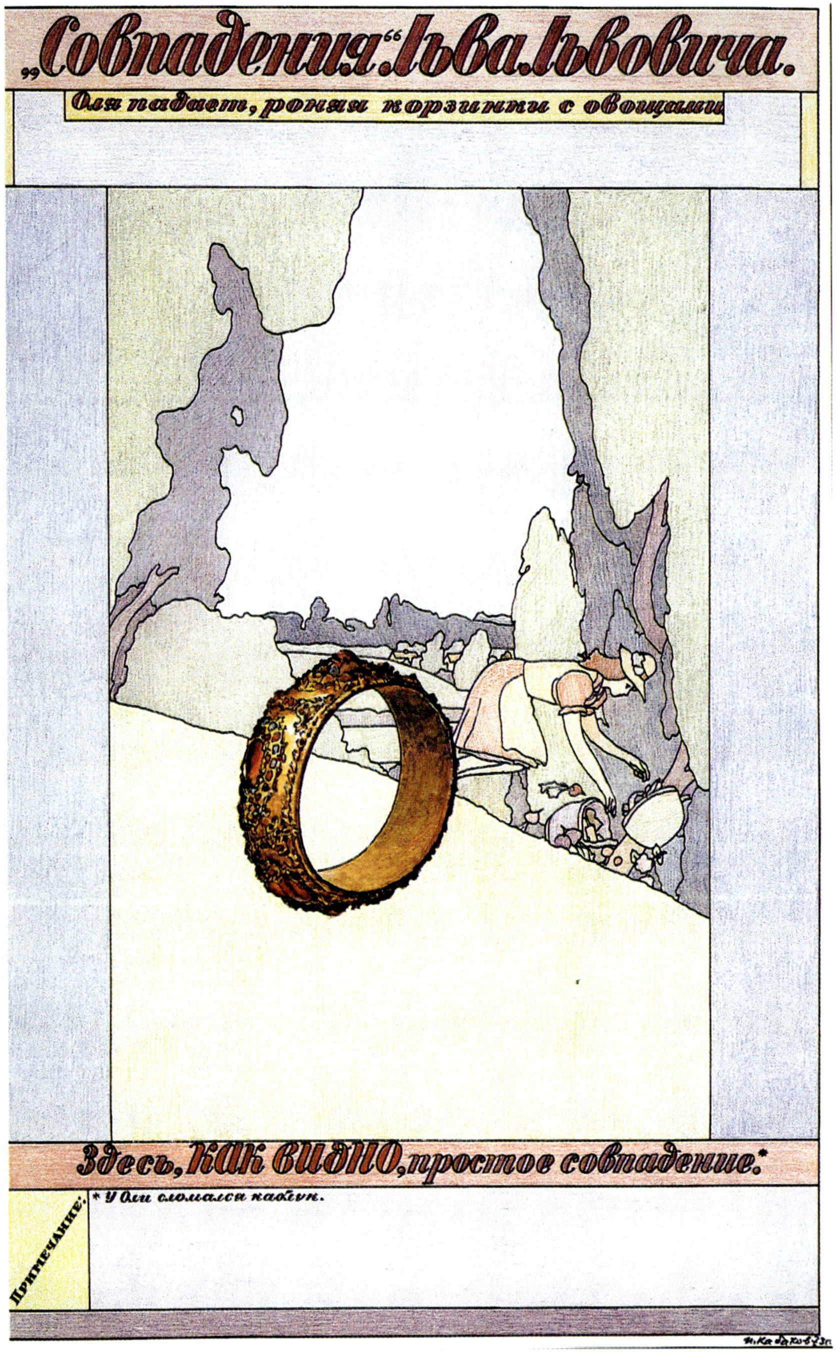

„Совпаденія" Льва Львовича.
Оля падает, роняя корзинку с овощами.
Здесь, КАК ВИДНО, простое совпадение.*
ПРИМѢЧАНІЕ: * У Оли сломался каблук.

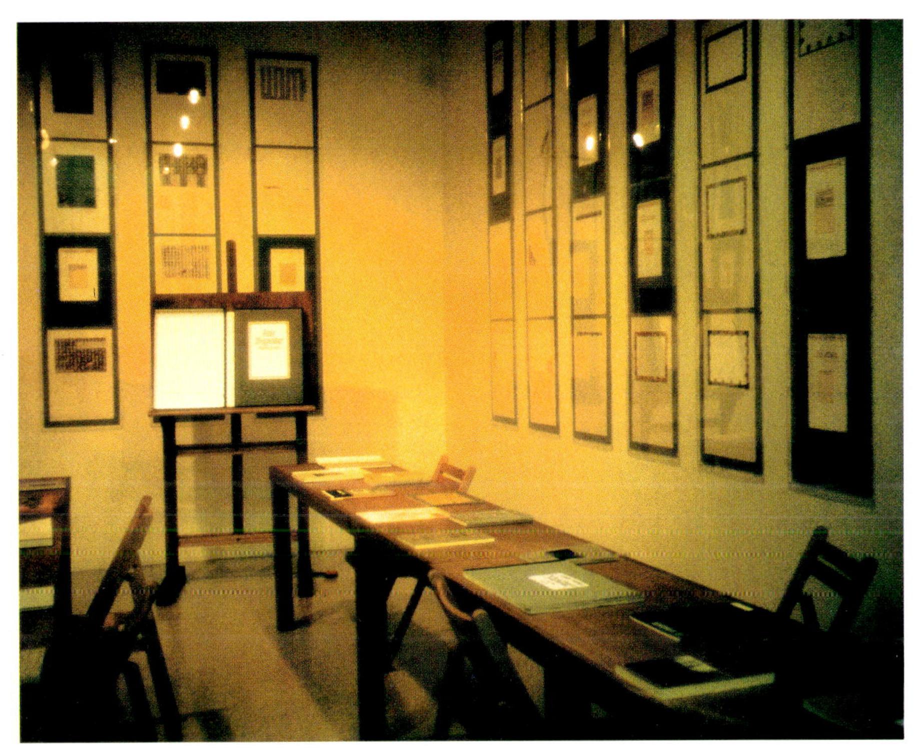

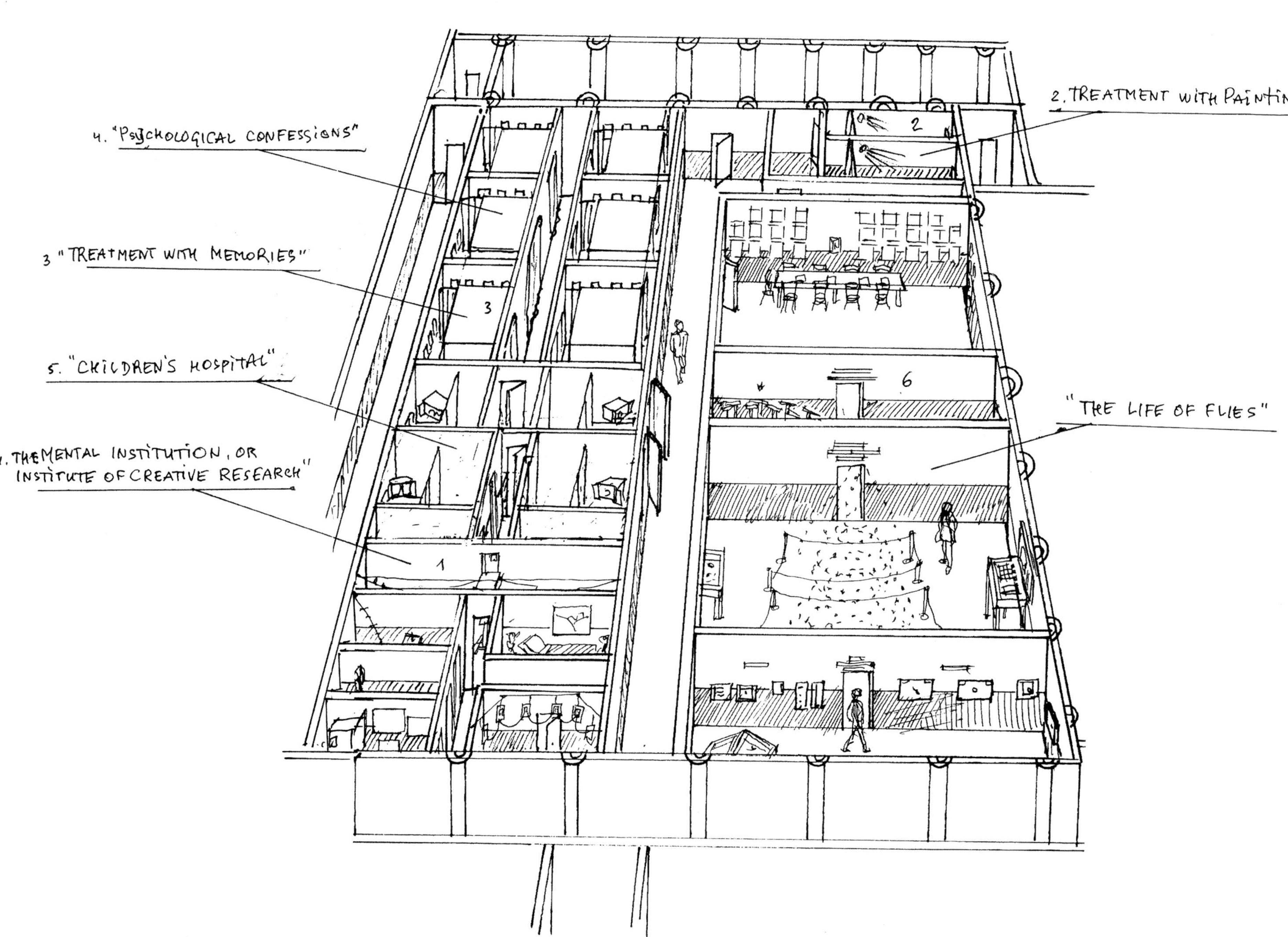
Секция D: Больничный корпус и „мухи"
Section "D": "Hospital Ward" and "The Flies"
2. TREATMENT WITH PAINTIN
4. "PSYCHOLOGICAL CONFESSIONS"
3. "TREATMENT WITH MEMORIES"
5. "CHILDREN'S HOSPITAL"
1. THE MENTAL INSTITUTION, OR INSTITUTE OF CREATIVE RESEARCH"
"THE LIFE OF FLIES"
2
3
6
1

Gli ospedali e le ricerche scientifiche
Hospitals and scientific reasearch

Fa parte di questo rione un "complesso" comprendente alcuni istituti "ospedalieri" e di ricerca sulla vita delle civiltà "delle mosche", che ha sede nell'atmosfera al di sopra del territorio della Russia

A complex comprising a few "hospital" and research institutions on life in the society "of flies" makes up this neighborhood, which is placed in an atmosphere above the territory of Russia

Il manicomio ovvero l'istituto per la ricerca creativa

Concezione dell'installazione
Lontano da una grande città, in mezzo alla natura verde, ci sono dei corpi luminosi, inondati dalla luce del sole. Vicino alle porte ondeggiano alberi che celano nella loro ombra l'alta porta dell'ingresso. È il nuovo manicomio, ovvero dell'istituto delle ricerche creative, costruito di recente.
Il direttore di questo istituto, il dottor Ljublin, e il suo personale trattano il problema della pazzia in modo diverso da come viene trattato nella pratica delle analoghe cliniche. Essi vedono nelle malattie spirituali la manifestazione di un possente impulso creativo, soffocato o modificato dalla difficile situazione della vita del paziente. Eliminare questi ostacoli, creare le condizioni favorevoli perché questo impulso si manifesti: ecco in cosa essi vedono il mezzo per combattere la pazzia.
Nell'istituto non c'è distinzione tra "medico" e "paziente", tra "sani" e "malati": ci sono gli "autori" e i "collaboratori", i "creatori" e i loro "aiutanti". Sia gli uni che gli altri lavorano con determinazione e con zelo alla realizzazione del "progetto" fino a conseguire un risultato positivo.

Descrizione dell'installazione
L'installazione è rappresentata da un intricato labirinto formato da stanze grandi e piccole, da tre corridoi e da un gran numero di passaggi. Tutte le stanze e tutti i corridoi sono pieni di oggetti di vario genere, disposti su tavoli e su mensole, appesi alle pareti o al soffitto, abbandonati sul pavimento. Gli oggetti sono disposti dietro a tramezzi che separano lo spazio dello "spettatore" da quello "per lo spettatore".

La prima stanza dell'installazione (che in realtà è anche l'ultima se si entra nell'installazione dalla parte opposta – ci sono due ingressi) si chiama "La stanza del medico" ed ha le pareti ricoperte di istruzioni e regolamenti.
Le altre dodici stanze nelle quali entra lo spettatore hanno anch'esse sulle pareti, oltre agli oggetti, delle annotazioni dalle quali risulta quando il paziente è entrato nell'istituto, il carattere del suo "progetto" e la sua idea principale e anche il giudizio che del paziente hanno dato i medici curanti.
Tutta l'installazione è inondata di luce elettrica.
Ogni stanza è la rappresentazione del "progetto" eseguito dal paziente.

Mental Institution or Institute of Creative Research

Conception of the Installation
The realization of this installation consists of building a space of a mental institution which has two rooms for the "doctors," Twelve rooms where the tenants/"authors" are living, and three corridors.
In each of the rooms, the viewer can find the "project" which is an obsession for the tenant of this room. The projects are different: from reorganizing the life of humanity, to the project of hiding in the corner, to becoming invisible.
Doctor Ljublin, who is the director of this institution, and his assistants have a completely new approach to the problem of mental illnesses, which is very different from the methods used in other clinics. They recognize in the mental disorders an extremely strong, creative impulse, which was suppressed or changed by different problems in the patient's life. Doctor Lublin's method consists of the elimination of these problems, of creating a positive atmosphere which helps to reveal the creativity.
There is no gradation in this Institute of "doctors" and "patients," of "healthy" or "sick." The "patient" is called the "author," and the doctor and his assistants – "collaborators." All together they work on "the authors" "projects," trying to get the best results.

Description of the Installation
The installation is represented by an intricate labyrinth made up of large and small rooms, three corridors and a large number of passages. All the rooms and all the corridors are full of objects of various kinds, arranged on tables and shelves, hung on the walls or from the ceiling, abandoned on the floor. The objects are arranged behind partition walls that separate the space of the "spectator" from that "for the spectator."
The first room of the installation (which is actually also the last if you enter the installation from the opposite side – there are two entrances) is called "The Doctor's Room" and has walls that are covered with instructions and regulations.
The other twelve rooms that the spectator enters also have on the walls not only objects but also notes telling when the patent entered the institute, the nature and principle idea of his "project," and also the attending doctors' opinion of the patient.
The whole installation in inundated by electric light.
Each room is the representation of the "project" executed by the patient.

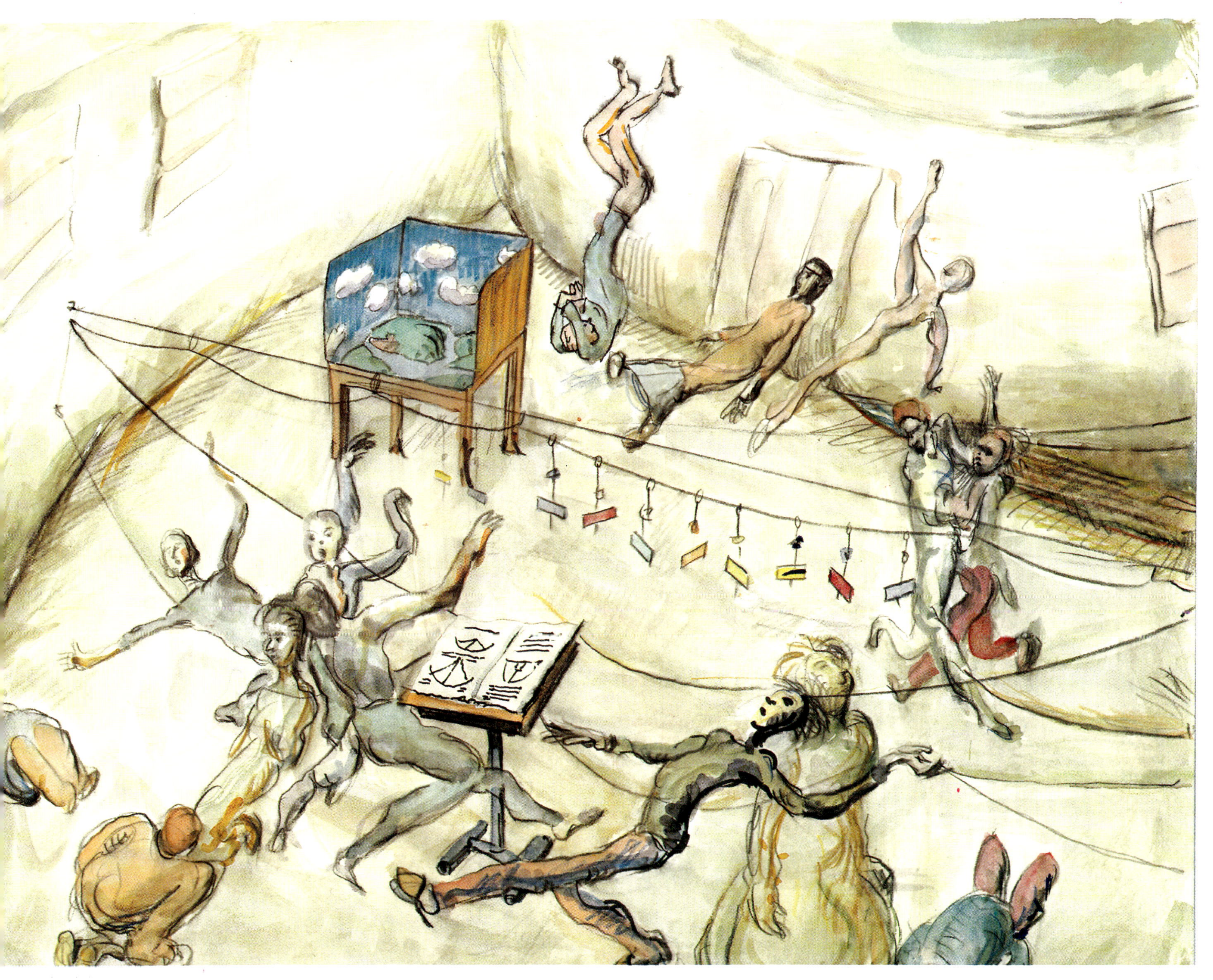

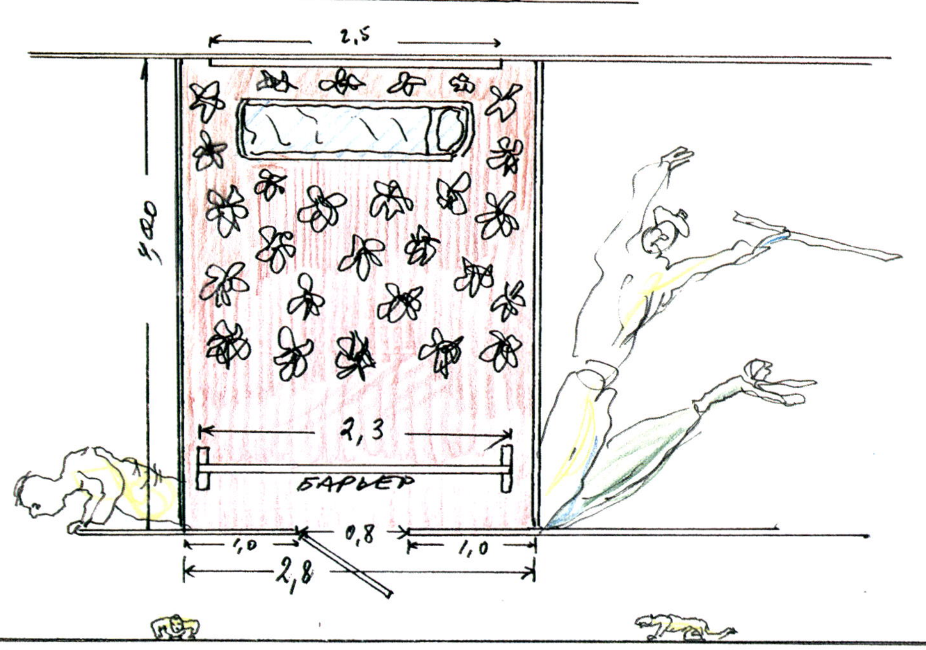
КОМНАТА (4)
2,5
4,00
2,3
БАРЬЕР
1,0
0,8
1,0
2,8

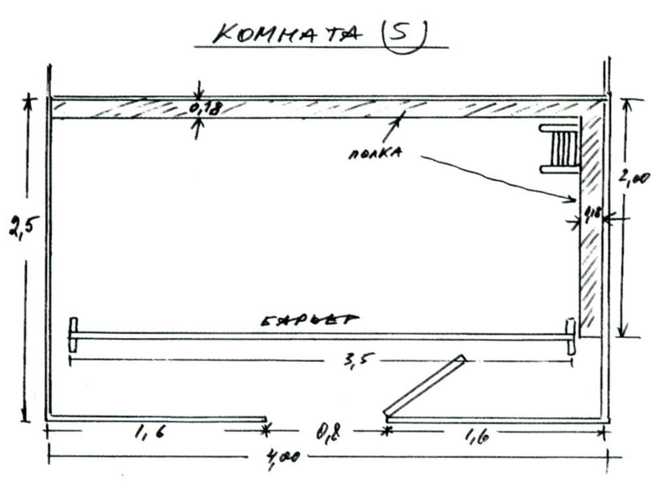
КОМНАТА (5)
0,18
полка
2,00
2,5
БАРЬЕР
3,5
1,6
0,18
1,6
4,00

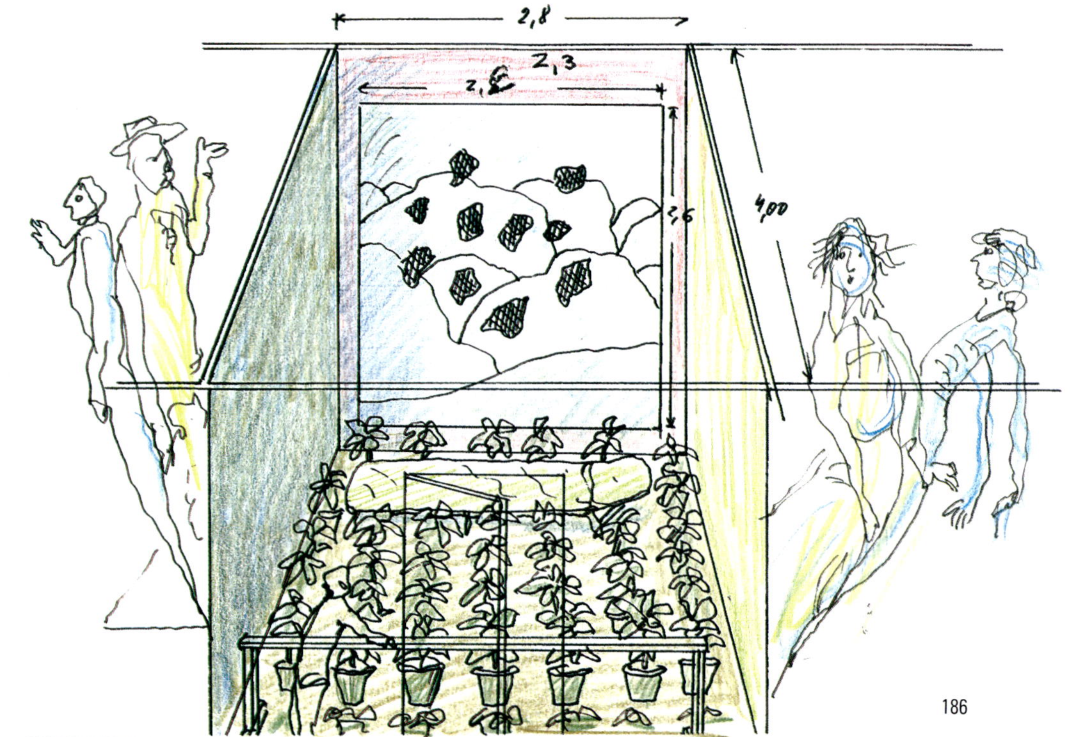
2,8
2,3
2,6
2,6
4,00

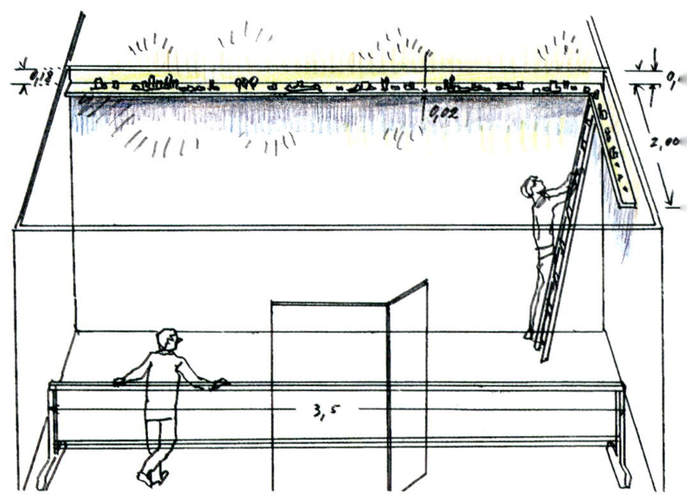
0,18
0,02
2,00
3,5

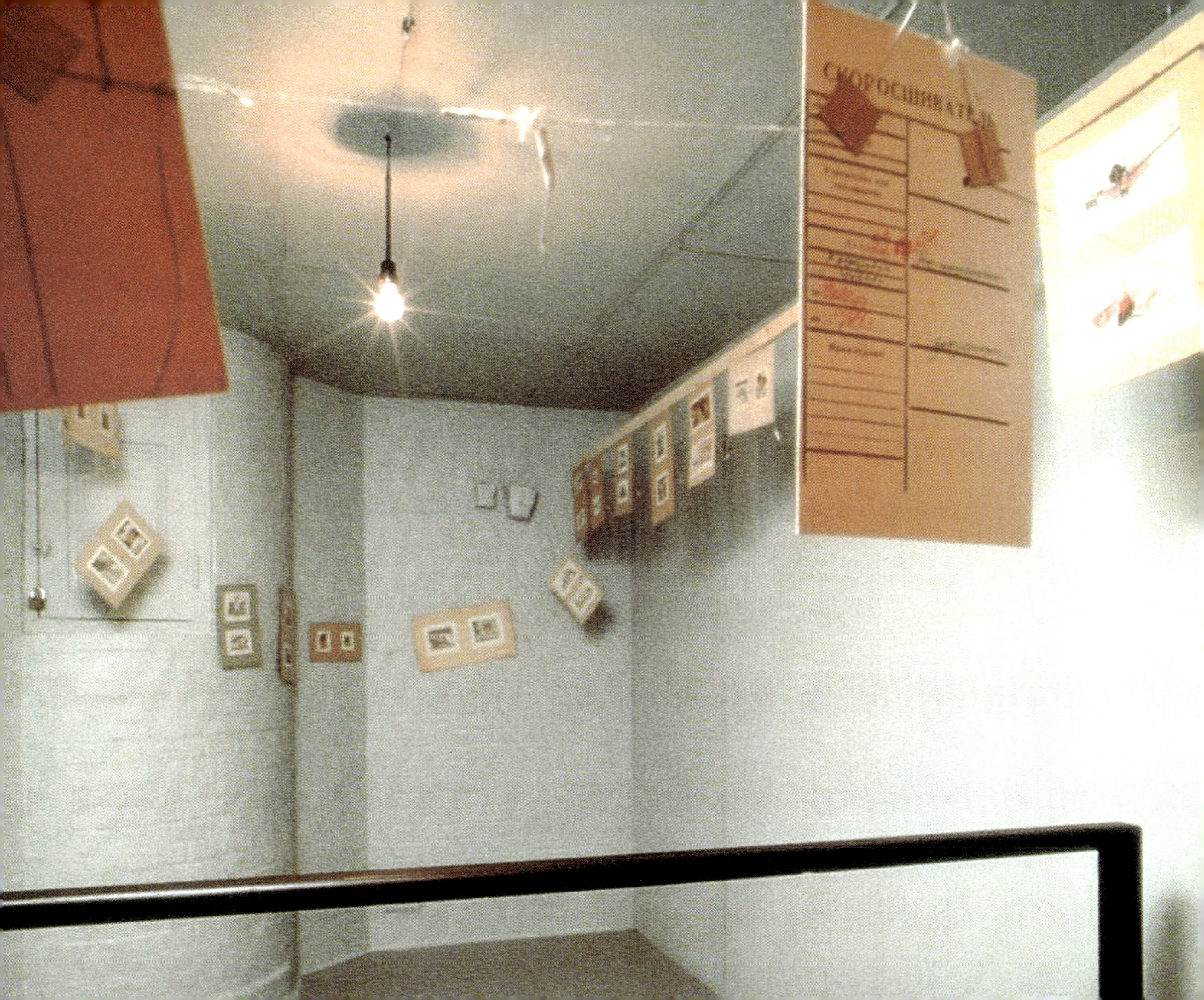
СКОРОСШИВАТЕЛЬ

La terapia con i quadri

Descrizione dell'installazione
L'installazione presenta al suo inizio un grande corridoio, un tipico corridoio d'attesa di un ospedale di provincia con due porte che danno negli "studi" dei medici. Subito dopo l'ingresso una barriera chiude il passaggio e dietro la barriera pende una tenda color giallo chiaro, appena scostata al suo centro; lo spettatore, non avendo la possibilità di procedere, deve guardare attraverso lo spazio aperto in mezzo alla tenda per vedere cosa c'è dentro la stanza.
All'interno, sulla sinistra, c'è un letto , davanti al quale è appeso a parete un grande quadro con la cornice dorata, che riproduce un "paesaggio italiano" con una scala. Una luce fioca rischiara la stanza e si diffonde, lieve, una musica di Mozart.
La seconda stanza-studio ha il medesimo aspetto della prima, solo che il quadro (del medesimo formato) ha un soggetto diverso, anche se non meno "classico". Nello studio risuona la musica di Bach, una musica che infonde serenità.

La terapia con i quadri
(La cura e la terapia delle malattie nervose con il metodo di I. D. Lun'kov)
I. Del principio fondamentale della cura
La terapia con i quadri è un nuovo ed efficace metodo di cura delle malattie nervose e psicasteniche, scoperto ed elaborato dal professor I. D. Lun'kov nella clinica dell'Accademia medica di stato della città di Orèl. Il principio su cui si basa la cura utilizza la particolare proprietà che posseggono i quadri di agire favorevolmente sulla psiche indebolita, affaticata o agitata del paziente.

Ma la metodica elaborata non si basa solo sul valore estetico dei quadri; importanti sono anche il soggetto e la qualità dell'esecuzione ma, innanzi tutto, è determinante la capacità di saperle indicare all'ammalato. Il metodo terapeutico prevede un complesso di fattori complementari quali: l'illuminazione dei quadri, l'apposita preparazione del locale e la musica d'accompagnamento. Ora bisogna mettere in rilievo il primo fattore. L'illuminazione intensiva del quadro nel locale posto in penombra ha consentito di creare (e in questo consiste la scoperta del professor I. D. Lun'kov, che gli ha fatto conseguire un premio al congresso medico di Oslo nel dicembre del 1984) un effetto di intensa e profonda luminescenza dello spazio al di là della cornice del quadro. In concomitanza con gli altri fattori – il rimanere per un tempo determinato in totale solitudine e in uno spazio piccolo e buio ascoltando una musica appositamente scelta –, il quadro "che riluce" è in grado di produrre un importante effetto terapeutico di lunga durata e forte intensità. L'applicazione di questo metodo, che ha trovato vasto impiego in Russia, è oggi ampiamente seguita in altri paesi ed è attivamente utilizzata nella cura delle nevrastenie, nelle psicosi depressivo-maniacali, nelle crisi e in tutta una serie di altre forme morbose, psichiche e nervose.

II. Il metodo terapeutico
La cura con i quadri viene praticata in reparti specializzati delle cliniche, che dispongono di non meno di due o tre studi attrezzati allo scopo. L'ammalato, o colui che è sotto terapia, deve essere disteso su

The Painting as a Guarantee of Health

Description of the installation
The entire exhibit space is demarcated with small rooms surrounding a small hall in the center. But in a particular order. The entrance to the installation is divided into two parts: the viewer enters it on the left, on the right is only the exit (see floor plan). Opening the door, the viewer enters a small semi-dark room in which there is a bed, small table, two chairs and a nightstand. But on the wall opposite the bed hangs a framed painting with a beautiful landscape, brightly illuminated by a light aimed at it.

Healing with Paintings
(The healing and therapy of nervous conditions using the method of I. D. Lunkov.)
I. About the Main Principle of Healing
Healing with paintings, discovered and developed by Professor I. D. Lunkov in the city clinic of the state medical academy in the city of Orel, is a new, effective method for treating nervous and psychosthenic conditions. The basis of the treatment makes use of the special quality of certain paintings to affect in a positive and calming way the ill, agitated or extremely exhausted psyche of the patient.
But the methodology that has been developed is based not only on the aesthetic nature of these paintings, on their subject and the quality of their execution, but primarily on a special way of displaying them to the patient which includes an entire complex of supplemental conditions: the illumination of the painting, specially prepared space, and music accompanying this display.

The first condition deserves particular attention. The intensive illumination of a painting in a darkened space has allowed for the creation (and herein lies the discovery of I. D. Lunkov which won him an award at the medical conference in Oslo in 1984) of the effect of bright luminescence of the space in the distance behind the frame of the painting. This is in conjunction with other factors: spending a certain time in complete solitude in a darkened, small space and the specially selected music resounding in it. In such a way, the "shining" painting is capable of stimulating a special therapeutic effect of significant length and force. The use of this method which has been applied widely in practice in Russia, is today widespread in other countries and is actively being used today in the healing of neurasthenia, manic-depressive psychosis and breakdowns, as well as a whole series of other nervous-psychiatric illnesses.

II. Healing Methodology
Healing with paintings is performed in special separate clinics where there are no fewer than two to three separate offices designed for this purpose. The patient or the person undergoing prophylactic healing should lie down in the bed completely undressed. The painting recommended by the doctor on the basis of the patient's diagnosis (a landscape, a painting with a subject) should be located in direct proximity to the bed and slightly inclined toward it so that its affect can be spread evenly. The light is slowly turned on, illuminating the painting, and simultaneously

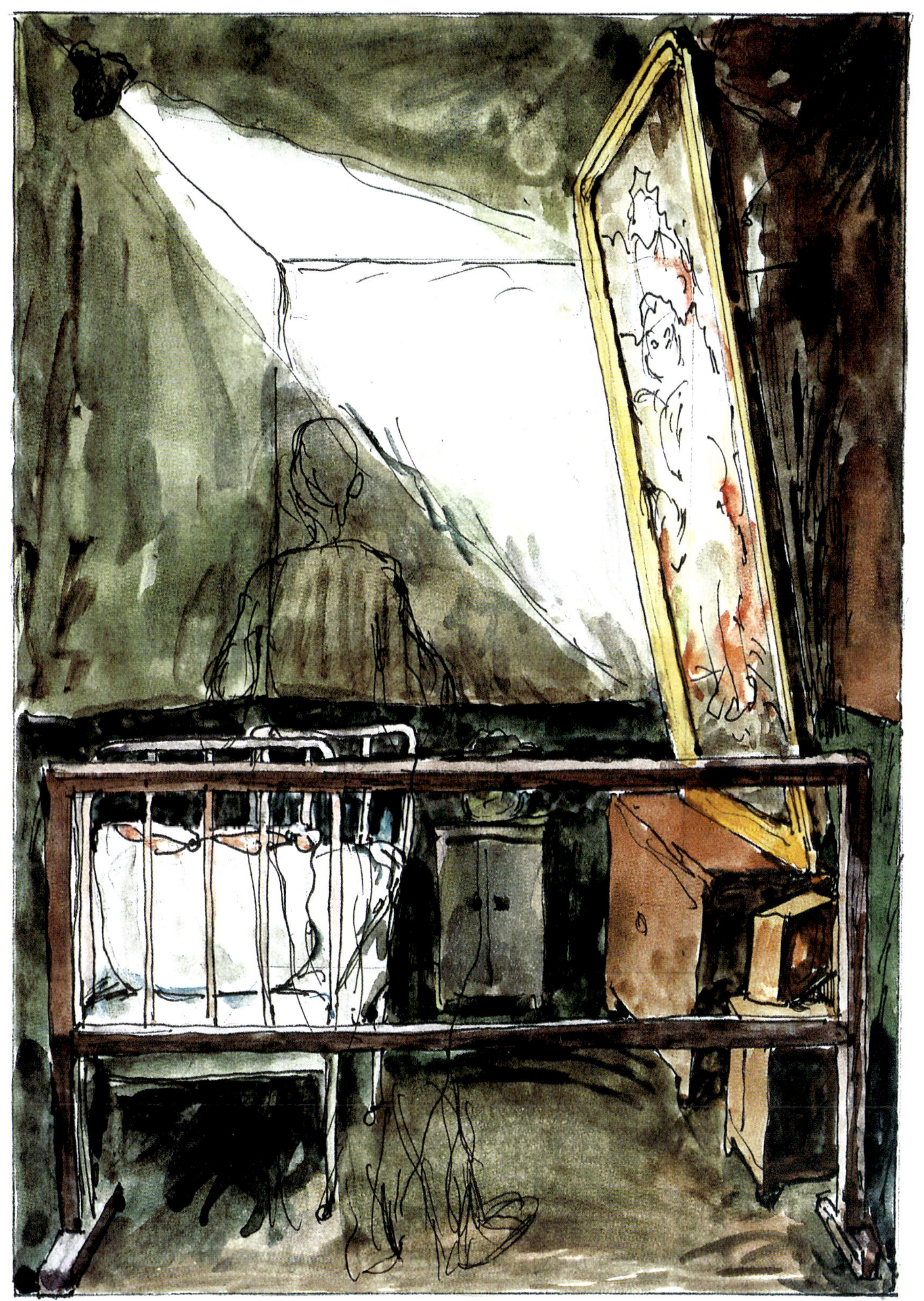

un letto, completamente svestito. Il quadro, raccomandato dal medico in base alla
diagnosi del paziente (paesaggio, quadro a
soggetto), deve essere collocato nelle immediate vicinanze del letto, leggermente
inclinato verso di esso affinché la sua azione possa esercitarsi in modo uniforme.
Mentre si spegne la luce centrale, sul quadro appare lentamente un fascio di luce;
contemporaneamente comincia a diffondersi una musica appositamente scelta (per
ciascun quadro viene scelto un adeguato
accompagnamento musicale).
La luce della lampada cade sul quadro in
modo che solo la sua superficie risulti illuminata mentre la cornice e le pareti sono
completamente immerse nell'ombra. Grazie a questo artificio si crea al di là della
cornice l'illusione di uno spazio luminoso
nel quale chi è soggetto alla terapia medica
può entrare con la propria fantasia, viaggiando e trasferendosi in esso, secondo il
proprio desiderio.
Questo breve viaggio nella profondità del
quadro che fa dimenticare al paziente dove
egli si trovi realmente, questo "sogno nella
realtà", è lo scopo e il senso stesso di questo particolare metodo terapeutico.
Passati 8-10 minuti (oppure 15-20, secondo le indicazioni del medico), la situazione
ritorna allo stato originario: l'intensità della
musica si attenua gradualmente, la luce nel
quadro lentamente si affievolisce fino a svanire, lentamente si accende la luce centrale.
La maggiore efficacia della cura si ottiene
ripetendo la procedura due-tre volte la settimana.
La durata complessiva del procedimento
terapeutico è di due mesi/due mesi e mezzo, secondo lo stato di salute dell'ammalato.

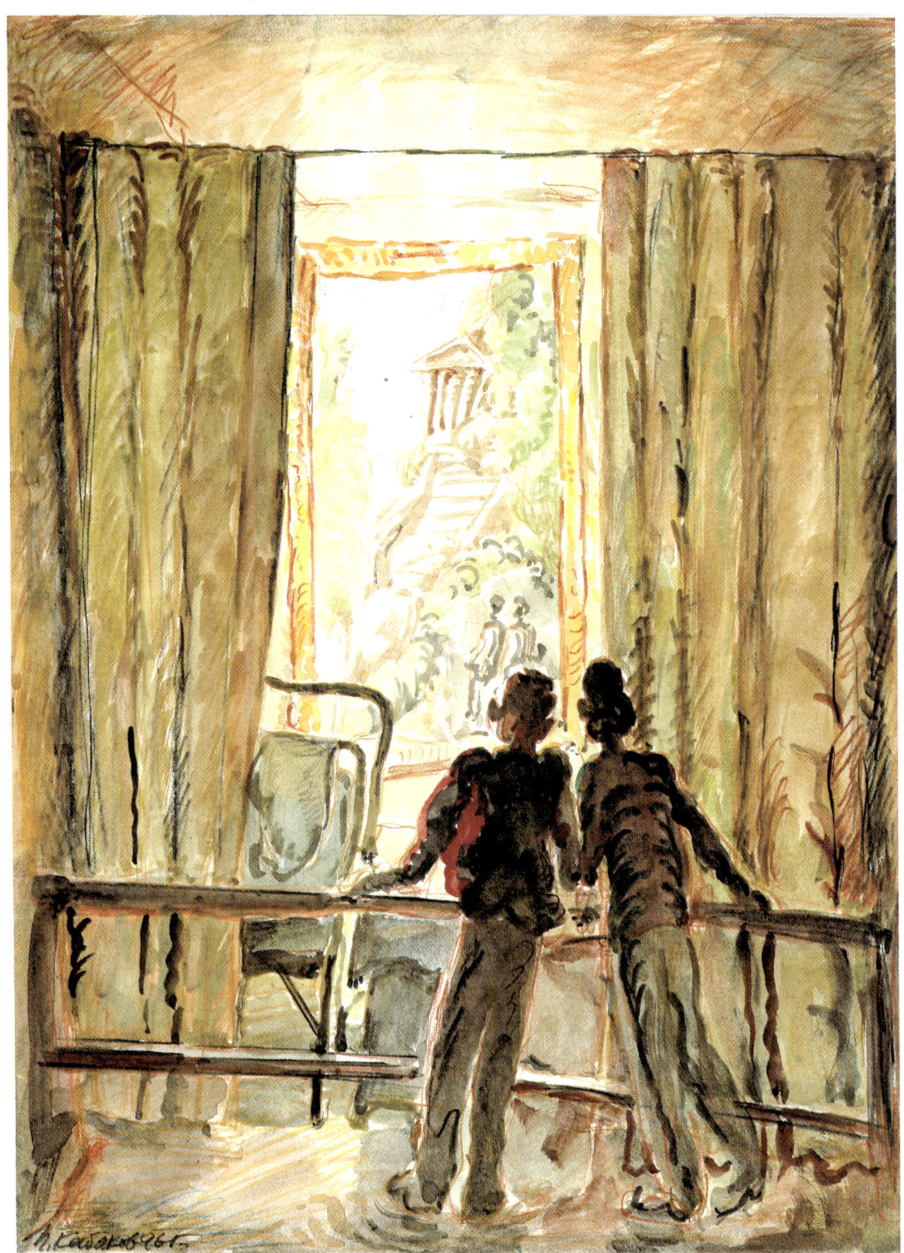

the overhead light is turned off. The specially selected music begins to play in the
office (appropriate musical accompaniment
is selected for each painting).
The light from the bulbs falls on the painting in such a way that only its surface
turns out to be illuminated, but the frame
and the entire wall is entirely submerged in
shadows. On account of this, beyond the
frame emerges the illusion of shining space
where the person receiving the procedure
can completely escape with his imagination, traveling and moving around in it
according to his own desire. This brief
escape into the depths of the painting, losing the sense of one's actual location, this
unique "waking dream," is the very goal
and idea of the indicated procedure.
The greatest effectiveness of the healing
should occur with the repetition of the
procedure two to three times a week. The
entire course is designed to last two to two
and a half months depending on the
patient's state of health.

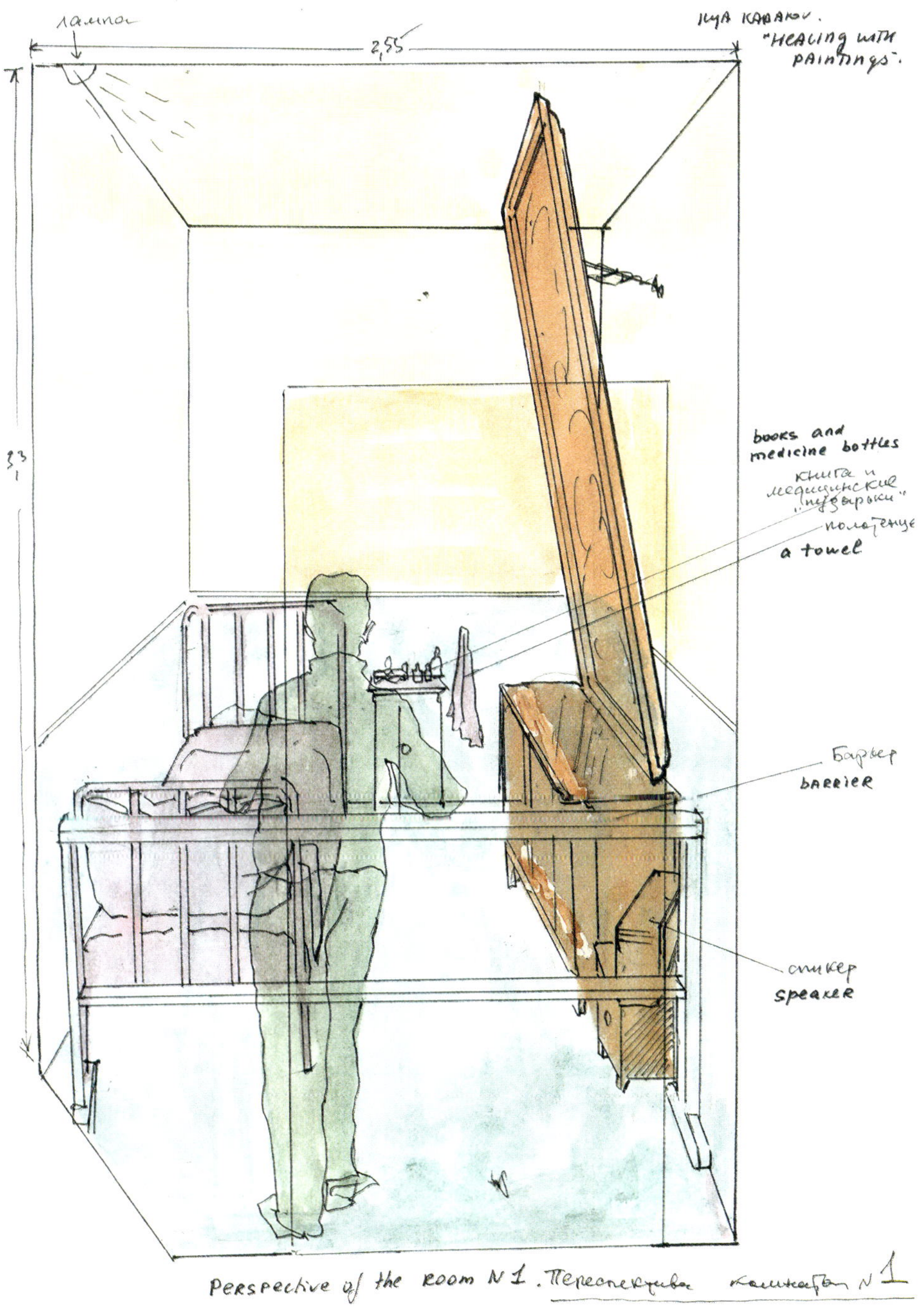

лампа

2,55

ILYA KABAKOV.
"HEALING WITH PAINTINGS".

books and medicine bottles
книги и
медицинские
"пузырьки"

полотенце
a towel

Барьер
barrier

спикер
speaker

3,3

PERSPECTIVE of the ROOM N 1. Перспектива комнаты N 1

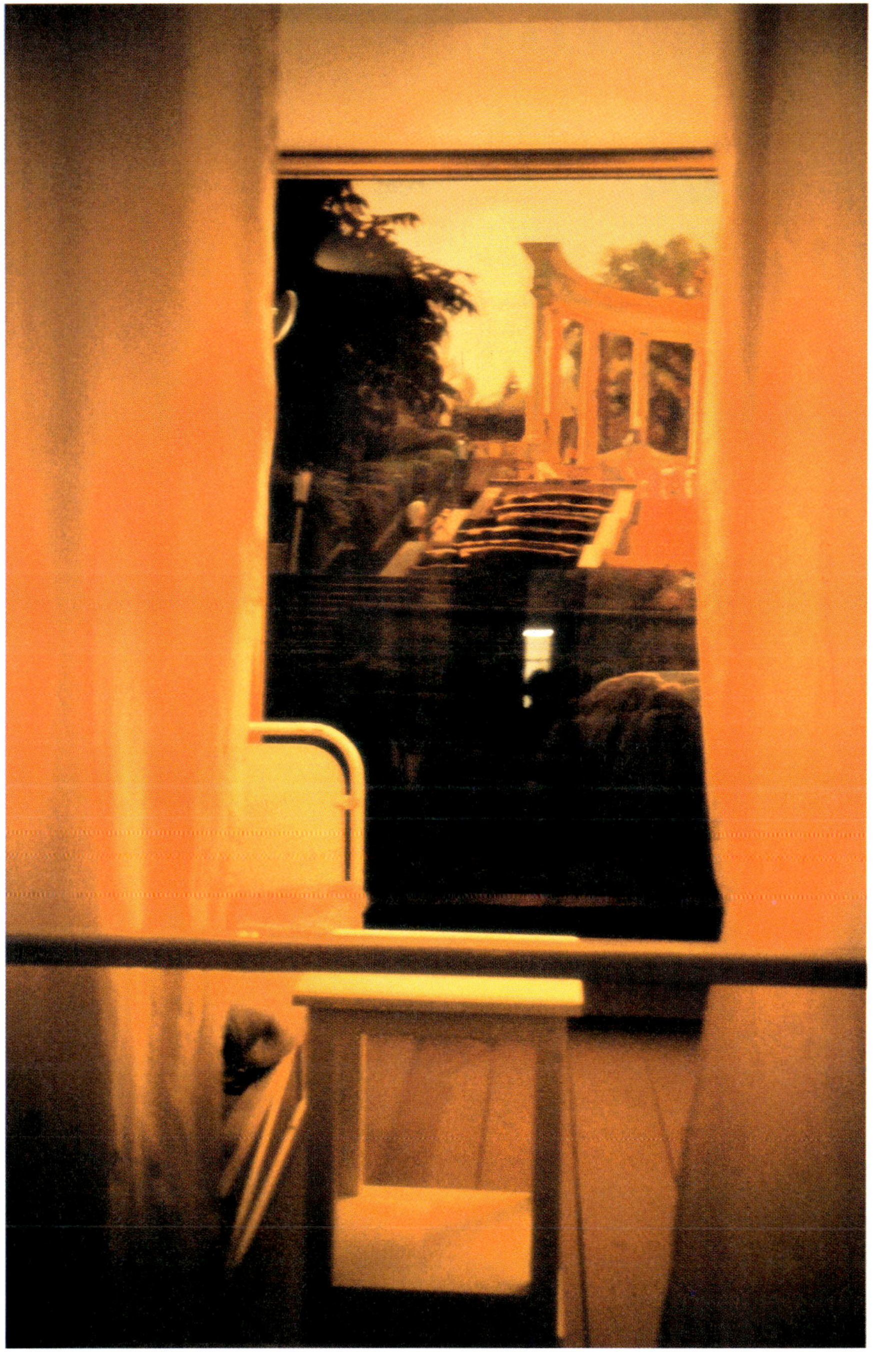

La terapia con i ricordi

Descrizione dell'installazione

Si rappresenta il lungo corridoio di un ospedale russo di provincia. Lampadine a bassa intensità di luce dall'alto e il colore grigio chiaro della parte inferiore delle pareti creano un'atmosfera malinconica. Nel corridoio ci sono sei porte, ognuna delle quali conduce ad un gabinetto medico. Quando lo spettatore entra trova davanti a sé una barriera e una tenda appena scostata al centro. Dietro la barriera ci sono un letto e un comodino e, davanti, tre sgabelli sui quali lo spettatore può sedersi e ascoltare con le cuffie la traduzione dei testi. La "procedura terapeutica", una *performance* continua che si svolge nel gabinetto del medico, è articolata come segue.

Sopra la testa dello spettatore, appoggiati su mensole, ci sono due proiettori di diapositive. Uno proietta, a intervalli di undici secondi, diapositive con materiale biografico (lo stesso che si trova in qualsiasi album di famiglia), l'altro solo una macchia di luce sulla parete. Le due proiezioni si combinano tra loro e le figure delle persone e i ritratti si confondono e sfumano come se uscissero dalla profondità della memoria, in forma di "visioni del passato". Contemporaneamente vengono commentate, in lingua russa, le immagini sullo schermo. Quando il commento finisce, la diapositiva proiettata cambia. In tutto sono ventuno-ventidue diapositive; la sequenza si svolge con un ritmo rallentato e volutamente monotono. La medesima situazione si ripete negli altri gabinetti medici. È evidente che i soggetti delle proiezioni e i relativi commenti sono ovunque diversi.

La terapia con i ricordi

L'ospedale nel quale viene applicata la tera-
pia con i ricordi (insieme alle altre procedure psichiatriche) è stato organizzato dal famoso psichiatra dottor V. I. Ljublin nel 1992, a Saratov. Oggi le sue filiali sono sparse in tutto il mondo e a New York operano con successo due cliniche. Qui è riportato un brano dal libro *Dal profondo della psiche*, dove il dottor Ljublin spiega il metodo da lui adottato.

"È noto alla medicina come sia difficile curare gli ammalati anziani inchiodati ad un letto, specialmente se la malattia è lunga e accompagnata da sindromi dolorifiche. Di regola questa condizione è aggravata da uno stato di depressione, da amare riflessioni sulla vecchiaia; se l'ammalato riceve raramente visite da parte dei familiari, situazione molto frequente, la depressione diventa cronica, peggiorando il suo già grave stato di salute.

In questo caso è auspicabile un intervento sviante, che talvolta può rivelarsi indispensabile. A questo scopo possono essere utili sequenze di diapositive preparate in casa. I familiari e gli amici del paziente (o, in caso non ci fossero, qualcuno del personale medico) potrebbero preparare una serie di diapositive in bianco e nero con le fotografie dell'album di famiglia dell'ammalato: immagini della sua giovinezza, dei suoi viaggi, delle sue vacanze ecc. Quante più diapositive vengono utilizzate tanto meglio è. Il letto viene portato in un reparto autonomo, si abbassano le tende e sulla parete si proiettano le diapositive, che devono essere mostrate in ordine cronologico. Sarebbe molto opportuno che un familiare registrasse i commenti alle immagini. La semioscurità della stanza, il lento alternarsi delle fotografie, il ritmico e tranquillo risuonare della voce aiuteranno l'ammalato ad estraniarsi e a cadere in un sonno profondo".

Treatment with Memories

Description of the installation

The viewer enters through a small "old" door and finds himself in a long "hospital" corridor. There are six "old" doors on the right and the left, three on each side of the corridor. The light is fairly dull, it is coming from "bare" light bulbs hanging on electric cords. The lower part of the walls is painted a dull blue color, which imparts to everything an "institutional," depressing, sad appearance. The doors to the rooms are slightly ajar, and the viewer enters each one in turn; reaching the last one, he discovers that at the end of the corridor there is still one more door. Having opened it and going around the corner, he can enter an entirely different hall of the exhibit. Hence, the installation has its entrance and exit at opposite ends, which prevents "traffic jams" and doesn't interfere with the impression of visiting a "hospital."

Medicine knows very well that treatment is difficult with elderly patients, those confined to bed, especially if the disease is accompanied by pain. As a rule, this state is usually accompanied by a worsening state of the spirit, by thoughts of old age, and if the patient is rarely visited by relatives, which happens rather often, then everything taken together leads to constant depression and the deterioration of the state of health that is already poor.

A maneuver that would distract, take the patient far away from the sad and painful reality would be extremely desirable in these cases, and under some circumstances, it is simply obligatory. Such a means could be served by the making of a slide-film at home.

The relatives and close friends of the patient, and if there aren't any, then anyone from among the medical personnel, can order black-and-white slides with photographs from the patient's family album: pictures of him in his youth, during trips, on vacation, "sitting around" with relatives, children, etc. The more slides in such a program, the better. The bed with the patient is moved to a separate ward, curtains veil the windows (but not so that it is completely dark), and the slide-film is projected on the white wall of the ward opposite the lying patient. It is desirable to show the photographs in chronological order. Decisively important in this method is the temporal interval between the slides; it should be very "drawn out" ten to twelve seconds, no less. It is highly desirable that some relative "dubs" commentaries for these photos so that a phonogram can be turned on at the same time. A slow changing of the slides, the semi-dark place, will help the patient to be distracted and to submerge into a deep sleep.

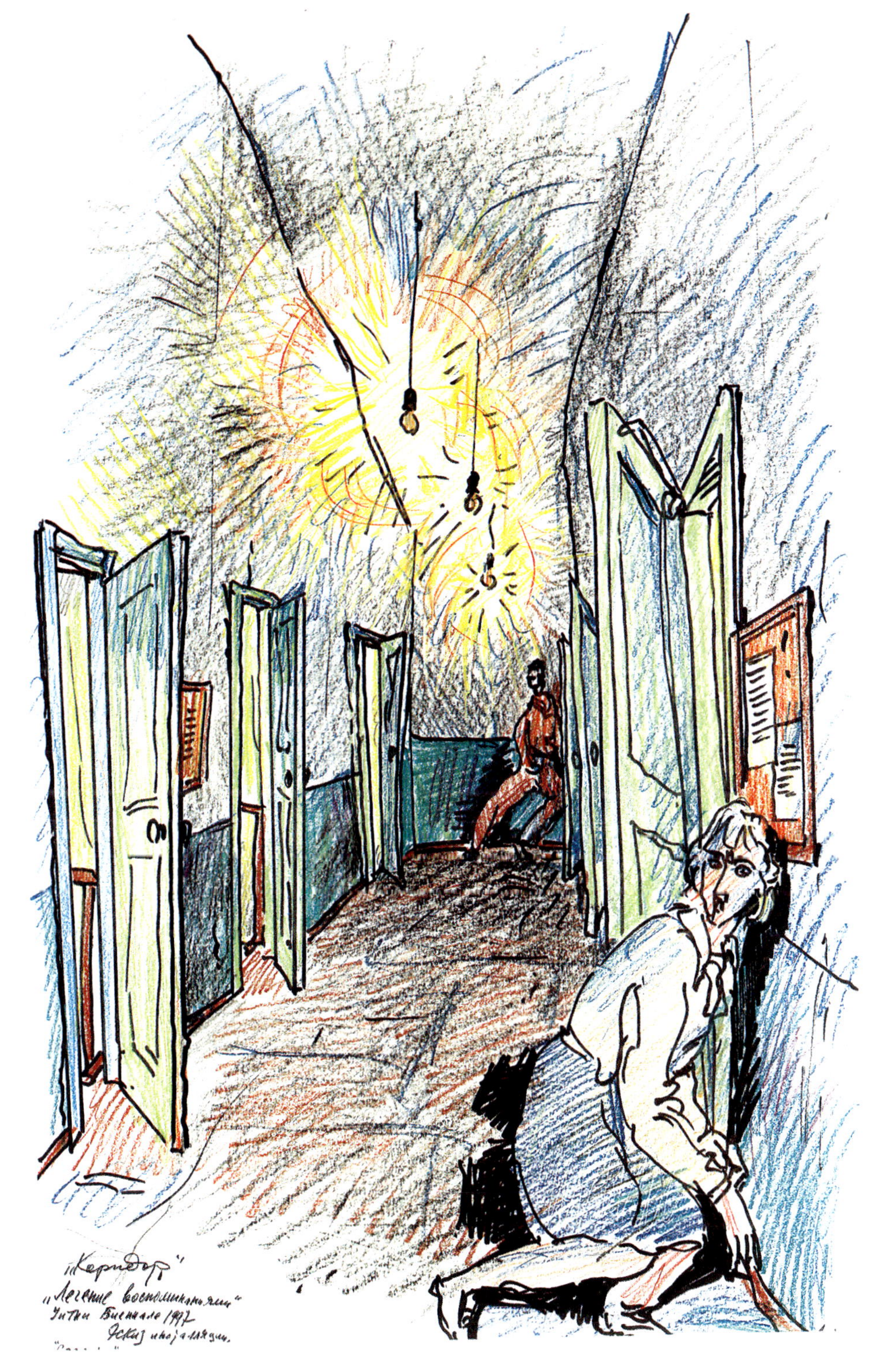
„Коридор"
„Легкие воспоминания"
Унгни Биеннале 1917
Эскиз иноj аллюзии.

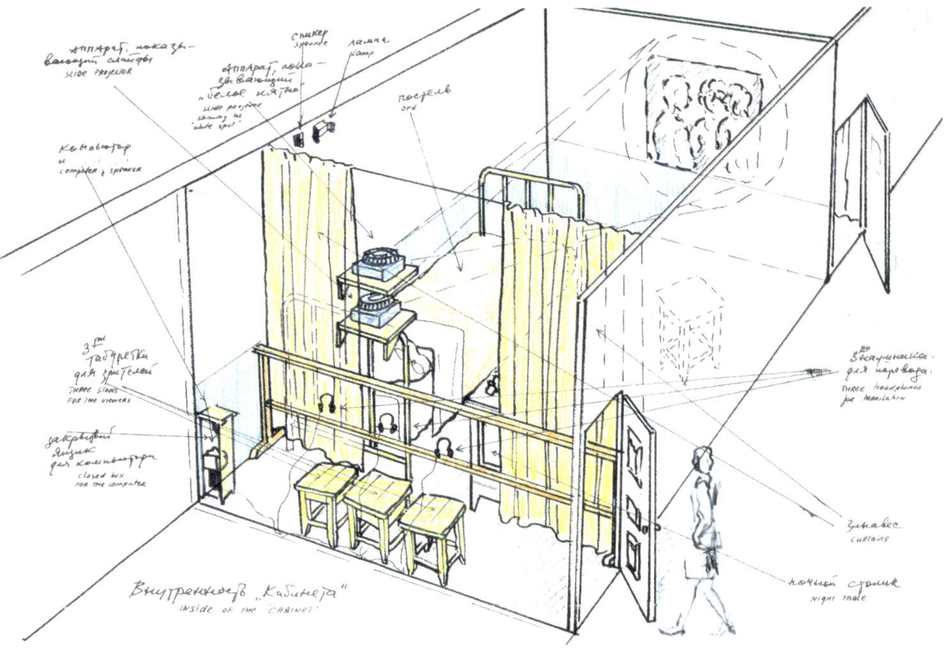

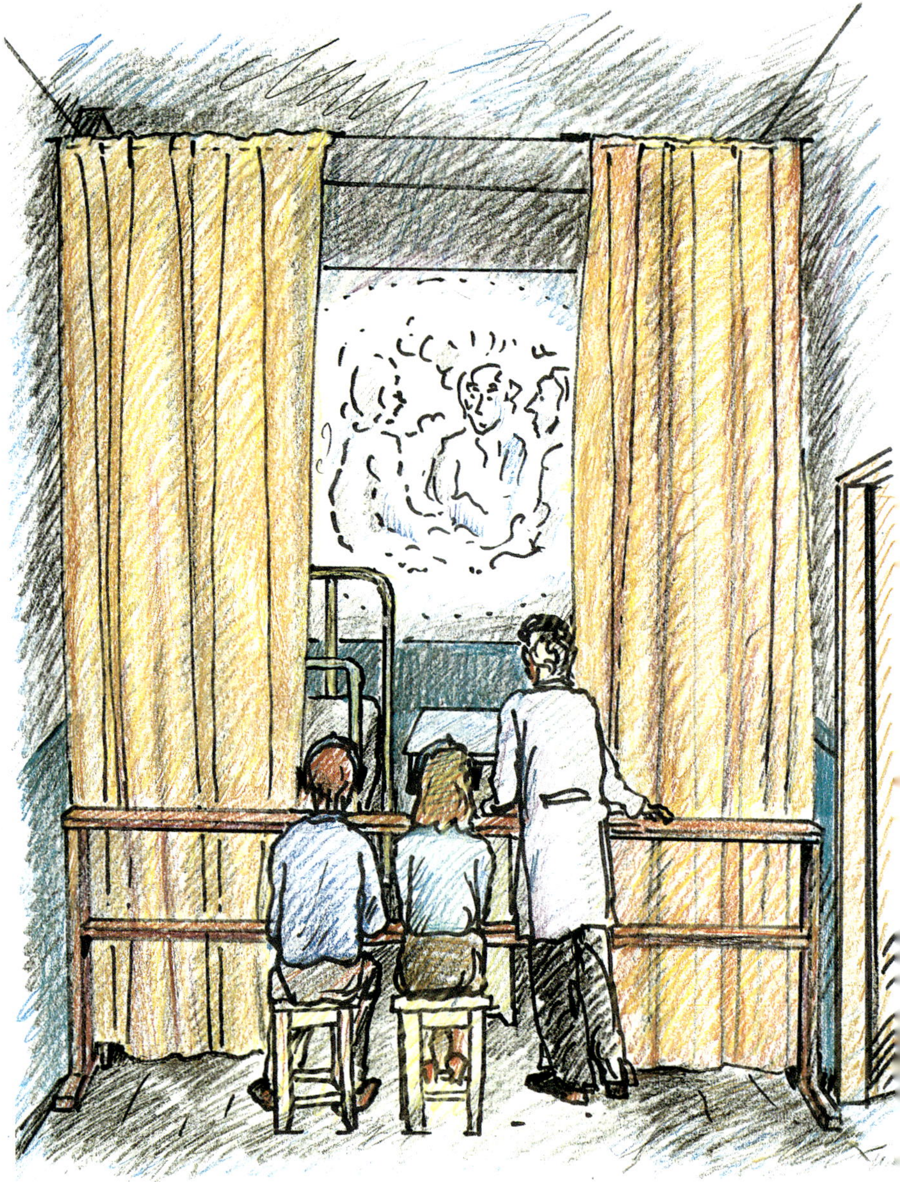

„ЛЕЧЕНИЕ воспоминаниями" Уитни Биеннале 1997. Эскиз инсталляции

Внутренность Кабинета

"TREATMENT WITH MEMORIES" WHITNEY BIENNIAL. 1997. SKETCH OF THE INSTALLATION
INSIDE OF THE CABINET.

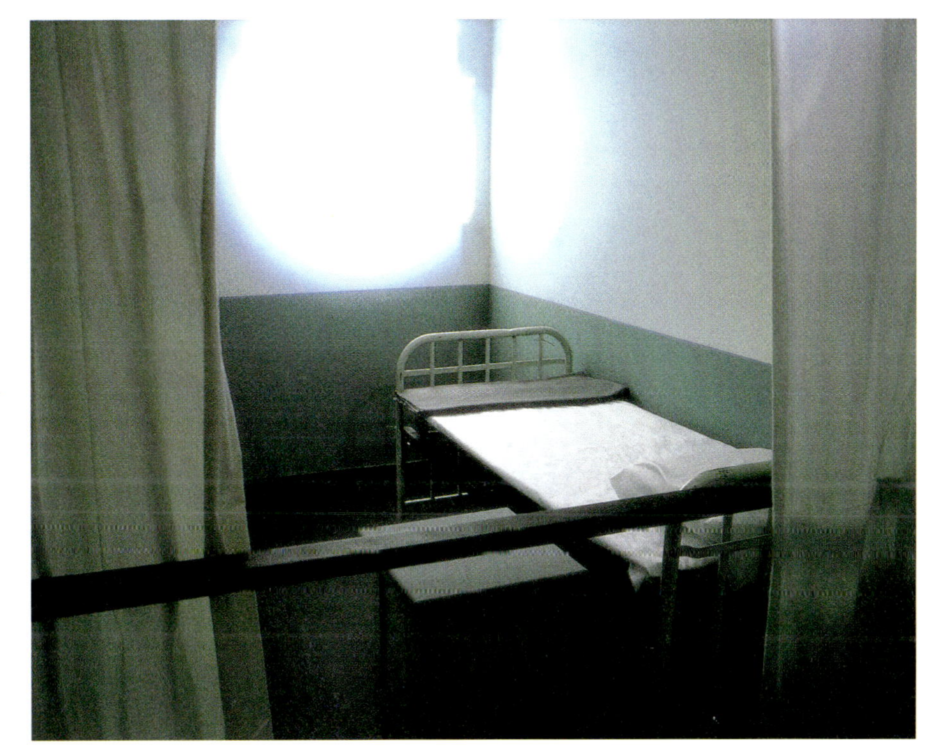

Le confessioni psicologiche

Descrizione dell'installazione

L'installazione riproduce lo spazio interno di un ospedale e si compone di tre corridoi, sei gabinetti medici e una piccola sala per la procedura terapeutica. Nel suo sviluppo, costituisce per lo spettatore un originale viaggio-visita nei gabinetti medici che si susseguono lungo i corridoi fino alla piccola sala prima dell'uscita, dove gli sarà possibile fare esperienza diretta dell'effetto terapeutico della musica.

Prima di passare ad una dettagliata descrizione di questo "viaggio" bisogna sottolineare che l'effetto prodotto dal contenuto della visita e dagli oggetti che lo spettatore vedrà sarà decisamente potenziato dall'"atmosfera" del luogo. Questa "atmosfera" proviene – oltre che dal percorso all'interno dei gabinetti medici e lungo gli stretti ed alti corridoi – dal colore grigio-azzurro di cui è dipinta la parte bassa dei corridoi stessi, dalle tende color giallo chiaro che delimitano l'entrata dei gabinetti medici e che segnano i passaggi al loro interno e infine dalla luce "neutrale", caratteristica degli ospedali, che proviene dal soffitto. La vera protagonista dell'installazione, che tutto l'insieme contribuisce a ricreare, è la deprimente e sterile "aria" tipica di una clinica.

Dall'entrata, percorrendo il corridoio n. 1 (si veda il disegno), lo spettatore passa nel corridoio successivo, il n. 2, dove a sinistra si vedono tre tende che chiudono l'entrata degli "studi". Scostando la prima, si accede ad un piccolo locale: la parete di fronte è uguale a quella del corridoio, ma non arriva al soffitto, e da entrambi i lati pendono altre tende. Lo spettatore, spostandone una, entra in un passaggio piccolo e stretto, con disegni incorniciati sulla sinistra – leggermente inclinati, disposti in fila e vicini gli uni agli altri, quali solitamente s'incontrano nei corridoi delle cliniche e che servono a rendere meno pesante l'attesa dei pazienti. Anche l'estremità di questo passaggio è chiusa da una tenda e, scostandola, ci si trova in un altro passaggio posto ad angolo retto rispetto al primo. Sulla parete vi sono disegni uguali ai precedenti e che rispettano il medesimo ordine. All'estremità di questo secondo passaggio c'è un'altra tenda, oltre la quale ci si trova nuovamente, avendo compiuto l'intero giro, davanti all'uscita del corridoio n. 2.

Fin dal primo momento in cui è entrato in questo passaggio lo spettatore sente le voci di due persone che conversano e, procedendo lungo il percorso, comincia a distinguerle sempre più chiaramente, fino a diventare testimone involontario della conversazione. Le voci provengono dalla sua sinistra.

Una di queste è molto alta ed eccitata e racconta evidentemente qualcosa di molto importante; l'altra interrompe questo monologo con non più di due-tre brevi frasi. Ascoltando, lo spettatore d'improvviso capisce di essere in presenza di un dialogo tra un medico e un paziente, che si svolge all'interno di uno "studio", e che quindi egli si trova nel luogo in cui i pazienti vengono accolti. Ma non è tutto. Confrontando il contenuto della conversazione "dietro la parete" con la storia raccontata nei disegni "sulla parete" e che si può seguire, come dire, "con gli occhi", lo spettatore si accorge con meraviglia che i disegni con-

Psychological Confessions

Description of the installation

The installation represents the inside of a hospital consisting of three corridors, six examination rooms and a small hall for a therapeutic procedure. The installation has in its movement a beginning and an end, representing for the viewer who finds himself there a unique kind of journey – the viewing of all the examination rooms, one after another, passing through all of its corridors so that just before the very end he winds up in the small hall and then, so to speak, experiences for himself the therapeutic effect of the "musical" therapy that is conducted there.

Before moving on to a detailed description of this "journey," it should be said that the decisive effect, in addition to the content of this viewing and of the objects which the viewer will see and "hear," must be attributed to the "atmosphere" which surrounds him from the moment he enters and until the time he leaves the installation. This "atmosphere" is formed by, in addition to his movement inside the examination rooms and along the narrow and high corridors, the very coloring of these corridors where the lower part of the walls is painted like a solid, light blue "panel"; there are light yellow curtains hanging at the entrance to the examination rooms and separating the passages between them; finally, there is a monotone, "hospital" neutral light emanating from the ceiling. All of this together forms the sad and sterile air of a clinic, the main "character" of the entire installation.

From the entrance, moving along corridor No. 1 (see sketch), the viewer winds up in another corridor, No. 2, where three curtains that cover the entrances into "examination rooms" are visible on the left. Pushing aside the curtains, one wind up in small spaces where there are also curtains hanging on the right and left, and directly in front of the viewer is exactly the same kind of wall as in the corridors, only not quite to the ceiling. The viewer, pushing aside the curtain, winds up in a small and narrow passageway, on the left on the wall there are framed drawings hanging at a slight angle, arranged in a row near to one another, in the way that they are usually hung in corridors of clinics to "brighten up" the waiting time of the patients. The end of this passageway is also covered by a curtain. Having pushed it aside, one can pass into another passageway which is at a right angle to the first one. The same kind of drawings in the same order are hanging on the wall. At the end of this passageway, there is another curtain again. Reaching the end and pushing it aside, one can wind up, having made a complete circle, again in front of the exit into corridor No. 2.

But, having completed this circular route, the viewer, already from the very first minutes after he winds up in this passageway, begins to discern very clearly the voices of two people talking next to him, separated from him by a thin wall. All the while he is walking along this circular path, the viewer hears these voices nearby to the right, and he becomes an unintentional witness to this conversation. One voice is talking about something very loudly and excitedly, something that is extremely important for him, the other one inserts two or three phrases into this monologue. And during the

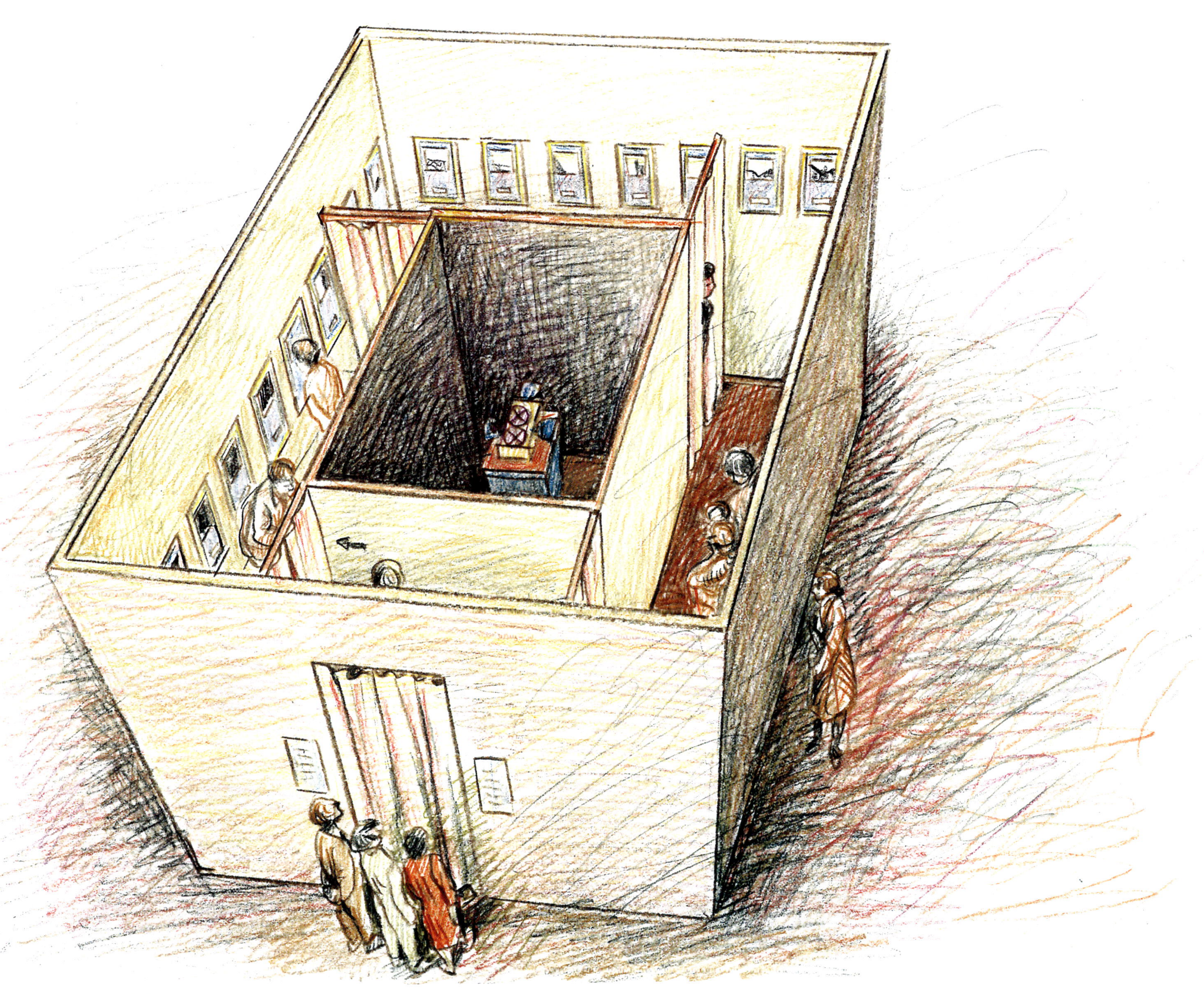

tengono esattamente le medesime situazioni e che ciò che il paziente racconta con tanta agitazione nell'ambulatorio del medico, *è già* contenuto, chissà come, nei disegni che si trovano sulle pareti dello "spazio d'attesa" del medico stesso. È inoltre evidente che quei disegni si trovano lì da molto tempo, chiusi nelle loro cornici con il vetro! La sensazione quasi di malessere prodotta da questa strana coincidenza agirà sicuramente sullo spettatore tanto più che egli, se sarà attento, si accorgerà che il tempo impiegato per seguire l'intera serie dei disegni e leggere le didascalie poste sotto di essi corrisponde esattamente alla durata dell'intero dialogo del medico con il paziente – circa dodici minuti. (Il numero di questi disegni in ciascuno degli "studi" è di 32-35 esemplari; il contenuto della conversazione si trova allegata alla descrizione[1]).

Rientrato nel corridoio e vista la successiva tenda, lo spettatore capisce che verrà a trovarsi in una "struttura" uguale a quella precedente e, spinto dalla curiosità, entrerà, leggerà, ascolterà con attenzione la nuova "storia della malattia", o meglio la nuova "confessione di vita", la quale stranamente riguarderà anche lui.

I corridoi e gli studi si susseguono uno dopo l'altro e raggiunto il sesto studio lo spettatore pensa che il viaggio nell'installazione sia a questo punto terminato. Ma non è così.

Nella sala n. 7 lo spettatore, aperta la piccola porta e scostata la tenda, si trova inaspettatamente in uno spazio affatto diverso, illuminato da una luce fioca. Una luce intensa cade, invece, su un quadro collocato su un podio. Nella piccola stanza sono disposte in fila delle panche di legno, in modo tale da formare un ambiente simile a una sala cinematografica; al posto dello schermo c'è la riproduzione immobile del quadro, illuminato dalla luce diretta. A completare la somiglianza con una sala cinematografica, una musica dolce, carezzevole e "rilassante" quanto il soggetto del quadro. Lo spettatore può finalmente sedersi e riposare dopo il lungo cammino. Davanti, all'altra estremità della sala, si vede la porta d'uscita (è chiusa dall'"ultima" tenda, al di là della quale si vede la luce del giorno), ma lo spettatore può rimanere seduto a lungo sulla panca sotto l'azione della musica, della penombra e del quadro intensamente illuminato: semplicemente riposando oppure conversando nel gabinetto terapeutico della clinica – allestito per questo scopo – dove egli si trova non solo come visitatore e "testimone" casuale ma anche come "paziente" legittimamente atteso.

Bisogna aggiungere che tutti i testi, sia quelli scritti che quelli letti, sono in lingua inglese, anche se l'atmosfera ricorda il mondo sovietico degli anni '60. I canti eseguiti e il quadro si riferiscono: i primi agli anni '30, il secondo agli anni '50. Il luogo, come si capisce, resta il medesimo.

1. Ecco i temi delle "confessioni" in ciascun gabinetto medico:
Gabinetto n. 1: "Io so volare senza ali"
Gabinetto n. 2: "Io esco dall'armadio volando"
Gabinetto n. 3: "Ho paura di trovarmi nel mezzo"
Gabinetto n. 4: "Un velo mi separa dal mondo"
Gabinetto n. 5: "Io vedo tutto dalla quarta dimensione"
Gabinetto n. 6: "Anche oggi ho visto Olga Markovna"

course of listening, the viewer suddenly understands that this is a conversation between a doctor and a patient, that this conversation is taking place inside of an "examination room," and he, the viewer now finds himself in the waiting place from where the next "patient" is summoned. That's not all. Now the viewer sees that the content of the conversation "behind the wall" and of the "story" contained in the hanging pictures and which you can, so to speak, read "with your eyes," moving from its beginning to end, are the same. What the patient is excitedly telling the doctor is *already* hanging, for some incomprehensible reason, on the wall in the "waiting room" of that doctor, and apparently it has been hanging there for a long time, it has been encased under glass for a long time already! The strange feeling produced by this strange coincidence should affect the viewer all the more since he can discover, if he is attentive, that the viewing time of the entire series of drawings and inscriptions under them, coincide exactly with the length of the entire conversation between the doctor and the patient (approximately twelve minutes). (There are thirty-two to thirty-five drawings in each such "examination room," depicting the content of the conversation.)

Entering into corridor No. 2 and having seen the next curtain, the viewer understands that he will encounter the very same "structure" as the one where he just was, but urged on by curiosity, he enters, reads and listens to a new "story of an illness," or more precisely, a new "confession" of a "life" which he might feel concerns him in some strange way.

Corridor follows corridor, examination room follows examination room, and reaching the sixth one, the viewer thinks that the whole installation ends here. But that's not quite the case.

In hall No. 7, having opened a small door and having pushed aside yet another curtain, the viewer unexpectedly finds himself in an entirely different space with semi-dimmed lighting. Bright light falls on a painting placed on a podium. Rows of wooden benches are arranged in this room so that everything forms a kind of theater with a stationary image in the front, only instead of a screen there is a painting illuminated by a light aimed at it. In the hall, completing the similarity, resounds quiet and very soft "relaxing" music, the subject of the "painting" is of a similar "calming" content. The viewer can sit down, rest from the prolonged movement "on his feet." In the front, at the other end of the "hall," an "exit" door is visible (it is covered by the "last" curtain, behind which can be seen the light of day). But the viewer can sit for a fairly long time on the bench under the influence of the music, semi-darkness and the illuminated immobile image, simply relaxing or chatting with other viewers in this "therapeutic" room of the clinic specially arranged for this purpose, where he winds up being not only an accidental visitor and "witness," but a legitimate and expected "patient."

It should be added that all the texts, both written and spoken, are provided in English translation (the texts are read in English), although the entire atmosphere is more reminiscent of the Soviet 1960's. The songs performed and the paintings belong, the first ones, to the 1930's, the second to the 1950's; the place, of course, remains the same.

1. Here are examples of the topics of the "confessions" in each of the examination rooms:
Room No. 1: "I am able to fly without wings."
Room No. 2: "I fly out of the closet."
Room No. 3: "I am afraid to go out into the middle."
Room No. 4: "There is some kind of film between me and the world."
Room No. 5: "I see everything from a fourth dimension."
Room No. 6: "I saw Olga Markovna today, too. . . ."

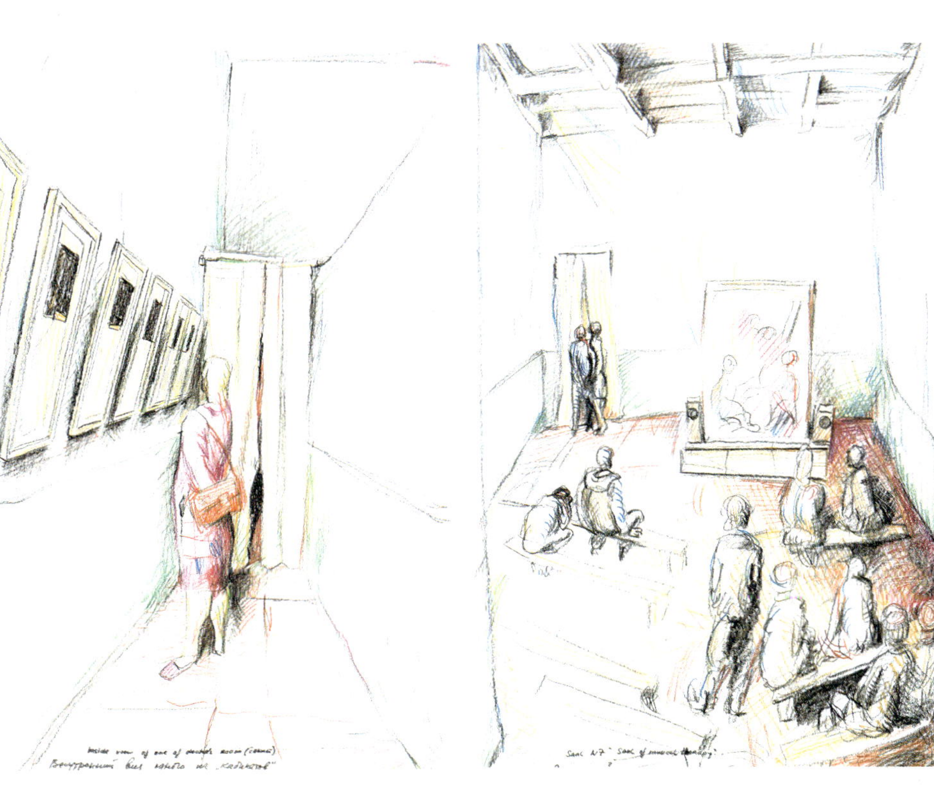

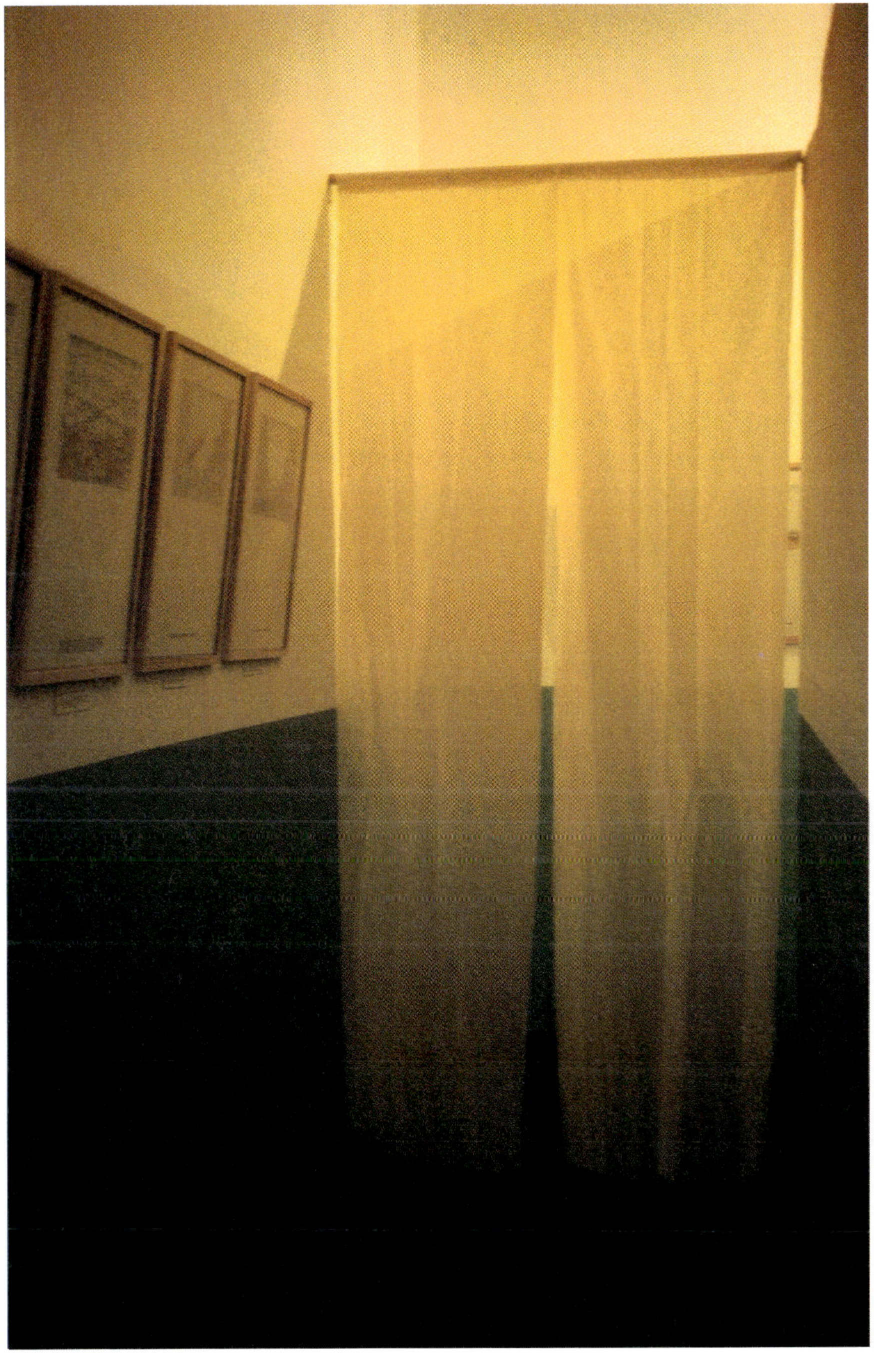

L'ospedale pediatrico

Pediatric Hospital

Descrizione dell'installazione
L'installazione raffigura una serie di stanze – stanze di ospedale illuminate a giorno, con porte coperte da una tenda bianca e la parte bassa delle pareti (altezza 1,06 metri) dipinta di verde chiaro.
In generale qui è stata utilizzata la pianta delle stanze e dei corridoi esistenti: il locale, prima di diventare un museo di arte contemporanea, era un ospedale.
Il sale di tutta l'installazione sono i nove oggetti che si trovano accanto ad ogni letto. Si tratta di piccoli teatrini musicali che servono per far divertire i bambini ammalati. Questi "teatrini" con i loro spettacoli sono disposti in modo tale che anche il "visitatore" che è andato a trovare il proprio bambino può assistere alla scena che si svolge all'interno. Oltre all'azione vera e propria, c'è una musica sullo sfondo e risuona la voce di un uomo che legge un racconto legato agli avvenimenti che si svolgono sulla scena del teatrino. Bisogna anche aggiungere che ciascuna delle scene ha una propria illuminazione che proviene da piccole lampade speciali.
Accanto ad ogni letto c'è una sedia, a volte anche due. Da seduti è possibile assistere tranquillamente e ascoltare quanto avviene all'interno del teatrino (il suono "lavora" sommessamente in modo che due teatrini, pur trovandosi nella stessa stanza, non si disturbano reciprocamente).

Pediatric Hospital

Description of the installation
The installation represents a series of rooms (hospital exam rooms in which white curtains hang over the doors, the lower part of the wall is painted a light green color to a height of 1.06 m). The lighting is "normal," daylight. In general the layout of the existing rooms and corridors is used – after all, the original building was in fact a real hospital before a museum of contemporary art was located here.
The "salt" of the entire installation is the nine objects which are standing near each of the beds. These are unique sorts of small musical theaters which have been placed here to entertain the sick children lying in the beds. But the little theaters have their stages turned in such a way that the "visitor" coming to visit the child can see everything that goes on in the theater. Inside each, in addition to the actual "action," music can be heard and against this background human speech is audible – a story is being read that is connected to the events transpiring onstage. It should also be added that each such stage has its own lighting coming from special little lamps. Here are brief summaries of the scenes which the viewer can see when he glances into the theater: (there is a chair next to each bed, perhaps even two), and sitting on it, one can quietly view and listen to all that transpires inside. (The sound "works" quite softly so that two theaters, even if they are in the same room, won't interfere with one another.)

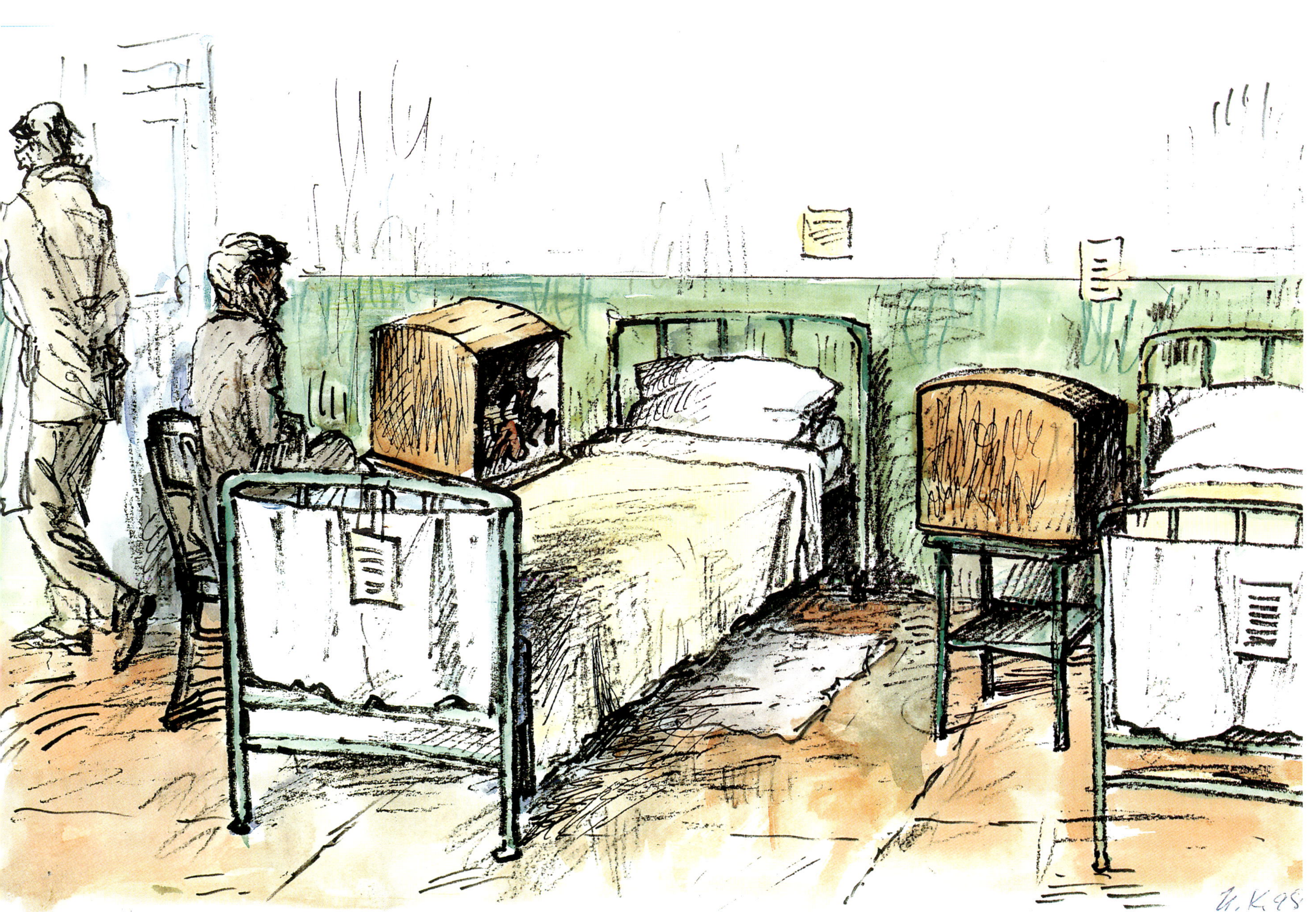

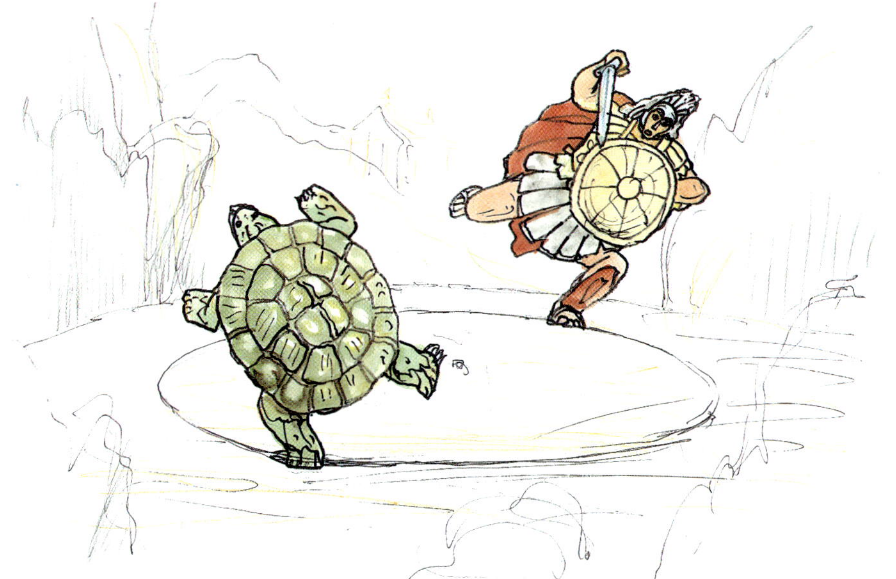

3. „Ахилл и Черепаха"

3. "Achille and the Turtle":

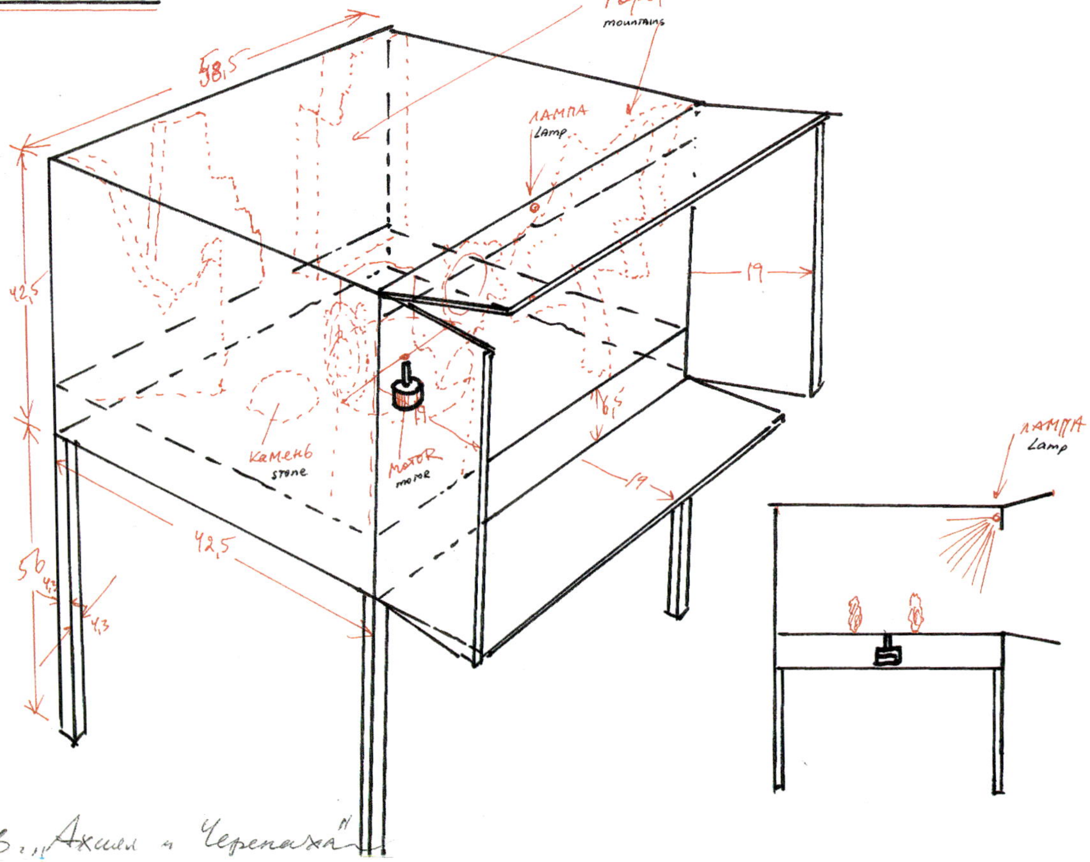

3. „Ахилл и Черепаха"

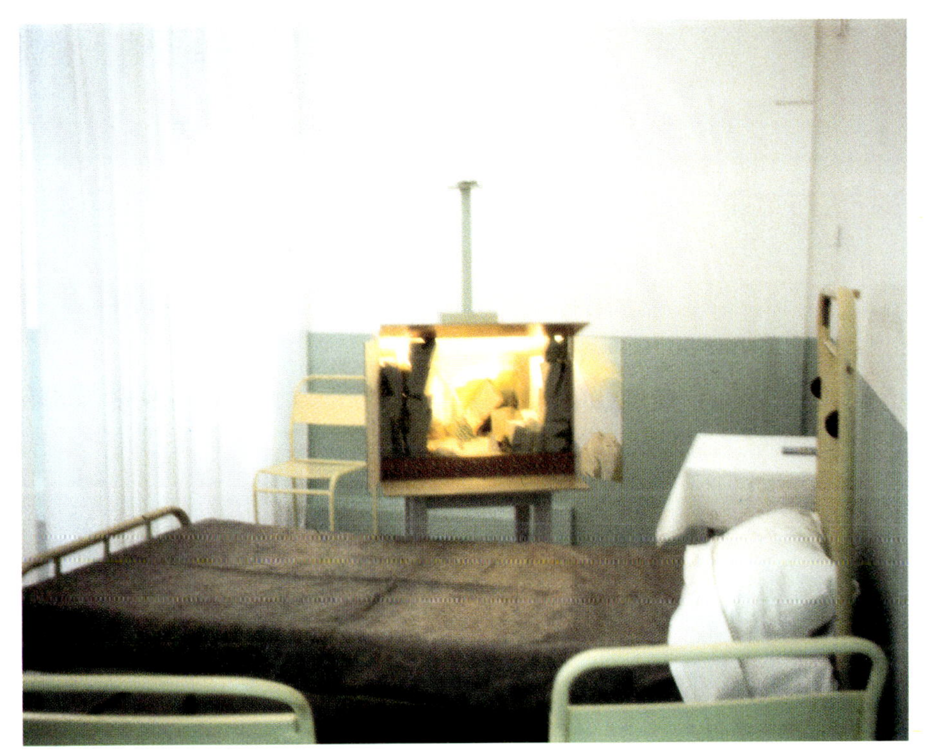

La vita delle mosche

Descrizione dell'installazione
L'installazione "La vita delle mosche" è stata allestita al "Kunstverein" di Colonia nel gennaio del 1992. Il lungo locale del "Kunstverein" è stato suddiviso in quattro sale conseguenti.

Sala 1
Il ruolo delle mosche nell'economia, nella finanza, nella politica e nella cultura
La sala è divisa in sezioni tematiche: 1) Le mosche e l'economia; 2) Le mosche e la finanza; 3) Le mosche e la politica; 4) Le mosche e le arti figurative.
I materiali delle prime tre sezioni sono disposti su due tavoli inclinati, il materiale della sezione n. 4 è affisso alle pareti, accanto a disegni e a quadri.
All'inizio della visita, su una stele c'è una cassa di vetro contenente un piccolo podio sul quale c'è una mosca posta al centro di una piccola costruzione.

Sala 2
Della civilizzazione delle mosche sul territorio dell'Europa orientale e della Siberia occidentale
In questa sala è svolto il tema "La civiltà delle mosche". Al centro della sala, dietro una barriera, lo spettatore vede due costruzioni sospese in aria composte di 500 mosche, assemblate con un sistema tutto particolare. Sulle pareti, due pannelli con le spiegazioni e i disegni e una vetrinetta con degli oggetti.

Sala 3
"Concerto per una mosca" e "La poesia su tavoletta"
La sala è dedicata a due temi: "Concerto per una mosca" e "Mosche. La poesia su tavoletta". Su una lunga parete, alla destra dell'ingresso, c'è un grande quadro (2,60x4 metri) e accanto ad esso sono disposti quaranta disegni esplicativi del quadro stesso. Sulla parete opposta si svolge qualcosa che assomiglia ad un concerto. Questo allestimento si chiama "Concerto per una mosca". In prossimità di un angolo è sospesa in aria una mosca (ritagliata da un foglio di carta e colorata) e intorno ad essa sono disposti in forma di anfiteatro 21 leggii musicali con testi e spartiti. Sui fogli sono incollati dei disegni. Qui la mosca, come spesso si verifica nei concerti da camera, interpreta sia il ruolo di direttore, che dirige l'orchestra, sia quello di solista, che suona insieme agli altri concertisti.
Quest'ultima sala è dedicata al tema "La mosca come oggetto e fondamento del discorso filosofico".

Sala 4
Le mosche e il discorso filosofico
Nel suo insieme l'installazione è costituita da un grande disegno (55x45) che ha per titolo "La mosca" e da un testo stampato di 132 pagine, entrambi racchiusi in una cornice con vetro. L'installazione è stata predisposta per essere installata nella sala bianca del museo Puškin di Mosca e perciò sarà descritta a partire da questa sala. La pianta della sala bianca ricorda quella di un tempio antico; sulla parete opposta all'entrata c'è una nicchia semirotonda, alta, in forma di altare dove può essere collocata una scultura o in generale l'opera più importante della sala. Esattamente qui, a parete, c'è il disegno "La mosca", in una cornice sotti-

Life of Flies

Description of the Installation
The installation *Life of Flies* is to be exhibited in the Cologne Kunstverein in January 1992. The long dwelling of the Kunstverein is divided into four halls which follow one another like a suite.

Hall 1
This hall is thematically divided into four sections: "Flies and the Economy"; "Flies and Finance"; "Flies and Politics"; and "Flies and Fine Arts."
The materials of the first three sections are located on two slanted tables, material of the fourth is near the paintings and drawing that are hung along the walls.
In the beginning of the viewing there is a pillar on which is affixed a glass case on a small podium on which is lying a fly in the middle of a small structure.

Hall 2
The theme "The Civilization of Flies" is located in this hall. In the middle of the hall on the other side of a barrier, the viewer sees two structures hanging in the air made from five hundred flies that are arranged in a special way. Along the walls are two stands with explanations and sketches and one glass showcase with exhibits.

Hall 3
This hall is devoted to two themes: "A Concert for A Fly" and "Flies and Tabular Poetry." On the long wall to the right of the entrance hangs a large painting (2.60 X 4 m) and to the right of it are forty drawings – commentaries that accompany this painting. In the corner of the opposite wall there is something like a concert going on. This arrangement is called "A Concert for A Fly." Closer to the corner there is a fly hanging in the air (cut out of paper and colored) and around it is arranged an amphitheater, music stands with texts and notes standing on them. Besides these, on these same pages there are drawings. The fly here, as often happens in chamber orchestras, is performing the role of both the conductor leading the musicians and a soloist playing along with them.

Hall 4
This final hall is devoted to the theme "The Fly as a Subject and Basis for Philosophical Discourse."
The entire installation consists of one large drawing of the "Fly" (55 X 45 cm) and 132 pages of typed text, each page of which is encased in a glass frame. The installation was intended especially for the White Hall of the Pushkin Museum in Moscow, and therefore the installation will be described for this dwelling. The layout of the White Hall is similar to that of an ancient church and in the wall opposite the entrance there is a semi-circular indentation resembling a distinctive altar where there might be located a sculpture or in general the most important work of this hall. It is precisely in this place on the wall that the drawing of the "Fly" hangs in a thick dark-brown frame. On both sides of the "Fly" are hung sixty commentaries, the comments of viewers about the exhibited drawing. The side walls of the hall are also filled with texts (each page in a separate mat and under

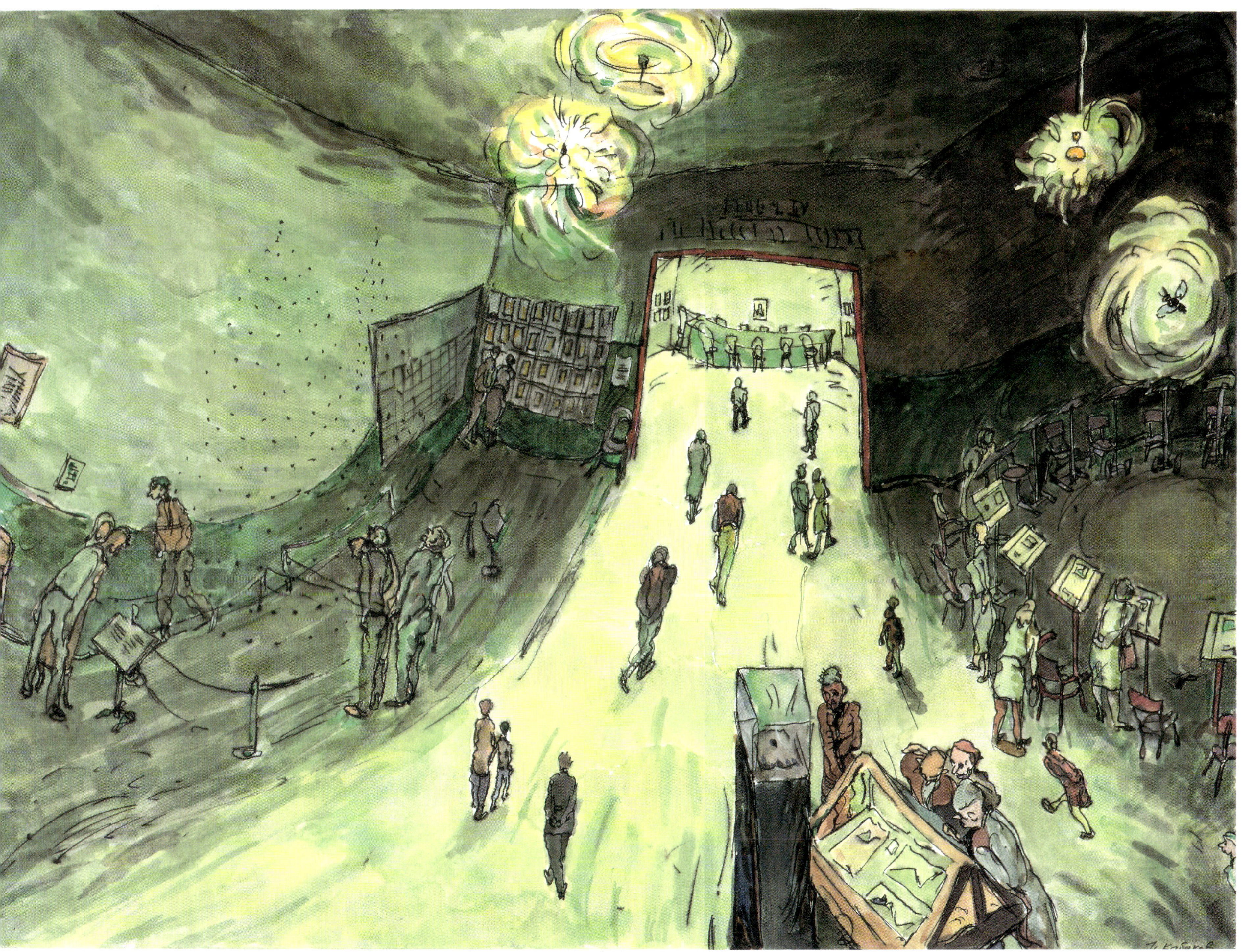

le di colore marrone scuro. Ai lati della "Mosca" ci sono sessanta documenti, contenenti i commenti dei visitatori sul disegno esposto. Le pareti laterali della sala sono anch'esse ricoperte di documenti (ogni pagina ha il suo portaritratti con vetro), che contengono brevi saggi appartenenti ai seguenti "personaggi": il filologo, il matematico, lo storico, l'artista.

Qualche parola sull'atmosfera che regna nell'installazione. Il locale riproduce una serie di sale di un museo della Scienza sovietico di provincia, noioso, poco frequentato e con una cattiva illuminazione. Non ci sono finestre, tutti gli oggetti esposti e i documenti sono illuminati da lampadine elettriche gialle che emanano una luce fioca. Il soffitto e le pareti sono dipinte di grigio, mentre la parte bassa delle pareti, come in tutti gli edifici pubblici, è marrone scuro. Tutto l'insieme crea un'atmosfera di una noia deprimente e senza speranza, una noia di cui si può dire "che ammazzerebbe anche le mosche".

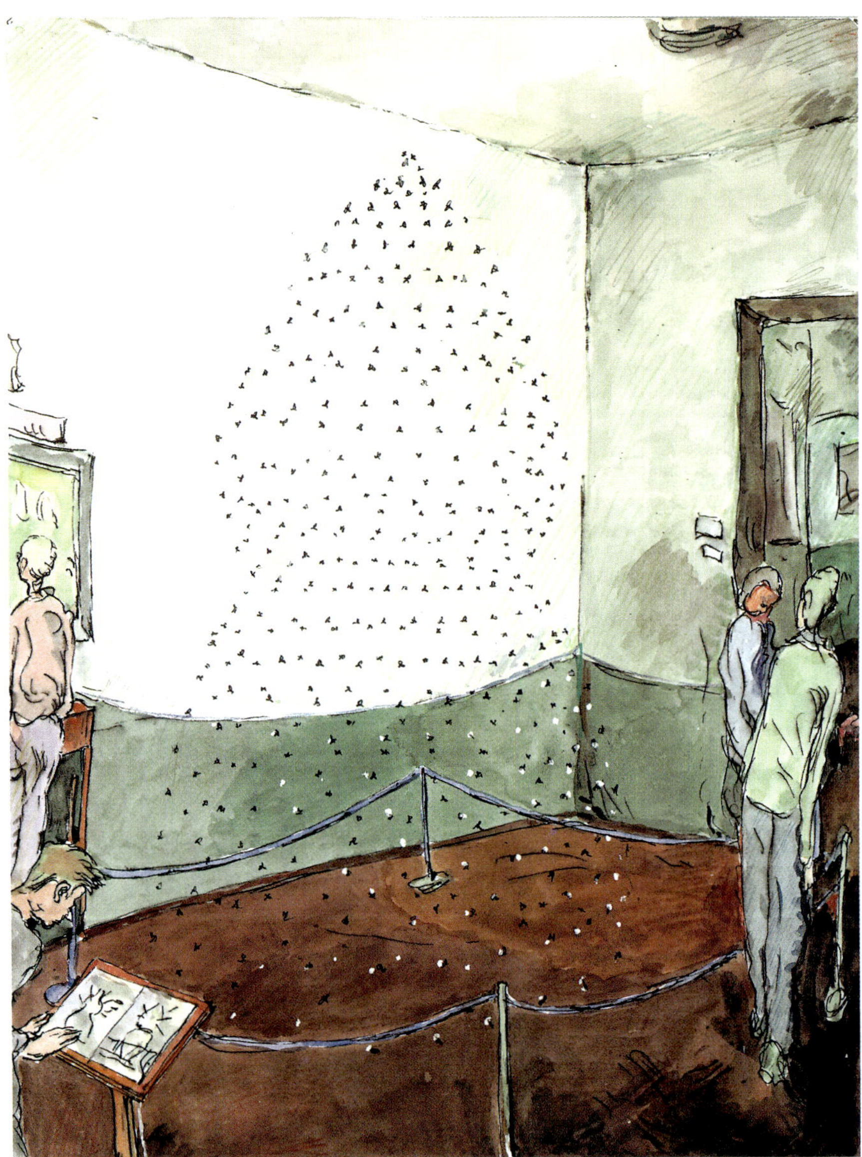

separate glass). Since all the texts are grouped into articles, there are larger intervals between each "group-article" than between the individual pages. At the entrance into the hall hangs a poster of the exhibit on the right, and on the left a diagram of the exhibit.

A few words about the general atmosphere reigning in the installation. The dwelling represents a series of halls in a boring, not heavily visited Soviet scholarly provincial museum with rather awful light. There are no windows, all of the expositions and texts are intentionally illuminated with dull yellow electric light bulbs. The ceiling and lower part of the walls are painted gray, which are usually painted dark-brown in official offices. Everything together creates an atmosphere of hopeless boredom, a boredom about which it is said that "even flies die from it."

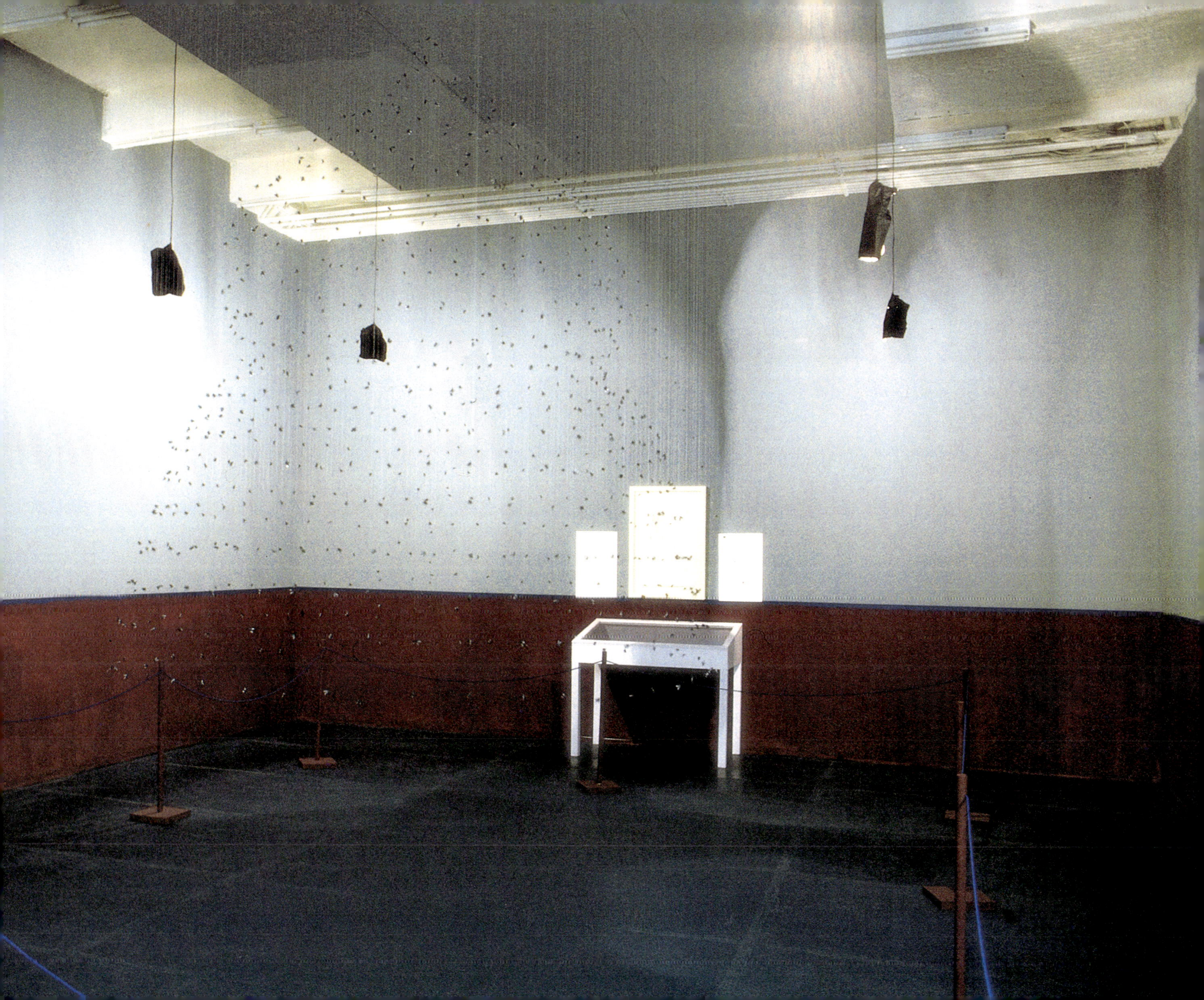

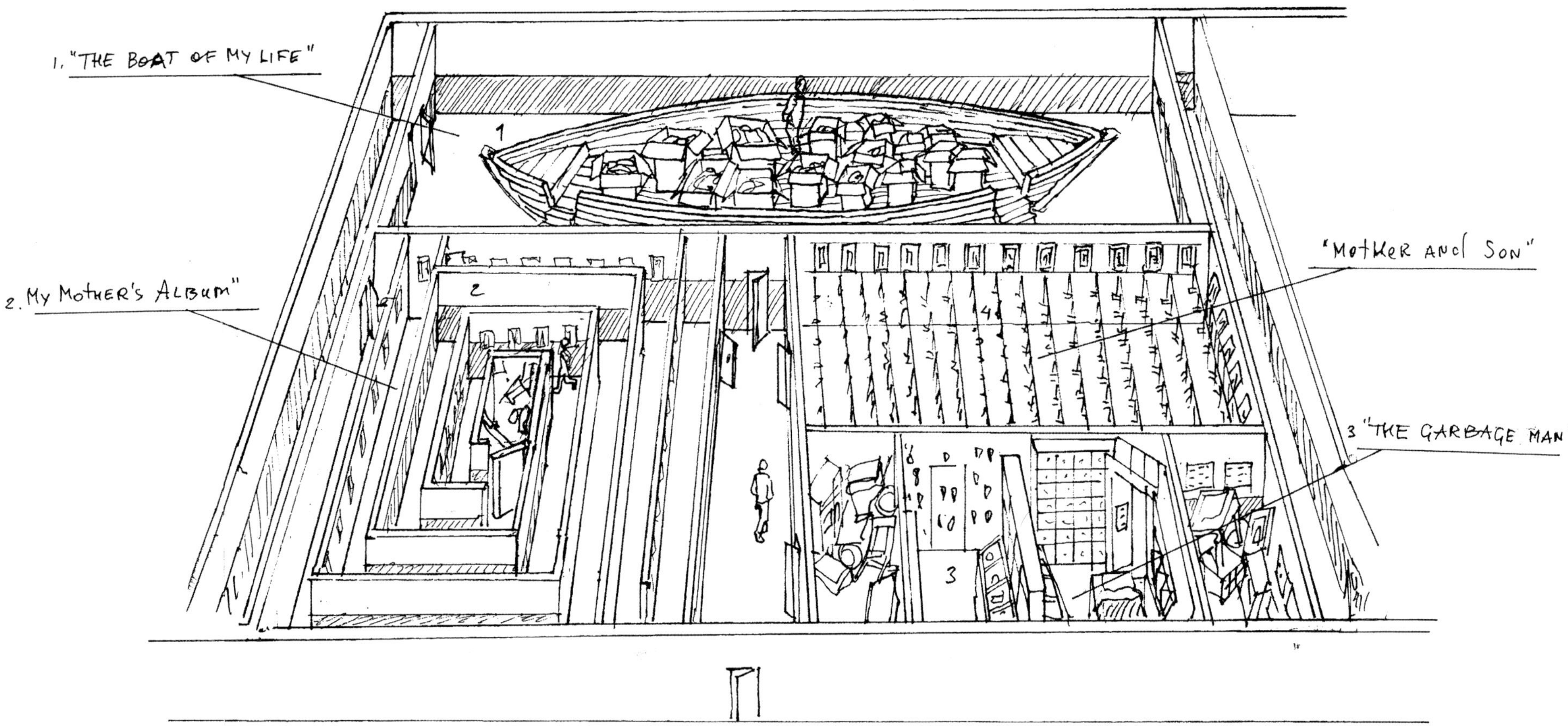

6TH SECTION „F". THE WORLD OF THE MEMORY"
Секция F „мир воспоминаний"
1. лодка моей жизни 2. Лабиринт. Альбом моей матери. 3. Мать и сын 4. Мусорный человек
1. THE BOAT OF MY LIFE. 2. LABYRINTH. ALBUM OF MY MOTHER. 3. MOTHER AND SON. 4. THE GARBAGE MAN.
1. "THE BOAT OF MY LIFE"
2. "MY MOTHER'S ALBUM"
"MOTHER AND SON"
3. "THE GARBAGE MAN"

Il mondo della memoria
The World of Memories

Qui sono raccolte le installazioni dedicate alle biografie e ai ricordi personali appartenenti o a persone amiche o allo stesso autore oppure dedicati alla memoria dei personaggi che l'autore stesso ha progettato o realizzato

Here we find installations dedicated to biographies and personal memories of personal friends, or of the author, or dedicated to the memory of characters who the author planned or created

La barca della mia vita

Descrizione dell'installazione

In sostanza si tratta di un altro tentativo dell'autore di descrivere la storia della propria vita in forma di installazione. Questa volta lo ha fatto quando ha compiuto 60 anni.

L'installazione si configura come una barca di legno di grandi dimensioni, è lunga (17 metri) e ha due scale, una a prora, l'altra a poppa grazie alle quali lo spettatore può salire e scendere dal ponte. Una volta salito, egli vede dinanzi a sé venticinque scatoloni, aperti e gettati sul ponte in modo disordinato, come se fossero stati portati lì provvisoriamente e poi, chissà perché, aperti. Ogni scatolone è pieno fino all'orlo di ciarpame domestico di ogni genere, gettato dentro alla rinfusa, proprio come accade quando si deve partire alla svelta: cappotti, camicie, scarpe, giocattoli, libri. Sopra ogni scatolone c'è un foglio di carta grossa sul quale sono incollate fotografie, piccoli soggetti, testi. Questi ultimi, tutti di non più di cinque-sei righe, sono brevi frammenti di ricordi che riguardano episodi della mia vita.

Passando da uno scatolone all'altro, muovendosi lentamente verso l'estremità della barca, lo spettatore capisce che negli scatoloni che ha davanti ci sono tutte le scarabattole della vita di un uomo – ciarpame di vario genere, sostanzialmente inutile, accumulato in periodi diversi –, mentre i documenti si riferiscono a piccoli avvenimenti della biografia dell'autore che solo lui può trovare interessanti.

Un'immagine che potrebbe nascere spontanea nello spettatore che si muove sul ponte tra gli scatoloni, da prua a poppa, è quella di trovarsi sulla barca di Caronte, che traghetta le anime degli uomini sull'altra riva dello Stige.

Questa, del resto, è l'immagine che l'autore ha avuto davanti agli occhi quando è nata in lui l'idea dell'installazione.

Boat of My Life

Description of the installation

In essence this is again the idea of presenting one's life, the story of one's life in the form of an installation. This time I did so when I turned sixty years old. The installation represents a large and long (17 m) boat with two stairs, one at the beginning and one at the end, via which the viewers can ascend onto the deck and then descend from it. Having ascended, he sees before him twenty-five large open cardboard crates standing on the deck in complete disarray, as though they have been temporarily dragged and left there. Each crate, if you look into it, is filled to the top with household junk, like when a person packs up everything without sorting it in order to go away: a coat, shirts, shoes, children's toys. There is lying on the top of each one a piece of cardboard on which photos, small objects and texts are glued. The texts are brief fragments of recollections about an episode in my life, only five to six lines long.

Wandering through the crates, continually moving toward the opposite end of the boat, the viewer understands that before him in the crates is the entire baggage of a person, different during each period, and simultaneously, his movement inside the boat between the crates toward the exit is movement along someone else's life. Each crate represents its own period with its own name. The last crate is empty. The association which could arise from the travels through the boat among crates is that of Charon's boat transporting human souls to the other side of the Styx River. In any case, this is the image that stood before me when I was pondering this installation.

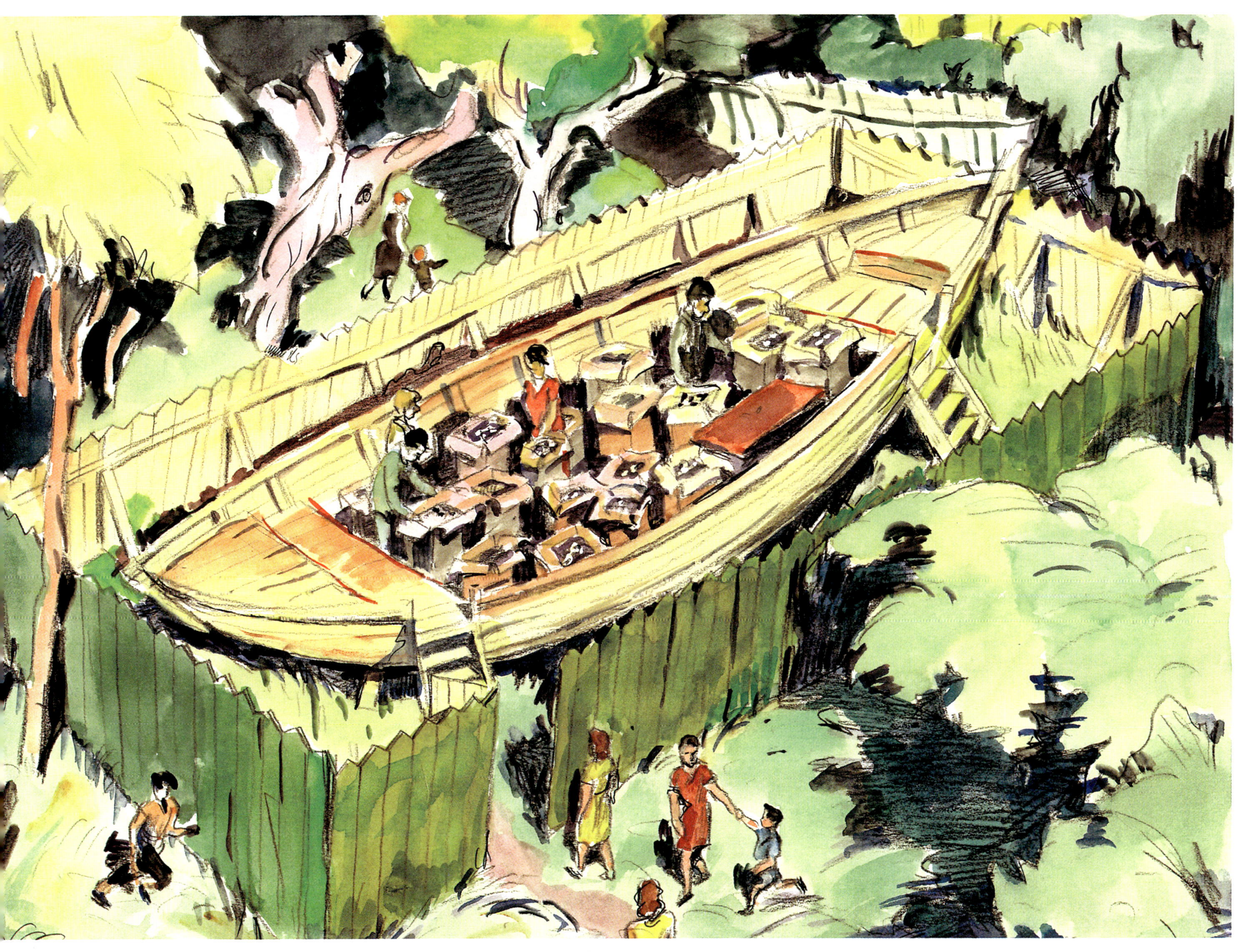

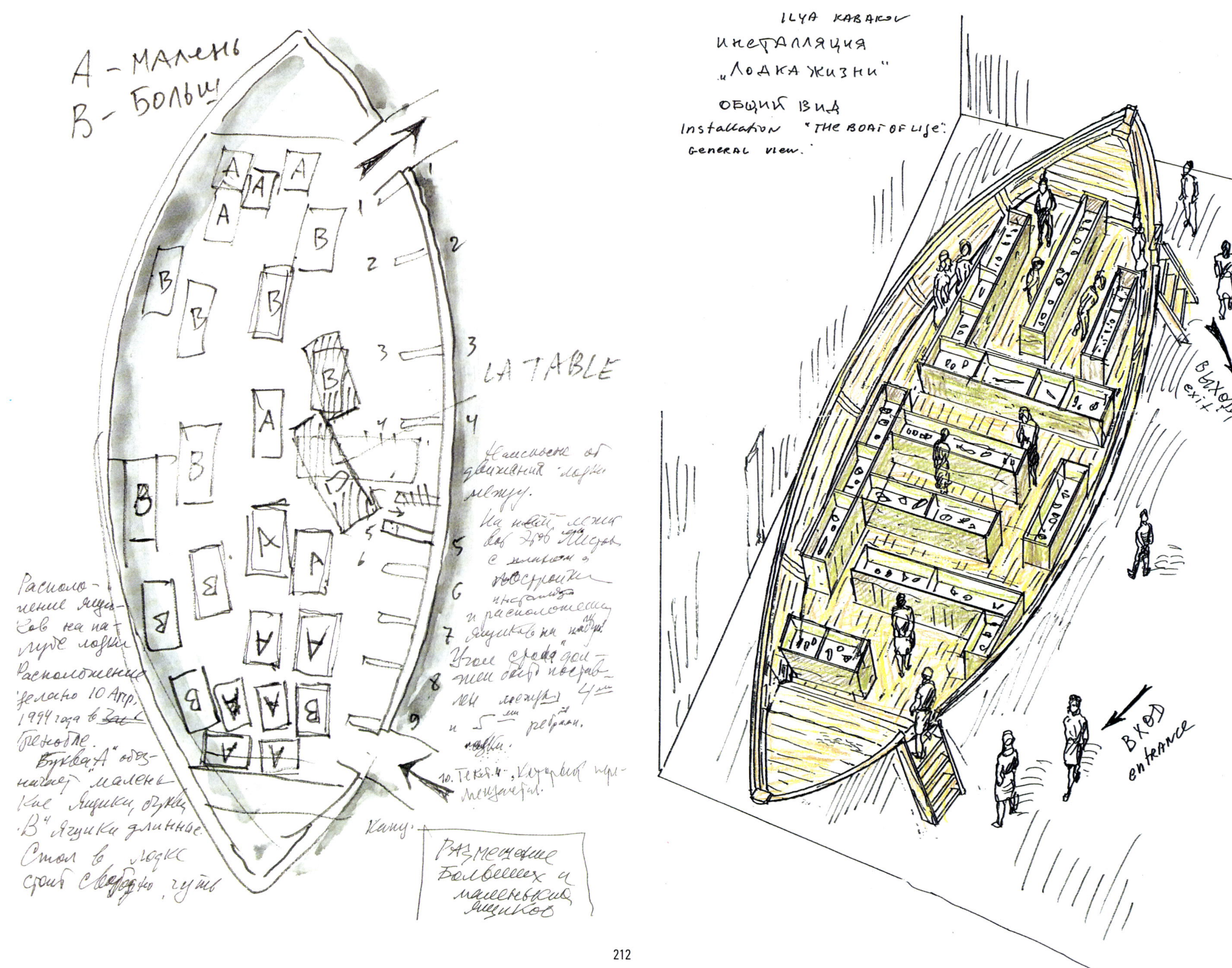

А - МАЛЕНЬ
В - БОЛЬШ
LA TABLE
ILYA KABAKOV
ИНСТАЛЛЯЦИЯ
„ЛОДКА ЖИЗНИ"
ОБЩИЙ ВИД
Installation "THE BOAT OF LIFE"
general view.
ВЫХОД / exit
ВХОД / entrance

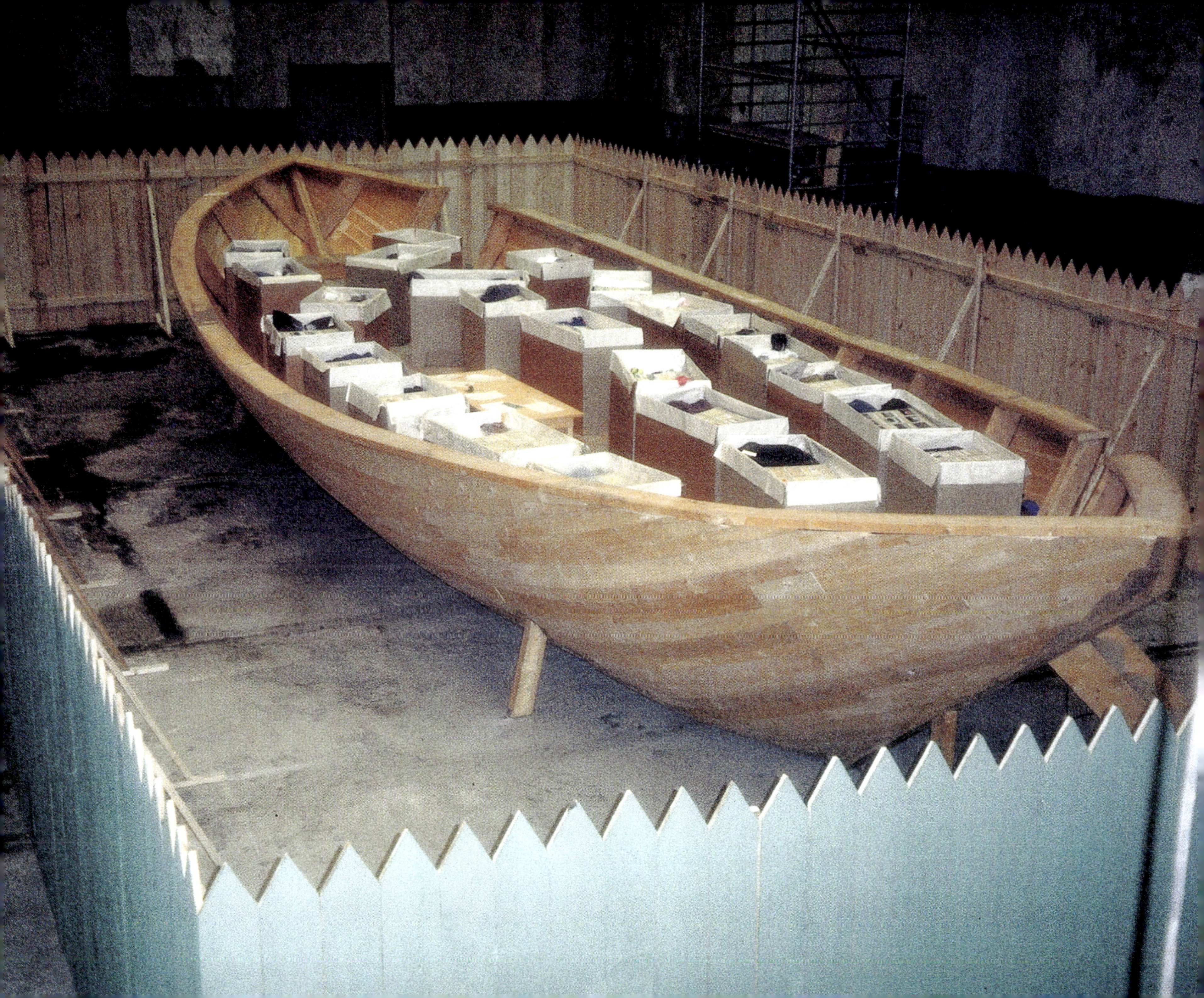

L'album di mia madre

Descrizione dell'installazione

L'installazione rappresenta un corridoio stretto, dal soffitto basso e male illuminato, costruito in forma di labirinto, o meglio di spirale che prima si avvolge e poi si svolge. Nell'aspetto ricorda il corridoio di un alloggio comune in abbandono, che da tempo non viene pulito e riordinato. Il pavimento è sporco; dal soffitto, spaccato in più punti e puntellato con travi di legno, pendono sudice lampadine che non emanano quasi luce. E come in ogni corridoio comune, anche qui sono numerose le porte: alcune sono chiuse; altre, semiaperte, impediscono quasi il passaggio. Ad ogni svolta del corridoio appare una nuova porta.

La parte superiore delle pareti del corridoio e il soffitto sono dipinti di grigio; la parte inferiore, come in molte altre installazioni, è di un brutto rosso-marrone. Lungo una delle due pareti del corridoio, che misura quasi cinquanta metri, ci sono fotografie, documenti, ritagli di cartoline, in cornici senza vetro e incollate su un fondo di carta da parati. Le fotografie sono state scattate da mio zio, Y. Blecher, fotografo professionista, e illustrano scorci di Berdjansk, una piccola cittadina sulla riva del mare d'Azov che egli aveva fotografato con amore per quasi trent'anni. I ritagli delle cartoline riproducono scorci delle nostre città, mentre i documenti di questa ricca serie – circa 75 fogli – costituiscono le memorie di mia madre.

Il quadro deprimente, misero e trascurato, la luce fioca, la noia di una città di provincia e la storia tragica di una vita, raccontata con parole semplici ma che raggelano l'anima: è quanto avverte il visitatore solitario, solo con se stesso, quando passa per il corridoio. La sensazione di solitudine è acuita da una voce sommessa e stonata che canta vecchie romanze russe.

My Mother's Album

Description of the installation

The installation is a narrow, poorly lit corridor. It resembles a neglected corridor in a communal apartment that hasn't been cleaned up for a long time: the ceiling is cracked in many places and is supported by wooden boards, the floor hasn't been swept for a long time, soot-covered bulbs that barely emit any light hang from the ceiling. And as in any communal apartment, there are many doors. A new door is revealed behind every turn of the corridor: some of them are tightly shut, others are slightly open so that you could squeeze through them with some difficulty. The upper part of the corridor and the ceiling are painted gray, the lower part, as in ordinary "communal" places, is covered with an unpleasant red-brown paint. Photographs, texts and cut-outs from postcards are hanging in frames without glass and pasted on wallpaper along one side of the entire length of the corridor, approximately fifty meters. The photographs were taken by Yu. G. Blecher, my uncle, a professional photographer, and they depict views of the city of Berdyansk, a small city on the shore of the Azovsk Sea, and the text of this large series – around seventy pages – is the text of my mother's memoirs. All of this taken together – the monotonous arrangement, the poverty and the neglected state of the corridor, the weak light, the photographs of a boring, provincial city and the tragic story of a life told in simple words that turn one's soul inside out – all of this is intended for a solitary viewer who has remained in this corridor alone, only with himself. The corridor forms two spirals: one beginning at the entrance that moves toward the center, the other unwinding from the center to the exit; in the center is a small room (1.0 x 1.0 m).

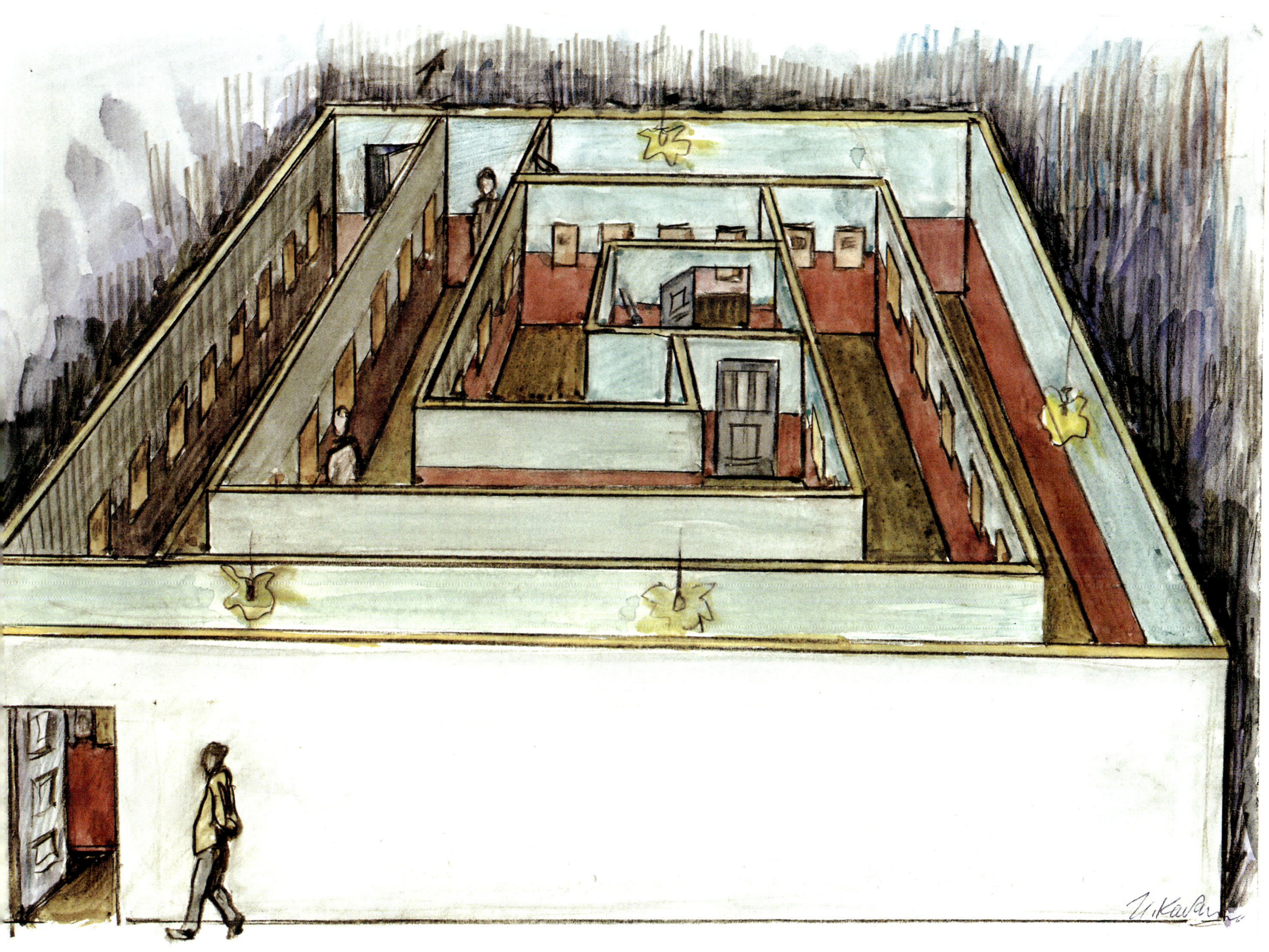

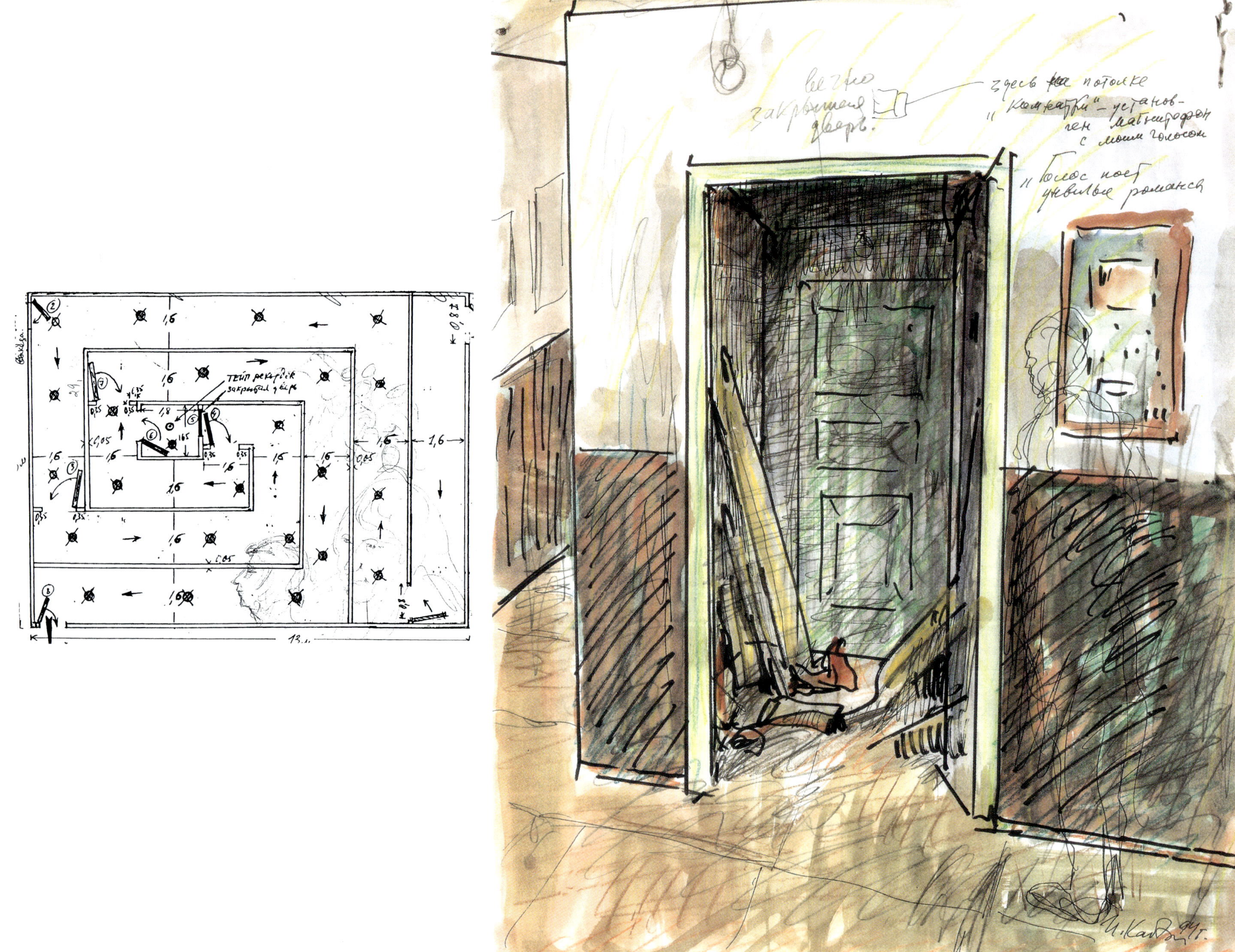
всегда
закрытная
дверь.

здесь на потолке
"каметки" – установ-
лен магнитофон
с моим голосом

"голос поет
унылые романсы

И. Кабаков 91 г.

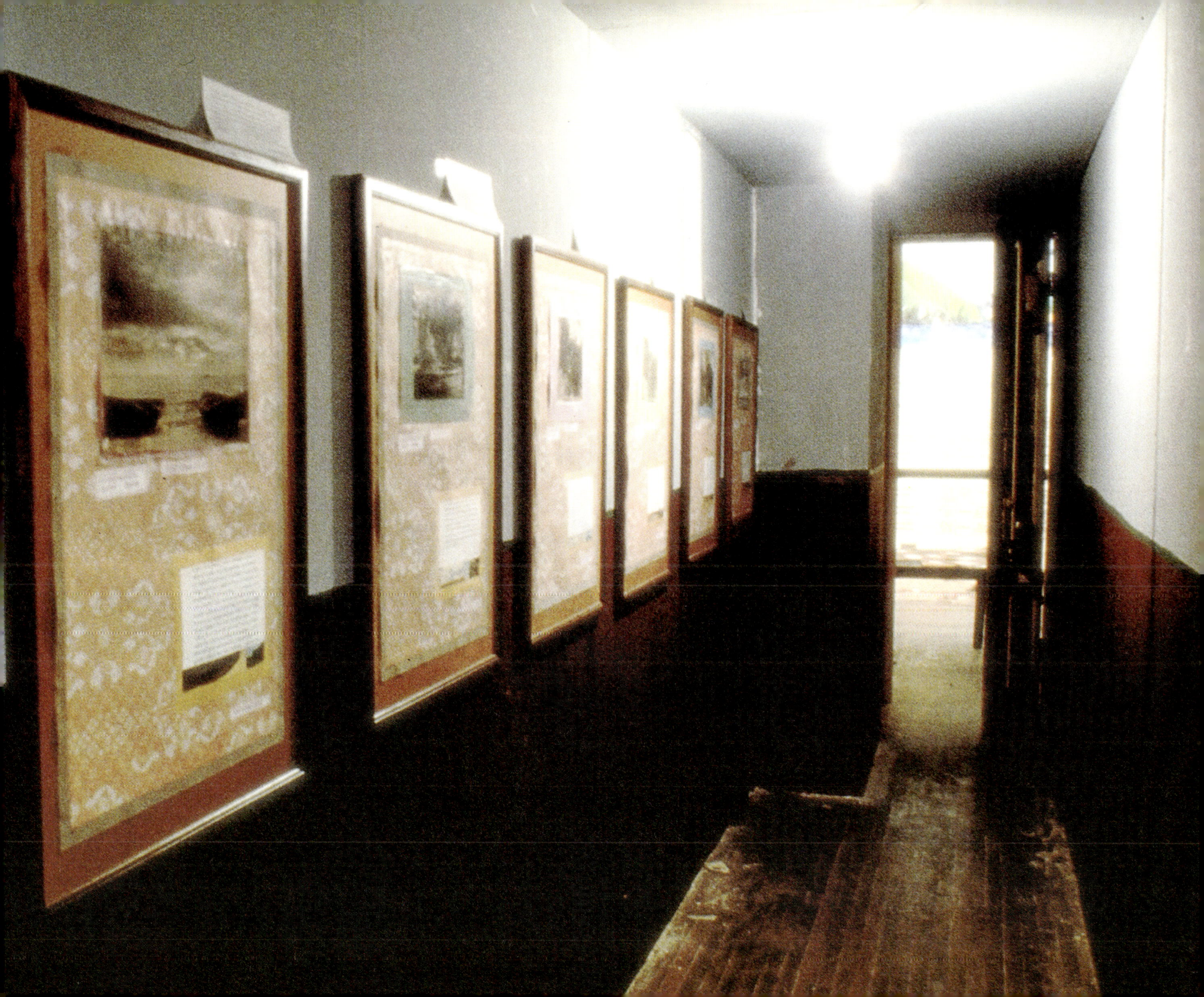

L'uomo-spazzatura

Descrizione dell'installazione

L'installazione è costituita da tre locali, disposti uno di seguito all'altro. Il primo, subito dopo la porta d'ingresso, è piccolo e stretto e presenta un ammasso informe, che arriva fino al soffitto, di ogni genere di ciarpame di uso quotidiano: vecchie sedie, un tavolo, una cassa con libri e stoviglie, buttati lì come si fa quando si deve traslocare o si devono fare lavori di restauro in altri ambienti.

Nel secondo locale, al quale si accede da una porta aperta, regnano invece l'ordine e un'inconsueta pulizia (il pavimento è lavato e tirato a lucido). Un enorme armadio a vetri divide a metà la stanza; ci sono armadi a muro lungo le pareti e vetrinette.

Infine il terzo locale, angusto come il primo, cui si può accedere attraverso due strette porte che si aprono agli angoli della stanza, entrambe sovrastate da una mensola. Anch'esso mostra un informe accumulo di oggetti che arriva fino al soffitto. È difficile stabilire, attraversando le tre stanze, cosa si ha davanti agli occhi: una abitazione, un deposito o uno strano museo?

Se si sofferma un po' più a lungo in questo luogo, lo spettatore comincia a intuire che esistono contemporaneamente l'abitazione, il deposito e il museo – un museo singolare e incomprensibile. Sotto una delle mensole ricoperte di oggetti c'è un tavolaccio stretto con un piccolo cuscino, destinato forse al custode di questa istituzione, forse all'inquilino di questo alloggio. Tutto ciò che è necessario per vivere, quasi fosse diventato inservibile, è ammassato nell'anticamera e nella stanza in fondo, mentre la grande stanza principale è stata trasformata in un museo.

Ormai appare chiaro, si tratta di un "museo dei rifiuti". Ovunque – sui tavoli, sulle porte, sulle pareti, sulle mensole – un'incredibile quantità di ciarpame vario, oggetti grandi e piccoli: barattoli vuoti di vario uso, scatole, pezzi di corda, pezzetti di carta, filo di ferro... Tutto è raggruppato in modo da formare collezioni disparate e originali; ogni oggetto ha la sua descrizione, una piccola etichetta con una data e una storia. Poco alla volta lo spettatore capisce di avere dinanzi a sé il mondo di un uomo che non aveva gettato via – che non poteva gettar via – nulla di quanto era stato suo nel corso della vita. È un mondo di cose non gettate che si è trasformato in un museo davvero strano: il museo della vita di un uomo, il luogo che ha rappresentato il suo unico rifugio, dove si è rivelato l'unico ruolo che gli si addiceva: disporre le cose secondo un ordine rigoroso, catalogarle e mantenerle pulite e rimanere per sempre in quel museo come spettatore e allo stesso tempo conservatore di quei tesori inconsueti. E quale significato hanno quei mucchi di oggetti nella prima e nell'ultima stanza, oggetti chiaramente appartenuti al padrone di casa prima che egli organizzasse il suo museo? La risposta è facile: si tratta di ciò che non è stato ancora "registrato", né "trattato", né descritto, che non ha ancora trovato collocazione nel museo. Ma arriverà anche il loro momento: la lampadina fulminata e la vecchia teiera annerita verranno pulite con cura e ad esse sarà apposto un cartellino con l'indicazione della data di quando si è fulminata la lampadina, di quando si è bucata la teiera e di come si presentava la vita in quei momenti, per trovare poi adeguata e perenne sistemazione su una mensola sicura... Ora facciamo lentamente il giro del "museo" e osserviamone ogni dettaglio.

The Garbage Man

Description of the installation

The installation is a narrow small room, more like a short, irregularly-shaped corridor with two doors, one of which is always closed.

Inside, the entire room is similar to a kind of museum – everywhere can be seen collections of innumerable "garbage" items – scraps of paper, rags, empty boxes, and jars, gathered into bunches, packages, all carefully arranged in cabinets (there are two of them in the room), in glass display cases, glued on special cardboard stands, hanging on the walls. Everything, even the tiniest junk, has a label attached to it, an inscription, everything is numbered and catalogued. . . .

Simultaneously, this is a unique museum and residential room where the resident, compriser and master of this garbage museum lives, but there is no normal furniture visible, no empty table, nor a chair, except for a narrow trestle-bed pushed into the corner behind the dresser under a shelf with a collection of jars.

On this same shelf stands an explanation-screen which tells a little about the resident of this room and about his hobby.

The Garbage Man never threw anything away.

Sitting in his corner (he lived his life in a small room located at the very farthest corner of an enormous communal apartment), he almost never went out anywhere, except for work, from which he would quickly return home. He lived completely alone. Spending all his time in his room, he would come out to the kitchen and other common areas only in the case of extreme necessity. What he did in his room remained unknown to all the inhabitants of the overcrowded communal apartment.

The communal apartment was located in an old building which hadn't been renovated in years, and it was occupied, as a rule, by occasional tenants who would quickly move to other apartments, and their places would be taken by new ones. Despite regular cleaning – both weekly and major – in the corridors, kitchen and the common room (that's what the tiny kennel was called where the tenants stored oversized things that didn't fit in their rooms, like chests of drawers, trunks, old refrigerators, etc.) there was always a heap of undiscarded things. No one knew who these things belonged to, what they were for, nor was it known whether the owners of these things still lived in the apartment or if they had left already.

These things were scattered in all the corners, hung on the walls, stacked along the entire length of the hallway. Because of all of this, the apartment acquired the appearance of a mysterious cave, full of stalactites and stalagmites, with a narrow passageway between them leading to the always open kitchen door in the distance, illuminated by a twenty-watt bulb. Many such incidental things, abandoned and forgotten, were also lying in the stairwell of our four-story building, in the two main stairways and the two back ones.

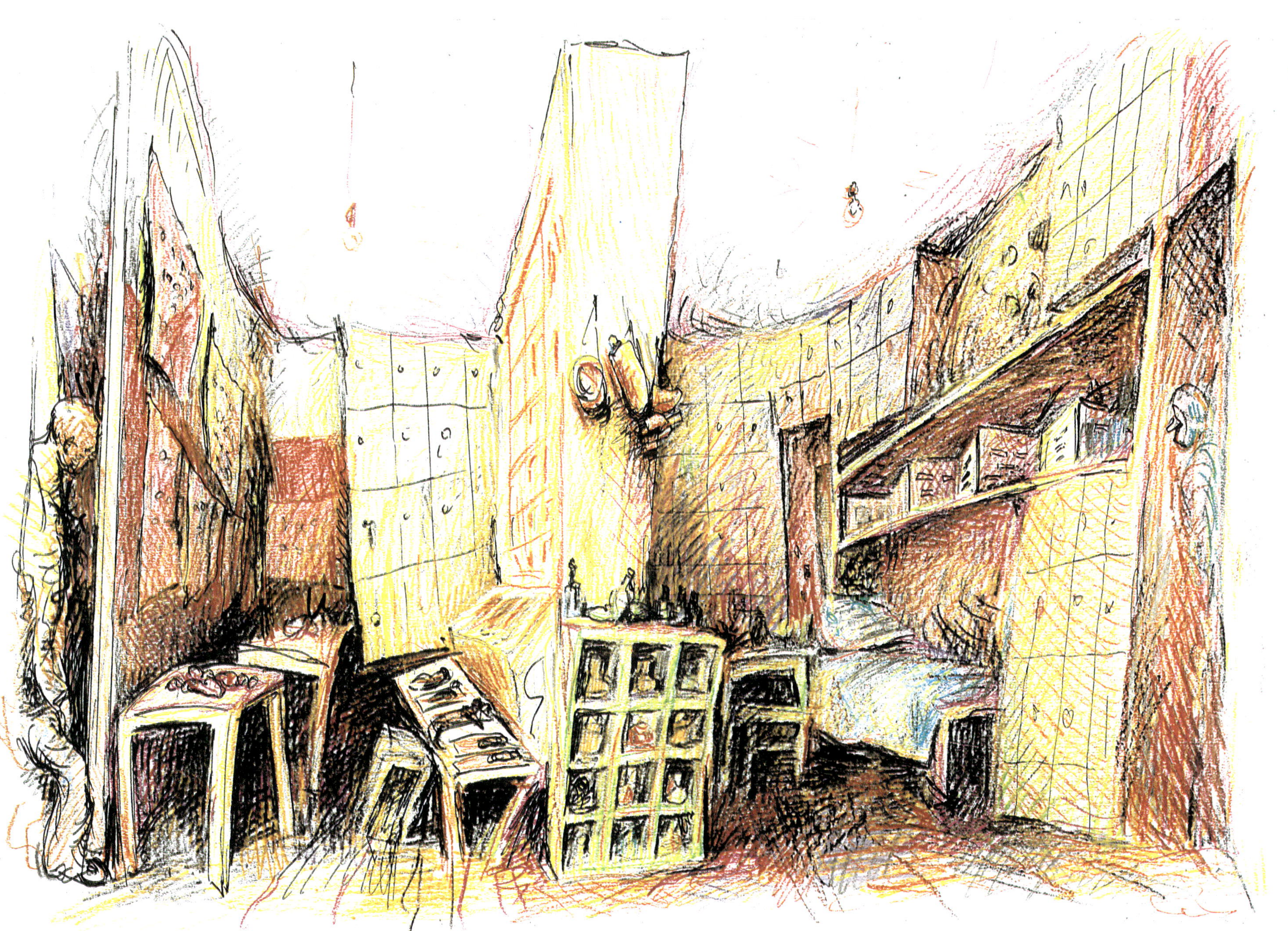

„Мусор мусорного человека"

Installation N5. "The DEBRIS of a GARBAGE man".

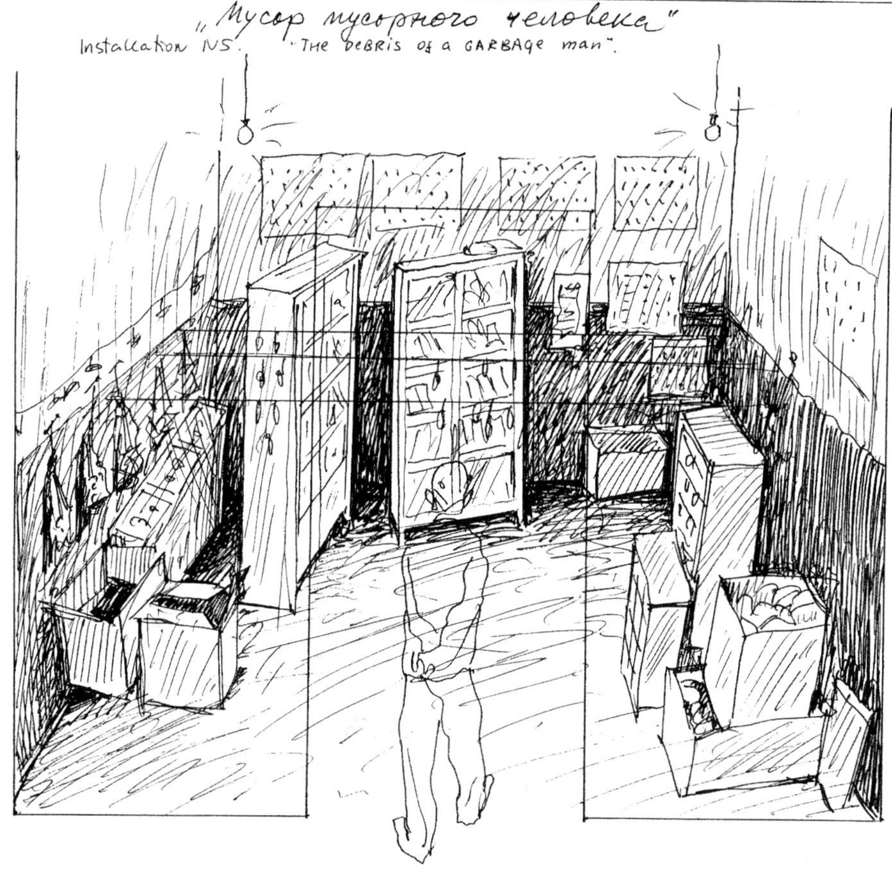

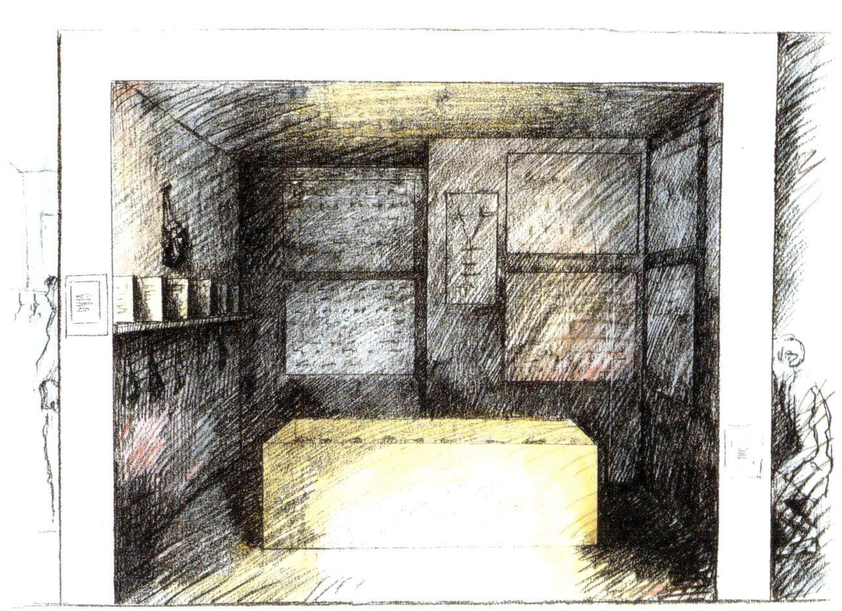

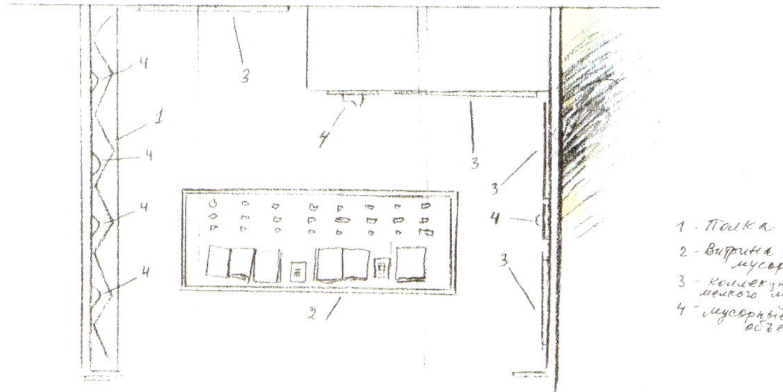

THE MAN,
WHO NEVER
THREW
ANYTHING
AWAY
1 - Полка
2 - Витрина с мусором
3 - Коллекция мелкого мусора
4 - мусорные объекты

221

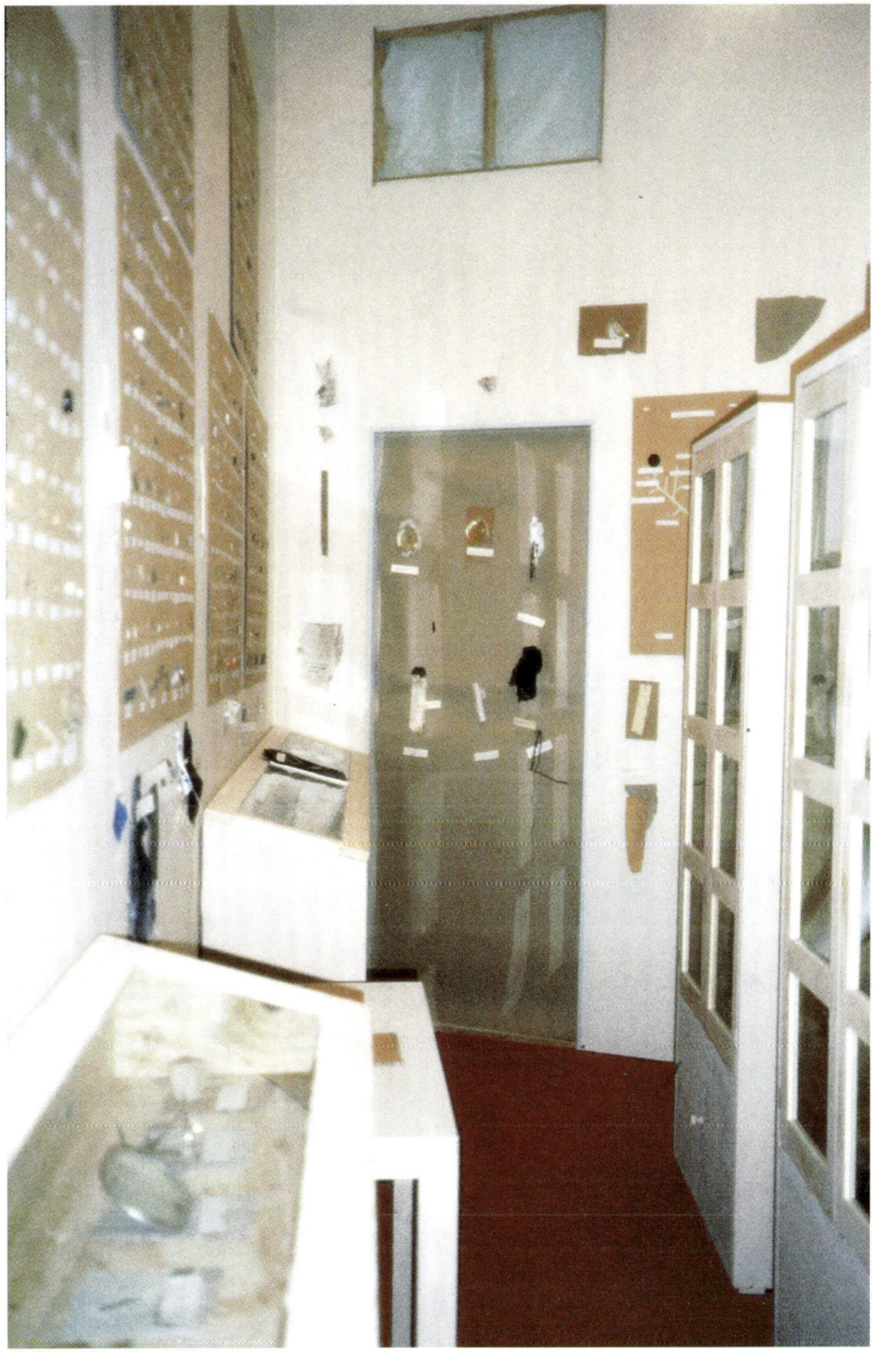

Madre e figlio

Descrizione dell'installazione

L'installazione riproduce una stanza di 11,2x7,1x3 metri, quasi interamente immersa nell'oscurità: due lampadine a soffitto non danno quasi luce. Gli spettatori prendono da un'étagère vicino all'entrata una torcia elettrica e con questa entrano all'interno del locale. Ad altezza d'uomo, appoggiati su una mensola che corre lungo tutte le pareti, ci sono 42 collage incorniciati contenenti fotografie e documenti che ricostruiscono la biografia della madre dell'artista, che lei stessa ha scritto e che può essere letta passando da un foglio all'altro. Trasversalmente alla stanza, sono tese sedici cordicelle cui è appesa una grande quantità di "oggetti" di scarto, ciascuno dei quali accompagnato da un testo scritto: si tratta di frasi del "figlio", molto spesso riferite ad argomenti di vita quotidiana. La logica compositiva dell'installazione va letta proprio nelle parole del "figlio", piene di ingiustificato risentimento e di scrupoli tardivi nei confronti della madre e della storia della sua vita da lei stessa raccontata.

Tutto questo lo spettatore lo vede nel piccolo raggio di luce della torcia elettrica. Si formano allora remote associazioni con il raggio luminoso della memoria che strappa all'oscurità, a caso, frammenti del passato che non è possibile fare ritornare né cambiare. Quando nella stanza ci sono più persone, le torce elettriche creano uno strano gioco di "lucciole" e sono proprio gli spettatori, con queste luci e con il loro movimento, a creare l'"atmosfera" dell'installazione. Nella stanza risuona, smorzato, un "canto": è la voce stonata dell'autore che canta romanze russe.

Mother and Son

Description of the installation

The installation represents a constructed room (11.2 x 7.1 x 3 m) in which it is almost entirely dark – two very weak, hot bulbs under the ceiling emit almost no light at all. Visitors pick up a small handheld flashlight from a shelf near the door and enter with this light. Forty-two collages in frames containing photographs and texts run along all the walls on a shelf at the height of an average person. The text is the biography of the artist's mother, written by her, which can be read by moving from page to page. Sixteen ropes are stretched across the room, with "objects" of junk hanging from them. There is a text under each object: the "son's" phrases, most often on some ordinary, everyday topic. This creates the compositional meaning of the installation: they are the words of the "son," filled with purely undeserved grievances and belated regrets, addressed to the mother in the surrounding story of her life as told by her.

The viewer sees all of this only in the narrow ray of light from his flashlight, and a distant association emerges with the ray of memory that is snatched up here and there from the darkness, the chance fragments of the past, a past that is now already impossible to recapture or to change. When there are a few people with flashlights in the room, a strange, sad play of "fire-flies" results, and the viewers themselves, with this light and their movements, create the "atmosphere" of the installation. A muffled "singing" – the voice of the author singing Russian romances in a lousy voice – can be heard in the room.

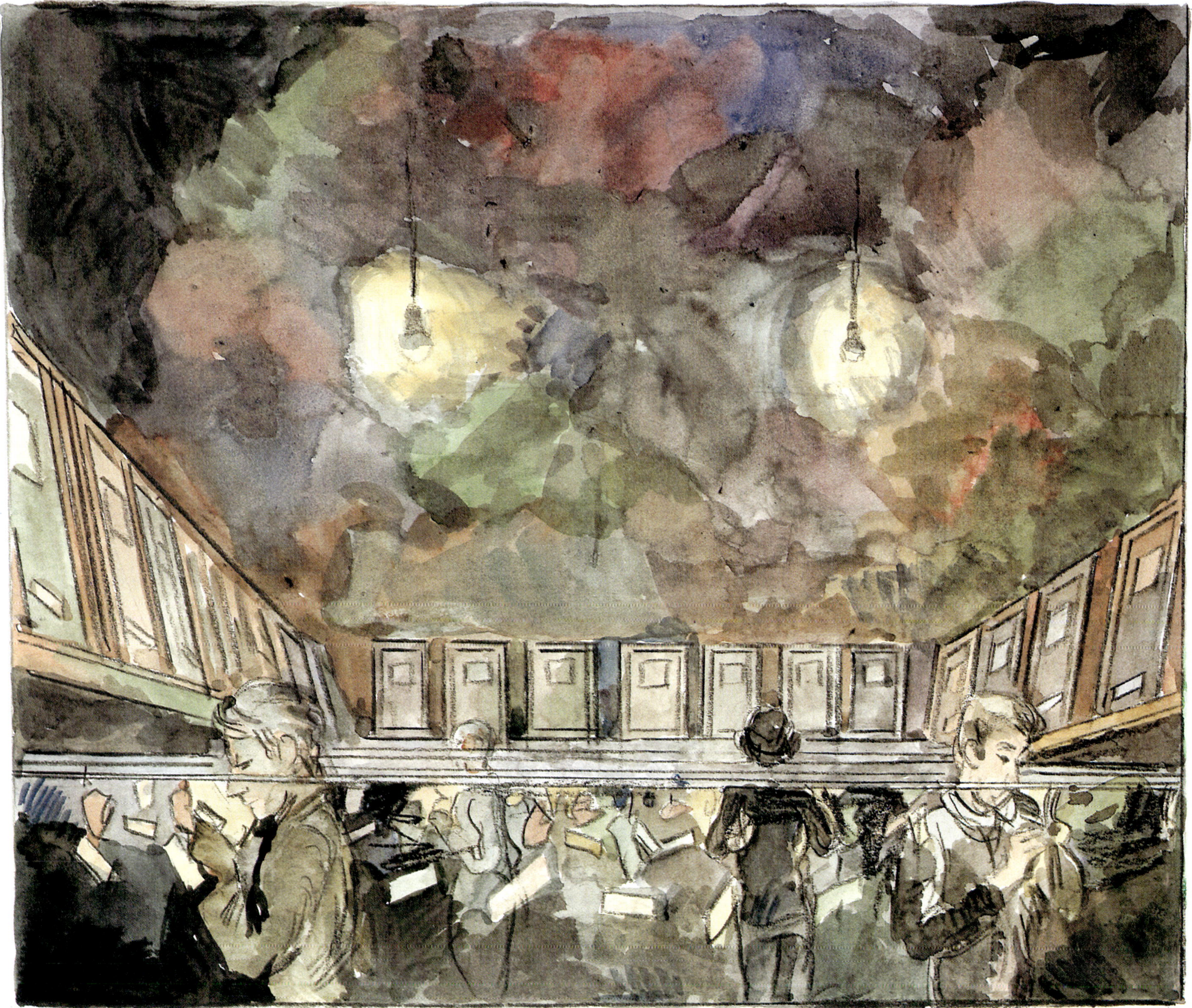

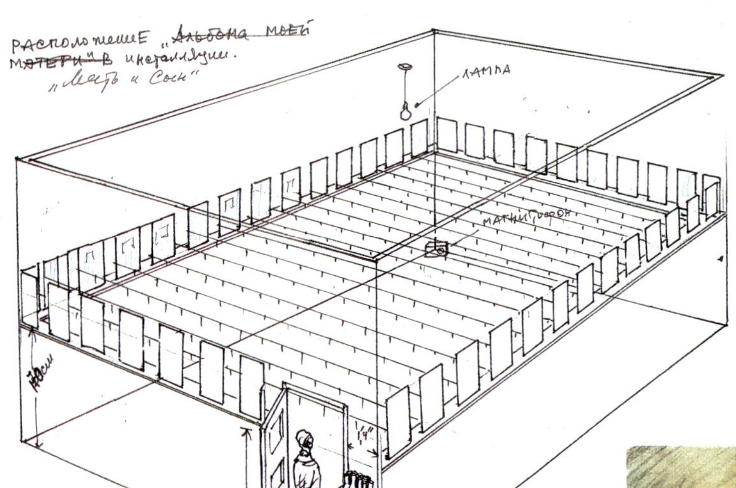

РАСПОЛОЖЕНИЕ "Альбома моей матери" в инсталляции.
"Мать и Сын"
ЛАМПА
магнитофон

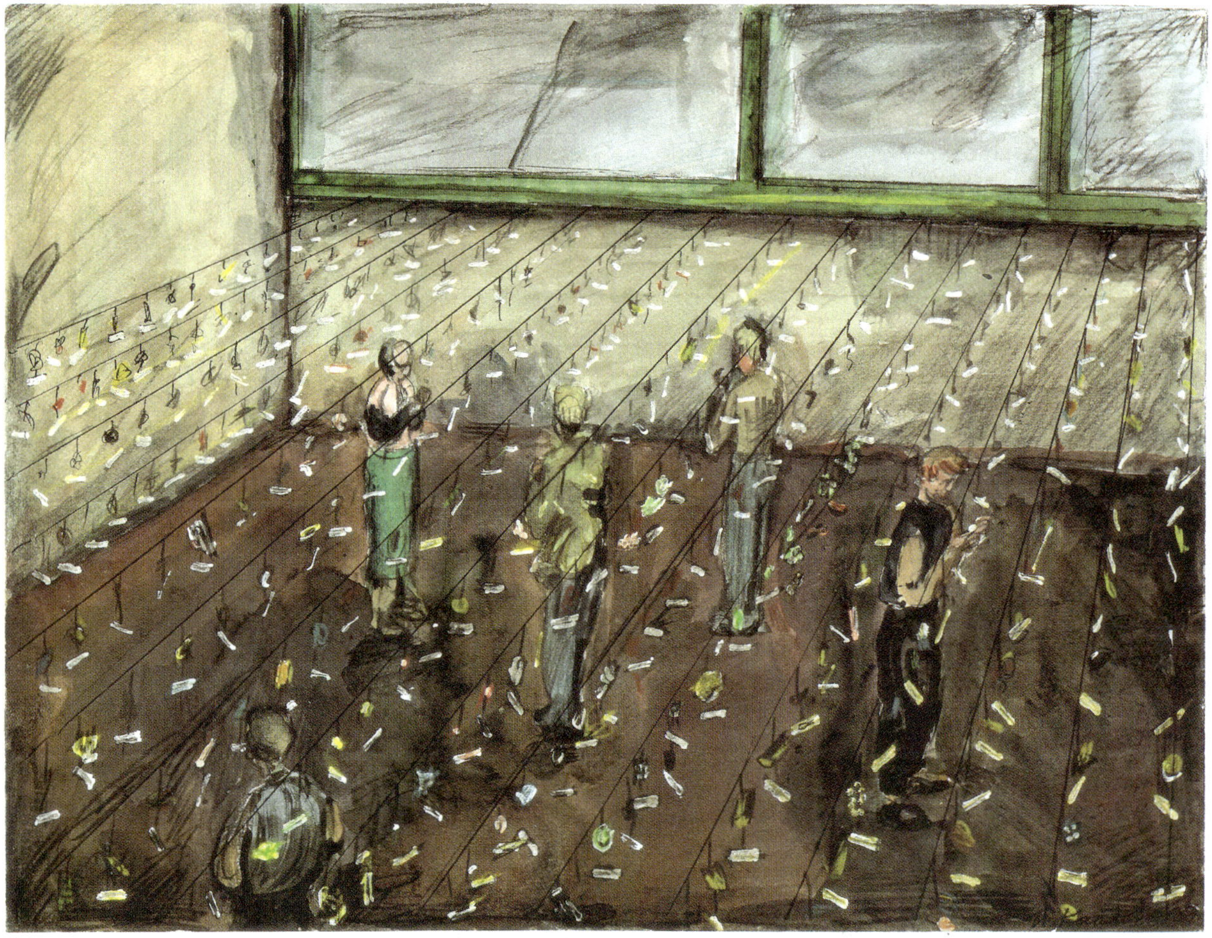

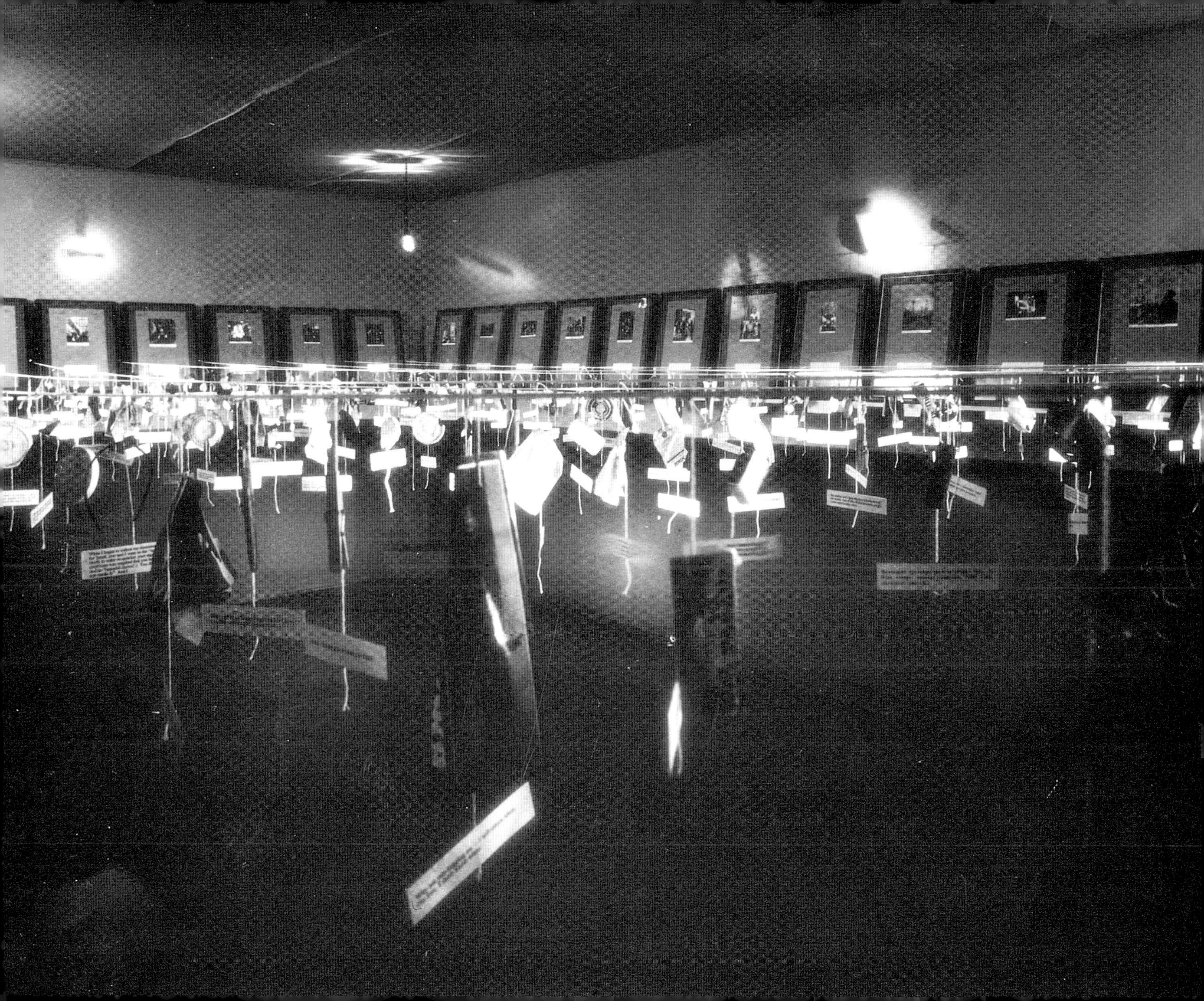

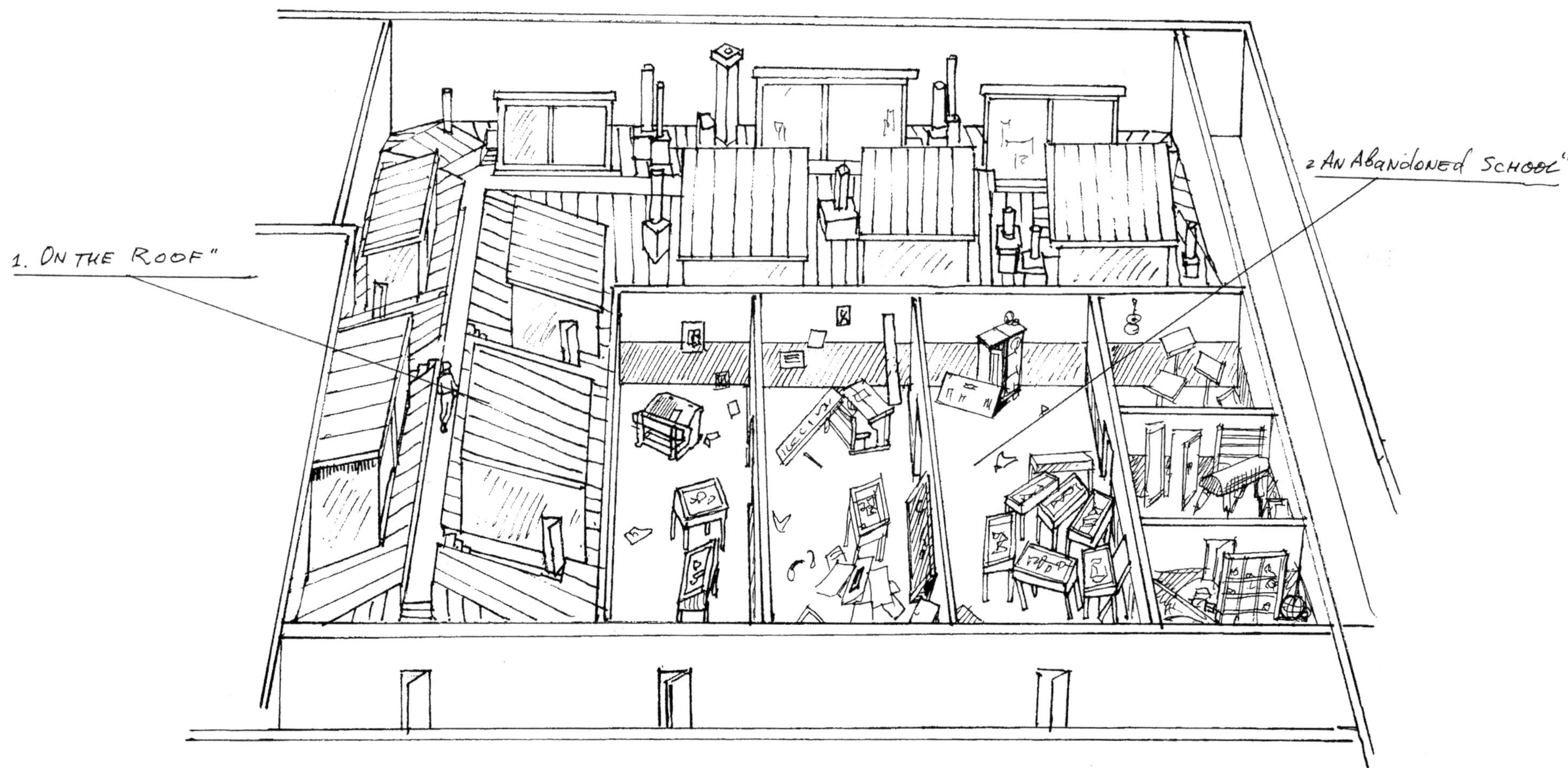

Секция G. Памятники детства : 7-th. Section G: Childhood Monuments"
1. На крыше 2. Брошенная школа . 1. ON THE ROOF. 2. AN ABANDONED SCHOOL
2 An Abandoned School"
1. On the Roof"

1. Sul tetto
2. **La scuola n. 6/La scuola abbandonata**

L'ultima installazione racconta di una scuola abbandonata, una scuola che più nessuno frequenta.

1. On the Roof
2. **School no. 6/The Abandoned School**

The last installation talks about an abandoned school, which nobody attends anymore.

I monumenti dell'infanzia
Monuments to Childhood

Le installazioni sono collocate nell'angolo più lontano alla destra dell'entrata. Il significato di questo rione è racchiuso nelle immagini dell'infanzia che si sono conservate nella memoria, ma più che immagini bisognerebbe chiamarle "rovine", le "rovine" dell'infanzia. Qui sono raffigurate due di queste "rovine": i ricordi della vita nella soffitta o sul tetto e i ricordi di scuola.

The installations are situated in a distant corner to the right of the entrance. The meaning of this neighborhood is contained in the images of childhood which are conserved in the memory. However, one needs to call them "ruins" rather than images, the ruins of childhood. Two of these ruins are represented here: memories of life in the attic or on the roof and memories of school.

Sul tetto

Descrizione dell'installazione

Lo spettatore supera una porta spostando una tenda che ne chiude la luce e d'improvviso si trova... su un tetto. Per salire e camminare è necessario attraversare un impiantito di legno con protezioni laterali. A destra e a sinistra ci sono gli spioventi di molti tetti, che si percorrono evitando piccoli e grandi camini che s'innalzano ai lati.

Intorno allo spettatore c'è la notte, ma il suo percorso e i tetti circostanti sono rischiarati dalla luce che proviene, ora da destra ora da sinistra, dalle finestre grandi e piccole degli alloggi degli ultimi piani dell'edificio. Le finestre sono disposte, come è frequente sui tetti, alla stessa altezza dello spettatore di passaggio e questi può facilmente guardare al di là dei vetri e osservare ciò che avviene all'interno. Ogni qualvolta ne è interessato, egli può entrare in ognuna delle stanze, che sono tutte provviste di una porta che dà sul tetto.

Nell'installazione vi sono dieci locali-stanze collocati a livello dei tetti. Già nella prima stanza lo spettatore vede, guardando attraverso la finestra, uno schermo illuminato. Scendendo gli scalini, egli entra e si trova dinanzi a questa scena: di fronte allo schermo sono disposte ad anfiteatro cinque-otto sedie e dietro ad esse, su un tavolino, c'è un apparecchio che proietta sullo schermo, una dopo l'altra, le diapositive di un programma prestabilito. La proiezione è accompagnata dal commento di una voce maschile o femminile. Qual è il programma rappresentato e cosa racconta?

Prima due parole sulla stanza nella quale si trova lo spettatore. È un locale nella quale vive, evidentemente, una famiglia di media estrazione sociale. Tutt'intorno, infatti, c'è un mobilio ordinario, come dire, "borghese": un armadio guardaroba, un tavolo da pranzo e una scrivania, un divano antiquato, un'étagère contenente dei libri, qualche letto... Tutto è vecchio, "vissuto". L'atmosfera è tranquilla, quella di una "comune" famiglia.

Le diapositive ricostruiscono e raccontano la vita di questa famiglia. Rimaniamo seduti per un po'; davanti a noi scorre una "cronaca" di vita familiare": episodi che non hanno nulla di significativo ma che sono importanti per la famiglia che abita in questa stanza e per gli ospiti che sono stati invitati alla rappresentazione. Lo spettatore dell'installazione "trova" qui solo fatti e cose che non hanno con lui alcun rapporto. E mentre scorrono le immagini, una voce commenta ogni diapositiva e racconta, come si conviene in questi casi, particolari piacevoli ma anche insignificanti che riguardano coloro che appaiono in quel momento sullo schermo.

Lo spettatore ritorna sul tetto e si dirige verso la stanza successiva, uguale alla precedente. L'interno è infatti il medesimo: ancora uno schermo, ancora le sedie, ancora la voce che commenta le diapositive. Che hanno però altri protagonisti.

Sullo schermo ci sono persone diverse e anche gli avvenimenti si svolgono in luoghi diversi. Lo spettatore potrebbe immergersi in questo nuovo spettacolo, ma egli si dirige invece verso la finestra successiva, dove la scena, tranne piccoli dettagli, riproduce ancora una volta la medesima situazione.

...Ma non proprio la stessa. Già alla terza installazione lo spettatore si accorge che c'è

On the Roof

Description of the installation

The viewer enters through a door, moving aside a curtain which covers it, and immediately finds himself . . . on the roof. It is possible to ascend and move forward only via a special wooden plank with barriers running along the sides. To the right and left of it are the slopes of "roofs," while moving forward one must walk around large and small chimneys rising up on both sides.

Night surrounds the viewer, but his path and the roofs are illuminated by a light coming from the right and left from large and small windows of apartments and rooms located on the top floors of this building. The windows are positioned as is usually the case on rooftops, at the same level as the passing viewer who can easily glance into each of them and see what is going on inside.

There are nine such places in the installation, ie. rooms jutting above the level of the roof, and not only can the viewer see what is going on there, but if he is interested in this activity he can enter the rooms, since there is a door leading from each one of them onto the roof.

In the very first room the viewer sees a lighted screen through the window, and descending the steps and entering inside, he finds the following scene: there are five to eight chairs in front of the screen in the shape of an amphitheater, and behind them on a little table stands a projector which is producing a slide show on the screen, slide after slide. Commentary in either a male or female voice accompanies this showing. What kind of slide show is this that the visitor sees, and what is the narrative about?

But first a few words about the room where the viewer finds himself. It is a residential room where, apparently, a family of average means lives. Ordinary, "bourgeois" furniture is all around: a wardrobe, a dining table and a desk, an old-fashioned couch, a wall unit with books, beds . . . everything is old, it has already "lived" . . . Thanks to all of this, an entirely lived-in atmosphere of an "ordinary" family is created.

And the slides show a program from the life of this "family." If you sit down for a little while on one of the chairs, you see before you a "family viewing" that is familiar to everyone: what is shown is the life of this family, its episodes which are not particularly noteworthy but are interesting for the family that lives here and for the invited guests. The viewer of the installation has simply "come upon" something which has nothing to do with him at all.

And the voice that can be heard in the room is commenting on every slide, as is customary in such situations, recounting some sweet but not particularly interesting details about those people who are on the screen at that moment.

The viewer once again exits onto the "roof" and moves toward the next such room, where he finds almost the same situation: again there is a screen, chairs before him, a voice commenting on the events that this time happened to other people, there are other faces on the screen, the events are occurring in other places. The viewer can submerge into this show and listen to the voice, but then again he moves on to the

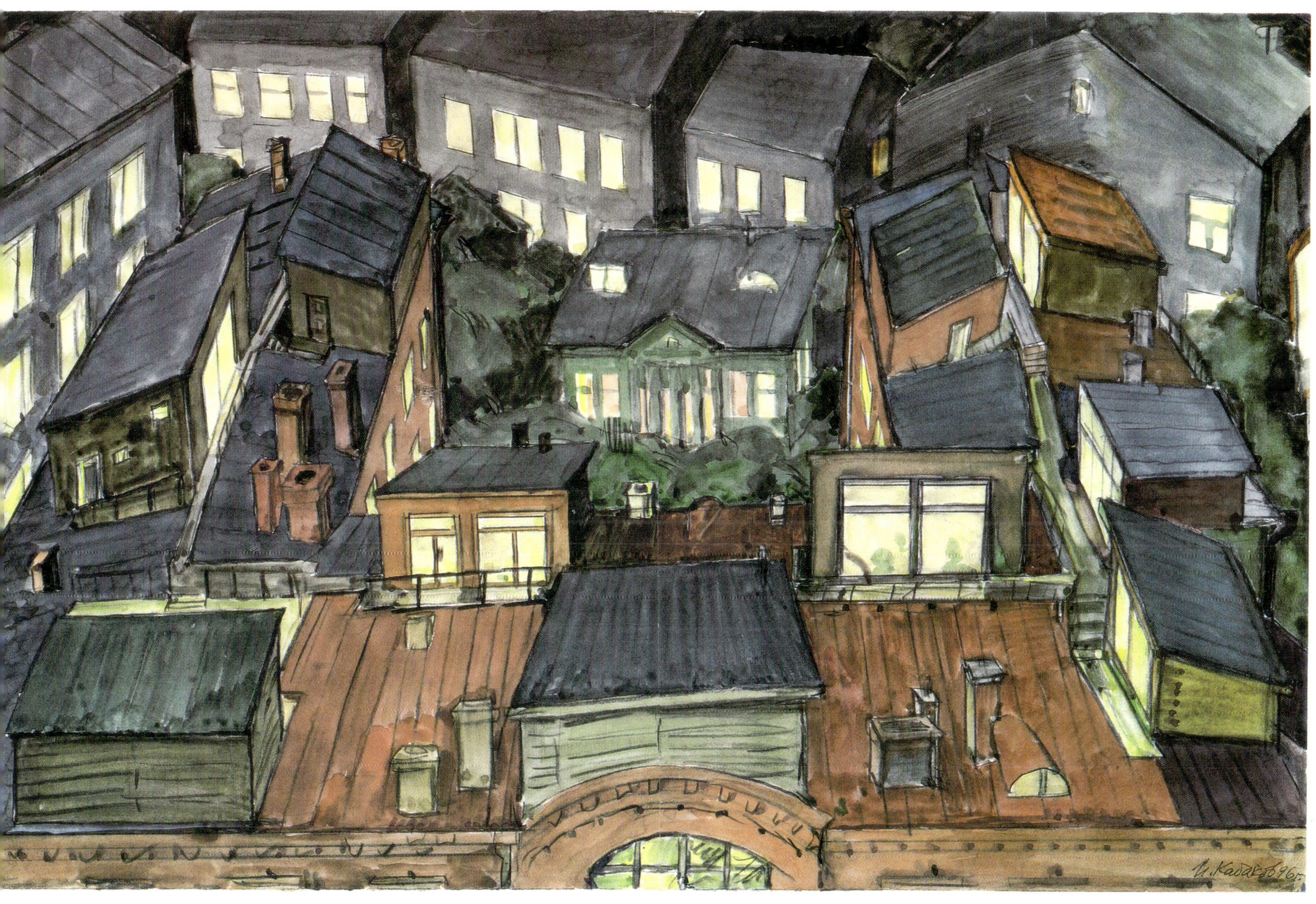

И. Кадаров 96г.

un originale sviluppo del "soggetto" nel passaggio da un'installazione all'altra. I soggetti di ciascuna proiezione procedono infatti secondo una successione temporale. Nella prima installazione si raccontano i primi anni di vita di un bambino, della sua infanzia. Nella seconda installazione i bambini sono cresciuti: ci sono i ricordi di scuola, gli impegni scolastici, i giochi che si facevano a scuola. La terza installazione racconta della gioventù, dei primi incontri...

Le installazioni fino alla stanza n. 9 ricostruiscono l'intero ciclo della vita, mentre l'ultima rappresenta la vecchiaia, la malattia, la morte. In ogni stanza i personaggi sono diversi, le circostanze e i destini sono anch'essi diversi, ma il filo conduttore è rappresentato dalla vita dell'uomo "semplice", comune, dal suo inizio fino alla fine.

Al centro dell'installazione c'è la stanza più grande, che è la ricostruzione dello studio dell'autore a Mosca. Le diapositive, commentate da una voce, mostrano la vita che quotidianamente si svolgeva in questo studio. Così l'installazione, vista nel suo complesso, propone allo stesso tempo materiale documentario e materiale inventato.

Un ruolo particolare viene attribuito allo spettatore stesso – un ruolo "sonoro" –, anche se egli non deve fare nulla di speciale a questo proposito. L'impiantito lungo il quale lo spettatore si sposta sul tetto è ricoperto di vecchia latta che, sotto l'azione del calpestìo, emette quello stesso rumore metallico che sentiamo quando qualcuno cammina sul tetto sopra le nostre teste. Così, mentre lo spettatore guarda le diapositive, da fuori proviene il rumore di passi prodotto da altri spettatori, che fa da sfondo alla voce che commenta le immagini. Questo sfondo è la componente "sociale" indispensabile, che infonde una particolare, intima drammaticità "da camera" all'intero evento della rappresentazione, attribuendo al suo significato un carattere profondamente simbolico.

Una precisa metafora è rappresentata dall'atteggiamento dello spettatore. Egli può sentirsi assolutamente estraneo alla sorte delle persone che vivono nelle stanze, – è, infatti, l'"uomo che viene dal tetto" – oppure, se si immerge nella storia "familiare" rappresentata sullo schermo, può scoprire che è anche la "sua" storia, che nella sua vita sono accadute le stesse cose e che lui è come "loro", come tutti...

L'installazione, per il suo carattere, ha un "andamento lineare", ha cioè un'entrata in un determinato punto e l'uscita dalla parte opposta.

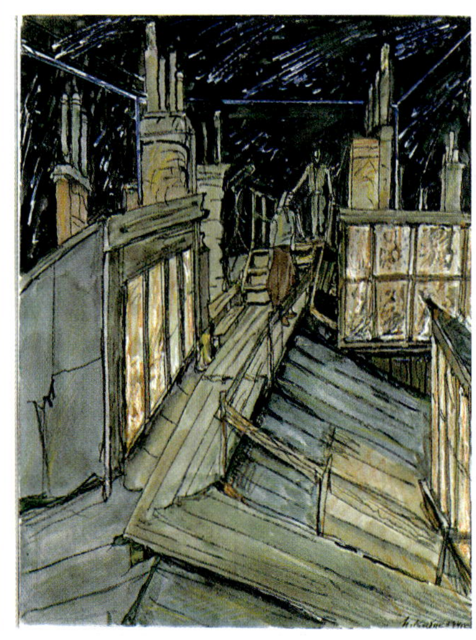

next window, where virtually the same scene is repeated with minor changes. . . .

. . . But it is not entirely the same situation. In the third installation the viewer notices that there is a unique kind of "plot" development from one installation to another. The plots of each one progress through time. In the first one, the plot concerns the beginning of life, the story of a baby, his first years. In the second, the story is about older children, there are memories of school, of school studies, of school games. In the third one, the story is of youth, about first dates . . .

And all of the installations, to the last one, to the ninth room, form an entire cycle of life, where in the last one there is old age, illness and death. In each room there are various "characters," various fates and circumstances, but the overall sense of everything is that of the life of a "simple," ordinary person from beginning to end.

. . . In the center of the installation is the largest room – a recreation of the artist's studio in Moscow. The slides show daily life in this studio, the "voice" provides commentary on it. In this way, both documentary and fabricated materials participate simultaneously in the entire installation as a whole.

A special "role" in the installation is given to the viewer himself, a "sound" role, although he doesn't have to do anything in particular for this. The path, the plank along which he moves across the roof, is covered with old tin and when he steps on it, it creates the very same metallic thunder that we hear when someone is walking on the roof above us. And so, at the moment when one viewer, sitting below, is looking at the slides and listening to the commentary, all of this takes place against the background of the noise of footsteps generated by other viewers who are passing by. This background is precisely that mandatory "social" component which conveys a special drama to this entire event of the showing of slides, chamber-like and intimate in its meaning, imparting to the entire idea a certain symbolic quality.

There is a specific metaphor contained in the position of the viewer himself as well. He, the viewer, is either a complete outsider vis-à-vis the fate of the people inside the room, he is a "person from the roof," or on the other hand, dropping into any one of these rooms, submerging himself into an ordinary "family" story, he understands that this is also "about him," and he experienced the same things in his life, and he is just the same as "they" are, the same as everybody else . . .

The installation is "linearly directed," ie., it has an entrance in one place and an exit at the other end.

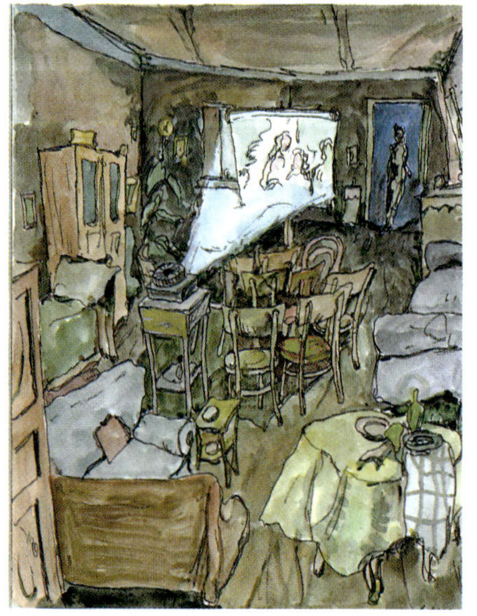

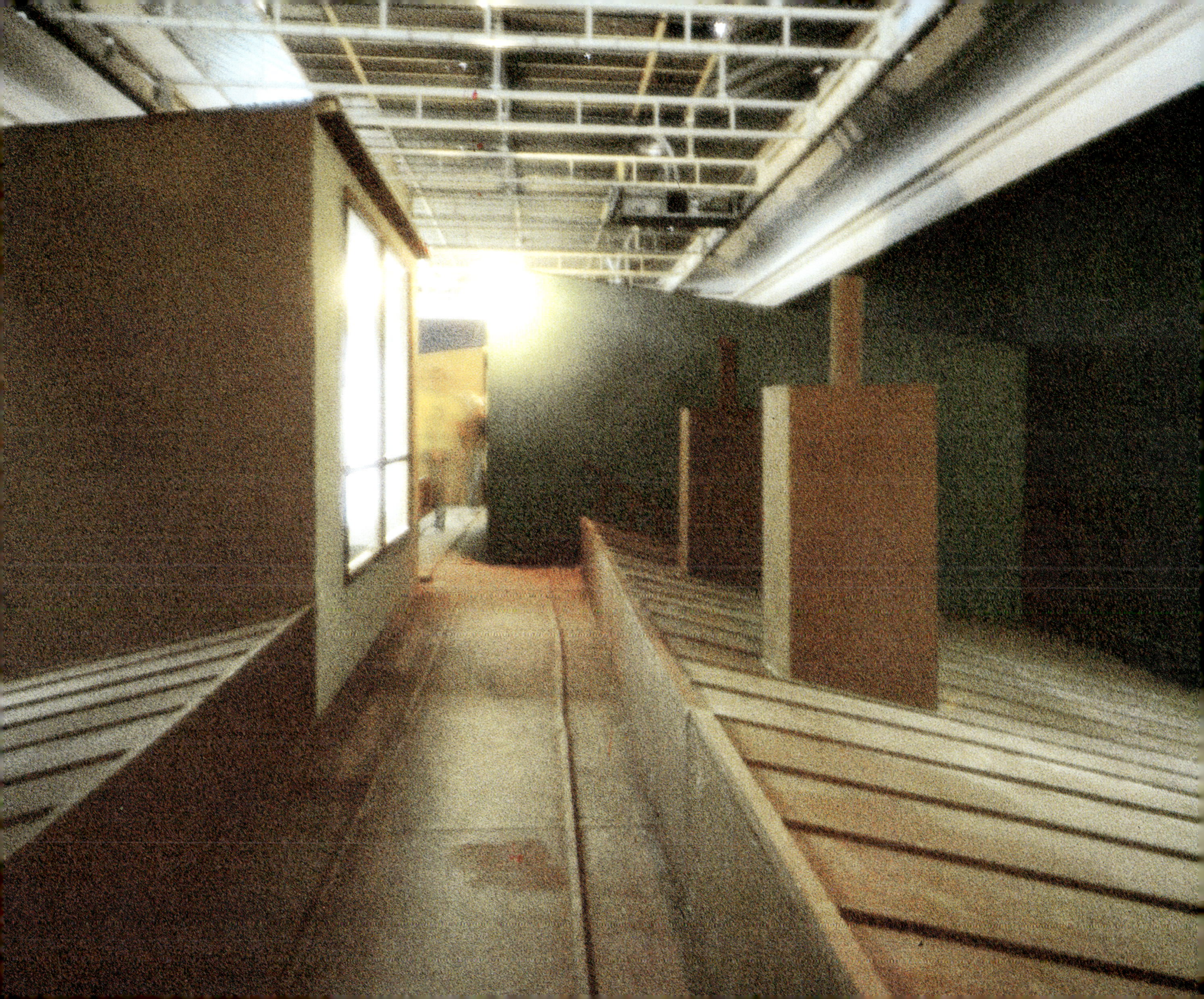

La scuola n. 6
La scuola abbandonata

Concezione dell'installazione

Per molti anni in questo luogo c'è stata una scuola. Il borgo dove essa si trovava era piccolo e per questo i bambini che la frequentavano erano pochi e ricevevano solo l'istruzione elementare, fino alla sesta classe. Ma tra le altre scuole di borgata, questa era considerata di livello superiore: il corpo insegnante era preparato e grazie al direttore c'era tutto ciò di cui i bambini potevano avere bisogno – la palestra, la classe per le attività artistiche e per il canto, il buffet e la mensa... Fra le scuole della regione essa era al primo posto sia per l'organizzazione didattica che per il profitto degli scolari. La vita vi scorreva allegra, vivace. Tutto era tenuto nel massimo ordine.

Purché non succedesse qualcosa fuori dalle sue mura. Il borgo operaio dove si trovava la scuola nella quale i bambini correvano con tanta gioia cominciò a declinare, fino a morire. Forse perché non c'era più modo di lavorarci: la fabbrica intorno alla quale era cresciuto il borgo era decaduta, invecchiata; forse perché la stessa vita, sradicata da quella degli altri luoghi, era diventata troppo gravosa, insopportabile; forse anche per altri motivi, un po' alla volta le famiglie se ne andarono e con esse i bambini e ben presto ci si accorse che mantenere lì la scuola non aveva più senso.

La scuola venne chiusa. L'edificio che la ospitava, al pari degli altri fabbricati del borgo, ormai non serviva più a nessuno. L'abbandono e l'oblio scesero là dove prima risuonavano le voci gioiose dei bambini, dove ferveva la vita. Le aule ora sono deserte, l'erba alta ha invaso il cortile e il vento che entra dalle finestre senza vetri fa frusciare i quaderni abbandonati sul pavimento, smuove gli orari delle lezioni e le vecchie carte geografiche sulle pareti scrostate...

Descrizione dell'installazione

Lo spettatore entra dal portone aperto della scuola e si trova nell'entrata; dalle pareti pendono vecchi slogan, annunci, albi d'onore. Se si va verso sinistra si vede quello che è rimasto del buffet e della vecchia cucina della scuola, i piccoli tavoli dove un tempo si pranzava. Oltre il buffet si apre la lunga infilata delle classi. Una volta esse erano separate da pareti divisorie (l'entrata di ogni classe si trovava nel porticato che correva lungo l'intero perimetro del cortile interno). Ora le pareti non ci sono più, sul pavimento si vedono soltanto le travi che facevano loro da supporto e quel che rimane non è che un corridoio lungo e spoglio con i vani vuoti delle finestre ai lati. Sulle pareti delle classi ci sono ancora gli orari delle lezioni e i programmi delle materie, diversi per ogni classe; sul pavimento, abbandonati e in disordine, sono sparsi quaderni, manuali, penne che non servono più a nessuno perché non scrivono... C'è anche dell'altro "materiale didattico" di più grandi dimensioni: vecchie carte geografiche, lavagne con scritte, bacheche con annunci, disegni, caricature, testi di compiti di matematica...

Se si torna all'entrata, sulla destra (simmetrica rispetto alla mensa) c'è quella che una volta era la "sala degli insegnanti". Si vedono armadi con le cartelle personali degli alunni e gli archivi della scuola; i registri scolastici sono sparsi sul pavimento e sui

School no. 6
Abandoned School

The concept of the installation

For many years the village school was in this place. The village where it was situated was small, and therefore there weren't many children who went to it, and they received only an elementary education: there were six grades in the school. But among other village schools, No. 6 was considered to be very well equipped, there was a good staff of teachers, and the director was concerned with all that was necessary for the children who spent almost the entire day there: there was gym class, a class for studying art and singing, a buffet-cafeteria. . . . Life in it went along happily, everything in the school was in complete order, and among other schools of the region it was in first place in terms of "progress" and in terms of the "organization of the academic process.". . . If only something had not started to occur beyond the walls of the old school. The working village where it was located and the children of which ran there with such pleasure every morning, gradually started to decay and die. Perhaps there was no point in working in it any longer: the factory around which the village had been built decayed, grew old, or perhaps life itself, isolated from other places, was becoming excessive and hard, or perhaps there were other reasons, but gradually first one, then another family picked themselves up and moved away, and along with them the children, and it soon became clear that there was no sense in having and maintaining a school in this place.

The school was closed. No one had any need for the school building or for the other buildings of the village, and today there is emptiness and oblivion there, where just yesterday there was life and voices resounded. It is empty in the rooms, the courtyard is overgrown with grass up to one's waist, and there is only wind, freely blowing through the building through the empty windows, rustling the children's notebooks left on the floor and the announcements about lessons and old geographical maps on the peeling walls . . .

Description of the installation

The viewer enters through open empty doors of a school and winds up in an entryway, where old slogans are hanging along with announcements and honor boards. If you turn to the left, the remains of the buffet and of the old school kitchen are visible, with little tables where kids used to have lunch. Behind the "buffet" opens up a long suite of former classrooms. At some point they were divided by walls (the entrance into each classroom was from a gallery that went along the perimeter of the entire courtyard). Now there are no more walls, in their place you can see beams on the floor, and all together a long empty corridor with apertures of empty windows along both sides is formed. But on the walls of the former classrooms one can see lesson schedules, programs of lessons in each class: on the floor – discarded notebooks that no one needs, textbooks, pens. . . . In addition to these there are also other larger "school objects": old maps, slate boards with notes on them, stand-boards with announcements, drawings, caricatures, mathematical problems . .

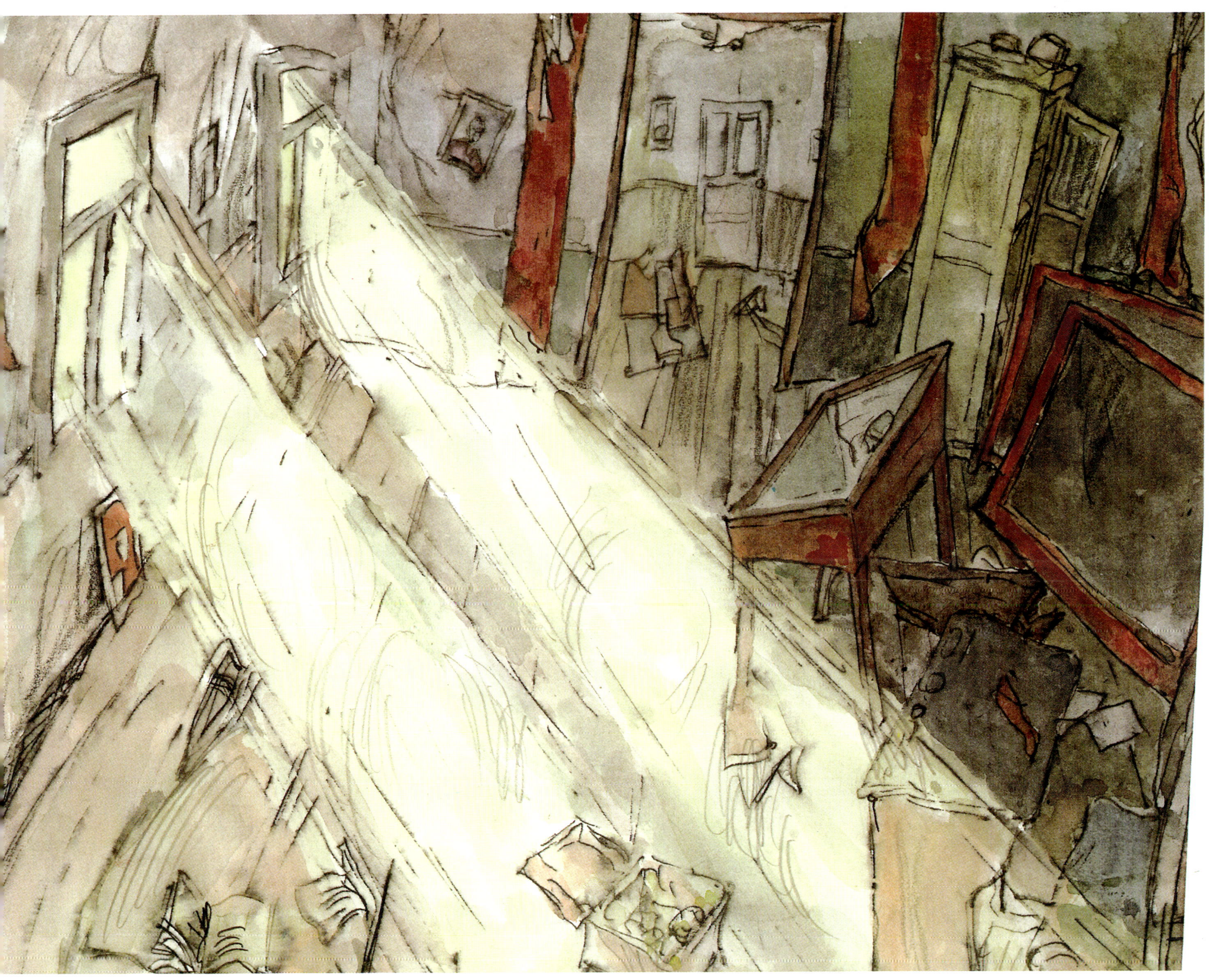

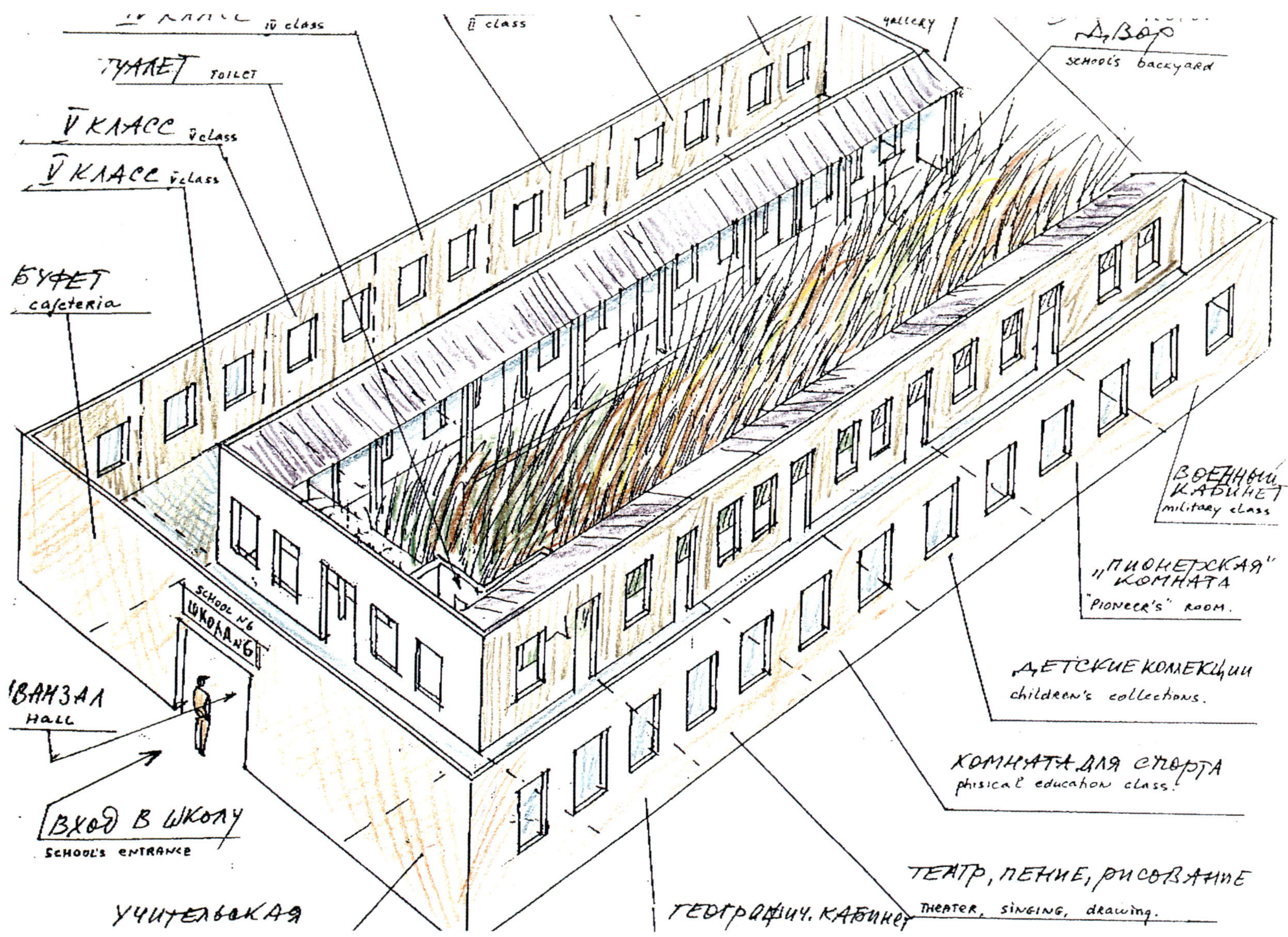

IV КЛАСС iv class
ii class
gallery
ДВОР
school's backyard
ТУАЛЕТ toilet
V КЛАСС v class
V КЛАСС v class
БУФЕТ
cafeteria
ВОЕННЫЙ КАБИНЕТ
military class
"ПИОНЕРСКАЯ" КОМНАТА
"pioneer's" room.
ДЕТСКИЕ КОЛЛЕКЦИИ
children's collections.
ВАНЗАЛ
hall
SCHOOL N6
ШКОЛА N6
ХОМНАТА ДЛЯ СПОРТА
phisical education class!
ВХОД В ШКОЛУ
school's entrance
УЧИТЕЛЬСКАЯ
ГЕОГРАФИЧ. КАБИНЕТ
ТЕАТР, ПЕНИЕ, РИСОВАНИЕ
theater, singing, drawing.

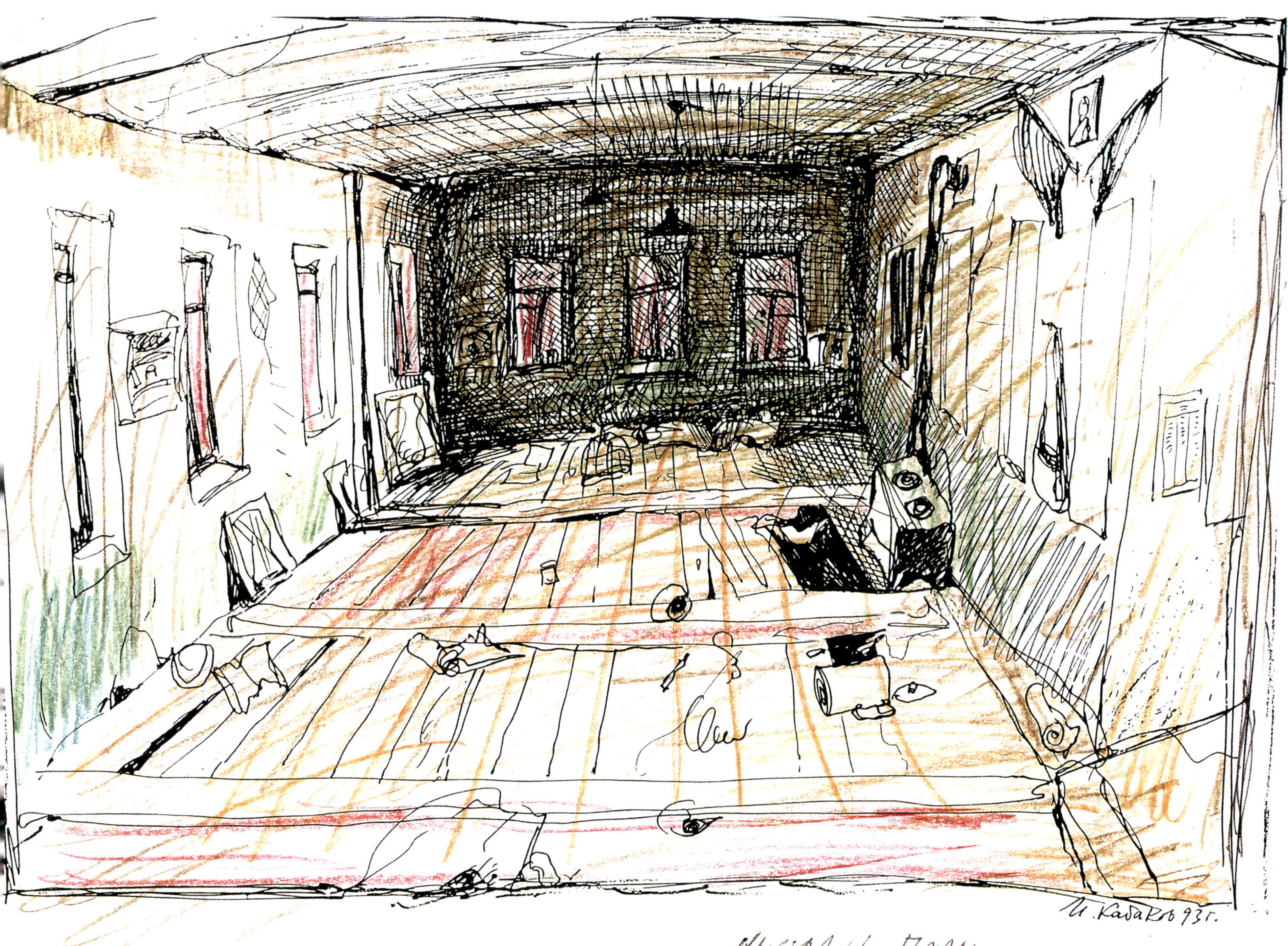

ШКОЛА №6. ПЛАН.
И. Кабаков 93г.

tavoli, coperti di polvere, giacciono le sche-de di profitto, l'orario delle gite, i fogli con i turni di sorveglianza degli insegnanti ecc. Lasciata la sala degli insegnanti si arriva al vecchio laboratorio di geografia e di zoolo-gia: carte, modelli di montagne e di mari, uccelli e animali impagliati, tabelle con la classificazione degli insetti, dei pesci e dei mammiferi.

L'aula successiva doveva essere destinata alle attività artistiche – quella che era stata la destinazione delle diverse aule si può giudicare solo da quanto è rimasto sul pavimento e appeso alle pareti, perché, come nell'ala sinistra dell'edificio, non ci sono più i divisori che delimitavano le clas-si (anche qui lo spazio vuoto si spinge fino al fondo). In quest'aula ci sono leggii, cavalletti, lavagne per il disegno, costumi teatrali; sulle pareti sono rimaste delle maschere appese e tra una maschera e l'al-tra ci sono disegni e progetti coreografici.

La stanza successiva è la palestra. Sulla parete si vede la spalliera svedese; sul pavi-mento sono sparsi palloni, manubri, la rete per la pallavolo e altri attrezzi sportivi.

Proseguendo si arriva alla stanza con le col-lezioni dei bambini. Nell'aula, chissà come, sono rimaste intatte delle vetrinette dove sono conservate, in perfetto stato, collezio-ni di piccoli oggetti. Sotto ciascun oggetto, una breve storia scritta dallo stesso scolaro

– qual era il legame che lo univa a questo oggetto e perché aveva deciso di selezio-narlo per la collezione. Le collezioni sono in tutto dodici.

Segue la stanza dell'"educazione ideologi-ca". Ci sono frammenti di manifesti appesi alle pareti, e poi appelli "allo studio, alla disciplina, all'alto profitto" ecc.

L'ultima stanza è destinata all'educazione militare. I manifesti rappresentano il "nemico di classe" – la borghesia – con le sue armate ed elencano le regole della pre-parazione militare, dell'addestramento ecc.

Ogni stanza ha una propria uscita che dà nel cortile della scuola. Adesso il cortile è completamente invaso dall'erba e il giro del cortile si può fare solo percorrendo il porti-cato. Nell'angolo vicino all'entrata c'è quel che rimane dei gabinetti: una costruzione in legno, con ingressi separati per i bambi-ni e per le bambine. L'intero spazio della scuola è inondato dalla luce del sole e immerso nel silenzio. Sul pavimento sono adagiati quadrati di luce. Attraverso i vani vuoti delle finestre si vede il cielo azzurro.

Nonostante l'abbandono, la desolazione che regna intorno non sembra così triste e deprimente. Chiunque entri qui ha avuto in passato una scuola come questa e, chis-sà, forse nel ricordo di ognuno essa si è conservata proprio così, come la scuola che egli vede adesso, la scuola n. 6.

If you turn back the other way into the entryway, then to the right (symmetrically to the cafeteria), there are the remains of the "teachers' room" – cabinets with sup-plies, school archives; on the floor and on old dust-covered tables there are school journals, field-trip schedules, progress reports, teachers' shifts, etc. Beyond the "teachers' room" is the former zoological and geographical room: maps, models of mountains and oceans, stuffed birds and animals, tables of insects, fish, animals.

The next room, apparently, is the former classroom for art lessons (we can judge what was in each room only by the things that are left on the floor and walls, since just like in the left wing, there are no walls left that separated the rooms from one another, they have been destroyed, and empty space, like in the other half of the school, is visible to the very end). In this "classroom" there are music stands, easels, drawing boards, theatrical costumes, masks on walls among the remaining children's drawings and sketches for decorations.

Beyond this room is the sports game room. On the wall is a wall bars, there are balls on the floor, barbells, a volleyball net, and other sports inventory.

Farther there is a room where children's collections are exhibited. Standing along the perimeter of it are things that for some unknown reason were preserved: showcas-es where under glass in wonderful, undis-turbed condition there is a collection of

small objects and under each is a short his-tory, written by the pupil himself, of what each object is connected with for him and why he decided to make a collection out of them. There are twelve such collections.

Beyond this room is the room for "ideolog-ical education." Remains of posters are hanging, all kinds of appeals "for study, for discipline, for great progress," etc.

The last room is the room of military edu-cation. There are posters with depictions of the "class enemy," the bourgeois and his enemy army, the rules of military and drill readiness, etc. From all the rooms you can exit through separate doors into the court-yard of the school. Now it is completely overgrown with grass, and you can walk around it only along the inside gallery. In one of the corners of the gallery, the one closest to the entryway, remains of the school toilet are visible, made out of boards with two entrances for boys and girls. The entire space of the school is flooded with sunshine and quiet. Sunny squares lie on the school floor. The blue sky is visible in the empty apertures. From all of this, the neglect reigning around does not seem so cheerless and depressing.

For each person who enters here, in the same way there was in the past a school with a similar layout of classrooms and attributes, and who knows, perhaps in the memory of each one it is preserved in just such an image as he sees this school, school No. 6.

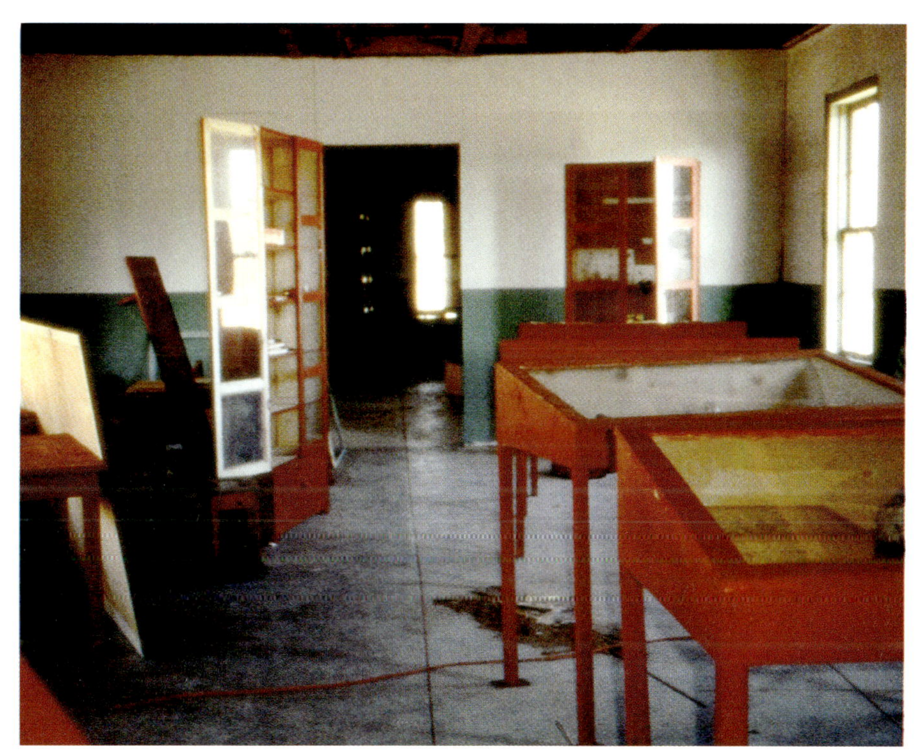

Apparati
Appendix

a cura di/edited by Neda Furlan

Biografie

Ilya Kabakov, chiamato il "padre del Concettualismo", è considerato uno dei più importanti e autorevoli artisti del nostro secolo.

Nasce nel 1933 a Dniepropetrovsk in Ucraina, allora provincia dell'Unione delle Repubbliche Socialiste Sovietiche, da una famiglia "piccolo borghese".

Nel 1941, insieme alla madre, viene deportato a Samarkanda, mentre il padre viene inviato al fronte di guerra.

Nel 1943 entra al Leningrad's Institute of Painting e dal 1945 frequenta l'Istituto superiore delle arti di Mosca. In seguito entra al Surikof art institute di Mosca, dove nel 1957 riceve il diploma di illustratore, e sempre a Mosca inizia la sua carriera di disegnatore, realizzando oltre un centinaio di libri per bambini.

Nel 1965 espone per la prima volta in un paese occidentale: al Castello Spagnolo a L'Aquila, nella mostra collettiva *Contemporary Alternatives/2*.

La sua prima esposizione in Urss, al Bluebird Café con Eric Bulatov, è del 1967.

Nel 1972 la cartolina postale Red Horizon, dipinta da Bulatov, diventa il simbolo degli "Artisti concettuali di Mosca". Nasce la corrente degli artisti che coniugavano il realismo socialista all'arte pop americana e viene così coniato il termine Sots-Art. Nello stesso anno si forma il gruppo di Sretensky Boulevard, costituito da Kabakov e dalla cerchia degli intellettuali moscoviti che si incontravano nello studio di Kabakov al 6/1 di Sretensky Boulevard. In quello stesso anno Kabakov conosce Vladimir Tarasov, un percussionista jazz e compositore con il quale collaborerà stabilmente per le sue installazioni.

Tra il 1972 e il 1978 realizza un ciclo di *Albums*, opere su carta che fondono illustrazione e narrazione concettuale. Il più celebre, *Dieci personaggi*, rappresenta l'inizio dell'analisi sui comportamenti sociali, in seguito ulteriormente sviluppata dall'artista. Negli stessi anni realizza le performances descritte negli Albums, accompagnato dalle note di Tarasov e dalle letture di Prigov.

Tra il 1978 e il 1975 dipinge diversi quadri nello stile della Sots-Art. In questo periodo incontra Claudia Jolles, che fa conoscere il suo lavoro alla scena internazionale dell'arte. Successivamente Jean Hubert Martin curerà la sua prima mostra personale *Am Rande* (Along the Margins) alla Kunsthalle di Berna.

Nel 1986 realizza nel suo studio di Mosca *16 Strings*, prima idea di installazione totale.

Nel 1987, invitato da Peter Packesh al Kunstverein di Graz, ottiene il permesso di espatrio e per la prima volta esce dall'Urss, avviando così la sua carriera in Occidente.

Nel 1989 inizia a lavorare con Emilia Kanevsky, che successivamente diventerà sua moglie e che continuerà a collaborare a tutte le sue installazioni. Nello stesso anno espone alla Ronald Feldman Gallery di New York Ten Charatcters, la prima installazione totale; e partecipa ad "Aperto", alla XLIII Biennale di Venezia.

Nel 1989 riceve una borsa di studio dal DAAD e trascorre un anno a Berlino.

Nel 1991 riceve una borsa di studio dal Governo Francese e si trasferisce a Parigi.

Emilia nasce nel 1945 a Dniepropetrovsk in Ucraina, provincia dell'Unione delle Repubbliche Socialiste Sovietiche.

Biographies

Studia musica e si diploma nel 1972 al conservatorio di Mosca. Nel 1973 emigra negli Stati Uniti e dal 1975 vive a New York. Lavora come art dealer e cura diverse collezioni private. Dal 1988 lavora con Ilya Kabakov. Nel 1997 espone il primo progetto con Ilya alla XLVII Biennale di Venezia con il lavoro *We were in Kyoto*.
Nel 1998 realizza con Ilya al The Roundhouse di Londra *The Palace of Projects* e *The Children's Hospital* all'Irish Museum of Modern Art di Dublino.

Dal 1992 Ilya ed Emilia Kabakov vivono e lavorano a Long Island.

Ilya Kabakov, known as "the father of Moscow Conceptualism," is considered one of the most important and authoritative artists of the twentieth century.
Kabakov was born in 1933 to a "petit bourgeois" family living in Dnieproprevotsk in the Ukraine, a region of the Union of Soviet Socialist Republics.
In 1941 he and his mother were deported to Samarkand, while his father was sent to the war front.
In 1943 he entered the Leningrad Institute of Painting and in 1945 the Advanced Institute for the Arts in Moscow. He then attended Moscow's Surikov Art Institute where he graduated as an illustrator in 1957. He began his career in Moscow, where he illustrated more than a hundred children books. His first exhibition was mounted at the Castello Spagnolo in L'Aquila (Italy) with the title *Contemporary Alternatives,/2*.
His first exhibition in the USSR, together with Eric Bulatov, was mounted at the Bluebird Café.
In 1972, a postcard painted by Bulatov and named *Red Horizon* became the symbol of Moscow's "conceptual artists," while a new artistic movement called Sots-Art proposed a combination of Socialist Realism and American Pop Art. In the same year, a new group called *Sretensky Boulevard* was born. Kabakov was among its founders, together with other intellectuals from Moscow who used to meet in Kabakov's studio at number 6/1 of Srentesky Boulevard. In 1972 Kabakov also met Vladimir Tarasov, a jazz percussionist and composer. The two began a long-standing collaboration which resulted in a large number of installations.

From 1972 to 1978 Kabakov worked on a series of *Albums*, i.e. paintings on paper which mixed graphic elements and narrative elements in the conceptual style. The most famous of these albums, called *10 Characters*, is the earliest example of Kabakov's analysis of social behavior. In the following years, Kabakov turned the narrative elements of the albums into performances accompanied by Tarasov's music and Prigov's readings.
In the years from 1975 to 1985 Kabakov made a series of paintings in the Sots-Art style. Then he met Claudia Jolles, who helped to make his works known to the international art scene, and Jean Hubert Martin, curator of his 1985 exhibition *Am rande (On the margins)*, Kabakov's first personal exhibition in Bern's Kunsthalle.
In 1986 Kabakov set up his first "total installation," called *16 Strings*, in his studio.
In 1987, invited by Peter Packesh to the Kunstverein in Graz (Austria), he was allowed to leave the USSR for the first time, beginning his career in the West.
In 1988 he started working with Emilia Kanevsky, who was later to become his wife.
In 1991 he received a scholarship from the French government and moved to Paris.

Emilia was born in Dniepropetrovsk in the Ukraine, province of the Union of Soviet Socialist Republics.
She studied music and graduated in 1972 from the Moscow Conservatory. In 1973 she emigrated to the United States and has lived in New York since 1975. She works as an art dealer and curates various private collections. She has worked with Ilya Kabakov since 1989. In 1997 she and Ilya exhibited their first project *We were in Kyoto* at the XLVII Venice Biennale. In 1998 she and Ilya created *The Palace of Projects* at The Roundhouse in London, and *The Children's Hospital*, at The Irish Museum of Modern Art in Dublin.

Since 1992 Ilya and Emilia Kabakov have lived and worked in New York.

Esposizioni personali
Personal Exhibitions

1985
Galerie Dina Vierny, Paris, *Ilya Kabakov*, June-July, catalogue.

Kunsthalle, Bern, *Ilya Kabakov: Am Rande* (Along the Margins), August 31-November 18. Traveling to Galerie de la Vieille Charité, Marseille, *Ilya Kabakov: En Marge*, January 18-March 2, 1986; Kunstverein für die Rheinlande und Westfalen, Düsseldorf, June 6–August 3, 1986; Centre National d'Arts Plastiques, Paris, *Ilya Kabakov*, November 19-January 11, 1987, catalogue.

1986
Neue Galerie, Schlössli Götzental, Diederikon, *Konzert für eine Fliege* (Concert for a Fly).

1987
Museum für Gegenwartskunst, Basel, *Gegenwartskunst aus der Sowjetunion: Ilya Kabakov und Iwan Tchuikow*, February-April 20, catalogue.

1988
Kunstverein, Graz, *Vor dem Abendessen* (Before Supper), March 20-April 8, catalogue.

RFFA, New York, *Ten Characters*, April 30-June 4, catalogue.

Kunstverein, Bonn, with E. Bulatov, May 2-June 4.

Portikus, Frankfurt, *10 Albums*, October 8-November 6, catalogue.

Neue Galerie, Schlössli Götzental, Diederikon, with V. Pivovarov.

1989
Galerie de France, Paris, *Que sont ces petits hommes?* (Who Are These Little Men?), January 20-February, catalogue.

Riverside Studio, London, *Ten Albums: Ten Characters*, February 22-April 2, catalogue.

Institute of Contemporary Art, London, *Ilya Kabakov: the Untalented Artist and Other Characters*, February 23-April 23, catalogue.

Kunsthalle, Zürich, *Communal Apartment, The Ship*, June 2-July 30, catalogue.

The Genia Schreiber University Art Gallery, Tel Aviv, *The Beautiful 60's in Moscow*, with M. Grobman, September 19-December 4, catalogue.

DAAD-Galerie, West-Berlin, *Ausstellung eines Buches* (Exhibition of a Book), De Appel, Amsterdam *Witte Schilderijen en witte Mensjes*, installation, October 6– November.

Institute of Contemporary Art, Philadelphia, *Who Are These Little White Men?*, installation, December 14-January 28, 1990, catalogue.

Universität, Sarrebruck, *Two Albums*.

1990
RFFA, New York, *He Lost his Mind, Undressed, Ran Away Naked*, January 6-February 3, catalogue.

Fred Hoffman Gallery, Santa Monica, *The Rope of Life and Other Installations*, January 13-February 10, catalogue.

Hirshhorn Museum and Sculpture Garden, Washington, *Ten Characters*, March 7-June 3, catalogue.

Kasseler Kunstverein, Kassel, *Sieben Austellungen eines Bildes* (Seven Exhibitions of a Painting), May 13-June 24, catalogue.

Neue Galerie, Sammlung Ludwig, Aachen, *Das Schiff* (The Ship), September 30–November 30.

1991
Wewerka und Weiss Galerie, Berlin, *Meine Heimat: die Fliegen* (My Motherland: The Flies), February 5-March 23, catalogue.

Peter Pakesch Galerie, Wien, *Die Zielscheiben* (The Targets), Febr. 12-March 16.

Sezon Museum of Modern Art, Nagano, *Ilya Kabakov*, July 13-October 6.

Dresdner Bank, Frankfurt, *Heruntergerissene Landschaft* (Ripped Off Landscape), August 13, permanent installation.

The Power Plant, Toronto, *Ilya Kabakov/J. Scott*, November 15-January 5, 1992, catalogue.

Ateliers Municipaux d'Artistes, Marseille, *52 Entretiens dans la Cuisine Communautaire* (52 Dialogues on the Communal Kitchen), dialogues with Yuri Kuper, December 20-January 25; traveling to La Criée, Halle d'Art Contemporain, Rennes, July 4-September 26, 1992, book.

1992
Kunstverein, Köln, *Das Leben der Fliegen* (The Life of Flies), February 2- March 29, book.

Krannert Art Museum and Kinkead Pavilion of Illinois, University of Illinois, Urbana, *He Lost his Mind, Undressed, Ran Away Naked*, February 28-April 5.

Galerie Dina Vierny, Paris, *Dans la Cuisine Communautaire* (On the Communal Kitchen), May 20-July 18, book.

Ludwig Museum, Köln, *Unaufgehängtes Bild* (Unhung Painting), June, permanent installation.

Kanaal Art Foundation, Kortrijk, Belgium, *Illustration as a Way to Survive*, October 10–December 20. Traveling to lkon Gallery, Birmingham, April 17-June 5, 1993; Centre of Contemporary Arts, Glasgow, July 24-September 4, 1993 (catalogue).

RFFA, New York, *Incident at the Museum of Water Music*, musical arrangement by V. Tarasov, September 12-October 17. Traveling to Museum of Contemporary Art, Chicago, July 10-September 21, 1993; Hessisches Landesmuseum, Darmstadt, *Zwischenfall im Museum der Wassermusik*, March 17-June 5, 1994; Centro de Arte Moderna da Fundaçao Gulbenkian, Lisbon, August 31-October 22, 1995, catalogue.

Deweer Art Galiery, Otegem, *In Memory of Pleasant Recollections*, October 10-November 8, catalogue.

Galleria Sprovieri, Roma, *Ilya Kabakov*, November 21-January 21, 1993, catalogue.

1993
Stedelijk Museum, Amsterdam, *Het Grote Archief* (The Big Archive), January 28-March 28, catalogue.

Staatliche Hochschule für Bildende Künst,

Frankfurt, *Das leere Museum* (The Empty Museum), February 11-March 19.

Château d'Oiron, *Concert for a Fly*, music by V. Tarasov, June, permanent installation.

XLV Biennale, Venezia, installation *Red Pavilion*, musical arrangement by V. Tarasov, June 14-September 14.

Salzburger Kunstverein, Salzburg, *The Boat of My Life*, September 11-October 13.

Chinati Foundation, Marfa, Texas, *Deserted School or School n.6*, October 9, permanent installation.

Kunsthalle, Hamburg, *NOMA oder der Kreis der Moskauer Konzeptualisten* (NOMA or Moscow Conceptual Circle), December 6-February 6, 1994, book.

Musée Mailiol, Paris, *Communal Kitchen*, permanent installation.

1994
Nykytaiteen Museo, Helsinki, *Operation Room*, February 3-April 10; traveling to Museet for Samtidskunst, Oslo, October 8-January 8, 1995, book *5 Albums*.

Galerie Barbara Weiss, Berlin, *Die Verzweiflung des Künstlers oder die Verschwörung der Untalentierten* (Artist's Despair), March 2-April 23, catalogue.

Le Magasin, Grenoble, *Album of My Mother, The Golden Underground River, The Boat of My Life*, April 17-July 17, catalogue.

Centrum Sztuki Wspòlczesnej, Zamek Ujazdowski, Warszawa, *Korytarz dwòch banalnosci* (The Corridor of Two Banalities),

with Joseph Kosuth, April 25-June 13; traveling to Museum of Art, Zilina, October 14, 1996.

Jablonka Galerie, Köln, *In the Apartment of Nikolai Victorovich*, May 31-July 30.

Art Center, Reykjavik, *Unrealized Projects*, June 6, catalogue.

Art Center, Ohio, *Album of My Mother*, July 18-August 18.

1995
Kunsthalle Bremen, *Metaphysical Man*, March 15, permanent installation.

Museet for Samtidskunst, Oslo, *The Man Who Never Threw Anything Away*, March 24, permanent installation.

Centre George Pompidou, Paris, *C'est ici que nous vivons* (We are living here), May 16-August 28, catalogue.

Galerie Thaddaeus Ropac, Paris, *Le Collectionneur* (The Collector), May 19-July 13, catalogue.

Museum für Gegenwartskunst, Basel, *Ilya Kabakov – Ein Meer von Stimmen* (A Sea of Voices), permanent installation *Mother and Son*, works from Swiss collections, August 13-November 12, catalogue.

Österreichisches Museum für Angewandte Kunst, Wien, *No Water*, September 10, permanent installation.

Stedelijk Museum, Amsterdam, *The School Library*, permanent installation.

Festspielhaus Hellrau, Dresden, *The Boat of My Life, Unrealized Projects*, book.

1996
Portalen i Greve, Koge Bugt, Kulturhus, København, *Ilya Kabakov. Storyteller*, January 19-March 17; traveling to Nordjyllands Kunstmuseum, Aalborg, April 19-June 9, installations: *The Boat of My Life, Targets, Unrealized Projects*, catalogue.

Landeskulturzentrum, Salzau, Kiel, *Music on the Water*, music by V. Tarasov, March 9, permanent installation, book.

Deichtorhallen, Hamburg, *Der Lesesaal* (The Reading Room), April 19-July 28, retrospective.

Barbara Gladstone Gallery, New York, in collaboration with Thea Westreich, *Books: A Retrospective with Drawings*, May 2–25.

Palais des Beaux-Arts, Bruxelles, *Op het Dal* (On the Roof), June 7–September 8, catalogue.

Kunsthalle, Hamburg, *The Healing with Paintings*, permanent installation, November 5.

Guild Hall Museum, East Hampton, *The World of Ilya Kabakov*, panel discussion.

1997
Barbara Gladstone Gallery, New York, *The Life of Flies*, March 1-April 5.

Public Art Fund, New York, *Monument to the Lost Giove*, March 17–March 15, 1998.

Satani Galery, Tokyo, *The Artist's Library*, April 1-June 1.

Hochhaus zur Palme, Zürich, *The Fallen Chandelier*, April 10, permanent installation.

Moderna Galeria, Ljubljana, *20 Ways of*

Getting An Apple, May 12.

Guild Hall Museum, East Hampton, *The Reading Room*, June 28-July 27, catalogue.

Capp Street Project, San Francisco, *The Hospital: Five Confessions*, October 30-January 21, 1998.

Weisses Schloss Gallery, *Drawings and Albums*, November 9-January 11, 1998.

1998
Deweer Art Gallery, Otegem, Belgium, *The Meeting*, with Jan Fabre, January 31-March 15.

Thaddaeus Ropac Galerie, Salzburg, *The Collector*, April 4-May 15, catalogue.

Muhka Museum, Antwerp, Belgium, *16 installations*, April 17-August 23, catalogue.

Nationalgalerie im Hamburger Bahnhof, Museum für Gegenwartskunst, Berlin, *The Healing with Memories*, May 15 August 30, catalogue.

University of Champaign, Illinois, *The Boat of My Life*, catalogue.

Mönchehaus Museum für Moderne Kunst, Goslar, *My Grandfather's Shed*, October 16, permanent installation, catalogue.

The Irish Museum of Modern Art, Dublin, *The Children's Hospital*, by Ilya and Emilia Kabakov, November 19-April 19, 1999 with biography published by Phaidon Press Manez & Soros Center; *Ilya Kabakov in Moscow*, exhibition and symposium organized by A. Erofeev, December 4-January 5, 1999.

Stadtgaliery, Heerlen, retrospective of

Drawings, December 6-February 28, 1999; traveling to Sprengel Museum, Hannover.

The Roundhouse, London, *Art Angel Project, The Palace of Projects by Ilya and Emilia Kabakov*, March 2-May 10. Traveling to Upper Campfield Market, Manchester, May 24–August 16; Reina Sofia, Crystal Palace, Madrid, December 13-April 1999, catalogue.

Kunsthalle, Bremen, *The Metaphysical Man*, permanent installation.

1965
Castello Spagnolo, L'Aquila, *Alternative attuali*, August 7–September 30.

1973
Galerie Dina Vierny, Paris, *Avant-garde russe*, May-June, catalogue.

1976
Palais des Congrès, Paris, *La peinture russe contemporaine*.

1977
XXXVII Biennale, Venezia, *La nuova arte sovietica. Una prospettiva non ufficiale.* (New Soviet Art. An unofficial Perspective), catalogue.

Institute of Contemporary Art, London, *Unofficial Russian Painting*.

1978
Saarland Museum, Sarrebruck, *Nonkonformistische russische Maler*.

Palazzo Reale, Torino, *La nuova arte sovietica* (New Soviet Art).

Musée Bellinzona.

1979
Museum, Bochum, *20 Jahre unabhangige Kunst aus des Sowietunionen* (Twenty Years of Independent Art from the Soviet Union).

1986
Palais Attems, Graz, *Die Wahlverwadtschaften*, Steirischer Herbst '86.

1988
XLIII Biennale, *Aperto*, Venezia , June 25–September 25, installation *Before Supper.*

Kunstmuseum, Bern, *Ich lebe, Ich sehe: Kunstler der Achtziger Jahre in Moscow*, June 11–August 14, catalogue.

1989
MNAM, Paris, *Magiciens de la Terre*, May 16–August 15, installation *The Man Who Flew into Space*, catalogue.

Espace Lyonnais d'Art Contemporain, Lyon, October 12–November 19, installation *The Ship*.

1990
Museo d'arte contemporanea Luigi Pecci, Prato, *Artisti russi contemporanei*, February 10–May 13.

8th Biennale, Sidney, *The Readymade Boomerang: Certain Relations in the 20th Century Art*, April 10–June 15, installation *Three Russian Paintings*, catalogue.

Orchard Gallery, Derry, *New Works for different Places: TSWA Four Cities Project*, September 1–29, installation *Fly with the Wings*, catalogue.

DAAD-Galerie, Berlin, *Die Endlichkeit der Freiheit Berlin 1990: ein Ausstellungsprojekt in Ost und West*, September 1–October 7, installation *Two Fears* (Berlin Wall), catalogue.

Stedelijk Museum, Amsterdam, *In de USSR en erbuiten* (In the USSR and Beyond), September 21–November 4, installation *The Rope of Life and Other Installations*, catalogue.

Art Festival, Seoul, November 20–February 20, 1991, *Works on Hanji Paper*, catalogue.

The New Museum of Contemporary Art, New York, *Rethorical Image*, December 9–February 3, 1991, installation *Medical Screen*, catalogue.

1991
Kunsthalle, Düsseldorf, *Binationale: Sowietische Kunst um 1990*, April 13–June 2, installation *The Red Wagon*. Traveling to Israel Museum, Jerusalem, *Soviet Art around 1990*, August–November 1991, installation *Why "Red Wagon" dind't come to Israel*; Centralny dom hudoznika, Moskva, *Sovetskoe skusstvo okolo 1990 goda*, installation *Why "Red Wagon" didn't come to Moscow*, catalogue.

Rooseum, Malmö, *TRANS-Mission*, August 26–October 27, installation *Mental Institution or Institute of Creative Research*, catalogue.

Institute of Contemporary Art, Philadelphia, *Devil on the Stairs: Looking Back on the Eighties*, October 21–January 5, 1992; traveling to Newport Harbor Art Museum, Newport Beach, April 17–June 21 1992, installation *The Man Who Flew into the Painting*, catalogue.

Museum of Modern Art, New York, *Disclocations*, October 5–January 7 1992, installation *The Bridge*, catalogue.

Carnegie Museum of Art, Pittsburg, *Carnegie International 1991*, October 19–February 16, 1992, installation *We Are Leaving Here Forever*, catalogue.

Grosse Orangerie of Charlottensburg Palace,

Berlin, *Schwereios* (Weightless), November 9–January 22, 1992, installation *Olga Petrovna Has a Dream*, catalogue.

Stedelijk Museum, Amsterdam, *Wanderlieder*, December 8–February 9, 1992, installation *Before Supper*, catalogue.

1992
Documenta IX, Kassel, June 13–Septembere 20, installation *The Toilet*, catalogue.

Villa Campolieto, Ercolano, *A Mosca… A Mosca*, July 1–September 13; traveling to Galleria comunale d'arte moderna, Bologna, September 26–November 22, catalogue.

County Museum of Art, Los Angeles, *Parallel Visions: Modern Artists and Outsider Art*, October 18–January 3, 1993, catalogue.

1993
Louisiana Museum, Humblebæk, *Pa kanten af kaos, nye bilder af verden* (At the Edge of Chaos: New Images of the World), February 5–May 9, installation *My Mother's Album II.Labyrinth*, catalogue.

Le Magasin, Centre Nationale d'Art Contemporain, Grenoble, February, installation *The Ship*.

Museum van Hedendaagse Kunst, Gent, *Rendez(-)Vous*, April 28–June 27, installation *Unfinished Installations*, catalogue.

Biennale d'Art Contemporain, Lyon, *Et tous ils changent le monde*, September 3–October 13, installation *Emergency Exit*, catalogue.

Kunsthall, Köln, *Russische Avantgarde im 20.*

Jahrhundert: von Malevitch bis Kabakov, October 16–January 2, 1994, installations *Before Supper*, *Red Pavillion*, catalogue.

1994
Fundaciòn La Caixa, Madrid, *Toponimias: ocho ideas del espacio* (Toponyms: 8 Ideas of Space), February 2–April 10, installation *For Sale*, catalogue.

Österreichisches Museum für Angewandte Kunst, Wien, *Tyrannei des Schönen* (Tyranny of Beauty), April 6–July 17, installation *The Red Wagon*, catalogue.

Kunst und Ausstellungshalle der Bundesrepublik Deutschland, Bonn, May 27–October 11, installation *The Man Who Never Threw Anything Away*.

Biennale, Melbourne, *Virtual Reality*, December 3–February 5, 1995, installation *I Will Return on April 12*, catalogue.

1995
Biennale, Johannesburg, *Africus*, February 28–April 30, *Unfinished Installation*, catalogue.

Fundaciòn Antoni Tapies, Barcelona, *Els limits del museu* (The End of the Museum), March 14-June 5, installation *Incident at the Museum or Water Music*, catalogue.

Museum für Moderne Kunst, Frankfurt, *Change of Scene VIII*, June 23–January 14, 1996, permanent installation *Fallen Sky*.

Palais des Nations, Genève, *Dialogues of Peace*, July 3-October 26, permanent installation *Fallen Sky*.

International Biennale, Kwangju,

September, installations *The Test of Destiny*, *Too Metaphysical*.

4th Biennale, Istanbul, *New Orientation. The Vision of art in a paradoxical World*, November 10–December 10, installation *The First Image of the car. Unusual Incident*.

1996
Musée d'Art Contemporain, Lyon, *G7 Summit*, June 28–September 30, installation *Monument to the Lost Glove*.

Centre George Pompidou, MNAM, Paris, *Les péchés capitaux: la Paresse*, September 11–November 4.

1997
Whitney Biennal, New York, March 21, installation *Treatment with Memories*, catalogue.

Fondazione Querini Stampalia - Comune di Venezia, Venezia, *Artists for Sarajevo*, June 12, installation *I'll Return on april 12*.

XLVII Biennale, Corderie (Arsenale), Venezia, *Monde Future*, June 12, installation *We Were in Kyoto*, by Ilya and Emilia Kabakov, catalogue.

Münster, *Sculpture of XX Century*, June 22–September 28, permanent installation *Looking at the Sky, Reading the Words…*

Museum of Contemporary Art, Tokyo, *Collection of Centre Georges Pompidou*, September 20–December 14, installation *The Man Who Flew into Space*.

P.S. 1, Contemporary Art Center, Long Island City, October 26, installation *My GrandFather's Shed*.

1998
Stuttgart, *7 Triennale der Klinplastik*, installation *The Test of Destiny*, Table-Painting, catalogue.

Val d'Elsa, Tuscany, *Arte all'arte*, catalogue.

Stadel Institute, Frankfurt, *The History of Interior: from Vermeer to Kabakov*, September 23–February 23, 1999, installation *Toilet in the Corner, in the Closet*, catalogue.

Bibliografia selezionata
Selected Bibliography

E. A. Peschler, *Ateliers de Moscou*, E. Navarra, Galerie de France, Paris 1989.

M. Tupitsyn, *Margins of Soviet Art*, Giancarlo Politi, Milano 1989.

R. Ackins, *Art Speak*, Abbeville Press, New York 1990.

Drugoe iskusstvo (2 vols.), Moskovskaja Kollekcija, Interbuk, Moskva 1991.

B. Groys, *Staline, l'œuvre d'art totale*, J. Chambon, Nîmes 1991.

A. Solomon, *The Irony Tower*, Alfred A. Knopf Publisher, New York 1991.

A. Bonito Oliva, L. Bazanov (edited by), *A Mosca… A Mosca…*, Olograf Edizioni, Verona 1992.

T. N Luke, *Shows of Force: Power, Politics and Ideology in Art Exhibitions*, Duke University Press, Durham/London 1992.

J. Gardner, *Culture or Trash?*, C. Publishing Group, New York 1993.

N. De Oliveira, N. Oxley, M. Petry, M., *Installation Art*, Thames and Hudson, London 1994.

J. Fineberg, *Art since 1940 — Strategies of Being*, Prentice Hall, Englewood Cliffs 1995.

B. Groys, *Die Erfindung Russlands*, C. Hanser, Münich/Wien 1995.

A. Wallach, *The Man Who Threw Anything Away*, Abrams, New York 1996.

Arte all'arte, Masolino Matteucci, S. Gimignano 1998.

B. Groys, D. Ross, I. Blazwick, *Ilya Kabakov*, Phaidon, London 1998.

Libri e cataloghi di Ilya Kabakov
Ilya Kabakov's books

J.-H. Martin, C. Jolles, *Oknol/Das Fenster/The Window*, Benteli, Berne 1985.

C. Jones, *Das Schiff*, Kunsthalle, Zürich 1989.

P. Pakesh, *Before Supper*, The Graz Opera House, Graz 1988.

I. Kabakov, *Que sont ces petits hommes?*, Galerie de France, Paris 1989.

I. Kabakov, *Ausstellung eines Buches*, DAAD Galerie, Berlin Verlag, Berlin 1989.

K. MacFarlane, Z. Shearman, *Ten Albums 1972-1975*, Riverside Studios, London 1989.

N. Rifkin, *Ten Characters*, Hirshhorn Museum and Sculpture Garden, Washington D.C. 1990.

I. Kabakov, B. Groys, *Die Kunst des Fliehens: Dialoge über Angst, das heilige, Weiss und den sowjetischen Müll*, Carl Hanser, Münich/Wien 1991.

I. Kabakov, Y. Kuper, *52 Entretiens dans la Cuisine Communautaire/52 Dialoga na kommunalnoj kuhne*, (52 Dialogues on the Communal Kitchen), Art Transit, Rennes/La Criée/Marseille 1991.

Das Leben der Fliegen/Life of Flies/Izn' muh, Kölnischer Kunstverein, Köln/Stuttgart/Cantz 1991.

B. Groys, *Das Leben der Fliegen/The Life of Flies*, Stuttgart/Cantz 1992.

I. Kabakov, U. Sooster, *Illustration as a Way to Survive*, Kanaal Art, Kortrijk/Foundation, Birmingham/Ikon Gallery, Gent/La Chambre 1992.

I. Kabakov, *Incident at the Museum or Water Music*, MoCA, Chicago 1993.

H. Beck, M. Kramer, *The Rope of Life and Other Installations*, Museum für Moderne Kunst, Frankfurt 1993.

I. Kabakov, *Het grote Archief*, Stedelijk Museum, Amsterdam 1993.

Na kommunalnoj kuhne: novye dokumenty i materialy/Dans la cuisine communautaire : nouveaux documents et matériaux/In the Communal Kitchen: New Documents and Materials, Galerie Dina Vierny, Paris 1993.

NOMA ili Moskovskij konceptualnyj krug/NOMA oder der Kreis der Moskauer Konzeptualisten, Hamburger Kunsthalle, Hamburg/Stuttgart/Cantz 1993.

ZHEK, Reklam, Leipzig 1993.

Viisi albumia/Fem albumer/Five albums/Pyat' al'bumov, Nykytaiteen Museo, Helsinki 1994.

Installation 1983-1995, Centre George Pompidou, Paris 1995.

I. Kabakov, Galerie Dina Vierny, Paris 1995.

L'Album de ma mère/My Mother's Album/Album meiner Muter/Al'bom moej materi, Flies France, Paris 1995.

On the Total Installation, Stuttgart/Cantz 1995.

I. Kabakov, *Am Rande*, Kunsthalle, Bern 1995.

Music on the Water, Salzau 1996.

The Text as a Base of Visuality, Deichtorhallen, Hamburg 1996.

I. Kabakov, *1964-1983 Le navire/The Ship*, Musée d'Art Contemporain, Lyon 1996.

R. Storr, A. Wallach, *Ilya Kabakov: The Man Who Never Threw Anything Away*, Abrams, New York 1996.

Auf dem Dach (On the Roof), Richter Verlag, Düsseldorf 1997.

16 Installaties (16 Installations), Mukha, Museum van Hedendaagse-Kunst, Antwerp 1998.

Monument to the Lost Glove, New York 1998.

Stimmen hinter der Tür 1964-1983 (Voices beyond the Door), Galerie für Zeitgenössuche-Kunst, Leipzig 1998.

The Palace of Project, Artangel, London 1998.

Reviews/Articoli

1966
E. Crispolti, *First documents on Contemporary Avant-garde Painting and Plastic Arts in the Soviet Union*, "Uomini e idee", no. 1, Napoli.

D. Konecny, *The Problem of Technique in the Young Moscow Experimental School*, "Prague-Moscow", no. 2, Moskva.

1969
Asiaticus, *Painters of Dissent*, "L'Espresso", no. 11, Roma.

D. Konecny, *Ilya Kabakov*, "Vytvarné umeni", no. 1, Prague.

1973
J. Chalupecky, *Moscow Diary*, "Studio International", no. 11, London.

1975
G. Moncada, *Three Other Paintings of Dissent: New Experience and Research in Russia*, "Il Giorno", Bologna, July 8.

Avant-garde Art in Moscow Studios: Growing in a Cellar, "Der Spiegel", no. 15, Hamburg.

1977
G. Glueck, *Art People*, "The New York Times", New York, October 7.

B. Forgey, *A Look at Unofficial Soviet Art…*, "Washington Star", Washington D.C., October 13.

W. Wierzchowska, *In the Studios of Moscow Graphic Artists*, "Projekt", no. 4, Warszawa.

P. Wroblewska, *In the Studios of Moscow Graphic Artists*, "Projekt", no. 4, Warszawa.

1978
A. Saho, *Ilya Kabakov: Glebovics Leo Trefari*, "Új Müvészetért", no. 2, Budapest.

1980
B. Groys, *Ilya Kabakov*, "A-Ya", no. 2, Paris.

1981
J. Bowlt, *Ilya Kabakov*, "Du", no. 2, Zürich.

1982
B. Groys, *I. Kabakov's Albums*, "A-Ya", no. 2, Paris.

V. Pacukov, *I. Kabakov*, "A-Ya", no. 2, Paris.

1984
I. Kabakov, *Discussion of the Three Layers*, "A-Ya", no. 6, Paris.

I. Kabakov, *Kitchen Series*, "A-Ya", no. 6, Paris.

1985
K. Meier-Rust, *Schickt uns Ethnogen!*, "Du", no. 1, Zürich.

1986
M. Tupitsyn, *Ilya Kabakov*, "Flash Art", no. 126, Milano, February-March.

J.-H. Martin, *Ilya Kabakov dans la tradition du roman russe*, "Art Press", no. 103, Paris, May.

1987
A. Pely-Audan, *Ilya Kabakov at Centre National des Arts Plastiques*, "Cimaise", vol. 34, Paris, January-February.

C. Grout, *Ilya Kabakov: Along the Margins*, "Flash Art", no. 132, Milano, February-March.

S. Caley, *To Russia with love*, "Flash Art", no. 137, Milano, November-December.

C. Jolles, *Eric Bulatov and Ilya Kabakov*, "Flash Art", no. 137, Milano, November-December.

V. Misiano, *Eric Bulatov and Ilya Kabakov*, "Flash Art", no. 137, Milano, November-December.

M. Tupitsyn, *From Sots Art to Sovart*, "Flash Art", no. 137, Milano, November-December.

1988
A. Vettese, *Eric Bulatov, Ilya Kabakov*, "Flash Art", no. 138, Milano, January-February.

J. Russell, *Ilya Kabakov Portrays Communal Soviet Life*, "The New York Times", New York, May 20.

A. Bonito Oliva, *Neo-Europe (East)*, "Flash Art", no. 140, Milano, May-June.

G. Faust, *Ilya Kabakov*, "Nike", München, July-August.

E. Heartney, *Ilya Kabakov at Ronald Feldman Fine Arts*, "Art in America", no. 9, New York, September.

K. Gookin, *Ilya Kabakov*, "Artforum", no. 1, New York, September.

R. B. Woodward, *Other Places, Other Rooms*, "ARTnews", New York, September.

L. Cooke, *Aperto ma non troppo*, "Art International", Paris, Autumn.

M. Tupitsyn, *Ilya Kabakov*, "Flash Art", no. 142, Milano, October.

P. McCoy, *Ilya Kabakov*, "Tema Celeste", no. 17/18, Milano, October-December.

M. Kalinovska, *London*, "Contemporanea", New York, November-December.

B. Groys et al., *L'Art au Pays des Soviets*, "Les Cahiers du Musée national d'art moderne", no. 26, Centre George Pompidou, Paris, Winter.

1989
C. Huther, *Ilya Kabakov*, "Das Kunstwerk", vol. 41, Stuttgart, February.

A. Graham-Dixon, *Comrades in Art*, "The Independent", London, February 28.

T. Hilton, *Portraits of Mother Russia*, "The Guardian", London, March 1.

J. Hall, *Rooms with a View*, "Arena", London, Spring.

W. Furlong, *The Unofficial Line: Ilya Kabakov*, "Art Monthly", London, April.

M. Shepherd, *Ilya Kabakov: ICA*, "Arts Review", vol. 41, London, April 7.

J.-H. Martin, *The Whole Earth Show*, "Art in America", no. 5, New York, May.

S. Morgan, *Kabakov's Albums*, "Artscribe", London, May.

A. Bertrund, *L'Installation dans l'Installation dans…*, "Connaissance des Arts", no. 13, Paris, June.

A. Renton, *Ilya Kabakov: Riverside Studios, London*, "Flash Art", no. 147, Milano, Summer.

J. Lloyd, *The "Untalented Artist" — A Schizophrenic Way of Life*, "Art International", no. 8, Paris, Autumn.

J. Watkins, *Ilya Kabakov*, "Art International", no. 8, Paris, Autumn.

N. Bourriaud, *Magiciens de La Terre*, "Flash Art", no. 148, Milano, October.

1990
M. Sokolov, *Russian Art: The Crucial Century*, "Apollo", London, January.

V. Zamkov, *The Old Guard and…*, "Apollo", London, January.

J. Gambrell, *Perestroika Shock*, "Art in America", no. 2, New York, February.

J. Gambrell, *Report from Moscow: the Perils of

Perestroika, "Art in America", no. 3, New York, March.

E. Heartney, *Nowhere to Fly*, "Art in America", no. 3, New York, March.

J. A. Lewis, *Cubicles of Cramped Souls*, "Washington Post", Washington D.C., March 7.

H. Burchard, *Cell Blockbuster*, "Washington Post", Washington D.C., March 9.

V. Tupitsyn, *Ilya Kabakov*, "Flash Art", no. 151, Milano, March-April.

P. McCoy, *Ilya Kabakov*, "Arts Magazine", no. 8, New York, April.

L. Nesbitt, *Ilya Kabakov*, "Artforum", no. 8, New York, April.

R. Cembalest, *The Man Who Flew into Space*, "ARTnews", no. 5, New York, May.

E. Heartney, *Post-Utopian Blues*, "Sculpture", no. 3, Washington D.C., May-June.

L. Kachur, *Ilya Kabakov: He Lost His Mind, Undressed, Ran Away Naked*, "Art International", no. 11, Paris, Summer.

1991
M. Archer, *Invisible Yearning: the TSWA Four Cities Project*, "Artscribe", no. 85, London, January-February.

H.-N. Jocks, *Sowjetische Kunst um 1990*, "Kunstforum", no. 103, Köln, May-June.

M. Bruderlin, *Ilya Kabakov: Gallery Pakesch*, "Artforum", no. 10, New York, Summer.

A. Wallach, *Censorship in the Soviet Block*, "Art Journal", no. 3, New York, Autumn.

I. Sommar, *Postmodern Power Station*, "ARTnews", no. 8, New York, October.

A. Solomon, *Soviet Art Assumes Its Place in World Market*, "The Journal of Art", no. 9, Los Angeles, November.

T. Wulffen, *Malerei ist Illustration*, "Kunstforum", vol. 110, Köln, November-December.

J. Meinhardt, *Mälmo: Trans/Mission*, "Art Forum", no. 4, New York, December.

B. Groys, *Kunst und Wiederstand im Sowjetreich*, "PAN", no. 5, München.

1992
H. Cotter, *Dislocating the Modern,* "Art in America", no. 1, New York, January.

A. Danto, *Dislocationary Art*, "The Nation", no. 1, New York, January.

E. Heartney, *Reviews: Dislocations, MOMA*, "ARTnews", no. 1, New York, January.

F. Bonami, *Dislocations — The Place of Installation*, "Flash Art", no. 162, Milano, January-February.

V. Tupitsyn, *From the Communal Kitchen: A Conversation with Ilya Kabakov*, "Arts Magazine", New York, October.

N. Smolik, *Ilya Kabakov*, "Kunstforum", no. 119, Köln.

D. Levi Strauss, *Cumulus from America*, "Parkett", no. 33, Zürich.

B. Groys, *With Russia on Your Back: a Conversation between Ilya Kabakov and Boris Groys*, "Parkett", no. 34, Zürich.

C. Jolles, *Kabakov's Twinkle*, "Parkett", no. 34, Zürich.

R. Storr, *The Architect of Emptiness*, "Parkett", no. 34, Zürich.

J. Thorn-Prikker, *On Lies and Other Truths*, "Parkett", no. 34, Zürich.

F. V. Veire, *Ilya Kabakov: The Exhibition as Installation*, "Kunst & Museumjournaal", no. 2, Amsterdam.

N. Von Velsen, *Das Leben der Fliegen/The Life of Flies*, Stuttgart/Cantz.

I. Kuijken, *Documenta IX*, "Kunst & Museumjournaal", no. 6, Amsterdam.

1993
D. Deitcher, *Art on the Instalment Plan*, "Artforum", no. 5, New York, January.

A. Virshup, *Russian Lessons*, "ARTnews", no. 5, New York, January.

F. Bonami, *Ilya Kabakov: Ronald Feldman Fine Arts*, "Flash Art", no. 168, Milano, January-February.

B. Groys, *Ilya Kabakov: the Art of Communication*, "Arti, art Today", città, March-April.

J. Decter, *Allegories of Cultural Criticism*, "Flash Art", no. 170, Milano, May-June.

J. Koplos, *Of Walls and Wandering*, "Art in America", no. 7, New York, July.

A. G. Artner, *Beginning Again — A Soviet Artist Finds Painting is no Longer Enough*, "Chicago Tribune", Chicago, July 25.

J. Hofleitner, *Ilya Kabakov: The Boat of my Life*, "Flash Art", no. 172, Milano, October.

I. Periz, *Ilya Kabakov*, "Art/text", no. 44, Sidney.

1994
I. Blom, *Life in the Closet*, "Frieze", no. 21, London, March-April.

S. Muller, *Eastern European Art in Hamburg*, "Flash Art", no. 175, Milano, March-April.

Q. Tran Diep, *Dans la barque de Kabakov*, "Libération", Paris, May 9.

F. Bonami, *Ilya Kabakov: Tales from the Dark Side*, "Flash Art", no. 177, Milano, Summer.

C. Huther, *Ilya Kabakov*, "Kunstform", no. 127, Köln/New York, July-September.

B. Groys, *Ilya Kabakov: Answers of an Experimental Group*, "Artforum", New York, September.

C. Fayet, *Ilya Kabakov*, "Artefactum", Antwerp, Autumn.

J. McPhee, *The Ransom of Russian Art*, "The New Yorker", New York, October 17.

B. Schumatzky, *Ilya Kabakov*, "Du", no. 1, Zürich.

M. Tupitsyn, *Shaping Soviet Art*, , "Art in America", no. 9, New York.

1995
R. Storr, *An Interview with Ilya Kabakov*, "Art in America", no. 1, New York, January.

P. Jodidio, *C'est ici que nous vivons*, "Connaissance des Arts", no. 519, Paris/New York, July-August.

B. Groys, *Ilya Kabakov*, "Artforum", no. 1,

New York, September.

F. Barringer, *Ghosts of a Vanished World*, "ARTnews", New York, September.

F. Huin, *Kabakov: Sea of Voices*, "Flash Art", no. 184, Milano, October.

J. Rian, *Ilya Kabakov*, "Flash Art", no. 184, Milano, October.

V. Tupitsyn, *A Psychodrome of Misreading*, "Third Text", no. 33, London, Winter.

O. Neumaier, A. Puhringer, *Die Totale Installation*, "Noema art journal", no. 39, Salzburg.

J.-L. Chalumeau, *Ilya Kabakov*, "Ninety: Art in the '90s", no. 18, Paris.

1996
S. Hyman, *Ilya Kabakov: Centre George Pompidou*, "Sculpture", Washington D.C., May-June.

J B. Bauwell, *With Kabakov on Russian Roof*, "Gazet van Antwerpen", Antwerp, June 14.

J. Brack, *A Short Night on the Roof*, "Knack", Bruxelles, July 7.

R. Storr, *Ilya Kabakov: The Secret Antropologist*, "Tate", no. 10, London, Winter.

1998
A. Searle, *Ministry of Silly Ideas*, "The Guardian", London, March 24.

W. Feaver, *Look'n'Learn*, "The Observer", London, March 29.

R. Cork, *The Palace of Fantasy Unchained*, "The Times", London, March 31.

T. Lubbock, *At Home with the Ideal World Exhibition*, "The Independent", London, March 31.

S. Kent, *Escape Root, Ilya Kabakov Presents "The Palace of Projects"*, "Time Out", London, April 1-8.

L. Dosogne, *Ik ben zo vrij als een vlieg*, "Gazet van Antwerpen", Antwerp, April 11.

A. Demeester, *Reizen door Kabakovs verhalen*, "De Morgan", Bruxelles, April 28.

I: Hunt, *The People's Palace*, "Art Monthly", no. 216, London, May.

P. Rollin, *Ilya Kabakov, entre intimité et universalité*, "Le matin", Bruxelles, May 7.

P. Herbstreuth, *Zu Besuch bei Hern und Frau Kabakov*, "Der Tagespiegel", Berlin, May 15.

S. Morgan, *Ilya and Emilia Kabakov: the Roundhouse, London*, "Frieze", no. 41, London, June-July

M. Bartclilc, *Ilya and Emilia Kabakov: the Roundhouse*, "Artforum", vol. 36, no. 10, New York, Summer.

1999
G. Romano, *Ilya Kabakov*, "Flash Art", no. 115, Milano.

Finito di stampare nell'aprile 1999
da Leva spa, Sesto San Giovanni
per conto di Edizioni Charta